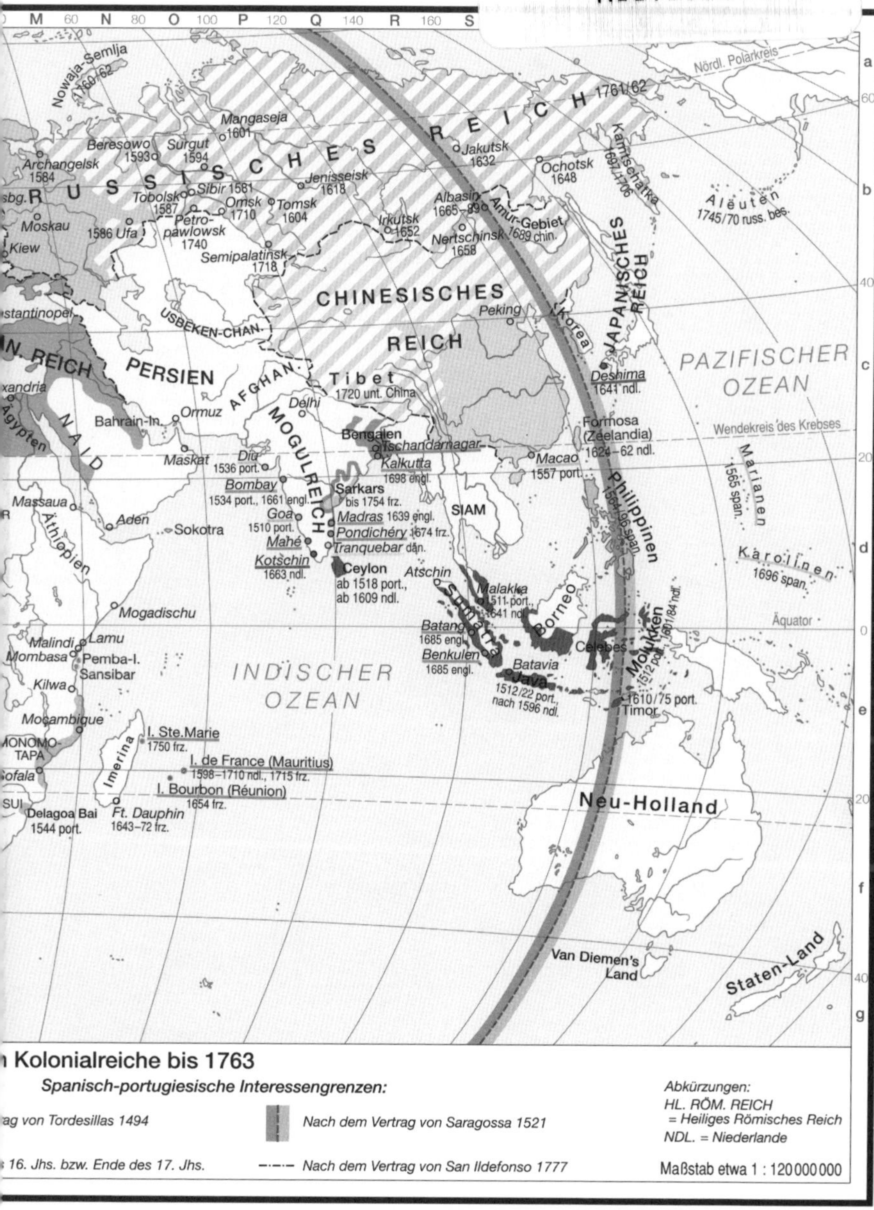

Nördl. Polarkreis

Nowaja-Semlja 1760/62

Mangaseja 1601

Beresowo 1593 Surgut 1594

Archangelsk 1584

R U S S I S C H E S   R E I C H   1761/62

Jakutsk 1632

Ochotsk 1648

Kamtschatka

A l e u t e n 1745/70 russ. bes.

sbg. R

Tobolsk 1587 Sibir 1581

Petro-pawlowsk 1740

Omsk 1710 Tomsk 1604

Jenisseisk 1618

Albasin 1665–89

Amur-Gebiet 1689 chin.

Moskau 1586 Ufa

Kiew

Semipalatinsk 1718

Irkutsk 1652

Nertschinsk 1658

USBEKEN-CHAN.

C H I N E S I S C H E S

R E I C H

Peking

Korea

J A P A N I S C H E S   R E I C H

PAZIFISCHER OZEAN

stantinopel

N. REICH

PERSIEN

AFGHAN.

T i b e t 1720 unt. China

Deshima 1641 ndl.

xandria

Bahrain-In.

Ormuz

Delhi

Wendekreis des Krebses

Ägypten

N A I D

Maskat

Diu 1536 port.

M O G U L R E I C H

Bengalen

Tschandarnagar- 1698 engl.

Kalkutta

Formosa (Zeelandia) 1624–62 ndl.

Macao 1557 port.

Marianen 1565 span.

Massaua

Aden

Sokotra

Bombay 1534 port., 1661 engl.

Goa 1510 port.

Mahé

Sarkars bis 1754 frz.

Madras 1639 engl.

Pondichéry 1674 frz.

Tranquebar dän.

SIAM

Philippinen

K a r o l i n e n 1696 span.

Äthiopien

Kotschin 1663 ndl.

Ceylon ab 1518 port., ab 1609 ndl.

Atschin

Malakka 1511 port. 1641 ndl.

Borneo

Molukken 1512 port. 1601/84 ndl.

Mogadischu

Batang 1685 engl.

Benkulen 1685 engl.

Batavia

Celebes

INDISCHER OZEAN

Malindi

Lamu

Mombasa

Pemba-I.

Sansibar

Java 1512/22 port. nach 1596 ndl.

1610/75 port. Timor

Äquator

Kilwa

Moçambique

I. Ste.Marie 1750 frz.

Imerina

I. de France (Mauritius) 1598–1710 ndl., 1715 frz.

I. Bourbon (Réunion) 1654 frz.

Neu-Holland

MONOMO-TAPA

Sofala

SUI

Delagoa Bai 1544 port.

Ft. Dauphin 1643–72 frz.

Van Diemen's Land

Staten-Land

Kolonialreiche bis 1763

Spanisch-portugiesische Interessengrenzen:

rag von Tordesillas 1494   Nach dem Vertrag von Saragossa 1521

16. Jhs. bzw. Ende des 17. Jhs.   –·–·– Nach dem Vertrag von San Ildefonso 1777

Abkürzungen:
HL. RÖM. REICH = Heiliges Römisches Reich
NDL. = Niederlande

Maßstab etwa 1 : 120 000 000

Ludolf Pelizaeus

Der Kolonialismus

Für Anette,
Carolin und Leopold

Ludolf Pelizaeus

Der Kolonialismus

Geschichte der europäischen Expansion

marixverlag

FSC

Mix
Produktgruppe aus vorbildlich
bewirtschafteten Wäldern und
anderen kontrollierten Herkünften

Zert.-Nr. SGS-COC-1940
www.fsc.org
© 1996 Forest Stewardship Council

Bibliografische Information der Deutschen Nationalbibliothek
Die Deutsche Nationalbibliothek verzeichnet diese Publikation in der Deutschen
Nationalbibliografie; detaillierte bibliografische Daten sind im Internet über
http://dnb.d-nb.de abrufbar.

Copyright © by Marix Verlag GmbH, Wiesbaden 2008
Covergestaltung: Nele Schütz Design, München nach
der Gestaltung von Thomas Jarzina, Köln
Bildnachweis: Bridgeman Art Library, Berlin
Lektorat: Dr. Lenelotte Möller, Speyer
Satz und Bearbeitung: Medienservice Martin Feiß, Burgwitz
Der Titel wurde in der Palatino gesetzt
Gesamtherstellung: GGP Media GmbH, Pößneck
Printed in Germany

ISBN: 978-3-86539-941-0

www.marixwissen.de
www.marixverlag.de

Inhalt

Vorwort

Mit dem Begriff „Kolonialismus" verbinden Leser ganz unterschiedliche Phänomene. Viele verstehen darunter lediglich die Hochphase des Kolonialismus, die auch als Imperialismus bezeichnet wird, also die Zeit ab 1880. Während hier politische Vorgänge im Vordergrund stehen, sehen andere die geistesgeschichtlichen Entwicklungen als wichtig an. So kann man aus politischer Perspektive von Kolonisation und Dekolonisation, aus geistesgeschichtlicher Perspektive aber eher von Kolonialismus und Postkolonialismus sprechen. Doch die Begriffe bleiben umstritten, wie im Einzelnen noch zu zeigen sein wird. Die vorliegende Darstellung betrachtet vornehmlich die europäische Kolonialpolitik, die hier der Einfachheit halber als „Kolonialismus" bezeichnet wird. Mit Japan wird auch eine außereuropäische Kolonialmacht angesprochen, sonst aber der Schwerpunkt auf die dominante europäische koloniale Expansion gelegt. Es sollen aber nicht nur politische, sondern auch geistesgeschichtliche Stränge beleuchtet werden, um das Phänomen und seine Auswirkungen bis heute besser begreifen zu können.

Für das Verständnis des Kolonialismus scheint mir angebracht, den Schwerpunkt auf jene Zeit zu legen, in welcher der Kolonialismus seine weltpolitische Dimension annahm und viele Erscheinungen des interkontinentalen Beziehungsgeflechts entstanden, die bis heute prägend sind. Dies ist gerade die Frühe Neuzeit, also die Epoche von 1492 bis zum Anfang des 19. Jahrhunderts, als durch die Unabhängigkeit Amerikas die erste Phase der Dekolonisation begann. Aus regionaler Sicht wird deshalb Amerika fokussiert, weil hier das erste von Europäern voll entwickelte Siedlungssystem entstand, das in vielerlei Hinsicht für spätere Zeiten prägend war. Immer wieder wird aber auch auf die Entwicklung in Europa einzugehen sein, weil sie vielfach weitreichende Auswirkungen in den Kolonien hatte.

Auf dieser Grundlage wendet sich dann den Entwicklungen im 19. und 20. Jahrhundert zu. Es werden die Linien der Kolonialherrschaft bis zu ihrem Höhepunkt nach dem Ersten Weltkrieg, und nachfolgend die der Dekolonisation nach dem Zweiten Weltkrieg aufgezeigt.

8

Die Darstellung einer „europäischen Weltgeschichte" hat zur Konsequenz, dass man die europäische Sichtweise und ihr Vokabular verwendet. Dies soll nicht unkritisch geschehen, doch lassen sich gewisse Begriffe nicht vermeiden. Ersetzt man z. B. „Indianer" durch das gleiche spanische Wort „Indio" ist dies genauso wenig hilfreich, wie nur von „Indigenen" zu sprechen, denn dies können Inder, Afrikaner oder Indianer sein. Die Darstellung bleibt, wie die verwandten Karten, eurozentrisch, bemüht sich aber darum, den differenzierten Blick auf die Entwicklung in ganz unterschiedlichen Ländern stets aufrecht zu erhalten.

Die Darstellung bezieht bei zentralen Punkten auch zeitgenössische Stimmen mit ein, die, um sie für den interessierten Leser leichter recherchierbar zu machen, bewusst fast alle aus zwei Quellensammlungen, nämlich der „Dokumente zur Geschichte der Europäischen Expansion" (DGEE) und aus „Geschichte in Quellen" (GiQ) stammen. Es soll damit leichter möglich sein, die aus Platzgründen stark gekürzten Texte auch in der Vollversion zu lesen.

Dem Leser soll ein Überblick über ein globales Phänomen verschafft werden, was zu Schwerpunktsetzungen zwingt und weswegen nicht alle Aspekte des Themas ausgeleuchtet werden können. Die weltweite Vernetzung führt dazu, dass gleiche Themen in verschiedenen Kapiteln erwähnt werden, damit die Kapitel auch einzeln gelesen werden können.

Im Sommersemester 2008 habe ich an der Universität Mainz eine Vorlesung mit dem Titel „Europäische Kolonialgeschichte" gehalten. Ich danke allen Studierenden für ihre Anregungen, besonders auch die umfangreiche Wunschliste, auf der sie die für sie interessanten Themen des Kolonialismus eintragen konnten. Ich habe versucht, sie bei der Darstellung vollständig zu berücksichtigen.

Für die Entstehung des Buches möchte ich meinem Kollegen Dr. Lars Hoffmann danken, der den ersten Kontakt zum Verlag herstellte. Ebenso danke ich dem Marix Verlag und Frau Miriam Zöller für die Aufnahme in die Reihe „Marix Wissen". Herrn Daniel Schröder sei für das Abtippen der Quellenzitate und die Korrekturlese der Bibliographie gedankt, Dr. Lenelotte Möller für das Lektorat, Annette Reese und Dr. Julia Schmidt Funke für die Anregungen. Die Hauptlast hat aber wieder einmal meine Frau Anette getragen, die das Buch Korrektur gelesen hat, wofür ich ihr herzlich danken möchte.

Einleitung

Nicht erst plötzlich im 16. Jahrhundert, sondern bereits seit dem 13. Jahrhundert änderten sich die Bedingungen des Zusammenlebens in Europa. Das Bevölkerungswachstum führte zu einer steigenden wirtschaftlichen Nachfrage, die auch die kulturelle Entwicklung bedingte. Es kam zu einer Veränderung der eigenen Sichtweise, zu einer neuen Sicht von Religion, dem Sein und der Umwelt. Vieles wurde hinterfragt, so auch die bekannten und gewohnten Mythen. Man glaubte nicht mehr einfach, dass die Erde eine Scheibe sei, was jedem erfahrenen Seefahrer schon als Unsinn aufgefallen sein musste. Man wollte Neues und Unbekanntes erfahren, reisen, zu neuen Ufern aufbrechen und expandieren. Doch da man nicht wusste, was hinter dem bekannten Land kam und was es zu „entdecken" galt, blieb jede Fahrt eine Gefahr. Dabei ging die Expansion von Europa aus, als dauerhafte und bleibende, während die Mongolen oder Chinesen zwar ebenfalls Weltreiche aufbauten, diese aber nicht in ähnlicher Weise zu einem weltumspannenden Faktor wurden.

Neben dieser Neugier und dem Wunsch nach Expansion entwickelte sich vom 15. bis zum 18. Jahrhundert eine umfangreiche europäische Verwaltung. Schrift und Briefverkehr ermöglichten weitreichende Kommunikation und Verwaltung auch über große Distanzen hinweg. Die Beamten mit ihren Anordnungen reisten jedoch nicht allein nach Übersee, sondern wurden von Militärs und Siedlern begleitet, die unterschiedlich stark diejenigen Gebiete, in denen sie landeten, prägten. Je nach Gesellschaft wurde also die Expansion von unterschiedlichen Gruppen getragen. Dabei können die Länder Spanien und die Niederlande als gegensätzliche Modelle gesehen werden, wie noch aufgezeigt werden wird.

Für die Europäer spielte besonders ein religiöses Sendungsbewusstsein eine herausragende Rolle, war es doch dieses, was zunächst dominant wirkte. Eigentliches Ziel der Fahrten aber war die Bereicherung: Man hoffte Gewürze oder andere wertvolle Handelsware zu finden oder, als höchstes Gut, das Gold.

So kamen europäische Sprachen, Institutionen, Rechts- und Staatsvorstellungen, Religion und schließlich Techniken und Produktionsweisen in andere Teile der Welt, genauso wie die außereuropäischen Gebiete in vielfacher Hinsicht Europa beeinflussten.

1. Grundlagen, Definition und Epochengrenzen

Grundlagen, Verständnis und Grenzen des Kolonialismusbegriffs

Globalisierung ist keineswegs eine Erscheinung, die erst im 21. Jahrhundert beginnt, sondern lässt sich vielmehr auf das frühe 16. Jahrhundert zurückführen. Seit dieser Zeit führten Entdeckungsreisen zu immer neuen Gebieten, wurden regelmäßige Handelskontakte von Europa nach Afrika, Asien und Amerika entwickelt, umfassten also erstmals die ganze Welt. Es sollte die ganze frühe Neuzeit dauern, bis durch die Veränderungen der Aufklärung, besonders aber der Napoleonischen Zeit eine neue Periode begann, an deren Anfang die amerikanischen Unabhängigkeitsbewegungen einerseits und der festere Griff der Europäer auf Afrika und Teile Asiens andererseits standen. Immer stärker wurden nun die Kolonien an das Mutterland gebunden, was gravierende und irreversible Einflüsse auf Gesellschaft, Kirchen, Kleidung, besonders aber auch auf die Beziehungen von Gruppen und Völkern zu einander haben sollte. Es ist also nach der „gemeinsamen Geschichte" zu fragen, wenngleich dies aus einem eurozentrischen Blickwinkel geschehen wird, aus welchem unsere Sicht meistens erfolgt. Mit dieser Perspektive verbunden ist die Erkenntnis, dass die Beziehungen durch Ungleichheit zwischen Herrschern und Beherrschten geprägt wurden, die Macht ausübten, vielfach auch repressiv. Globalisierung bzw. auch die Ressentiments gegenüber einer Zusammenarbeit mit Europa hat vielfach mit den tief sitzenden negativen Erfahrungen aus der Kolonialzeit zu tun.

Im 15. Jahrhundert vollzog sich in allen Bereichen der europäischen Gesellschaft ein tiefgreifender Wandel, der die Grundlage des umfassenden Ausgriffs in die außereuropäische Welt sein sollte. Mythen und Legenden wurden kritischer hinterfragt und nun auch geprüft. Hieraus erwuchs der Wunsch, die kartographischen Kenntnisse nicht nur zu vergrößern, sondern durch systematische Überprüfung den Horizont durch Fahrten zu erweitern. Damit begann die Globalisierung unter „europäischen Vorzeichen" (Horst Gründer), weil die europäischen Kolonialherren noch konsequenter und damit auch dauerhafter ihre Vorstellungen und Wertesysteme in anderen Erdteilen durchsetzten. Die Expansion, die Schaffung großer Reiche, die eine Benachteiligung der unterworfenen Völker einschloss, war kein europäisches Phänomen, sondern findet sich auch bei der Expansion Chinas oder der islamischen Reiche. Jedoch ist die europäische Kolonisierung zu einem weltumspannenden Netz geworden, das alle Kontinente einschloss und damit auch zu einem Weltsystem wurde.

Dieses Weltsystem der Eroberung führte zu einem Weltsystem des Handels, welches freilich sehr unterschiedlich strukturiert war. Auf der einen Seite gab es jene Regionen, in welche sich die Europäer anfangs nur als Juniorpartner eingliedern durften. Dies gilt für den gesamten asiatischen Raum, wo es nicht nur sehr viel alte Handelskontakte mit Europa gab, sondern die verschiedenen asiatischen Staaten miteinander umfangreich Handel trieben und den Europäern allenfalls Nischen in dem Handelssystem einzuräumen bereit waren. Anders hingegen verhält es sich in Afrika, besonders aber in Amerika und ab dem Ende des 18. Jahrhunderts auch mit Australien. Diese Kontinente hatten kein inner- oder gar transkontinentales Handelsnetz aufgebaut und wurden mit dem Kolonialismus in ein auf Europa ausgerichteten Handelsnetz zwangsweise integriert.

Neben dem Handel sollte aber auch der Möglichkeit der Wissens- und Informationsweitergabe eine zentrale Funktion zukommen. Da den Europäern zudem keine religiöse Beschränkung bei der bildlichen Wiedergabe von Lebewesen, wie im Islam, auferlegt war, konnte man in Bild und Text zu einer wahren „Überseebegeisterung" gelangen, die bis in das 20. Jahrhundert alle europäische Staaten ergriff. Grundlage für diesen „Orientalismus" war der in der Mitte des 15. Jahrhunderts von Johannes Gutenberg erfundene Buchdruck mit beweglichen Lettern. Damit war es möglich, die in Übersee gesammelten Eindrücke medienwirksam in Europa zu verbreiten. Medienwirksamkeit bedeutete freilich in vielen Fällen alles andere als wahrhafte und allein am Angetroffenen orientierte Beschreibungen, sondern vielmehr ein wirtschaftliches Interesse und die Frage, was sich in Europa gut verkaufen ließ, wobei die europäische Öffentlichkeit auch an bestimmten Geschichten, Erdteilen und besonders Kuriositäten sehr interessiert war.

Es trafen die Handelsinteressen und die europäische medialen Sensationslust mit Heilsungewissheit und einem christlichen Missionsimpetus zusammen. Es gab in Europa kein Jahr, in dem kein Krieg tobte. Viele Regionen kamen kaum zur Ruhe. Missernten, eine steigende Bevölkerungszahl nach dem großen Bevölkerungseinbruch durch die Pestwelle von 1346-49 führten zu einer allgemeinen Unsicherheit in Bezug auf das geistliche Heil. Es war nicht nur Martin Luther, der sich in Deutschland die Frage nach dem gerechten Gott stellte, sondern überall in Europa traten Prediger auf, die vor dem Weltende mahnten. Die Menschen waren ergriffen und verbanden die Expansion immer mit einer Bekehrung zu einem nicht in Frage gestellten Christentum. Diese Sendungsidee brachte aber gleichzeitig die Legitimation für die rücksichtslose Expansion der europäischen Mächte mit sich. Erst mit dem Ende der Frühen Neuzeit und dem Beginn der Aufklärung kam es zu einem Wechsel der Vorzeichen. Ab 1750 ist nicht mehr die Bekehrung der „Heiden" offiziell einziges oder zumindest vorrangiges Ziel als Begründung, sondern nun kommen neue Faktoren ins Spiel, die freilich für die betroffenen Völker außerhalb Europas die Lage keinesfalls besser machten. Die europäischen Staaten wurden sich ihrer „Nationalität" bewusst. Sie versuchten daher, im außereuropäischen Bereich verstärkt auch der Kolonie die Identität des eigenen Landes aufzuzwingen. Zudem dienten Rassentheorien zur „wissenschaftlichen" Begründungen der Minderwertigkeit der indigenen Bevölkerung. Man verstand sich jetzt also nicht mehr durch die Zugehörigkeit zu einer Glaubensgemeinschaft, sondern durch die Zugehörigkeit zu einer Nation als etwas Besseres.

Der Kolonialismus lief aber nicht nur in eine Richtung. So nämlich, wie Europa durch seine Expansion unterschiedlichen Einfluss auf die übrigen Kontinente nahm, so wurde umgekehrt auch Europa durch das Zeitalter des Kolonialismus und die auf Europa zurückwirkenden Einflüsse umfassend geprägt. Tomaten, Kartoffeln, Zucker auf dem Speiseplan, „Kajak", „Samba", „Iglo" im Sprachgebrauch sind nur wenige Beispiele von prägenden Einflüssen. Aber auch die Sicht von Völkern im außereuropäischen Bereich wurde nicht nur von den Kolonialherren, sondern durchaus auch von den Betroffenen selbst mitgestaltet. Eine wichtige und sehr prägende Rolle nahm hierbei die Druckgraphik und später die Fotografie ein. Besonders seit dem Ende des 19. Jahrhundert überschwemmten Postkarten mit Motiven aus den Kolonien oder aus Übersee den europäischen Markt. Die meisten Postkarten wurden in Deutschland gedruckt, allein 1907 mehr als 300 Millionen, also fast eine Million pro Tag! Doch nicht nur die Kolonialmächte, sondern gerade auch Nationen in Asien ließen mit solchen Postkarten einen bestimmten Eindruck verbreiten, der uns bis heute prägt. So tauchen erst auf diesen Postkarten Hawaiimädchen im Bastrock auf, obwohl dieser auf Hawaii gar nicht zu finden war und erst von Fotografen eingeführt wurde.

Der Kolonialismus ist also ein sehr weites, ja die gesamte Erde umspannendes Phänomen, welches aufgrund der sehr unterschiedlichen Art nicht einfach zu erfassen ist, wie von Jürgen Osterhammel und Ania Loomba betont worden ist, zunächst allein schon aufgrund der schieren geographischen Größe und der sich damit ergebenden Uneinheitlichkeit und Unterschiedlichkeit. Nach dem Ersten Weltkrieg war mehr als die

Hälfte der Erde europäischer Kolonialbesitz und zwei fünftel der Weltbevölkerung unterstanden kolonialer Herrschaft. Daher gibt es auch unterschiedliche Auffassungen über den Terminus „Postkolonialismus". Für die einen bezeichnet er die nachkoloniale Zeit, andere lehnen den Begriff deswegen ab, weil er im Rahmen von Literatur gerne verwandt wird, nicht aber für die koloniale Ausbeutung im Zusammenhang mit ökonomischen Maßnahmen.

Kolonialismus und Postkolonialismus dürfen aber nicht nur als Begrifflichkeiten für politische Vorgänge gesehen werden, sondern ebenso für geistesgeschichtliche Strömungen, wie beispielsweise in der Literatur, wenngleich, wie Peter Hulme hervorhebt, selten eine wirkliche eigenständige Auseinandersetzung mit dem Thema des „Postkolonialismus" stattfindet. Eher könne man von einem Vergleich zwischen vorher und nachher sprechen. Dies aber sei eher ein Reflex aus kolonialen Zeiten, nicht jedoch eine neue Auseinandersetzung.

Zudem ist der Begriff des Kolonialismus umstritten. Die Debatte um „Kolonialismus" fand unter dem Stichwort des „Orientalismus" neue Nahrung mit dem Buch von Edward Said in den achtziger Jahren. Seine Kritik führte zu einer umfangreichen Diskussion über die Auswirkungen des Kolonialismus und das Fortdauern eines Überlegenheitsbildes in den westlichen Medien bis in die heutige Zeit. Hatte Said noch die Position vertreten, dass sich der Kolonialismus bis heute ungebrochen fortsetze, weil sowohl die westlichen Medien als auch die großen Konzerne, besonders aber das Bewusstsein der Bewohner des westlichen Welt immer noch auf die früheren „Kolonialvölker" herabsähen, so ist diese Sicht mittlerweile abgeschwächt worden. Es herrscht Einigkeit darüber, dass koloniale Abhängigkeiten bis heute nachwirken, dass wir von einer Gleichwertigkeit der Erdteile noch weit entfernt sind, allerdings wird das Pauschalurteil einer weitgehend ungebrochenen weiterhin kolonialen Sichtweise der Welt im Westen kaum noch geteilt.

Was aber hat, so muss man sich fragen, der Kolonialismus für Konsequenzen, was sind die Ausformungen und Ursachen? Es ist auch hier kaum eine alle Erdteile und Ausprägungen des Kolonialismus berücksichtigende Antwort möglich. Zu Recht ist darauf verwiesen worden, dass die Entwicklung des Kapitalismus eine entscheidende Rolle für den Kolonialismus gespielt hat. Denn es handelt sich beim Kolonialismus seit der Frühen Neuzeit, also seit dem ausgehenden 15. Jahrhundert, der in Italien aufgrund der Entwicklung der Geldwirtschaft jedoch schon früher einsetzte, um eine Einbindung der Kolonie in das Metropolitansystem. Nicht Tribute galten mehr als ausreichend, sondern man erwartete eine Handelsbeziehung, die beide Seiten, wenngleich mit unterschiedlichem Rechtsstatus, einbeziehen sollte. Daraus sollten sich dann durch Siedlung Kolonien entwickeln. Damit aber dort trotz der Entfernung zum Mutterland zu günstigen Kosten produziert werden konnte, erhielten die Kolonien Sklaven oder durch lange Verträge verpflichtete Arbeiter (*indenturered labour*). Diese Arbeitskraft erlaubte den Kolonien Rohstoffe und Plantagenprodukte zu exportieren, was wiederum für den Fortschritt des Mutterlandes von großer Wichtigkeit war. In umgekehrter Richtung waren die Kolonien ein Absatzmarkt für die entstandenen Fertigprodukte. In diesem Sinne kann der Kolonialismus als Hebamme des Kapitalismus angesehen werden.

Zentraler Begriff war also die Siedlung, wobei es verschiedene Siedlungsformen gab. Einmal Siedlungsstützpunkte (*plantations*) in Amerika oder Wirtschaftsstützpunkte in Indien. Das System Mutterland-Kolonie verlangte, zumindest von einer Schicht hohe Flexibilität und Mobilität, galt es doch, Verwaltungsbeamte und ranghohe Militärs nur im Mutterland zu rekrutieren, sie dann aber überall einzusetzen.

Die Spätphase des Kolonialismus wird meist als Imperialismus bezeichnet, wobei man sich in diesem Zusammenhang auf Lenins Schrift von 1916/17 „Der Imperialismus als höchstes Stadium des Kapitalismus" als Meilenstein in der Entwicklung bezieht. Mit seiner Definition des „Imperialismus als höchste Stufe des Kapitalismus" war jedoch eine gleichsam lineare Entwicklung in diesem Deutungsmuster vorgegeben. Diese Position wird heute nicht mehr geteilt. Einmal lehnt man die Sicht der Geschichte als lineare Entwicklung zu einer höheren Stufe des „Seins" ab, zudem wird die dahinter stehende Position, durch eine vollständige Kapitalkonzentration habe der Kolonialismus eine fortgeschrittenere Ausprägung erreicht, nicht mehr geteilt. In der heutigen Forschung wird betont, dass es Imperien und die damit verbundene Expansion seit der Antike gegeben habe, dass also nicht das „Imperiale", sondern vielmehr die sozialen und wirtschaftlichen Verschiebungen die Charakteristik der Zeit am Ende des 19. Jahrhunderts ausmachen.

Es gab beim Auftreten der Kolonialherren eine weite Palette von Reaktionen, die von Widerstand bis zu Anpassung und Kooperation reichten. Gerade aber letzteres war der entscheidende Baustein für die Errichtung einer Kolonialherrschaft, weil nur dank der Kooperation unter Nutzung von existierenden Rivalitäten, den Kolonialherren die Dominierung bestimmter Gebiete möglich war. Dennoch bleibt ein Wesensmerkmal des Kolonialismus die Gewalt der Kolonialherren, die sich aus einem Gefühl der Schwäche als Minderheit heraus, ihre Herrschaft sicherten.

Hinzu kam, dass die koloniale Hegemonie auf Distanz ausgelegt war. Die Verwaltungs- und Militärzentren lagen weit entfernt und vieles blieb schon von daher der Willkür überlassen. Alle schriftlichen Anordnungen sind daher auch in diesem Licht zu sehen. Die oberste Ebene des kolonialen Staates war europäisch. Paternalismus und europäische Herablassung, besonders seit dem Ende des 18. Jahrhunderts, als man glaubte, einen „Erziehungsauftrag" zu haben, waren gang und gäbe. Kenntnis über Kulturen erwarben die Kolonialherren meist lediglich aus Utilitarismus, um die Herrschaft zu sichern, besonders aber um die Möglichkeiten der Ausbeutung des Landes zu steigern, weil ihnen nur so die Nutzung der Bodenschätze und der landwirtschaftlichen Güter möglich war. Auf der anderen Seite baute man Barrieren ab, um neue zu konstruieren. Dies gilt z.B. für Indien, wo die Engländer, getrieben von kolonialem Interesse und Druck der englischen Öffentlichkeit, zwar das Kastensystem durchlässiger machten, andererseits mit einem den Einheimischen fast unzugänglichen Verwaltungsapparat eine eigene „Kaste" von Verwaltungsbeamten schafften, die sich deutlich abhob.

Je nach kolonialem System findet sich bei der ethnischen Durchmischung ein Übergang zwischen den einzelnen Gruppen. Sexuelle Beziehungen zwischen männlichen Kolonisierenden und einheimischen Frauen wurden sehr unterschiedlich behandelt. Der umgekehrte Fall kam hingegen nur selten vor, da bei den Siedlern fast immer ein Männerüberschuss herrschte. Die Palette für ethische Mischung reicht von vollständiger Ablehnung, verbunden mit Bestrafung, bis hin zu Akzeptanz und Förderung.

Kolonialherrschaft bedurfte zudem natürlich auch stets der Legitimation nach innen, weswegen seitens der Kolonialherren auf die christliche und dann später auf die zivilisatorische Mission, oft auch auf beides, verwiesen wurde. Man sollte jedoch, trotz des kolonialen Anspruches, nicht davon ausgehen, dass es eine rein einseitige Begegnung gewesen ist. Claudia Schurrmann hat für den atlantischen Raum diesen Austausch umfassend aufgezeigt. Es waren keine gleichberechtigten Beziehungen, doch sollte man diese dennoch keinesfalls ausblenden, weil sie einen wichtigen Bestandteil der Kolonialgeschichte darstellen.

Typen von Kolonien

„Kolonisation" bezeichnet von der Wortbedeutung her den Prozess der Landnahme, der Begriff „Kolonie" die Entstehung eines speziellen Siedlungstyps. Verbunden mit diesem Begriff ist jener des „Kolonialismus", der sich auf das Herrschaftsverhältnis bezieht. Diese Begriffe beinhalten die Vorstellung einer ausgreifenden Landnahme, also einer über den eigentlichen Raum hinausgehende Expansion.

Kolonialismus ist die „Herrschaftsbeziehung zwischen Kollektiven, bei welcher die fundamentalen Entscheidungen über die Lebensführung der Kolonisierten durch eine kulturell andersartige und kaum anpassungswillige Minderheit von Kolonialherren unter vorrangiger Berücksichtigung externer Interessen getroffen und tatsächlich durchgesetzt werden. Damit verbinden sich in der Neuzeit in der Regel sendungsideologische Rechtfertigungsdoktrinen, die auf der Überzeugung der Kolonialherren von ihrer eigenen kulturellen Höherwertigkeit beruhen...". wie es Jürgen Osterhammel ausdrückt.

Bei dieser Form von Expansionsvorgängen kann man sechs Typen unterscheiden:

1. DIE TOTALMIGRATION GANZER VÖLKER, die in Europa am ehesten mit der Völkerwanderung in Verbindung gebracht wird. Entscheidend ist dabei die Unterwerfung, u.U. Verdrängung der Völker im neuen Siedlungsraum unter Aufgabe des bisherigen. Es wird also keine Gesellschaft zurück gelassen, sondern eine neue an einem anderen Platz gegründet.

2. DIE MASSENHAFTE EINZELAUSWANDERUNG (Individualmigration), bei der Einzelne oder kleine Gruppen, wie z.B. Familien, ihre Heimat ohne Rückkehrabsicht verlassen. Die zurückbleibende Gesellschaft hat zwar, wie z.B. Irland in der Mitte des 19. Jahrhunderts, einen starken Aderlass zu verkraften, bleibt aber im Kern intakt. Die Ausgewanderten bilden oft in der ersten oder zweiten Generation noch sprachlich geschlossene Gesellschaften, die bisweilen auch als „Kolonien" bezeichnet werden, allerdings ist der Begriff hier irreführend. Denn es handelt sich in den meisten Fällen um ein nur vorübergehendes Phänomen, da sich die Ausgewanderten in der Mehrzahl der Fälle integrieren, so z.B. die deutschen Auswanderer in die USA.

3. BEI DER GRENZKOLONISATION bewegen sich wieder ganze Gruppen, die das Hinausschieben der Siedlungsgrenze erreichen wollen. Dabei verdrängen sie meist die bäuerliche Bevölkerung. Entweder entsteht eine neue isolierte Gesellschaft, wie die Siebenbürger Sachsen, die nicht über eine am Ort bereits siedelnde Gesellschaft dominiert, oder

aber es kommt zu einer Unterwerfung, wie bei der mittelalterlichen Pruzzenkolonisation des Deutschen Ritterordens im 13. Jahrhundert, bei welcher die angestammte Gesellschaft gewaltsam verdrängt wird. Es wird Kapital und Arbeit in bestimmte Zonen geführt, was besonders im 19. Jahrhundert enorme Ausmaße annahm, als die Kolonisation mit der Eisenbahn, besonders in Nord- und Südamerika, erfolgte und hier zu einer verdrängenden Kolonisation führte. Dabei kam es dann jedoch nicht mehr, wie bei den Siebenbürger Sachsen, zu eigenen Siedlungen als getrennte politische Einheiten, sondern die Siedler waren mit dem Mutterstaat unmittelbar verbunden.

4. DIE ÜBERSEEISCHE SIEDLUNGSKOLONISATION geht zunächst einen ähnlichen Weg wie die Grenzkolonisation, ist jedoch dort, wo die Meeresnähe eine Expansion über das Meer hinaus nahe legt, vornehmlich zu finden. Schon im Altertum betrieben Phönizier, Griechen, Karthager und Römer diese überseeische Siedlungskolonisation, die das gesamte Mittelmeer umspannte. Durch die damit gegebene Entfernung vom Gründungszentrum ergab sich aber, dass nun eigene Gemeinwesen entstanden. Dies gilt z.B. für den Beginn der europäischen Besiedelung Nordamerikas, den „Pflanzungen" (*plantations*), die als Gründungen versuchten, ohne Nachschub vom Mutterland zu überleben. Dafür waren sie aber darauf angewiesen, möglichst schnell genügend Ackerland zu erobern, um autark zu werden. Da man das Gebiet, in welches man kam, als „herrenlos" ansah oder sich als vorherbestimmtes Volk zur Landnahme berechtigt glaubte, wurden die einheimischen Völker verdrängt oder umgebracht, nicht aber integriert, ganz im Gegensatz zu Spanisch Amerika. Diese Vorgehensweise hatte einmal mit religiösen Auffassungen der ankommenden Sektierer zu tun, die von ihrer speziellen Auserwähltheit vor Gott überzeugt waren und daher jeder anderen Bevölkerung ein ähnliches Recht absprachen. Zudem waren aber auch wirtschaftliche Gründe hierfür verantwortlich. Denn während in Teilen Lateinamerikas, also in Mexiko und Peru in Bezug auf das Besteuerungswesen hoch entwickelte Gesellschaften angetroffen wurden, ist dies in Nordamerika nicht der Fall. Die Eroberer konnten sich also die oft nomadischen Untertanen nicht so leicht dienstbar machen, wie dies für Peru und Mexiko der Fall ist. Dies hieß auch, dass man Arbeitskräfte eher einführen musste. Zunächst die „verpflichteten Arbeiter" (*indentured servants*), dann die Sklaven, während man gleichzeitig die angestammte Bevölkerung ausrottete oder verdrängte. Die Konsequenz davon war, dass in Nordamerika schon im 18. Jahrhundert Gebiete entstanden waren, die fast rein europäisch waren oder doch zumindest einen hohen europäischen Anteil in dem stark durch die Sklavenhaltergesellschaft

dominierten Süden Nordamerikas aufwiesen. Später gilt dies auch für Kanada, Australien und Neuseeland. Ein ähnliches Konzept wurde zunächst auch in Teilen Afrikas verfolgt, ließ sich aber nicht mehr so durchsetzten. In Algerien, Kenia, Simbabwe (Rhodesien) und Südafrika hatten viele Siedler zunächst auch von der Verdrängung der einheimischen Bevölkerung geträumt, doch brauchte man die Arbeitskräfte. Auf Sklavenhandel konnte hier auch nicht mehr zurückgegriffen werden, da diese Gebiete im 19. Jahrhundert kolonisiert wurden, als der Sklavenhandel im Abschwung stand und es ohnehin ausschließlich Handel mit Menschen vom afrikanischen Kontinent gegeben hatte.

Solche Auswüchse hatte es jedoch vorher andernorts durchaus gegeben. Herausragendes Beispiel ist die Karibik, wo die Urbevölkerung vornehmlich durch importierte europäische Krankheiten, aber auch durch die rücksichtslose Ausbeutung vollständig ausgerottet wurde. Man importierte von Seiten der europäischen Mächte, also zunächst Spaniens, dann aber auch Englands, Frankreichs, der Niederlande und Portugals so viele Sklaven, dass hier eine rein afrikanische Bevölkerung zwangsangesiedelt wurde, die von einer sehr geringen weißen Minderheit kontrolliert wurde. Eingesetzt wurden die eingeführten Arbeitskräfte auf Plantagen, also auf den auf maximalen Profit ausgerichteten Anbaugründen für jeweils nur eine bestimmte Pflanzensorte, eine Monokultur. Damit lebten auf vielen Karibikinseln bereits Ende des 18. Jahrhunderts fast nur noch Schwarze, während in den USA insgesamt der Anteil der Schwarzen nur etwa 22 %, in den südlichen Staaten aber auch nicht mehr als ca. 40 % betrug.

5. EROBERUNGSKRIEGE: Es wurden umfangreiche Kriege geführt, neue Zentren gebildet und die alten möglicherweise aufgegeben. Dabei wurden bestehende Institutionen unterworfen und in der Folge derart umgewandelt, dass sie sich in das System des Eroberers einfügen ließen. Nicht selten hielten die Europäer anfangs am vorhandenen System so lange fest, wie sie es voll ausschöpfen konnten, bis man die entsprechend angepassten Gebiete voll zur Ausbeutung unter Kontrolle gebracht hatte.

6. DIE LETZTE FORM IST DIE DER STÜTZPUNKTVERNETZUNG. Kleine nicht am Land zusammen hängende Handelspunkte, die gleich den Perlen an der Küste Afrikas Handel und Schiffsrouten sichern sollten.

Die Definitionen der Kolonie sind vielfältig. Ich schließe mich derjenigen von Jürgen Osterhammel im Kern an und variiere sie zu folgendem Passus:

Eine Kolonie ist ein durch Invasion, also durch Eroberung und/oder Siedlungskolonisation, in Anknüpfung an ältere Bindungen neu geschaffenes politisches Gebilde, dessen landfremde Herrschaftsträger dieses in einer dauerhaften Abhängigkeit zu einem räumlich entfernten Mutterland oder imperialen Zentrum erhalten, welches exklusive Besitzansprüche auf das Gebiet erhebt.

Daraus ergibt sich, auch hier wieder weitgehend Osterhammel folgend, eine Reihe von Typen:

Beherrschungskolonien
Integrationskolonien
Siedlungskolonien
Stützpunktkolonien

1. Beherrschungskolonien: Sie entstehen in der Mehrzahl der Fälle als das Endergebnis militärischer Eroberung, wenngleich vielfach ein nicht landnehmender Kontakt diesem Überfall vorangeht. Durch die komplette Übernahme erfolgt die vollständige Eingliederung, die damit wieder die umfassende wirtschaftliche Ausbeutung möglich macht. Neben diesen wirtschaftlichen Faktoren spielt aber auch der durch den Erwerb erreichte Prestigegewinn eine Rolle.

Beherrscht wird der Apparat der Kolonie durch aus dem Mutterland entsandte Kolonialbeamte und Militärs, nicht aber durch Siedler. Die Regierung ist autokratisch und erfolgt allein durch das Mutterland, welches Gouverneure im unterworfenen Gebiet einsetzt. Beispiele: Britisch Indien, Indochina (frz.), Togo (dt.) Taiwan (jap.) oder die Philippinen (USA).

2. Integrationskolonien: Sie entstehen ebenfalls durch Eroberung und verbinden Aspekte der Siedlungs- und Beherrschungskolonie. Auf der einen Seite erfolgt die formale Rechtsgleichstellung der Einwohner mit dem Mutterland, begleitet von einem hohen Maß an lokaler Autonomie. Die Schlüsselstellungen werden aber allein von mutterländischen Kolonialbeamten eingenommen, die dabei von einer als Regierungsinstitution anerkannten Siedlerschicht unterstützt werden. Es erfolgte eine umfassende Besiedlung aus Europa. Beispiele: die spanischen Kolonien in Lateinamerika.

3. Stützpunktkolonien: Ihre Gründung erfolgt durch Flottenexpedition, welche in Gestalt von Handelsstützpunkten die kommerzielle Erschließung des Landes zur Aufgabe hat. Aus dieser ersten Form entwickeln sich dann Stützpunktkolonien, die vornehmlich der Macht-

entfaltung und der Kontrolle dienen. Beispiele: die holländischen und portugiesischen Stützpunktkolonien in Afrika und Asien.

4. SIEDLUNGSKOLONIEN: Durch eine von militärischer Macht begleitete Landung von Siedlern kommt es zu deren permanenten Siedlung im überseeischen Gebiet. Das Land wird mit den indigenen Arbeitskräften oder unter deren Verdrängung genutzt. Daraus erwächst die Konsequenz, dass man die Lebensformen des Mutterlandes fast unverändert beibehält, wenngleich die neue Siedlerschicht nicht so zahlreich ist. Diese weißen Siedler übernehmen schnell in Selbstregierung die Macht.

Dabei gibt es jedoch Unterschiede:

1. amerikanischer Typ: Verdrängung oder Vernichtung der als unnötig angesehenen Urbevölkerung (engl. Neuenglandkolonien, Kanada, Australien, Neuseeland, Chile).

2. afrikanischer Typ: Ökonomische Abhängigkeit von der einheimischen Arbeitskraft, so Algerien, Südrhodesien, Südafrika.

3. karibischer Typ: nach der Ausrottung der angestammten Bevölkerung kommt es zu einem vollständigen Neuimport von landfremden Arbeitssklaven. Beispiele: Barbados, Jamaica (engl), St. Domingue (frz.), Virginia (engl.), Kuba (span.); Sonderfall: Brasilien (port). Die vollständige Ausrottung der indigenen Bevölkerung bleibt aus und der Sklavenimport erfolgt massiv erst Ende des 18. Jahrhunderts.

Die Epochen des Kolonialismus

Da die Kolonialgeschichte nicht nur eine den ganzen Globus umfassende Geschichte ist, sondern sich auch in ihrer zeitlichen Erstreckung über mehr als fünf Jahrhunderte hinzog, ist es sinnvoll, zeitliche Abgrenzungen vorzunehmen, wobei sieben Hauptepochen festzumachen sind.

1. 1312 BIS 1492/98. Die erste Periode stellt die Vorgeschichte des weltumspannenden Kolonialismus dar, also sowohl der Kolonialismus der Antike, wie derjenige des Mittelalters. Dieser beschränkte sich jedoch auf das Mittelmeer und erst im 15. Jahrhundert erfolgte in umfassender Weise ein Ausgriff in weiter entfernt liegende Gebiete, mit dem Ziel, diese als Kolonien für das eigene Reich zu gewinnen. Am Ende des 15. Jahrhunderts stehen dann zwei einschneidende Ereignisse, nämlich die Entdeckung des Seewegs nach Indien durch Vasco da Gama 1498 und das damals als erheblich weniger wichtig angesehene Ereignis, welches heute jedoch viel mehr als Epocheneinschnitt gewertet wird, nämlich die Entdeckung und Eroberung Amerikas mit der Landung von

Cristoforo Colombo am 12. Oktober 1492 auf der von ihm so benannten Insel „Unser Heiland", San Salvador. Dazwischen lag der Vertrag von Tordesillas, welcher 1494 die Einteilung der Welt in zwei Zonen vorsah und bereits deutlich machte, dass mit den beiden Entdeckungen die Aufteilung der Welt durch die Europäer begann und man in Konkurrenz um eben diese Teilung eintrat.

2. 1492/1498-1620 (BZW. FÜR PORTUGAL 1520-1580): Mit der Inbesitznahme der Karibikinseln durch Christoph Columbus begann das Eroberungsprojekt Amerika, während gleichzeitig, markiert durch das Datum 1498, also das Jahr der Umfahrung des Kaps der Guten Hoffnung durch Vasco da Gama und die Entdeckung des Seewegs nach Indien, der internationale Handel enorm an Perspektive gewann. Diese innerhalb weniger Jahre sich ergebende Schere der Expansion setzte sich im 16. Jahrhundert rapide fort. Einerseits erfolgte dies mit der Eroberung des Aztekenreiches in Mexiko ab 1519 und des Inkareiches ab 1533 in Peru, andererseits durch den schnellen Ausbau portugiesischer Stützpunkte entlang der afrikanischen Küste bis nach Indien, dem heutigen Indonesien und schließlich China. Das 16. Jahrhundert war also geprägt von der rapiden Expansion und der danach folgenden Konsolidierung der Herrschaft.

Die Strukturen dieses Kolonialismus änderten sich, als das portugiesische Königshaus 1580 ausstarb und damit Spanien durch eine Personalunion zur alleinigen wirklich großen Weltkolonialmacht wurde. Die schon länger dauernden Spannungen mit England führten in diesem Jahrzehnt dann auch zum Krieg mit der Inselmacht unter Königin Elisabeth I. und durch steigenden Druck in den spanischen Niederlanden zum Krieg um diese Besitzungen und schließlich der Unabhängigkeit der Niederlande 1621/1648. War Spanien hierdurch bereits geschwächt, so musste man den letzten großen Schlag mit dem Aufstand und der Unabhängigkeit Portugals 1640 hinnehmen, dem es jetzt jedoch nie mehr gelingen sollte, zu alter Größe aufzusteigen. Dafür wurden aber die von einem kapitalistischen Geist geprägten Niederlande und England zu den führenden Kolonialmächten, denen es zwar nicht gelang, in Bezug auf die besetzte Landmasse, wohl aber in Bezug auf Handelseinnahmen, fast an Spanien heranzukommen. Die Ostinidenkompanien der Niederländer und Engländer gehörten zu den modernsten Institutionen der Welt, während in den spanischen Kolonien ein feudal ritterliches Verwaltungssystem alter Prägung bestand.

3. 1621-1763 (1630-1680): Die Übernahme des Einflusses durch England und die Niederlande in großen Teilen Asiens führte zum Angriff auf die spanische Vorherrschaft in Amerika. Zunächst expandierten die Niederländer und Engländer in Nordamerika, freilich in territorial erheblich bescheidenem Rahmen, was damit zusammenhing, dass man einerseits keine großen Reiche durch die Eroberung einer Zentrale, wie dies im Falle des Azteken oder Inkareichs der Fall gewesen war, übernehmen konnte, andererseits aber große Gebiete übernehmen wollte, da die Kosten- Nutzenrechnung im Vordergrund stand. Hinzu kam aber, dass Spanien seine Haupteinnahmen aus den Gold- und Silberminen Lateinamerikas bezog. Allein schon, weil es damit den Krieg gegen England und die Niederlande finanzierte, lauerten die Mächte mit Kaperfahrten den jährlich nach Spanien gehenden Edelmetallflotten auf. Man kann sich aber gut vorstellen, dass die Wertabschöpfung allein durch die Überfälle kaum ausreichend war und man daher auf neue lukrative Einnahmequellen aus war. In Asien wurden bereits existierende Quellen von Rohstoffen und Fertigwaren ausgeschöpft, indem sich die Europäer als Handelspartner in bestehende Handelsnetze einfügten und die logistische Leistung des Warentransportes nicht nur nach Europa, sondern auch im asiatischen Raum ausbauten. Demgegenüber wurde Amerika nun zu einem „Ergänzungsraum" (Osterhammel) der europäischen Wirtschaft, indem exportorientierte Monopolsektoren geschaffen und durch unfreie Arbeit betrieben wurden. Was den Spaniern das Edelmetall war, wurde den Engländern, Holländern und Franzosen der Zucker; ein Produkt, das in so großer Menge und derart lukrativem Preis in Europa Abnahme fand, so dass ganze Inselgruppen in der Karibik der Zuckerproduktion zu dienen hatten. Andererseits setzten diese in Übersee produzierten Waren einen Veränderungsprozess in Europa in sozialer wie industrieller Hinsicht in Gang. So veränderte die Baumwolle die Mode, als Baumwollstoffe aufgrund sinkender Preise auch von der Mittelschicht getragen werden konnte. Dieser Preissturz war wiederum maßgeblich durch die Erfindung von Spinnmaschinen möglich geworden.

Doch die Entwicklungen in Europa warfen dann ihre Schatten auch auf die koloniale Welt. Spaniens Abtreten von der Bühne als Weltmacht durch die Aufteilung seiner Besitzungen nach dem Aussterben der regierenden Dynastie der Habsburger 1711-1714 veränderte die Gewichte, die sich erneut durch die Niederlage Frankreichs im Siebenjährigen Krieg zugunsten Englands verschoben. England, das bis 1702 in Personalunion mit den Niederlanden verbunden war, konnte sich von da an als die führende Kolonialmacht der Welt verstehen.

4. 1763-1830. (1760-1800): Die großen, besonders die finanziellen Anstrengungen, die England für das Erreichen der Vorherrschaft auf sich genommen hatte, ließen in London die Idee reifen, dass man die Kolonien, besonders in Amerika, stärker an den Kosten beteiligen könne. Allerdings hatten sich dort durch die Aufklärung kritische Positionen entwickelt, die in Nordamerika zur ersten Dekolonisationsbewegung führten, weil hier allein „weiße" Siedler die Macht inne hatten und sich mit der Formel „keine Gesetze ohne (parlamentarische) Repräsentation" (*no taxation without representation*) gegen das Mutterland wandten. Die enge Bindung an das aus Europa stammende Gedankengut lässt sich aber schon daran erkennen, dass die wichtigste Persönlichkeit bei der Formulierung der Unabhängigkeit der aus England stammende Thomas Paine war. Markierte die französische Deklaration der Sklavenbefreiung lediglich einen Einschnitt, so bedeutete der Kampf gegen Napoleon eine folgenreiche Zäsur, an deren Ende die Unabhängigkeit des größten Teils von Lateinamerika bis 1826 stand.

Es war auch Napoleon Bonaparte, der eine neue Richtung vorgab, als er 1798 die Engländer in Ägypten angriff. Zwar war die Expedition für die Franzosen militärisch ein Fiasko, doch brachten die mitgenommenen Wissenschaftler so viele interessante Ergebnisse aus Ägypten mit, dass eine Begeisterung für Nordafrika einsetze. Andererseits erkannte man in England, dass es für das Inselreich wichtig sein würde, die eigene Position auch auf diesem Kontinent auszubauen. Daraus erwuchs bis 1830 der Beginn der Expansion nach Afrika, der aber auch ideologisch ganz neue Wege beschritt. Die Französische Revolution hatte zwar die Trennung staatlicher und kirchlicher Einflusssphären hervorgebracht, doch dies hinderte die europäischen Mächte nicht, überseeische Gebiete mit der Rechtfertigung zu erobern, dass man sie „zivilisieren" wolle. Mehr noch als bisher wurden aus einer gefühlten europäischen Überlegenheit heraus die eigenen Maßstäbe an die übrige Welt angelegt. Mit der wirtschaftlichen Vergrößerung der Kapazitäten kam es zu immer engeren Wirtschaftsbeziehungen und zu einem alle Teile des Globus umfassenden Welthandel.

5. 1830-1914. (1880-1900) Während Frankreich vornehmlich in Nordafrika, beginnend in Algerien (1830), expandierte und sich schnell bis an die westafrikanische Küste mit einer geschlossenen Besitzdecke vorarbeitete, stand für England zunächst die vollständige Einnahme Indiens (1818, *paramount power*) und die Sicherung des Weges dorthin im Vordergrund. Als die zunehmende Expansion Frankreichs in Afrika aber zu einer Gefährdung der Verbindung mit Indien zu werden drohte,

expandierte England, das sich seit 1802 als Teil Großbritanniens bezeichnete, auch nach Afrika und eroberte den Osten bis nach Südafrika. Damit hatte der internationale Wettlauf um Afrika und dann um die ganze Welt begonnen, der als Hochimperialismus (ab 1870/1880) auch zur Beteiligung Belgiens, Deutschlands und Italiens führte. Hinzu kam, dass auch in Asien zunächst der koloniale Eingriff in die Landnutzung, dann die Übernahme des ganzen Landes durch die Kolonialmächte, besonders durch die Niederlande und Frankreich erfolgte.

Fast alle Länder Asiens waren dabei als „Objekte" der europäischen Kolonialherren betroffen, außer Japan, das sich dank seiner strikten Isolierung von europäischem Einfluss bisher weitgehend freigehalten hatte und nun in eigener Initiative die Europäisierung durchführte und selbst zur asiatischen Kolonialmacht wurde.

6. 1918-1945 (1914-1930): Schon seit dem ausgehenden 19. Jahrhundert kam es zunehmend zu Streitigkeiten und Krisen zwischen den Kolonialmächten, die auch zu verschiedenen Auseinandersetzungen führten. Eine profunde Erschütterung erlebte das System jedoch erst durch den Ausbruch des Ersten Weltkriegs, der die volle Konzentration der wirtschaftlichen wie humanen Ressourcen auf Europa erforderlich machte und damit den Druck auf und die Ausbeutung der Kolonien erhöhte. Da Deutschland durch seine Niederlage als Kolonialmacht wegfiel (Spanien hatte seine letzten Kolonien bereits 1898 verloren), blieben nun Frankreich und England als führende Kolonialmächte, hinter denen die „Kleinen", so Belgien, Italien, Niederlande, Portugal und Japan, stark zurück fielen. Die wirtschaftliche Nutzung wurde weiter intensiviert, die Verwaltung ausgebaut und systematisiert, man stellte sich in Europa auf eine noch lange dauernde koloniale Herrschaft ein, in der Afrika und großen Teilen Asiens die Rolle der Rohstofflieferanten für die sich entwickelnde Industrie zugedacht war. Große Konzerne, wie Lever Brothers / Unilever teilten sich die lukrativen Förder- und Produktionsstätten für Öl, Metall, Gold und Diamanten, Kautschuk und andere Rohmaterialen für die Industrieproduktion. Während man in großem Stile Rohprodukte importierte, wurden die Kolonien mit Exportprodukten in großem Umfang beliefert, was einerseits der heimischen Wirtschaft half, andererseits die Kolonien in der Abhängigkeit vom Mutterland hielt.

7. AB 1945 (1945-1960): Bereits während des Ersten Weltkriegs war die Frage, warum man Soldaten im Ersten Weltkrieg hatte stellen müssen, ohne davon eine Besserung der eigenen Selbstständigkeit zu erleben,

aufgekommen. Doch nur für die von „Weißen" besiedelten Staaten „neuenglischen Typs" wie Kanada, Australien, Neuseeland kam es mit dem Westminster Statut von 1931 zu einer fast vollständigen Unabhängigkeit vom Mutterland. So erfolgte in Afrika und Asien die Dekolonisierung gegen den Widerstand der Mutterländer, die mit unterschiedlich repressiven Maßnahmen den Prozess zu verhindern suchten. Dennoch ließ sich nach 1945 das schnelle Ende der Kolonialreiche nicht mehr aufhalten. 1946-1949 wurden die Völkerbund / UN Mandate im Nahen Osten aufgehoben und es gelang den meisten europäischen Kolonien in Asien, selbstständig zu werden, ein Prozess, der mit der Unabhängigkeit von Französisch-Indochina 1954 seinen weitgehenden Abschluss fand. In Afrika nahm die Unabhängigkeitsbewegung 1951 in Libyen ihren Ausgang und dauerte bis 1975, als auch Portugal seine Kolonien nach einem langen Krieg räumen musste.

Dennoch wirken bis heute viele Abhängigkeits- und Beziehungsmuster nach, ist das Problem der ungleichen Beziehungen immer noch sehr aktuell. Die Kolonien waren für die Kolonialmächte besonders nach dem Ersten Weltkrieg sehr wichtig gewesen. Daher hatten die Europäer überall ihre jeweiligen Ausbildungs-, Verwaltungs- und Siedlungssystem durchgesetzt, welche die Länder bis heute prägen. Dies macht verständlich, warum in vielen früheren Kolonien die, besonders wirtschaftliche Abhängigkeit, als imperiale oder neokoloniale Herrschaft verstanden wird.

Ein weltumspannendes Phänomen hat natürlich auch weltumspannend Literatur hervorgebracht. Wurde in diesem Zusammenhang zunächst der Schwerpunkt auf die politischen und besonders ökonomischen Effekte gelegt, so stehen heute mehr die kulturellen Austauschprozesse im Vordergrund, und zwar sowohl in den kolonialen Zentren, wie auch in den Metropolen der Kolonialmächte. Durch die Dominanz des englischen und französischen Kolonialsystems bleiben aber die Publikationen in diesen Sprachen vorherrschend, während über Lateinamerika das meiste in Spanisch und Portugiesisch, weniger jedoch in Englisch erscheint.

2. Die Vorläufer: Entwicklung des Kolonialismus in der Antike und im Mittelalter

Die griechischen und römischen Kolonien

Asien, Europa und Nordafrika standen auch vor den großen Fahrten der Portugiesen und Spanier miteinander in Kontakt, wenngleich man diese Beziehungen noch als einen Austausch pflegte. Es war vornehmlich das Mittelmeer mit seiner, wie es Braudel formulierte, alle Anrainer umfassenden Kultur, welche die Drehscheibe für die Kontakte schon in der Antike lieferte. Unser Bild vom Mittelmeer, das geteilt ist in einen afrikanischen und einem europäischen Bereich, ist ein mittelalterliches, das für die Antike keine Gültigkeit besaß. So herrschte im gesamten Mittelmeerraum ein beständiger Austausch, welcher überhaupt das Mittelmeer erst in der Weise prägte, wie wir es heute kennen. Zitronen, Orangen, ja selbst Oliven waren keinesfalls überall verbreitet, sondern verdankten ihren Siegeszug vornehmlich dem Import aus dem arabischen Raum, der dann erst zu einem Anbau an geeigneten Stellen im mediterranen Raum führte.

Die großen Reiche mit Vasallenstaaten wie die Hethiter, das Ägypten der Pharaonen oder besonders die Karthager und Phönizier sorgten für einen ständigen Austausch von Handelsgütern, über die gesamte Spanne des Mittelmeeres hinweg. Es zeichnete sich jedoch schon hier eine Trennung zwischen den mit dem Mittelmeer verbundenen und den im Osten oder Süden liegenden Kulturen ab. Ägypten trieb auch Handel südlich des fünften Kataraktes, ebenso mit dem babylonischen Großreich, doch blieb man sich nur auf Handelsebene verbunden. Diese grundsätzliche Trennung fand auch in der römischen Welt ihre Fortsetzung, als das Reich der Parther und Sassaniden eine Trennung nach Osten und das von den Römern mit dem Sammelbegriff „Nubier" versehenen Königreich nach Süden eine Trennlinie darstellte.

Schon die Verwendung des Wortes „Imperialismus" legt eine Verbindung mit dem römischen Imperium nahe und tatsächlich verstanden sich spätere Kolonialreiche, besonders das englische als British Empire, welches das „Kaiserreich Indien" einschloss, gegenüber dem römischen Reich als überlegene Nachfolger.

Von Stephen Howe stammt eine Definition eines „Imperiums", als „eine große zusammengesetzte, multi-ethnische oder multinationale politische Einheit, die in der Regel durch Eroberung entsteht und zwischen einem dominanten Zentrum und untergeordneten, geographisch oft weit entfernten Peripherien geteilt ist."

Damit wird Kolonialismus und der Aufbau des Imperiums nicht stets in weite Ferne gerückt, sondern kann auch durchaus näher liegen, wie dies, verglichen mit der späteren Zeit, bei den römischen und griechischen Kolonien der Fall war. Damit stellten sie Räume dar, in welchen ein einheitliches Rechtsnormensystem existierte, über das diskutiert werden konnte.

Dennoch galten für die Kolonien Sonderverbindungen mit dem Mutterland. So gab es bereits eine pharaonische Sudankolonie, altassyrische Kolonien in Kappadokien und besonders die phönizischen Kolonien (10.-8. Jahrhundert v. Chr.) von Karatepe (Türkei) und Zypern (Kypros), über Utica (Tunesien) bis Gades (Cádiz). Dieser Bewegung folgte vom 8. bis 6. Jahrhundert v. Chr. die archaisch griechische Kolonisation. Schon in dieser frühen Phase ist die Entstehung von Stützpunkten von der Krim bis nach Al Mina (Syrien) und nach Spanien erkennbar. An der Schaffung dieses ausgreifenden Gewebes werden das Handelsinteresse einerseits und die Etablierung eines Handelsnetzes andererseits deutlich. Erstmals gelang es über diesen Weg, auch ein größeres Gebiet, nämlich Kleinasien, ohne es zu erobern, weitgehend für eigene Zwecke zu kontrollieren. Ebenso wichtig wurden die Kolonien in der Adria, und zwar gleichermaßen an der balkanischen Adriaküste, wie in Sizilien und Unteritalien. Die Typen von Siedlungen blieben aber unterschiedlich, es entstanden Bauern- und Fischer- aber auch Piratensiedlungen, die den Handel ausnützten, ihn aber nicht immer trugen. Eine ganz neue Bewegung brach erst mit Alexander dem Großen los, der nicht nur griechische Dörfer auf dem Balkan und der Kyrenaika (Libyen) gründete, sondern auch entlang seiner Feldzugsroute bis nach Nordindien und an der chinesischen Grenze.

So weit sollten später römische Kolonisatoren nicht mehr vorstoßen. Rom machte die Kolonisation zum Eroberungs- und Integrationsmodell, indem es römische und lateinische Kolonien (*Coloniae Romanae* und *Coloniae Latinae*) einrichtete und sich somit zunächst innerhalb ganz Italiens, dann aber auch in die Provence, nach Afrika, auf die Iberische Halbinsel, nach Gallien, Britannien, in die Alpengebiete, den Balkan und nach Dakien (Rumänien) vorwagte. Die griechischen Kolonien wurden bei dieser Bewegung zwar mit römischem Stadtrecht dem Reich einverleibt, behielten ansonsten aber ihre griechische Identität.

Rom nutzte die Kolonisierung zu einem langsamen Vortasten und wurde damit zu einem Schlüssel der Frühen Expansion. Auf der anderen

Seite garantierten die Kolonien zunächst den Handel, eine Funktion, die sich bei fortschreitender Eroberung und Eingliederung in das Römische Reich weitgehend verwischte. Ihre Rechtsstellung jedoch ließ sie herausgehoben und mit der Mutterstadt Rom verbunden sein. Ebenso sollte die Idee des römischen Bürgerrechts auch außerhalb Roms später noch von Bedeutung sein.

Die Kolonien Genuas und Venedigs im Mittelalter

Im Hochmittelalter muss man sich für das Verständnis von Kolonialismus zunächst jene Staaten ansehen, die das von Kastilien und Portugal später übernommene Kolonialsystem weitgehend entwickelt haben, nämlich die italienischen Handelsnationen Genua und Venedig.

Sowohl Genua als auch Venedig waren als Stadtrepubliken darauf angewiesen, Geld und Güter aus dem Ausland zu beziehen und dabei stets mit lukrativen Waren zu handeln. Zwar trieb Venedig auch Handel mit Holz, Tuch und billigeren Waren, doch machte den Reichtum beider Städte der Fernhandel aus. Daher war man an zweierlei Dingen interessiert. Auf der einen Seite benötigte man eine Reihe von Häfen, an denen die Schiffe, wenn sie unterwegs in Schwierigkeiten geraten sollten, immer wieder anlegen konnten. Aus diesem Grund begann man eine Reihe von Stützpunkten entlang der griechischen Küste in Besitz zu nehmen, die, wie an einer Perlenkette, den venezianischen Schiffen erlaubten, hier notfalls vor Anker zu gehen. Städte wie Cattaro (Kotor) wurden vollständig von Venedig geprägt und noch heute zeugen die Campanile an der kroatischen und montenegrinischen Küste in vielen Orten davon, dass hier einstmals der Markuslöwe als Flagge über der Stadt wehte. Zudem brauchte man Häfen, die relativ nah an den Zielorten im Orient waren, um dort die Produkte einkaufen zu können. Besonders wichtig wurde den Venezianern dann auch, eine Drehscheibe im Mittelmeer zu erhalten. Das gleiche galt auch für Genua, das zwar nicht so leicht Stützpunkte an der italienischen Küste eröffnen konnte, wie Venedig aber ebenfalls über Handelsniederlassungen, z. B. im Orient und auf der Krim verfügte. Als sich daher im Jahre 1204 die Möglichkeit eröffnete, Kreta zu erwerben, waren die Konkurrenten im Mittelmeer sogleich zur Stelle.

Im diesem Jahr hatte Venedig, da das Kreuzfahrerheer die Überfahrt ins Heilige Land nicht bezahlen konnte, den Kreuzzug nach Byzanz umleiten können. Das Heer fiel über die christlich-orthodoxe Stadt her und plünderte sie tagelang. Venedig konnte große Gewinne in finanzieller und in künstlerischer Hinsicht verbuchen, worauf heute noch, neben anderen künstlerischen Zeugnissen, die nach Venedig gebrachten Markuslöwen auf San Marco hinweisen.

Byzanz war durch den Überfall und die Plünderung derart geschwächt, dass es Kreta nicht halten konnte. Zunächst griffen die Genuesen zu, als die eigentlich dem Kreuzfahrer Bonifatius von Montferrat (1150-1207) zugewiesene Insel zum Verkauf stand. Doch gelang es ihnen nicht, ihre Herrschaft zu etablieren, so dass Kreta im Jahre 1204/1217 von den Venezianern in Besitz genommen wurde. Damit besaßen diese erstmals erheblich mehr als nur einen kleinen Handelsstützpunkt, nämlich auch eine Insel, die größer war als das venezianische Hinterland, die *terra firme*.

Venedig, das aufgrund seiner Größe keine umfangreiche Neubesiedelung der Insel ins Auge fassen konnte, beließ das meiste beim Alten. Man musste zwar mit vielen Aufständen umgehen, doch konnten sich die katholischen Fremdlinge trotz der orthodoxen Mehrheit behaupten. Aber die Republik begann, die Insel in wirtschaftlicher Hinsicht auszubeuten. Es entstand eine Produktion, die auf das Mutterland der Kolonie ausgerichtet war. Wolle, Käse, Öl und als wichtige Neuheit Zucker wurden nach Italien geliefert. Damit wich Venedig insofern von dem bisherigen üblichen Handelskurs ab, als man nicht mit teueren Waren, sondern eher mit Gütern des täglichen Bedarfs, dafür aber in größeren Mengen zu handeln begann. Ein koloniales Abhängigkeitsverhältnis ergab sich, bei dem sich Venedig auf zwei Pfeiler stütze. Auf der einen Seite betrieb man den Fernhandel über die Seidenstraße mit exklusiven Waren, die aus dem Orient kamen, weiter, auf der anderen Seite ergänzte man diese Einnahmen durch die Produkte aus den eigenen Kolonien. Dabei beließ Venedig der Insel weitgehend die Freiheiten, achtete darauf, dass sich aber die Kosten in Grenzen hielten und man möglichst viel aus Kreta herausholen konnte. Auch diese Idee, nämlich die Bedeutung der Wirtschaftlichkeit für den Kolonialbesitz in den Blick zu nehmen, sollte für die nächsten Jahrhunderte Schule machen. Mit Burgen wie dem „Kastell der Franken" (Frangocastello), zeugen noch heute davon, wie Venedig die Insel sichern, gleichzeitig aber auch die Steuerzahlungen der Bevölkerung garantieren wollte. In jedem Fall hatte man aber sichere Häfen, die aufgrund der vielen Piratenüberfälle auch sehr nötig waren.

Haupteinkunftsfaktor war die Zuckerproduktion, jenes Produkt, welches später, also in der Frühen Neuzeit, die Kassen der Kolonialherren füllen sollte. Für den Anbau importierte man bereits Sklaven, womit der Zusammenhang zwischen Sklavenarbeit und dem Kolonialismus hergestellt war. Nicht nur Venedig, auch Genua war im Sklavenhandel aktiv, wie uns ein Verkaufsvertrag zeigt:

„Im Namen des Herren, Amen. Ich, Fredericus Aspiranus, bestätige dir, Bonacursus de Petrasancta, dass ich dir eine schwarze Sklavin mit dem Namen Arcona, im Alter von vierzehn bis sechzehn Jahren, von indischer Abstammung, mit jedwedem Recht, das ich [als ihr Herr] auf Grund ihres Sklavenstandes an ihr habe, das mir an ihr zusteht und zustehen wird, zum vereinbarten Preis von sechshundertvierzig Asperi Barichati verkauft habe. Ich bestätige dir, diese [Summe] dafür empfangen und erhalten zu haben, und ich erkläre mich von dir [mit der Zahlung des Kaufpreises] für befriedigt und [deine Schuld] für beglichen." (Sklavenhandelsvertrag aus Kaffa, Ende 13. Jh, in: DGEE 1, 183)

Doch nicht allein beim Sklavenhandel und für den Zuckeranbau hatten die italienischen Stadtrepubliken eine Vorreiterfunktion, sondern auch durch ihre Weiterentwicklung von Schiffen. Durch die Seerepubliken und Handelsstädte im Mittelmehr wurde neben der Galeere das Rundschiff, ähnlich der Kogge des Nordens, weiter entwickelt. Diese Neuerung war deswegen so bedeutend, weil, wie es Wolfgang Reinhardt betont, „das Segeln am Wind und sogar das Kreuzen gegen den Wind ermöglichte".

Hinzu kam, dass man dank der arabischen Überlieferung auch, gerade von Aragonien ausgehend, das umfangreiche Besitzungen auch in Süditalien besaß, die astronomischen und kartographischen Kenntnisse auszubauen vermochte. Zwar konnte man noch nicht genaue geographische Längen und Breiten errechnen, doch war man sich der Linien ungefähr bewusst und fand sie dann auch in kartographischen Werken wieder.

Ebenso wie in Genua waren auch die Seestädte auf der iberischen Halbinsel im Fernhandel aktiv, allerdings zunächst fast nur die am Mittelmeer liegenden Städte Aragoniens. Schon seit der Antike hatte die Iberische Halbinsel im Mittelmeer mit Nordafrika Kontakte gehabt. Dies galt für die Antike in der Zeit der Phönizier, Karthager und Römer, hatte Fortbestand in der Zeit der Völkerwanderung, als Vandalen wie Westgoten eben über Europa hinaus siedelten. Dies änderte sich auch bei der umgekehrten Bewegung nicht, als 711 arabische Reiter auf Wunsch des bedrängten Westgotenherrschers nach Spanien übersetzten. Mit der muslimischen Invasion Spaniens und Portugals hielt eine sehr fortgeschrittene Wissenschaft, einschließlich der Kartographie Einzug in Spanien, wie sie sonst in der christlichen Welt noch weitgehend unbekannt war. Die Grundlagen der Kartographie und Astronomie, die von den Arabern in Spanien auf Grundlage der antiken Schriftsteller entwickelt worden waren, schufen die Vorraussetzung für die weitere Expansion.

Die Rezeption der arabischen Wissenschaft verschaffte der iberischen Halbinsel vor anderen Ländern einen Vorsprung. Auch wenn die Europäer durch Chinareisen überall gewisse außereuropäische Kenntnisse besaßen, so brachte das praktisch anwendbare Wissen die iberischen Königreiche noch mehr voran.

Horst Gründer hat die Zahl der Chinareisen zwischen 1242 und 1448 (nach der Schlacht bei Liegnitz unter Nutzung der mongolischen Ausbreitung, der so genannten Pax Mongolica) auf 126 berechnet. Die meisten wurden vor 1371 unternommen, nach diesem Datum begaben sich nur noch sechs Gruppen auf die Reise. So sind die Reise des Marco Polo von 1250 bis 1269 und 1271-1295 als Ideen- und Vorstellungsschatz wichtig. Es wird in der Literatur darüber gestritten, ob Marco Polo alle seine beschriebenen Ziele je erreichte, ja, ob er überhaupt die Fahrten unternahm, weil er viele falsche und ungenaue Angaben in seinen Berichten aufnahm. Dennoch bleiben seine Schilderungen für spätere Reiseberichte von Entdeckern vorbildlich. Das Bild von dem mystischen Asien lebte in den Köpfen der Menschen fort und man wollte dies in seiner Literatur bestätigt wissen. So kann es nicht verwundern, wenn in der Darstellung von seltsamen Tieren, Menschen und Landschaften berichtet wurde, die Polo umfangreich ausmalte, die er auf seinen Reisen, die ihn bis nach Peking an den Hof des Kublai Chan führten, in Asien gesehen haben wollte. Wie später bei Kolumbus begegnet uns hier bereits die Idee des „nackten Wilden" und von dem phantastischen Reichtum in anderen Weltteilen:

„Die Bewohner dieses Landes gehen nackt, nur die Körperteile, wie gesagt, deren Anblick die Scham verletzt, bedecken sie mit einem Tuch. Der König geht wie alle anderen und unterscheidet sich nur durch seinen Schmuck, nämlich ein Halsband von Saphiren, Smaragden und Rubinen von unschätzbarem Wert. Um den Hals trägt er eine schöne Seidenschnur, die bis zur Brust reicht und mit einhundertvier kostbaren Perlen und Rubinen besetzt ist. Mit dieser Zahl hat es folgende Bewandtnis: So oft muss der König täglich einen Gebetsspruch wiederholen, wie seine Vorgänger es taten und wie es seine Religion befiehlt. Dieses Gebet lautet: Pacauca, Pacauca, Pacauca, einhundertviermal. Er trägt an jedem Arm, an drei verschiedenen Stellen, ein goldenes Armband, auch mit Perlen und Edelsteinen geschmückt, an drei verschiedenen Stellen der Beine ebenso verzierte Bänder von Gold und schließlich Ringe an seinen Fingern und Zehen, und das ist wunderbar anzusehen und unschätzbar wertvoll. Freilich kann er leicht diesen Glanz entfalten, da alles Kostbare

aus dem Lande kommt." (Marco Polo über Java (Sumatra?) und Indien, in: DGEE 1, 111).

Eine große Verbreitung konnten die Schriften Marco Polos jedoch erst nach der Einführung des Buchdrucks mit beweglichen Lettern finden, als die mit Holzschnitten versehenen Berichte maßgeblich das Bild, welches der Westen von Asien haben sollte, prägten. Die Begrenzung Europas wird am Ende des Lebens von Polo deutlich, als der Venezianer Marco Polo im Krieg gegen Genua dort in Gefangenschaft geriet und hier seine Memoiren niederschrieb. Die kleinräumige Konkurrenz der ersten Kolonialmächte lähmte beide gegenseitig.

Marco Polo und andere Reisende, wie die Franziskaner Giovanni del Pian del Carpini (Reise 1245-48), Wilhelm von Rubruk (Reise 1253-1255) und Giovanni die Montevorvino (Reise 1294-1328) bleiben aber also deswegen so wichtig, weil ihre mit Illustrationen geschmückten Texte von abnormalen Menschen, mit nur einem Auge im Kopf, ganz ohne Kopf, nur einem Fuß oder einer Brust bis in das ausgehende 19. Jahrhundert die Erwartungswelt der Entdecker prägte. Holzschnitte, Druckgraphiken und später Fotos bis 1900 bilden immer wieder Menschen mit Abnormitäten ab, deren Existenz als Beweis für das Exotische in der außereuropäischen Welt gesehen wurde.

3. DIE BEDINGUNGEN: DER BEGINN DER UMFASSENDEN EUROPÄISCHEN EXPANSION NACH ÜBERSEE

Die Vorstellungen von Asien im Mittelalter

Sieht man von der Iberischen Halbinsel und Teilen Italiens ab, beruhte das Bild, welches man von der außereuropäischen Welt hatte, nicht auf Erfahrung, sondern allein auf ungeprüfter Lektüre und hinzugedichteten Vorstellungen. Die Autoritäten waren die antiken Schriftsteller, und hinzu kam alles das, was man in der Bibel dem Thema außereuropäische Welt zuordnete. Die Söhne Noahs setzte man daher mit den drei bekannten Weltteilen, also Asien, Europa und Afrika gleich. Da nun Noah seinen Sohn Ham, der mit Afrika gleich gesetzt wurde, verflucht hatte, hielt sich bis in das 19. Jahrhundert die Überzeugung, dass Afrika von Gott verflucht sei. Auf der anderen Seite war man davon überzeugt, dass die islamische Welt von Christen umschlossen sei, man also durch die isla-

mischen Länder hindurch expandieren müsse, um dann die christlichen
Geschwister auf der anderen Seite der Welt zu finden. Diese Gerüchte
erhielten durch drei christliche Gruppen, die es in Asien und Afrika
gab, neue Nahrung. Einmal gab es die Thomaschristen, die um 300 n.
Chr. nach Indien gelangt waren, dann die so genannten Nestorianer,
die einer verurteilten christlichen Lehre anhingen und teilweise nach
China gezogen waren und schließlich in Afrika die Äthiopier, die man
mit dem sagenhaften Priesterkönig „Johannes" in Verbindung brachte,
was vermutlich lediglich eine Verballhornung des Titels „Negus" des
äthiopischen Königs darstellte.

Diese Ideenwelt gab sich aber mit den verschiedenen Reiseberichten
zufrieden. Zu einer Expansion im großen Stil kam es hingegen noch
nicht. Über die geistesgeschichtlichen Gründe, warum am Ende des 15.
Jahrhunderts so konzentriert der Ausgriff nach Außereuropa stattfand,
ist viel spekuliert worden, so dass sich auch hier nur einzelne Erklä-
rungsansätze nachzeichnen lassen.

Als 1346-1349 eine aus Asien eingeschleppte Pestwelle über Europa
hinweg zog, führte dies zu einem erheblichen Bevölkerungsverlust. Dies
war das erste Mal, das eine Krankheit aus einem anderen Kontinent zu
einem nie da gewesenen demographischen Einbruch führte. Der Tod
von Millionen Menschen hatte zunächst den Verlust der Wirtschaftskontakte mit Asien durch die gesunkene Nachfrage zur Folge. Andererseits
entwickelte sich aus der Krise eine neue Sicht des Menschen.

Die Parler, von Eyck und das burgundische Erbe

Als Kaiser Karl IV. aus dem Haus der Luxemburger im Jahr 1347 eine
Reise nach Paris unternahm, war dies nicht nur ein Besuch eines Hofes,
welcher schon bei der Namensgebung für ihn wichtig gewesen war,
sondern auch der eines Hofes, welcher in kultureller Hinsicht Standards
setzte. Frankreichs Hofkultur litt zwar unter den Folgen des noch zu
spürenden Hundertjährigen Krieges gegen England, allein man hatte umfangreiche Anstrengungen unternommen, um zu neuen Ufern
aufzubrechen. Gerade in dieser Zeit entstanden prächtige Chroniken
und herausragende Kodizes, die *Tres riches heures* des Herzogs von
Berry seien hier nur als ein Beispiel genannt. Diese Werke stellten nicht
allein künstlerische Meisterleistungen dar, sondern waren gleichsam
eine Verherrlichung ihrer Auftraggeber, die sich nicht zu Füßen von
Heiligen, nicht in Anbetungspose, sondern vielmehr selbstbewusst darstellen ließen. Aus diesen noch kleinen ersten Porträts erwuchs schnell
der Wunsch, sich auch größer darstellen zu lassen. So entstanden die

ersten Porträts, die in Paris hingen. Sie sind zwar heute verloren, doch verdanken wir eben jener Reise Kaiser Karls nach Paris die Kenntnis ihrer Existenz.

Zunächst vornehmlich als Profilansichten gestaltet, nahm Kaiser Karl die Idee, sich selbst abbilden zu lassen, mit nach Prag und fand hier ihren Niederschlag in den Büsten der Parler (verzweigte Baumeister- und Bildhauerfamilie) im Veitsdom. In Prag blieb diese Innovation genauso wenig isoliert wie in Frankreich, sondern gelangte in einem niederländisch-portugiesisch-italienischen Austausch auch in weitere Länder, die aber ihrerseits auch die Entwicklungen in Zentraleuropa beeinflussten. In den Niederlanden und Italien können die vielfältigen Darstellungen des „Selbst" ein Zeugnis dafür ablegen, wie der Mensch sich selbst „entdeckt" hatte, wie man sich als herausragend wahr nahm und eben diese Wahrnehmung zur Grundlage einer neuen Weltsicht wurde. Diese „Entdeckung" des „Ich" ist für den Aufbruch in außereuropäische Gebiete von herausragender Bedeutung.

Hinzu kam die Bedeutung des länderübergreifenden Handels, bei denen neben den Mittelmeeranrainern auch die Niederlande eine wichtige Rolle spielten. Für die italienischen Kaufleute, die ja seit dem 13. Jahrhundert bis weit in den russischen und arabischen Raum Handel trieben, schien eine weitere Expansion, besonders aber auch die Bereitschaft, einen gewissen Betrag als Risikokapital in der Aussicht auf große Einnahmen einzusetzen, verlockend. In diesem Zusammenhang wurde wichtig, dass man auch für den Kontinentalhandel mit der Arabischen Welt über die Seidenstraße mehr Gold brauchte. Da nämlich die islamische Welt ab dem 15. Jahrhundert Gold dem bisher im innereuropäischen Handel vorherrschenden Silber vorzog, wurde es nötig, die Goldreserven aufzustocken.

Ebenso wichtig war schließlich die in der Renaissance einsetzende Neuentdeckung der Antike. Besonders im Umkreis der Eroberung von Konstantinopel 1453 kam es zu einer umfassenden Rezeption antiker lateinischer wie griechischer Schriftsteller. Diese Neugierde und die Fragen, die man hatte, experimentell zu beantworten, kann als ein weiterer Punkt für das Aufkommen der Entdeckungsfahrten ausgemacht werden. Es ist bekannt, dass Christoph Columbus, Lacelotto Maloncello oder Giovanni Caboto viele Ideen aus der Rezeption antiker Texte zogen oder aus Werken, die auf der Antikenrezeption beruhten, wie die *Imago Mundi* des Pierre d'Ailly oder die *Historia Rerum Ubique Gestarum* des Enea Silvio Piccolomini.

Neben diesen geistesgeschichtlichen Grundlagen ist aber ebenso ein Blick auf die Entwicklung der Geldwirtschaft zu werfen. Seit dem 13. Jahrhundert war es im Zusammenhang mit der Ketzerbewegung der Katharer, die in Südfrankreich und in der Lombardei Schwerpunkte hatten und den Geldverleih gegen Zinsen nicht ablehnten, zu einem Anwachsen des Kreditgeschäftes, besonders in Norditalien, gekommen. Damit war die Grundlage für umfangreichere Wertschöpfungen, die auch auf Krediten beruhen konnten, gegeben. Deren Aktionsradius erhöhte sich, als man bargeldlose Wechsel einführte, die man in Italien ausstellen und bei einen Repräsentanten oder Geschäftspartner einlösen konnte. Damit wurde es aber zudem möglich, das Geschäftsrisiko auf mehrere Schultern zu verteilen und ein Risikogeschäft einzugehen, das im Falle eines Misserfolges nicht sofort zum Bankrott führen musste. Besonders die jetzt entstehenden Handelsgesellschaften, bei denen es zu einer Kapitalzusammenführung für eine bestimmte Dauer kam, erlaubten die Erweiterung des Aktionsradius.

Diese wirtschaftlichen Entwicklungen lassen sich zunächst besonders in den Städten, wo es aufgrund der Versorgungssituation immer einen Handel geben musste, festmachen. In der Stadt gab es einerseits einen sehr regen geistigen Austausch, sei es an den Universitäten oder durch die konkurrierenden geistlichen Orden, andererseits trafen hier soziale Gruppen und Schichten zusammen. Während es auf dem Land fast ausgeschlossen war, durch Reichtum einen Sozialaufstieg zu schaffen, war dies in der Stadt möglich, weshalb dies auch dazu führte, dass Einzelpersonen ein oft erhebliches Risiko auf sich nahmen, um die Sozialleiter nach oben zu klimmen. Bei Profiten von 300 bis 1000 Prozent konnte dies durchaus gelingen, allerdings konnte es beispielsweise durch den Verlust der Flotte ebenso leicht zum plötzlichen Bankrott kommen.

Die italienischen Seerepubliken Genua, Pisa und Venedig konnten indes nur dann große Gewinne machen, wenn sie ihre Flotten in gutem Zustand hielten, stets um die Umsetzungen von Innovationen im Schiffbau bemüht waren und schließlich die Sicherung der Handelswege durch Stützpunkte aufrecht erhielten. Die Konkurrenz dieser drei Republiken förderte die Entwicklung eines Handelsnetzes erheblich, welches später von den großen Nationen gewinnbringend genutzt werden konnte.

Die ersten Fahrten der Wikinger nach Amerika waren noch reine „Entdeckungen", gewesen, die allein auf Erfahrung beruhten, über Karten, welche die Welt außerhalb des Mittelmeers zeigten, verfügte man nicht. Die Seeexpeditionen des 13. Jahrhunderts hingegen fußten bereits auf einem umfangreicheren kartographischem wie astronomischen Kenntnisschatz. Hier ist besonders der damals von China über die Araber nach Europa gelangte Kompass zu nennen. Damit konnte man den durch Erfahrung bekannten Raum verlassen und auch in bisher unbekannten Gewässern navigieren. Im Laufe der folgenden Jahrhunderte traten weitere Instrumente, so Log, Sanduhr und schließlich Tafeln zur Errechnung der Abweichung vom errechneten Kurs hinzu. Mindest ebenso wichtig war aber, dass sich über die Iberische Halbinsel die Kartographie im Mittelmeerraum verbreitete, die auf antiken Vorbildern aufbauend von den Arabern weiter gepflegt und entwickelt worden war. Es darf bei diesen Neuerungen aber nicht vergessen werden, dass den navigierenden Kapitänen alle Reisen enorme Kenntnisse abverlangten. Selbst noch als im 15. Jahrhundert der Seequadrant und das Seeastrolabium hinzukamen, blieben erhebliche Ungenauigkeiten, wobei ein (Breiten)grad in der Berechnung bereits 111 Kilometer Unterschied in der Wirklichkeit ausmacht.

Es bedurfte, wie gezeigt wurde, einer bestimmten menschlichen Wahrnehmung gleichermaßen wie einer an einem solchen Ausgriff interessierten Gesellschaft und Wirtschaft, dass die Atlantikfahrten Folgen haben konnten. So zeigen dann auch die Entstehungsdaten von Bildern der Maler der italienischen Renaissance eine zeitliche Nähe zu den ersten portugiesischen Fahrten, welche den Raum des geschützten Mittelmeeres verließen. Die Tatsache, dass es in Europa einerseits einen Markt für fernöstliche Luxusgüter, wie Gewürze, Zucker, feine Seidentextilien und Edelmetalle, darunter vornehmlich Gold, gab, die hier nicht beschafft werden konnten, führte zu einem lang anhaltenden Interesse am Erreichen dieser Handelsorte, eine Frage, die sich umgekehrt für China so nicht stellte. Die Europäer, die als Kolonialmächte nach Asien und Amerika auszogen, waren den asiatischen Mächten technisch nicht überlegen. In Asien war man durchaus imstande, mit Flotten bis nach Afrika zu segeln. Asien konnte im eigenen Markt alles beschaffen, was es brauchte. Es war für die asiatischen Mächte in Afrika nichts zu erhoffen, was eine Siedlungskolonie hier gerechtfertigt hätte.

Eric der Rote und die ersten Fahrten nach Amerika

Vorläufer für die „Entdeckung" Amerikas hatte es bereits im 10. Jahrhundert gegeben. Damals aber überwogen die Schwierigkeiten, das neue Land zu nutzen. Wie wir heute sicher wissen, unternahm Eric der Rote 982 die ersten Fahrten von Island nach Grönland und siedelte hier. Der mehrfache Mörder Eric war zunächst nach Island und dann auch von dieser Insel wieder verbannt worden, weswegen er sich Richtung Grönland begeben musste. Das „Grünland", wie Eric das Gebiet möglicherweise deswegen getauft hatte, um Siedler anzuziehen, wurde zur ersten Besiedlung des amerikanischen Kontinents. 3 000 Siedler bildeten hier schon bald eine eigene Gesellschaft, die dem isländischen Vorbild folgte. Erst als im 14. Jahrhundert eine deutliche Klimaverschlechterung eintrat, mussten die europäischstämmigen Siedler das Land verlassen. Der letzte Bericht eines Rückwanderers liegt von 1410 vor. Leif, der Sohn Eriks brach 1000/1001 mit einer Expedition in das von vorherigen Seeleuten bereits gesichtete Neufundland auf. Die gefundenen Siedlungen von Thorvald, einem anderen Sohn Eriks, an der Küste von Labrador zeigen, dass man nicht nur kurz an Land ging, sondern durchaus versuchte, sich dauerhaft einzurichten. Die Gesellschaft der Wikinger war jedoch nicht auf eine Unterstützung einer derart fern liegenden Gesellschaft eingestellt. Zudem konnten die Nordmänner auch keine Gewinne aus der Niederlassung ziehen, welche für andere Fahrten der Antrieb gewesen waren und die Wikinger schon bis in das schwarze Meer geführt hatten. Hinzu kam, dass in allen Ansiedelungen Streit ausbrach, der in Mord und Totschlag der Siedler endete. Um 1012 bricht dann die Überlieferung von Amerikafahrten in den Sagas ab, so dass wir diese Zeit als das Ende der frühen europäischen Besiedlung sehen können.

Die Fahrten der Gebrüder Vivaldi und Lancelotto Malocellos an der afrikanischen Küste

Es blieb daher den Staaten der iberischen Halbinsel, die sich das Wissen der Italiener zu Nutze machten, vorbehalten, zu neuen Ufern aufzubrechen. 1291, in dem Jahr, in dem das von den Kreuzfahrern gehaltene Akkon in die Hände der ägyptischen Fatimiden fiel, brachen die Gebrüder Vivaldi zu einer Fahrt ins Ungewisse nach Westen auf. Sie kehrten nie zurück, aber ein Anfang, um Indien auch auf dem Westweg zu erreichen, war gemacht. Ungefähr zwanzig Jahre später brach der nächste Italiener, Lancelotto Malocello auf, um die verschollenen Gebrüder Vivaldi zu finden. Der Genuese Malocello machte sich als Bürger einer Seerepublik mit einem umfangreichen europäischen und asiatischen Handelsnetz auf den Weg, für das weitere Handelsniederlassungen interessant waren. Der Genuese „entdeckte" die seit der Antike bekannten Kanarischen Inseln wieder. Diese wurden nun für Italiener, Portugiesen und Spanier Anlaufpunkt, wenngleich eine Inbesitznahme am Widerstand der Ureinwohner, der Guanchen, scheiterte. Mit dem

Ausgreifen über Europa hinaus, zeichnete sich jedoch schon jetzt ab, dass die spanischen Königreiche und Portugal in eine Konkurrenzsituation geraten würden, weswegen man den Papst als Schlichter einschaltete, ein Vorgang, der sich in der Zukunft wiederholen sollte.

Die wirtschaftliche Interessenslage in Asien vor 1450

Um zu verstehen, warum es zu einer Expansion der europäischen Mächte nach Asien kam, soll ein kurzer Blick auf die wichtigsten Unterschiede in der Entwicklung geworfen werden.

Während die Europäer in Amerika ein Warenaustauschsystem einrichteten, verhielt es sich in Asien eher umgekehrt. Warenaustausch auf weite Entfernung gab es lange vor der Ankunft der Europäer und das Handelssystem in Asien war weit bedeutender, als dasjenige in Europa zu dieser Zeit, so dass sich die Europäer hier zunächst nur als Gäste aufhalten konnten.

Besonders China unternahm weitreichende Expeditionen, so die letzte Expedition chinesischer Schiffe unter Admiral Zheng He nach Mosambik 1433. Diese maritimen Unternehmungen fanden nicht wegen des Widerstandes in den Ländern, in welche man sich begab, ihr Ende, sondern vielmehr, weil der Widerstand in China gegen solch weitreichenden und kostspieligen Unternehmungen wuchs. Aber der Westen brauchte Gewürze und China hatte diese Luxusgüter im eigenen Land, konnte jedoch diejenigen Waren, die fehlten, aus geringerer Entfernung herbei holen.

Die Expansion der Europäer im asiatischen Raum setzte sich in „Nischen des Systems", wie es Wolfgang Reinhard formulierte, denn man musste sich auf die zugewiesenen Orte zu den diktierten Bedingungen beschränken. Aufgrund der profunden Kenntnisse in der Schifffahrt, der Kontrolle der Handelswege und Anbaustätten konnten die überlegenen asiatischen Mächte Indien, China und Japan, die Europäer auf Distanz halten. Sie waren aber dennoch an Kontakten mit ihnen interessiert, schließlich stellte der Handel mit dem Westen eine lukrative Einnahmequelle dar. Das Kräfteverhältnis wurde zwar durch das Eindringen europäischer Schiffe im ausgehenden 15. Jahrhundert gestört, nicht aber aus den Angeln gehoben, so dass die Europäer nun sogar zunehmend in den innerasiatischen Handel einsteigen konnten, ohne dass es zu einer chinesischen Gegenoffensive im Mittelmeer gekommen wäre. Diese Situation blieb bis in das frühe 19. Jahrhundert bestehen. Erst jetzt, da sich das Verhältnis aufgrund der rasanten technischen Entwicklungen zuungunsten Chinas und anderer asiatischer Mächte umkehrte, wurden

die europäischen Mächte in Asien dominant. Eine andere Ausgangssi-
tuation ergab sich in den Gebieten Asiens, in denen keine organisierte
Staatlichkeit existierte, die den Europäern entgegen treten konnte. Dies
ist bei Ceylon und Indonesien der Fall, wo aber dennoch China als führende überregionale Macht einen gewissen Einfluss ausübte.

Was allerdings um 1500 zudem die Globalgeschichte bestimmen sollte,
war der Zusammenprall der Weltreligionen Christentum und Islam, die
sich beide gerade an der Wende vom 14. zum 15. Jahrhundert ausbrei-
teten. Um 1500 kam es nicht nur zur portugiesischen und spanischen
Expansion, sondern auch das Osmanische Reich verbuchte enorme
Landgewinne (besonders ab 1517). In Persien vollzogen sich gewaltige
Umwälzungen mit dem Regierungsantritt der Safawiden (1501) und in
Indien begann die Herrschaft der Mogule (1526). Ein entscheidender
Unterschied zwischen der christlichen und islamischen Expansion lag
jedoch darin, dass in dieser ersten Phase keine dieser islamischen Dynastien einen ähnlich aggressiv missionarischen Ansatz wie die Portugiesen
oder Spanier verfolgten. Die von der Iberischen Halbinsel ausgehende
Expansion war von Anfang an mit dem Missionsgedanken verbunden.
Die Ausweitung der europäischen Herrschaft führte nun vielfach zu
einer Gegenbewegung. Als die Portugiesen in Aden einen Stützpunkt
gründeten, wurde den osmanischen Herrschern schnell bewusst, dass
man das weitere Ausbreiten des Christentums in dieser Region nicht
dulden konnte, ohne die heiligen Stätten des Islams zu gefährden.

Und noch ein Punkt muss kurz erwähnt werden: Logistisch und
technisch hatten die islamischen Reiche eine bedeutende Infrastruktur
errichtet, die von den Europäern genutzt werden konnte. Dies begann
bei den über Jahrhunderte hinweg entwickelten großen Handelsnetzen
und setzte sich in sprachlichen und wirtschaftlichen Kontakten fort. In
diese Netze drangen die Europäer nun ein und begannen schnell, sie
in ihrem Sinne nutzten. Es kam zu Rissen in den zusammenhängenden
Handelswegen über Land durch die Expansion und das Eindringen der
Europäer an verschiedenen Stellen. Beide Systeme darf man sich, auch
nach 1500, nicht völlig getrennt vorstellen. Vielmehr arbeiteten beide
Seiten eng zusammen. So kooperierten arabische Händler und die westlichen Mächte beim Sklavenhandel oder beim Schmuggel, etwa durch
das Rote Meer bis nach Aleppo oder Alexandria, wo sich besonders die
Portugiesen als recht kooperativ erwiesen.

Hinzu kamen schließlich bedeutende Fortentwicklungen in der
Schiffstechnik in der westlichen Welt, besonders der Bau großer Schiffe.
Die moslemischen Kaufleute besaßen hingegen weder so große Schiffe
wie die Portugiesen, noch ähnlich stabile, da die Schiffe im arabischen

Raum ohne die Verwendung von Metall gebaut wurden. Hinzu kam im Westen ein für das offene Meer überlegenes System von Segeln, also das Rah- und Lateinsegel mit Heckruder als Steueroption, so dass die westlichen Mächte mehr Güter transportieren und wendiger navigieren konnten.

Der Beginn der portugiesischen Expansion im Atlantik

Bereits im Jahre 1249 fand Portugal seine staatliche Einheit durch die Eroberung des von den Arabern besetzten Südens. Über 250 Jahre vor dem Abschluss dieser Rückeroberung (Reconquista) in Kastilien hatte Portugal damit die Möglichkeit, das eigene Königreich zu stärken. Es dauerte jedoch noch bis zum Ende des 14. Jahrhunderts, bis sich in einem Erbfolgekrieg 1385 als Ergebnis eines Krieges mit Kastilien das Haus Avis als Königshaus durchgesetzt hatte. Da Kastilien der Zugang zum Mittelmeer fehlte, andererseits aber eine Stärkung des Landes wünschenswert war, um sich gegen den übermächtigen spanischen Nachbarn halten zu können, schien eine Expansion nach Süden, also nach Nordafrika die beste Lösung zu sein. Portugal hoffte dagegen unter der Führung einer neuen Dynastie darauf, die spanische Expansion in Nordafrika zu verhindern.

Es gelang zwar 1415 Ceuta als portugiesischen Stützpunkt im Mittelmeer zu erobern. Allerdings stellten sich die hier regierenden muslimischen Mereniden einem weiteren Vormarsch der Portugiesen entgegen (Schlacht von Tanger 1437). Schon bei dieser ersten Expansion mischten sich Kreuzzugsidee mit ökonomischen Interessen und der Rivalität auf der Iberischen Halbinsel. Schließlich hatten sich Aragon und Kastilien bereits 1291 Nordafrika aufgeteilt. Zudem war Nordafrika als Endpunkt vieler Handelstraßen wichtig, besonders aufgrund des umfangreichen Netzes von Wegen, die um oder durch die Sahara führten. Hier kamen das Gold Guineas, schwarze Sklaven sowie z. B. wie Gewürze und Elfenbein an.

So hatten die Portugiesen mit Ceuta lediglich einen kleinen Stützpunkt gewonnen. Es war ihnen jedoch nicht gelungen, die arabischen Zwischenhändler auszuschalten. In dem schon auf Fernhandel ausgerichteten Lissabon erwachte daher erneut das Interesse, einen direkten Kontakt mit den Ländern herzustellen, aus denen die Güter kamen, um damit eben jene Zwischenhändler auszuschließen. Zudem hoffte das neue Königshaus, durch Erfolge und die Einbindung des Adels in die Eroberungszüge die eigene Herrschaft zu stützen. Prinz „Heinrich der Seefahrer", der zwar die Seefahrt förderte, sich jedoch selbst nie auf eine große Seereise begab, förderte nun vom portugiesischen Lagos aus die Expansion Portugals. Dies führte zur Entdeckung von Madeira zwischen 1419 und 1425, wenngleich man hier anlangte, weil man von einem Sturm weiter westlich abgetrieben worden war. Da nun die Kanarischen Inseln als Stützpunkt für den weiteren Vormarsch wichtiger wurden, versuchten die Portugiesen 1425, sich die Inseln vollständig einzugliedern, freilich ohne vollständigen Erfolg, aber sich schafften es immerhin, sich dort zumindest dauerhaft festzusetzen.

Zu ganz neuen Ufern brach man auf, als die Schiffe Heinrichs des Seefahrers 1433 das Kap Bojador umrundeten. Hatte man gefürchtet, dass sich hinter dieser Linie nicht nur gefährliche Küsten- und Gegenströmungen, sondern auch Meeresungeheuer aufhalten würden, so zeigte die zweite Fahrt von Gil Eanes, mit der 1434 die Überwindung des Kap Bojador gelang, die Möglichkeit, weiter nach Süden vorzustoßen. So war das Tor zu einem neuen Weg, nicht mehr im Mittelmeer, sondern langsam an der westafrikanischen Küste in bisher völlig unbekannte Regionen aufgestoßen. Die Daten der vierziger Jahre legen davon ein beredtes Zeugnis ab. 1441 war man bis zum Cabo Branco (Weißes Kap), 1444 bereits bis zum Cabo Verde (Grünes Kap) und 1446 schließlich sogar bis Gambia gelangt. Damit erkannte man die weitere Küstenlinie, was zur Entdeckung der Kapverdischen Inseln (1456) einerseits und von Sierra Leone (1460) andererseits führte.

Die Portugiesen konnten beginnen, Sklaven und Gold nach Europa zu importieren, weswegen die Entdeckungsfahrten nun wirtschaftlich höchst attraktiv wurden. Bis heute zeugen die Bezeichnungen „Elfenbeinküste", „Goldküste" oder „Sklavenküste" von den erwarteten oder angetroffenen Zielen der Expeditionen. Da die Krone durch eine Gewinnbeteiligung von einem Fünftel mit an der Erfolgen verdiente, blieb das Herrscherhaus an der weiteren Expansion interessiert.

Außer in Portugal hatte man aber auch in Italien und Spanien den Wunsch, sich einen Anteil an diesen neuen Handelsrouten sichern zu können. Portugal ließ sich daher seine Position und das Monopol im Afrikageschäft unter Rückgriff auf die Autorität des Papstes 1452 mit der Bulle *Dum diversis* durch Papst Nikolaus V. absichern. Die Expansion war damit notwendigerweise mit der Mission verbunden, weil die Bulle erlaubte, Muslimen Güter und Länder abzunehmen, um sie zu christianisieren. Unter dem Vorwand der Mission ließ sich nun weitere Expansion betreiben.

Die Einigung der spanischen Königreiche im europäischen Vergleich

Portugal hatte den größeren spanischen Nachbarn in Bezug auf die Expansion bis zur Mitte des 15. Jahrhunderts übertrumpft. Spanien, welches sich in die zwei großen Königreiche Kastilien und Aragon aufteilte, war mit inneren Auseinandersetzungen beschäftigt. Sowohl Kriege zwischen Aragon und Kastilien, wie auch innere Kriege in Kastilien schwächten die Königreiche und verhinderten eine Expansion. Während sich aber der Mittelmeeranrainer Aragon seit der Rückeroberung des ganzen Königreiches am Handel mit dem Orient beteiligen konnte, war dies für Kastilien erheblich schwerer. Denn der größte Teil der andalusischen Küste lag in den Händen der muslimischen Nasriden. Aufgrund dieser inneren Probleme war es Kastilien bis zum Ende des 15. Jahrhunderts nicht möglich, das muslimische Königreich anzugreifen.

Schon zu Lebzeiten König Heinrichs IV. von Kastilien zeichnete sich ab, dass nicht nur seine Herrschaft, sondern auch seine Erbfolge umstritten sein würde. Nur schwer setzte sich nach dessen Tod 1468 seine Halbschwester Isabella durch, die später den Beinamen „die Katholische" erhalten sollte. Die junge Königin musste den Adel hinter sich bringen und sich gegen den portugiesischen Anspruch auf den kastilischen Thron wehren. 1478 waren portugiesische Truppen in Kastilien einmarschiert und hatten den ohnehin schon bestehenden Gegensatz beider Königreiche weiter vertieft. Durch die Heirat mit dem Thronerben des anderen Königreiches auf der Iberischen Halbinsel, Ferdinands von Aragon, gelang es Isabella jedoch, die größten iberischen Königreiche zusammenzuführen. Erst durch diese Stärkung konnte Isabella die portugiesische Invasion zurück schlagen und das Königreich Kastilien endgültig in Besitz nehmen.

Portugal und Kastilien schlossen nun mit dem Vertrag von Alcáçovas Frieden, aber bezogen nicht nur die europäischen, sondern auch die überseeischen Aspekte in den Vertrag mit ein. Während beide Seiten auf Thronansprüche im anderen Königreich verzichteten, trat Portugal, gegen die Garantie seiner gesamten Besitzungen vor der afrikanischen Küste, die Kanarischen Inseln an Kastilien ab. Am wichtigsten aber war, dass der Vertrag den Kastiliern unter Androhung der enormen Summe von 100.000 verbot, ebenfalls an der afrikanischen Küste zu expandieren: Der Weg nach Indien entlang dieser Route war damit verbaut und Kastilien musste nach einer Westpassage suchen.

Reconquista und Conquista: Die Eroberung Granadas und die Politik gegenüber Juden und Moslems in Spanien als Vorspiel für Amerika

Wenn man die folgende Expansionsbewegung verstehen möchte, die sich zunächst gegen das letzte muslimische Königreich auf spanischem Boden, das nasridische Königreich Granada und dann nach Amerika richtete, so muss man sich die schwierige Position der Königin in Erinnerung rufen. Isabella musste den Adel ablenken, ihm etwas geben, was ihm auf der einen Seite Reichtum bescherte, ihn aber auf der anderen Seite von der Krone abhängig bleiben ließ. Als der Feldzug gegen Granada geplant wurde, standen die Zeichen für Kastilien günstig. Bisher hatte man noch jährlichen Tribut von Granada erhalten, doch die gezahlten Mengen gingen zurück. Zudem wurde nun das muslimische Granada von einem inneren Machtkampf erschüttert. Schnell rückten die kastilischen Truppen vor und vollendeten die „Wiedereroberung" (Reconquista) Spaniens im Jahre 1492.

Als das Königspaar bei der Belagerung Granadas vor der Stadt die Zelte aufgeschlagen hatte, taufte man den neu gegründeten Ort: „Santa Fé", Heiliger Glaube". In vielem, besonders aber in der Brutalität, bot das Vorgehen im Königreich Granada bereits ein Vorgeschmack auf die Eroberung Amerikas. Beim Vorrücken der spanischen Truppen wurde die Bevölkerung ganzer Städte, so Ronda, Málaga, Vélez Málaga massakriert oder versklavt. Weder die Spanier im Krieg mit Granada noch die Portugiesen respektierten bei ihren Kriegen in Nordafrika die ungeschriebenen Kriegsregeln, weil sie gegen Moslems kämpften und sich berechtigt sahen, Gefangene zu töten oder zu versklaven. So fanden sich denn auch im Heer viele Adelige, besonders Kleinadelige aus dem Norden, die begierig auf Beute waren. Viele Teilnehmer der Feldzüge gegen die Moslems erhielten den Status als Hidalgos (Edelleute), und gleichzeitig stieg die Zahl derjenigen, die am Krieg verdienten. Mit dieser Einbindung lenkten die Könige den Adel und die Städte von inneren Problemen ab.

Dank der inneren Reformen, der geschickten Leitung der kastilischen Stände (Cortes), besonders aber durch die Hinführung aller inneren Streitigkeiten auf die Eroberung Granadas wurde Kastilien gefestigt. Doch die Krone wandte sich nicht allein gegen das letzte muslimische Königreich auf Iberischem Boden, sondern auch gegen die Juden, deren Ausweisung sie 1492 verordnete. Da den Juden nur die Möglichkeit der Konversion zum Christentum oder des Verlassens des Landes eingeräumt wurde, hatten die Krone und die spanische Inquisition gezeigt, dass Zwangskonversionen in großem Stil durchführbar waren. Diese Erfahrung sollte auch bei der konsequent weiter geführten Expansion in Richtung „Indien" von Bedeutung sein.

Konnte also die weiter unten zu betrachtende erste Fahrt von Christoph Columbus in einer Zeit der inneren Stärke Kastiliens stattfinden, so hielt diese innere Geschlossenheit nicht lange an, was für die weitere Entwicklung zu berücksichtigen ist. Durch die Eroberung von Granada war der Konflikt mit dem Adel, als Königin Isabella 1504 starb, lediglich aufgeschoben. Wieder war die Nachfolge unsicher, wieder gab es Fraktionierungen. Doch jetzt war der Einschnitt noch gravierender. Denn nach dem Tod des Erbprinzen Johann war das Erbe an seine Schwester Johanna gelangt, die mit dem Habsburger Philipp dem Schönen verheiratet war und später mit dem Beinamen „die Wahnsinnige" bedacht wurde. Schon 1504 hatten ihr die Cortes aufgrund ihres Geisteszustandes die Regierungsfähigkeit abgesprochen. Nachdem Philipp bereits 1506 plötzlich in Tordesillas verstorben war, besaßen viele Adelige fast unbeschränkte Macht. Leidtragende waren die Städte, die in diesem Konkurrenzkampf den Kürzeren zogen. Zudem hatte einige Adelige, die erst mit dem Feldzug gegen Granada in den Adelsstand erhoben worden waren, nur den Titel erworben, aber keinen sozialen Aufstieg verwirklichen können.

4. KULTURKONTAKT UND MEDIALE DARSTELLUNG

Wie gelang es einigen hundert Spaniern, die Riesenreiche der Azteken und Inka zu erobern? Warum sprechen wir bis heute von „Indianern"? Was glaubte Kolumbus 1492 gefunden zu haben? Und was sahen die europäischen Kolonialherren, wenn sie in andere Weltteile kamen? Diese grundsätzlichen Fragen für das Verständnis des Kolonialismus stellten sich erstmals mit der „Entdeckung" Amerikas, sollten aber auch später noch von Bedeutung sein, als koloniale Eroberung auch im 19. Jahrhundert unter den gleichen Vorzeichen ablief.

Der Soziologe Tzetvan Todorov hat hervorgehoben, dass der Erfolg der Europäer, so auch der Spanier, vornehmlich darauf beruhte, dass sie sich geschickter als die unterworfenen Völker an die Umstände anpassen konnten. Nach der Ankunft auf Haiti 1492 nutzten sie das Entgegenkommen der dort lebenden Tainos aus, in Mexiko suchten sie die Gegner der Azteken und vereinnahmten die Tlaxcalteken gegen Mexiko. In Peru schließlich erfassten sie die Situation des Bürgerkrieges und erkannten, wie sie den Thronstreit zwischen den verfeindeten Halbbrüdern Huascar Inka und Atahualpa Inka für sich nutzen konnten.

Zudem machten sie sich das Medium Sprache umfangreich zu Nutze. Die Spanier bildeten Dolmetscher aus, während die Azteken ihre Infrastruktur zunächst nicht ausschöpften und sich das Gesetz des Handels weitgehend aus der Hand nehmen ließen. Als Antonio de Nebrija den Katholischen Königen 1492 die erste Grammatik des Spanischen vorlegte, stellte dies die „Begleiterin des Imperiums" dar, denn damit hatten die Kastilien ein Instrument der Sprachvermittlung, um ein Weltreich aufzubauen. Anders als in Asien oder Afrika, ja auch in der portugiesischen Kolonie Brasilien, wurde in Spanisch-Amerika systematisch Spanisch als Sprache eingeführt. Ordensgeistliche legten zweisprachige Katechismen an, Spanisch blieb aber nun die Sprache der Herrschenden.

Bei der europäischen Expansion in der Frühen Neuzeit waren Kulturkontakte und Kulturzusammenstöße an der Tagesordnung, wenngleich sich die Eroberer unterschiedlich verhielten. Besonders die Franzosen agierten in Kanada mit relativ wenigen Vorurteilen, anders als die Spanier oder ganz besonders die Engländer, die eine strikte Trennung zwischen weißer und indigener Bevölkerung betrieben. Die Spanier hingegen sahen die Indianer formal als Bewohner eines Teils ihres Imperiums, ihrer „Kronlande" an und damit grundsätzlich rechtlich als mit den Bewohnern des Mutterlandes gleichberechtigt an. Die Wirklichkeit sah freilich anders aus.

Abb. 1: Pyramide und Kirche, Cholula, Puebla, Mexico. Die Kombination ist ein Beispiel für die Kolonisation des Imaginären.

Und noch ein Punkt trat hinzu, der als „Kolonisierung des Imaginiären" bezeichnet wird. Kultanlagen der indigenen Bevölkerung wurden von den Spaniern zerstört oder umgedeutet. Unmittelbar an den Sakralbezirk in Tenochtitlán baute man eine Kathedrale, auf die Pyramide in Cholula (Mexiko) setzte man eine Kirche, ebenso auf den Sonnentempel in Cuzco (Peru). Es kam damit zu einer Umdeutung heiliger Orte im Sinne der Kolonialherren, was freilich vornehmlich in Amerika möglich war, während dies in Afrika oder Asien aufgrund der Machtsituation selten erreicht wurde. Ausnahmen stellen jene Inseln dar, wie beispielsweise die Kapverden oder Philippinen, welche nicht nur vollständig in die europäische Herrschaft eingegliedert, sondern zudem ganz im Sinne des katholischen Christentums missioniert wurden.

Amerika brachte eine neue Kategorisierung auch für die europäische Welt. Denn während in Asien die Länder bereits vor dem Eintreffen der Europäer durch ein Kommunikationsnetz miteinander verbunden waren, fehlte dies in Amerika. Die Azteken trieben keinen Handel mit den Inka, man konnte keine Informationen über die Struktur des Inkareiches in Mexiko oder im Mayareich erwerben, ein Kommunikationsraum musste erst geschaffen werden.

Das Zusammentreffen der Sprachlosigkeit

Bildliche Darstellungen zeigen anschaulich Deutung und Bedeutungszuweisung im Kulturkontakt. Für diesen galt, auch außerhalb Amerikas, immer wieder, dass man den Gegner als „Anders", aber nicht gleichrangig, sondern vielmehr als „minderwertig" ansah. Dabei schwankte die Wahrnehmung in Abhängigkeit von der eigenen Situation, sprich, ob man in einer eindeutig überlegenen oder in einer gefährdeten Position war. Auch in der Bedeutung, die man Eroberungen zumaß, gab es deutliche Abstufungen. Die Eroberung Konstantinopels wurde beispielsweise schon im 15. und 16. Jahrhundert als sehr wichtig eingestuft, während die Eroberung Amerikas als bedeutendes Epochendatum erst im 18. Jahrhundert angesehen wurde. Heute hingegen können die meisten etwas mit dem Datum 1492 verbinden, erheblich weniger jedoch mit demjenigen von 1453.

Ein weiterer wichtiger Punkt betrifft die Fabrikation eines Ereignisses, gerade beim Kolonialismus. Aufgrund der Entfernungen kamen selten Zeugen aus den eroberten Gebieten nach Europa und wenn man sie herüberbrachte, wie die Azteken, die der Nürnberger Hans Weiditz malte, so wurden sie wie Tiere bestaunt und ausgestellt, ein Vorgehen, welches sich bis in das 20. Jahrhundert hielt, als Zoo Hagenbeck „Völ-

kerausstellungen" organisierte und man Menschen aus den Kolonien
wie Zootiere ausstellte. Die Möglichkeit, die eigene Sicht der Dinge
den Eroberern zu schildern, war den Ethnien Afrikas und Amerikas
weitgehend verstellt. Die innerasiatische Rezeption wurde hingegen
zwar dokumentiert aber bis heute in Europa nicht oder höchstens bruch-
stückhaft wahrgenommen. Betrachtet man sich den Rezeptionsrahmen
für Nachrichten aus den Kolonien in der Frühen Neuzeit, so lassen sich
drei Regionen voneinander unterscheiden:

Zentraleuropa (von Frankreich und England über Skandinavien bis
nach Ungarn und Italien): Hier existierte ein weiter Rezeptionsrahmen,
in welchem viele Berichte aus der neuen Welt und auch Schriften über
die Kriege gegen die Türken, so genannte Turcica, erschienen.

Iberische Halbinsel: In Portugal und Spanien dominierten die Berichte aus den eigenen überseeischen Gebieten. Spanien hatte nur wenige
Druckereien, die überhaupt Berichte veröffentlichen konnten. Dies lag
daran, dass Anfang des 16. Jahrhunderts die umfassende Verfolgung von
Protestanten und von angeblich heimliches Judentum praktizierenden
Conversos begann, so dass die Inquisition stets die Publikationen, und
damit aber auch das entstehende Bild kontrollierte. Demzufolge erschienen vielfach mit Spanien und seinen Kolonien verbundene illustrierte
Publikationen nicht auf der Iberischen Halbinsel, sondern in England,
den Niederlanden und dem Heiligen Römischen Reich, freilich um Spanien zu kritisieren. So prägten die in den Niederlanden entstandenen
Illustrationen des Berichtes des spanischen Dominikaners Bartolomé de
las Casas mehr das Bild von Amerika, als der zugehörige Text.

Im Osmanischen Reich (von Ungarn, über den Balkan, Griechenland
bis in Türkei) fehlte für die moslemische Mehrheit das Medium Druck.
Christliche Minderheiten wie die Armenier betrieben Druckereien, so in
Venedig, doch konnte hier kaum eine bildliche Verbreitung und wenn
überhaupt nur durch Handschriften erfolgen.

Die Durchsetzung der katholischen Konfession (Konfessionalisierung)
in Spanien beruhte maßgeblich auf der Wirksamkeit der Inquisition als
Kontrollorgan auf lokaler oder regionaler Ebene. Um dies Konfessionalisierung sicherzustellen, mussten „ketzerische" Schriften unterdrückt
werden, weswegen eine massive Verfolgung der Buchdrucker, die meist
aus den Niederlanden oder dem Hl. Römischen Reich gekommen waren,
einsetze. Nach Lateinamerika schließlich gelangten, ausgenommen der
für die Mission benötigten Bücher, zunächst auch nur wenige Drucker-
zeugnisse, da die Zensur des Indienrats erst den Inhalt prüfen musste.
So war seit 1531 selbst die Einfuhr von „profanen" oder „sagenhaften"
Büchern verboten. Doch kann man an der literarischen Produktion in

Lateinamerika sehen, dass sich dies im 17. und 18. Jahrhundert änderte, als auf Schmuggelfaden viele Bücher ihren Weg über den Atlantik fanden und dort zur Entwicklung eigener Ideen und Stile anregte.

So bedingte die Unterschiedlichkeit der Rezeptionsmöglichkeiten und die konstruierte Sicht des Anderen („Alteritätskonstrukt") das Bild, welches man sich in Europa von der übrigen Welt machte. Dieses wiederum beeinflusste natürlich auch die in Europa getroffenen Entscheidungen maßgeblich.

Die Begegnung in Cajamarca

Der Kulturkontakt mit dem „Anderen" kann sehr gut am Beispiel der Eroberung Perus dargestellt werden. Zum Verständnis ist wichtig, dass die Europäer, als Francisco Pizarro nach Peru von Panama aufbrach, keinerlei Kenntnisse von den Bewohnern besaßen und umgekehrt die Bevölkerung des Inkareiches nur vage Gerüchte von den Ankömmlingen erhalten hatte.

Als 1533 der aus der spanischen Extremadura stammende Kleinadelige Francisco Pizarro mit wenigen Soldaten in Cuzco, der Hauptstadt des Inkareiches, anlangte, wurde er dort enthusiastisch begrüßt. Es herrschte Bürgerkrieg und Manco Inka glaubte, in Pizarro einen Verbündeten gegen seinen Bruder Atahualpa gefunden zu haben. Atahualpa war aber als erster kurz zuvor als Oberbefehlshaber der Nordarmee mit den Spaniern in Cajamarca zusammengetroffen. Doch wurde er festgesetzt und trotz der Sammlung von Lösegeld hingerichtet. Übrig blieb nach Beseitigung der Brüder Huascar und Atahualpa nur Manco Inka, den jedoch ein fehlgeschlagener Aufstand nicht mehr an die Macht brachte. Cajamarca stellt also einen entscheidenden Wendepunkt, ein Schlüsselereignis dar.

So ist es umso verwunderlicher, dass über das Ereignis in Cajamarca so wenig bekannt ist. Wir kennen noch nicht einmal das Datum der ersten Begegnung zwischen Christen und Inka. Fand das Treffen am 16. November 1532 statt oder eher 1533, im August oder eher am 26. Juli? Auch das Schicksal des Leichnams von Atahualpa ist ungewiss. In Cajamarca begraben, wurde er von seinen Anhängern exhumiert und in einen anderen Teil des Landes gebracht. Doch wohin? Bis heute streitet man sich darüber, ob die erneute Bestattung in Peru oder in Quito stattfand.

Es handelte sich um ein Zusammentreffen, ein *encuentro* zwischen zwei Kulturen, die sich erstmals offiziell begegneten. Von den Spaniern hatte man bisher nur gehört, wenngleich die ihnen vorauseilenden

Krankheiten, deren prominentestes Opfer der letzte alleinregierende Inkaherrscher Huana Capac war, im Inkareich den Lauf der Geschichte bereits bestimmten. Es sollte nun zur europäischen Zerstörung des tradierten Systems kommen: des kollektiven Gedächtnisses.

Die Illustrationen des „Kurzgefassten Berichtes von der Verwüstung der Westindischen Länder" aus der Feder von Bartolomé de las Casas sind als eine gedruckte Antwort auf das Vorgehen der Spanier in den Niederlanden ab 1572 zu verstehen. Hauptinteresse der protestantischen Niederlande war es, das Vorgehen der Spanier zu diskreditieren, ihre universale Grausamkeit nicht nur in den Niederlanden, sondern auch in Übersee bloß zu stellen. Daher eignete sich die Darstellung von Las Casas zur Publikation und Illustration in propagandistischer Hinsicht, weil die scharfe Kritik am grausamen Vorgehen der Spanier aus der Feder eines Spaniers stammte und daher von besonderer Legitimität schien. Die Schriften von Las Casas wurden also nicht in ihrem Ursprungsland Spanien, sondern vielmehr in den von Spanien unterdrückten Niederlanden gedruckt.

Zentrale Intention des vorliegenden Stichs ist die Verurteilung der Handlung der Spanier. Dies geschieht durch eine Reihe von Hilfsmitteln,

Abb. 2: Theodore de Bry. Die Gefangennahme von Atahualpa.

die wir besser mit dem Textpassagen, die dem Bild zugeordnet waren, verstehen.

Zunächst wird die Wehrlosigkeit der Indianer mit der Brutalität der Spanier konfrontiert: *„Atabaliba, nebst einer großen Menge Volks, das entweder ganz wehrlos war, oder doch nur zum Spaß bewaffnet"* war, stand den *„Spaniern ... die, wenn die Teufel Gold besäßen, selbst diese angepackt und ihnen dasselbe geraubt haben würden"*.

Dann wird im Hauptteil aber darauf Wert gelegt, dass Atahualpa die Spanier treffen wollte: *„...wo sind denn die Spanier? Laßt sie herkommen! Ich weiche nicht eher von der Stelle, bis sie mir wegen meiner Untertanen, die sie ermordeten, wegen der Örter, die sie verheerten und wegen der Schätze, die sie mir raubten, Genugtuung geben!"* Doch nun wird er ergriffen und gefangen.

Die verbale Kommunikation des Atahualpa kann ihr Ziel nicht erreichen. Die Aussagen von las Casas nimmt auch de Bry auf, spitzt sie jedoch in vielen Punkten noch erheblich zu. Die Darstellung, dies fällt

Abb. 3: Francisco de Mena. Die Eroberung Perus.

auf, findet irgendwo im imaginierten Lateinamerika statt. Im Vordergrund sind die großen Kanonen und die mordenden Spanier zu sehen.
Im Zentrum des Bildes befindet sich die Sänfte, wobei als Szene festgehalten ist, wie Pizarro den Inka Atahualpa vom Thron reißt, während
ein Mönch mit großem Kreuz daneben steht. Während die Spanier als
brutal aber mutig dargestellt werden, erscheinen die Indianer als feige
und als Flüchtende.

In dem Bild wird also der Kampf von nackten Wilden gegen die
brutalen, aber zivilisierten Spanier gezeigt: Nicht inkaische Soldaten
oder Herrscher treten ins Bild, sondern Spanier und wilde Indianer,
die genauso dargestellt werden, wie die Indianer in der Karibik. Damit
werden die Untaten der Spanier noch erhöht. Wie Todorov herausgear-
beitet hat, hatte bereits Columbus immer wieder auf die Nacktheit ohne
Scham verwiesen: Die Indianer, denen die biblische Scham über ihre
Nacktheit abgeht, befinden sich in einem Zustand unmittelbar nach dem
Sündenfall. Es findet sich eine wichtige Grundannahme der Conquista,
aber auch des Kolonialismus allgemein: Die konkrete Erfahrung hat die
Funktion, die Wahrheit zu belegen, nicht zu befragen. So sind auch für
de Bry gewisse Grundannahmen nicht hinterfragbar. Die Kolonialherren
des 16., wie des 19., ja auch des 20. Jahrhunderts erwarten in Afrika oder
Amerika „Wilde" anzutreffen, die es zu „zivilisieren" gilt und daher
treffen sie diese auch an, weil sie die Annahme, dass es auch anders sein
könnte, von vorneherein ausschließen.

Ähnliche Grundmuster können wir auch in einem früheren, vom
Aufbau sehr einfachen Holzschnitt finden, welcher bereits 1534 erschien
und in der Chronik von Cristóbal de Mena und in derjenigen von Francisco de Xeréz zu finden ist. Das gleiche Ereignis wird aber jeweils ganz
anders dargestellt. In der spanischen Illustration steht nicht spanische
Grausamkeit, sondern der Akt der Inbesitznahme, des *requerimiento* im
Vordergrund: Die Spanier verlesen auf spanisch einen Text, mit dem sie
die Gebiete in Besitz nehmen und warnen, dass bei Widerstand gegen
die Krone Krieg geführt werden dürfe. Die Quetcua sprechenden Indigenen können diese ihnen unbekannte Zeremonie nicht verstehen,
die für die Spanier eine Huldigung bedeutet. Wie bei de Bry finden
sich die Indigenen als primitive Nackte, wobei ihre Darstellung jedoch
diesmal nicht durch ein negatives Spanienbild beeinflusst wurde. Das
Problem der Sprache ist in der Darstellung zumindest erfasst, da der
Dolmetscher, der den Priester begleitet, nur an der Seite gezeigt wird, er
aber keine Funktion zugewiesen bekommt. Im Zentrum der Darstellung
steht das Buch, dessen Schriftbild, wie der begleitende Text erläutert,
den Inka irritiert. Da die inkaische Zivilisation keine Schrift kannte, son-

dern allein Kipus, also ein System von Knoten und Farben, die je nach Knotenordnung, Farbe und Schnurlänge für bestimmte Zahlenwerte standen, war das Buch etwas Unverständliches.

Das Problem der Sprache ist ebenfalls insofern fassbar, als die Grundpfeiler des Wertungssystems in den Rahmen gestellt werden, die damit von Außen über das Geschehen wachen. Nicht allein das *requerimiento* im Bildzentrum vermag die Botschaft zu beinhalten, sondern es bedarf der flankierenden Figuren *iustitia* und *veritas*, um die Legalität des Dargestellten zu unterstreichen. Über allem schwebt der habsburgische Adler als Zeichen der Einordnung in den Eroberungszusammenhang.

Abb. 4: Guaman Poma de Ayala. Atahualpa in Cajamarca.

Die letzte betrachtete Darstellung ist jene aus der Feder des Guaman Poma de Ayala. Sie entstammt einer 1615 an König Philipp III. von Spanien gerichteten Schrift, die jedoch erst am Anfang des 20. Jahrhunderts wieder entdeckt wurde und daher erst in der zweiten Hälfte des 20. Jahrhunderts umfassende Wirkmächtigkeit entwickeln konnte. Der Text von Guaman, der Quetcua sprach und auch schrieb, zweifelte die Majestät des Inka nicht an, sah in der inkaischen Gesellschaft in vielen Punkten ein Vorbild, welches es im christlichen Sinne wiederherzustellen galt. Und genau dies findet in seiner Darstellung Niederschlag.

So lesen wir hier eine andere Beschreibung der Vorgänge: *„Don Francisco Pizarro und Don Diego de Almagro und Bruder Vicente ...begaben sich, wie Atahualpa Inka, [nach]... Cajamarca... Auf dem öffentlichen Platz stand in der Mitte sein Thron und Sitz, ... hier setzte sich Atahualpa Inka."* Über der Szene im Bildzentrum thront denn auch der Inkaherrscher, der auf die vor ihm knienden Conquistadoren Pizarro und Almagro und den Betrachter herabblickt. Dem Quetchua sprechenden Guaman ist die Schlüsselposition, die der Übersetzer zu erfüllen hat, klar. Er stellt ihn daher deutlich an den rechten Bildrand, zeigt durch die Mischung von Kleidung aus beiden Kulturräumen und den Nasenring seinen Stand zwischen den Kulturen und bezeichnet ihn schließlich mit *„Felipe lengua"* (Philipp Zunge bzw. Übersetzer). Er gibt ihn also in der zentralen Rolle des Sprachvermittlers wieder. Neben der bildlichen Darstellung enthält aber auch der dazugehörige Text viele andere Sichtweisen. So berichtet Guaman von einem Streit zwischen Pizarro und Atahualpa. Nach Guaman habe der Inkaherrscher dem Conquistador widersprochen, als dieser behauptete, er sei von einem *„großen Herrn"* gesandt. Atahualpa antwortete, dass Pizarro wohl von einem großen Herrn gesandt sein möge, doch habe er mit diesem keine Freundschaft zu schließen, weil er ebenso ein großer Herr sei. Guaman stellt also den Inka auf die gleiche Stufe wie den spanischen König.

Zudem lehnt der Verfasser des Textes Kreuzverehrung durch Atahualpa mit der Begründung ab, dass dieser selber verehrungswürdige Götter habe. Schließlich verwendet Guaman viel Raum für die Darstellung des Missverständnisses bei Übergabe des Evangeliums, welches der Inka mit den Worten genommen habe: *„Gib mir das Buch, damit es zu mir spreche."* Atahualpa habe das Ohr an die Seiten gehalten und gesagt: *„Wie, warum sagt es mir nichts? Das Buch spricht nicht zu mir."* Der Text berichtet weiter: *„... und er warf das genannte Buch aus seinen Händen zu Boden. Daraufhin schrie Bruder Vicente und sprach: ‚Hier Ritter, hiermit sind diese heidnischen Indianer gegen unseren Glauben!'"*

Die Sicht eines „Betroffenen" wird also hier völlig anders als die eines Kolonialherren gezeigt, die Schwerpunkte werden anders gesetzt, kurz die Gesamtperspektive ist nicht diejenige von Herrschern und Beherrschten.

Neben der Darstellung von Guaman aus dem 17. Jahrhundert existiert noch eine einzigartige Quelle, die von einem Inka 1570 selbst, und zwar in Briefform, diktiert wurde, nämlich dem Inka Titu Kusi Yupanki. Das Diktat entstand in Vilacabamba, wohin sich die letzten noch Widerstand leistenden Inka zurückgezogen hatten, und es enthält die Vision der Geschichte der Eroberung, die an den spanischen Gouverneur und an König Philipp II. gerichtet war, so dass der Bericht eine Art politisches Testament darstellt. Im Original auf Quetchua diktiert und von einem spanischen Mönch übersetzt, wurde auch diese Darstellung in ihrer Zeit nicht gedruckt. In diesem einzigartigen Dokument der vertriebenen Dynastie wird aber das Ereignis in Cajamarca nochmals anders dargestellt. Das Gesetz des Handels wird bei Yupanki in die Hand des Inka gelegt. Dieser habe sich freiwillig nach Cajamarca begeben, um dort, wie europäische Adelige auch, der Jagd zu frönen: *„...langten in Cajamarca... vierzig oder fünfzig Spanier auf ihren wohl ausgestatteten Pferden an. ... Atau Wallpa ... brach sogleich mit seinem Gefolge auf, ohne Waffen zum Gefecht oder Harnische zum Schutz, nur mit Tumis...um jene Art von ‚Lamas' zu jagen: damit waren die Pferde gemeint..."* Die Episode des nicht verstandenen Buches wird hingegen ausgelassen und stattdessen eine andere Geschichte erzählt: Atahualpa habe seinen Gästen etwas angeboten und stets das Gesetz des Handels in der Hand behalten: *„Nachdem mein Onkel angehört hatte, was sie sprachen, wartete er ihnen stumm auf, indem er einen von ihnen...zu trinken gab, um festzustellen, ob diese Spanier das Getränk ausschütten würden, wie die beiden ersten Spanier. ... sie tranken es nicht und kümmerten sich auch nicht darum".* Jetzt nach der Ablehnung, straft der Inka die Eindringlinge ab: *„Als mein Onkel sah, wie gering sie seine Dinge einschätzten, sagte er: ‚Wenn ihr mich gering schätzt, so werde ich euch auch gering schätzen' Er erhob sich zornig und begann zu schreien, also wollte er die Spanier umbringen."* Erst jetzt hätten die Spanier zu handeln begonnen, indem sie Gewalt anwenden: *„... warfen sie ihn gewaltsam aus seiner Sänfte hinaus, stürzten sie um und entrissen ihm alles, was er bei sich trug...Und da die Indianer laute Schreie ausstießen, töteten sie alle..."*

Es ist deutlich geworden, wie das gleiche Ereignis in Text und Bild ganz unterschiedlich dargestellt wird. Dies muss man sich aber stets vor Augen halten, denn nur die ersten beiden Versionen prägten die Vorstellungen in Europa, während die dritte und vierte Sicht, also die indigenen, keine Bedeutung erlangen konnten, weil sie in damals nicht gedruckt wurden. Es lässt sich aber festhalten, dass beim Zusammentreffen der fremden Kulturen drei Kommunikationsebenen von Bedeutung sind, nämlich die sprachliche Kommunikation, die Zeichenkommunikation und schließlich die Gewaltkommunikation.

Sinndeutung wurde in den Anden nur mündlich tradiert, was zu Schwierigkeiten mit der schriftlich geprägten Kultur der Kolonialzeit führen musste. Dies hatte zu Folge, dass später entstandene Erzähltraditionen schriftlich belegte Ereignisse mischten und damit neue Erinnerungsorte schufen. Als Beispiel dafür sei folgendes angeführt: Atahualpa wurde 1533 als Ketzer durch die Garotte hingerichtet, also stranguliert. 1572 wurde sein Vetter, der letzte Inca, Tupác Amaru I., enthauptet. Gemäß der Erzähltradition wurden aber Atahualpa wie Tupác Amaru enthauptet. Dies geschah, um die Geschichte mit einer magischen Bedeutung zu füllen. So wird gemäß dem „Mythos des Inkarrí" (Mythos des Inkakönigs) die Inkaherrschaft dann wieder beginnen, wenn Kopf und Körper des Inka zusammenfinden, da man nur den Körper Atahualpas in Cajamarca, den Kopf aber in Cuzco begraben habe. Diese Version des Todes, die übrigens von Guaman Poma aufgenommen wird, weist also dem Sterben eine neue Bedeutung zu, da dabei Kopf (Sonne) und Körper (Volk) getrennt wurden und nur bei deren Wiedervereinigung die Herrschaft wiederhergestellt werden kann.

Ähnlich wie die Inka weisen auch die Spanier der Geschichte ihren Sinn zu. Aus deren Sicht sind die Inka nicht nur Heiden, sondern der Sieg (Chronik des Miguel de Estete) wird durch den Heiligen Jakobus den Maurentöter (Santiago Matamoros) ermöglicht. Dieser steht den Spaniern im rechten Moment bei. Und so ist es auch kein Problem, den Gegner als „höllisch" und inkaische Tempel als „Moschee" zu bezeichnen. Die Indianer sind in der Sicht der Spanier wie die Moslems und die Juden Teufelsverehrer, weswegen man auch negative Darstellungen von Juden aus dem ausgehenden 15. Jahrhundert auf Amerika umgedeutet findet.

Für Zeitgenossen des 16. Jahrhunderts bestand eine Parallelität zwischen Heiden- und Türkenkampf. Das bedeutet, dass die Eroberer ein Motiv aus Europa nach Amerika, Asien oder Afrika übertrugen und dieses Bild die Vorstellung in Europa prägte.

Die Sicht des „Türken"

Kaum ein Ereignis, ausgenommen der Reformation, hatte in der Frühzeit der Medienrevolution mehr Aufmerksamkeit erzielt, als der Vormarsch der Osmanen am Anfang des 16. Jahrhunderts. Im Zentrum der vielen Flugblätter und Darstellungen stand stereotyp die angebliche Grausamkeit der „Türken". Wertende negative Bewertungen für die Christen wurden indes vermieden. Elemente der christlichen hemmungslosen Gewalt mussten umgedreht und in dieser Mediengruppe allein dem osmanischen Gegner zugewiesen werden, um einen neuen Sinnzusammenhang zu stiften. Obwohl die Osmanen aber bei ihren Feldzügen meist siegreich waren, setzte sich ihre Sicht der Dinge nicht durch. Der osmanischen Seite stand aufgrund des muslimischen Verbots, Lebewesen abzubilden, der Buchdruck oder das Flugblatt als Erinnerungsmedium nur eingeschränkt zur Verfügung. Allein gemalte Handschriften konnten die osmanische Sicht des Ereignisses fassen, die daher kaum Verbreitung fand. Die Handschriften waren allein für einen sehr privaten und im Gegensatz zum Druck nicht für den öffentlichen Raum bestimmt. Der Vergleich mit der ebenfalls als Handschrift vorliegenden Darstellung des Guaman Poma bewegt sich auf der gleichen Ebene.

Insgesamt werden die Osmanen in der Druckgraphik oft als grausam, nie aber als Barbaren oder als Unzivilisierte dargestellt, was auch vizeversa nicht geschieht. Diese Beobachtung hat auch Almut Höfert für die Gattung Text hervorgehoben und darauf verwiesen, dass man die Osmanen zwar als Boten des Antichristen, nie aber als „nicht menschliche" Wesen betrachtet habe, während man in gelehrten Kreisen umfassend die Frage diskutierte, ob die Indigenen in Afrika und Amerika denn Menschen seien.

John Derricke: Image of Irelande

Es wird darüber diskutiert, ob die englische Politik in Irland das Verhalten einer Kolonialmacht war. Manches spricht dafür, nämlich dass man in den Iren ebenfalls unzivilisierte Wilde sah, die missioniert und zivilisiert werden mussten und denen man mit Militär und einer importierten Verwaltung auf die Beine zu helfen hatte. Dagegen spricht, dass Irland als europäisch katholisches Land in den gleichen Werte- und Traditionskanon wie England eingebaut war und daher nie die gleichen Erfahrungen wie Länder in Afrika zu machen hatte. In Bezug auf das hier angesprochene Thema des fabrizierten Bildes passt aber auch Irland in das Schema der wichtigen Beobachtungen. Denn wie in Amerika, wurde die Sicht von außen allein von der siegreichen englischen Seite geprägt, da die orale irisch-gälische Tradition der englischen schriftlichen und bildlichen ebenfalls kein adäquates Medium entgegen zu setzen hatte. Die 1581 erschienenen Stiche des Engländers John Derricke waren zur Illustration der englischen Feldzüge in Irland 1570 gedacht. Auch hier erfolgte, wie in den Stichen von der Begegnung in Cajamarca, die stete Gegenüberstellung von Unordnung und Ordnung, von gepflegt und ungepflegt, von Ritterlichkeit und Verschlagenheit. Ziel ist daher nicht nur aus englischem, sondern letztlich aus zivilisatorischem Gesamtinteresse, die Unterwerfung. Und auch in diesem Bilderzyklus findet sich der Kulturvermittler. Wie Felipe tritt uns ein Bote als Wesen zwischen zwei Welten entgegen, also nicht nur zwischen Irland und England, sondern auch zwischen der auf oraler Tradition und der auf schriftlicher Tradition fußenden Gesellschaften.

Hinzu kommt, dass, wenn auch mit deutlichen graduellen Unterschieden, Sprache und Zeremoniell bei der Phase der Unterwerfung von zentraler Bedeutung sind. Mehr als bei Columbus, und das gilt besonders auch für Hernán Cortés, haben die Eroberer zunächst mit dem vorhandenen System zu kooperieren und deren Sprache und Zeichen zu verwenden. Die Begegnung in Cajamarca zwischen Pizarro und Atahualpa ist aber auch gleichzeitig ein Beispiel für das Misstrauen durch das Nicht-Verstehen des Sprache, dass sich später auch in den verschiedenen Berichten, sei es von Cortés, oder für Peru durch Titu Kusi Yupanki, bzw. durch Anhänger von Pizarro, niederschlug.

Diese Sicht des Fremden durch Berichte und Bilder, die nicht überprüft wurden oder nicht überprüft werden konnten, finden sich die ganze Neuzeit hindurch und prägen teilweise die Situation bis heute. In Zeitungen des 17. und 18. Jahrhunderts wurden Vorstellungen durch Texte transportiert. Im 19. Jahrhundert kamen dann in den Zeitungen, wie beispielsweise in der Leipziger „Illustrierten Zeitung" oder der „London Illustrated News", Illustrationen in Gestalt von Holz- und Stahlstichen, ab der Mitte des Jahrhunderts häufig nach Fotovorlagen, hinzu. Auch bei Missionszeitungen griff man auf Fotos zurück, war man doch auf Spenden angewiesen und wollte man einerseits den Erfolg bei der „Zivilisierungsmission", andererseits aber die Notwendigkeit zeigen, weiter tätig zu bleiben. Daher musste bildlich verdeutlicht werden, für was die zu spendenden Mittel verwandt werden sollten. Selbstverständlich betraute man europäische Künstler mit der Bildumsetzung, da die Rezipienten ein Bild erhalten sollten, das dem vorgeprägten entsprach,. Als die Fotografie erfunden wurde, waren Fotografen, die auch die negativen Seiten der Kolonialisierung vor Ort aufnahmen, wie der Italiener Felice Beato, der auch getötete Inder nach dem Aufstand gegen die Engländer fotografierte, eher eine Seltenheit. Ebenso selten blieben aber auch einheimische Fotografen oder Maler, denen es ermöglicht wurde, in ihrem Herkunftsland Aufnahmen zu machen und diese auch zu veröffentlichen. Ein Beispiel ist der Javaner Cassian Cephas, der im Dienst des Sultans von Yogyakarta stand und das Hofleben festhielt.

Es war der Regelfall, dass Aufnahmen in den Kolonien von „Einge-borenen" inszeniert wurden: Im Studio konnte man eine „Wirklichkeit" aufbauen, wie sie in Europa erwartet wurde. Sorgsam wurden die Kostü-me aus dem Kostümfundus festgelegt. Selbst wenn vor Ort fotografiert wurde, so ordnete man die zu Fotografierenden so, dass die gewünschte Aussage erreicht wurde. Stand bei der kolonialen Fotografie in den acht-ziger Jahren des 19. Jahrhunderts bis zum Anfang des 20. Jahrhunderts das Abnormale, das Außergewöhnliche im Vordergrund, so begann man ab den zwanziger Jahren des 20. Jahrhunderts eher zu versuchen, die Ethnien des eigenen Kolonialreiches abzubilden und diese gleichsam

Abb. 5: „Morgen geht es in die Schule". Schulhaus wie Bekleidung für die Schule sind an der europäischen Norm ausgerichtet. Deutsch-Südwestafrika, um 1913.

der heimischen Bevölkerung in Aufnahmen vorzustellen. Es sollte eine Solidarität des Mutterlandes mit den Kolonien über das Medium Bild hergestellt werden. Dies geschah besonders über die Postkarte. Dabei war Deutschland bei der Produktion von 145 Millionen Postkarten jährlich vor dem ersten Weltkrieg führend. Allein 1907 erschienen über 300 Millionen Postkarten, also fast eine Million täglich. Dies macht die nachhaltige Prägung, die durch diese Druckwerke erfolgte, gut deutlich.

Durch die Texte und Bilder wurden Zuschreibungen vorgenommen, die entweder durch das Kunstwerk selbst oder in Zusammenhang mit dem Begleittext erfolgten. So entstand dort, wo man keine Kenntnis der tatsächlichen Situation hatte, eine konstruierte „Wirklichkeit". Die christlichen Europäer fanden die in ihren Bildern oder Texten wiedergegebenen Ansichten im überseeischen Bereich nur bestätigt. Diese Sichtweise prägte dann aber nicht nur die Europäer in Europa, sondern auch diejenigen, die nach Übersee gingen und meist das, was sie aufgrund ihrer vorherigen Bildung und Kenntnis mitbrachten, auch vor Ort sahen.

Mythen und Sagen wurden von den Europäern nach Übersee mitgenommen. Daher bestand auch für Kolumbus, als er in der Karibik landete, kein Zweifel, dass er hier Kannibalen antreffen würde. Diese Vorstellung wurde bereitwillig von vielen Verfassern übernommen, wie wir es auch in den ersten wichtigen Berichten von deutschen „Conquistadoren", wie Ulrich Schmidl oder Hans von Staden finden. Zwar kennt man rituelle Menschenopfer bei amerikanischen indigenen Kulturen, für das Verzehren von Menschenfleisch aber gibt es keine Belege. Dennoch hielt sich diese Sicht beharrlich und wurde mit der weiteren Expansion der Europäer auch weiter in der Welt verbreitet. Als man Ende des 18. Jahrhunderts in die Südsee vordrang, glaubte man dort genauso auf Kannibalen zu stoßen, wie im 19. Jahrhundert in Afrika oder in der Südsee.

Wie abhängig solche Berichte von der Sichtweise und dem Erfahrungshintergrund sind, mag ein Bericht aus dem 15. Jahrhundert zeigen, indem nämlich die Bewohner der Gegend um die Gambia-Mündung in Afrika umgekehrt mit der gleichen Selbstverständlichkeit annehmen, die Europäer seien Menschenfresser:

> *„Ihre [d.h. der Bewohner von Gambia] Antwort war, sie wüssten über uns Bescheid, z. B. wie wir mit den Negern des Senegal umgegangen seien und da ihnen bekannt sei, dass wir Christen Menschenfleisch äßen und Neger wegen des Fleisches kauften, könnten nur schlechte Menschen mit uns Freundschaft wollen; daher gäbe es keine mit uns und sie würden uns alle töten und alles, was uns gehörte, ihrem Herrn zum Geschenk machen, der sich drei Tage von*

hier aufhalte und das hier sei das Land Gambra und der Fluß sei sehr groß; sie nannten auch seinen Namen, aber ich habe ihn vergessen. In diesem Augenblick frischte der Wind auf und wir, die wir ihre bösen Absichten erfahren hatten, segelten in sie hinein und sie flohen ans Ufer und damit war der Krieg mit ihnen vorbei." (1455, nach Alvise da Ca'da Mosto, DGEE 302f.)

Mit dem Kolonialismus sollte sich jedoch die Sicht der Europäer durchsetzen. Sie konnten ihre Mythen als Wahrheit verteidigen, und auch in der Bildtradition waren die Beziehungen nicht gleichrangig, sondern lagen auf verschiedenen Ebenen. Der Religion kam für die Rechtfertigung eine herausragende Bedeutung zu, wobei es zum Transport überlieferter Stereotypen kam. Dabei lässt sich in zeitgenössischer Sicht jedoch nicht das Gegensatzpaar zivilisierte Europäer versus unzivilisierte Außereuropäer bilden, sondern es gilt eine genaue Feinabstimmung zu bedenken (Antagonismusnarrativ). Unterschiedliche Rechtsnormen (*requerimiento*), Gewaltformen und religiöse Ausprägungen waren für den Kulturkontakt entscheidend (Bedeutung des Übersetzers als Kulturübermittler). Dies macht auch verständlich, warum es in Reiseberichten aus Übersee zu einer häufigen Verwendung des Begriffs „Ding" kam und dementsprechend in den Berichten aus der neuen Welt Bewohner neben Dingen auftauchen. Denn vielfach werden Menschen beiläufig neben der Landschaft und den Tieren erwähnt und letztlich auf die gleiche Stufe gestellt.

Natürlich wurde aber andererseits auch im außereuropäischen Bereich auf die Europäer herabgesehen, wie dies z.B. in China noch im 19. Jahrhundert der Fall war:

„Die Chinesen nennen gewöhnlich die Europäer ‚Barbaren' und halten sie für solche; mit dem Ausdruck meinen sie ‚Völker in einem rohen, unzivilisierten Zustand, moralisch und geistig unkultiviert' (...) Diejenigen Chinesen, die unmittelbare Gelegenheit hatten, etwas von unseren Sitten und unserer Kultur zu erfahren – sie mögen, in allen fünf Vertragshäfen zusammen fünf oder sechstausend zählen gegenüber 360 Millionen – halten uns meist in Moral und geistiger Kultur für tiefer stehend als ihr Volk. Was die anlangt, die keine solche Gelegenheit hatten, so kann ich mich nicht auf das Gespräch mit einem einzigen besinnen – und ich habe mit vielen gesprochen –, dessen Vorstellungen von uns nicht analog zu denen gewesen wäre, die wir von Wilden haben. Die Chinesen sind stets überrascht – um nicht zu sagen erstaunt – zu hören, dass wir Familiennamen haben, und in der Familie die Unterscheidung von Vater, Bruder, Frau, Schwester, usw. verstehen; kurz gesagt, dass wir anders als eine Viehherde leben (...)" (Dolmetscher Thomas Taylor Meadows 1852, GiQ 535).

Stets müssen wir uns also bei der Betrachtung der Kolonialgeschichte über die Konstruktion von Geschichte bewusst sein. Standortgebundenheit und Traditionshintergrund spielten in Darstellung und Sichtweise mit hinein und lassen ein jeweils unterschiedliches Bild entstehen. Es finden sich, wie es ja auch Jan Assman hervorgehoben hat, verschiedene „Wahrheiten", geprägt zudem durch verschiedene Bildtraditionen, in unserem Gedächtnis.

5. AFRIKA UND ASIEN

Die Expansion nach Übersee setzte, wie in Kapitel 3 aufgezeigt, im 15. Jahrhundert ein. Um diese nach Osten wie Westen ausgreifende Expansion in der Frühen Neuzeit besser verstehen zu können und nicht von einem Weltteil zum anderen springen zu müssen, erfolgt die Darstellung der Frühen Neuzeit gegliedert nach Erdteilen, wobei Afrika und Asien am Anfang stehen, da die portugiesische Expansion Richtung Osten am Anfang des globalen kolonialen Ausgriffes stand.

Für eine koloniale Expansion benötigte man gute Seefahrer und die notwendige finanzielle wie logistische Infrastruktur, die neben den Mittelmeeranrainern nur noch Portugal und später England und die Niederlande mitbrachten. Da Spanien aber durch Alcáçovas von der Expansion um Afrika herum ausgeschlossen war, bestimmten vornehmlich Portugal, die Niederlande und England die Kolonialgeschichte Afrikas und Asiens.

Die portugiesische Expansion in Afrika, Indien und Asien

Es waren portugiesische Entdecker, die an die Expeditionserfolge des 14. und 15. Jahrhunderts anschließen konnten und den Seeweg nach Asien fanden.

Die erste Schiffspassage nach Indien gelang Vasco da Gama. Am 3. August 1497 fuhr er von den Kapverdischen Inseln unter Ausnutzung des Passats mit vier Karavellen Richtung Süden und erreichte nach drei Monaten, ohne an Land zu gehen, die Küste Südwestafrikas. Schon diese Fahrt ohne Landberührung war etwas noch nicht da Gewesenes und zeugt von der Risikobereitschaft des Seefahrers. Es war ihm bewusst, dass er weiter reisen musste, als 1488 Bartolomeu Dias (1450-1500) gekommen war. Dieser hatte es zwar als erster Europäer fertig gebracht, das Cabo de Boa Esperanza, das Kap der Guten Hoffnung, zu umschiffen, musste jedoch wegen der widrigen Wetterverhältnisse umkehren.

Nach einer schwierigen Umrundung konnte da Gama nun das, was Dias nicht geglückt war, verwirklichen: An der Ostküste Afrikas entlang gelang es den Europäern durch die Hilfe eines an Bord genommenen Lotsen aus Malindi, am 20. Mai 1498 den indischen Gewürzhafen Kalikut (Kozkikode) zu erreichen.

Bei seiner Landung im heutigen Mosambik hatte sich Gama nach der Lage des Reiches des Priesterkönigs Johannes erkundigt und erfahren

„... dass der Erzpriester Johannes nicht weit von dort wohnt, und dass er viele Städte längs des Meeres hat, und dass die Bewohner selbiger Städte große Kaufleute sind und große Schiffe besitzen, dass aber der Erzpriester Johannes weit drinnen im Lande wohnt, und dass man dorthin nur auf Kamelen kommen kann."

Als die portugiesischen Seeleute in Kalikut ankamen, war ihnen die Suche nach Christen wie die nach Gewürzen wichtig. Im Bericht von da Gama wird deutlich, wie den Portugiesen daran gelegen war, auf Christen in Afrika und Indien zu stoßen. Andererseits waren sich die Muslime in Indien der Bedrohung, die von der christlichen Expansion ausging, bewusst. Sie kannten aber auch die Konkurrenz der europäischen Kolonialmächte, die Gama herunterzuspielen versuchte.

„Wir warfen längs der Küste Anker, ungefähr anderthalb Leguas [9 km] vom Lande entfernt. Und nachdem wir so vor Anker lagen, kamen vom Lande vier Barken auf uns zu, und selbige kamen, um zu erfahren, wer wir wären, und nannten und zeigten uns Kalikut. Und desgleichen am anderen Tage kamen wieder selbige Barken zu unseren Schiffen, und der Kommandant schickte einen der Verbannten nach Kalikut, und die, mit denen er fuhr, führten ihn hin, wo zwei Mauren von Tunis wohnten, die kastilianisch und genuesisch sprechen konnten, und der erste Gruß, dem sie ihm zuriefen, war der: „Hol dich der Teufel! Wer hat dich hierher gebracht?" Und sie fragten, was wir so weit in der Ferne suchten, und er antwortete ihnen: ‚Wir kommen Christen und Gewürze suchen.' Sie sagten zu ihm: ‚Warum schickt der König von Kastilien nicht her und der König von Frankreich und die Signoria von Venedig?' Und er gab ihnen zur Antwort, dass der König von Portugal es nicht leiden wolle, dass sie herschickten, und sie sagten, dass er gut daran täte. Dann bewirteten sie ihn und gaben ihm Weizenbrot mit Honig zu essen. (...)" (Vasco da Gama 1498, GiQ 3, 53)

Als 1499 die erste Gewürzladung in Lissabon auf demselben Weg anlangte, eröffnete sich für die portugiesischen Kaufleute ein neuer Handelsraum und für den portugiesischen König ein neuer Herrschaftsraum. König Johann nannte sich nun: König von Portugal und der Algarve, Herr von Guinea und der Eroberung, der Schifffahrt und des Handels von Äthiopien, Arabien, Persien und Indien.

Äthiopien hatte man in die Titulatur einbezogen, weil es 1488 Pêro da Covilhã und Afonso da Paiva als Muslime verkleidet geglückt war, von Ägypten aus über Land bis an die Malabaküste in Indien zu gelangen und auf dem Rückweg über Äthiopien zurückzukehren. Zwar waren die Portugiesen zunächst enttäuscht, dass der „Priesterkönig Johannes" nicht mehr Macht hatte, doch hielten sich an ihrem Plan fest, mit seiner Hilfe die muslimische Welt in eine Zange zu nehmen. Künftig sollte der Herrscher des Landes, welches man als „Goldland Ophir" verstand, ein portugiesischer Verbündeter sein. In der Instruktion für den ersten portugiesischen Gesandten an den äthiopischen Königshof 1520 wird zweierlei deutlich: Zunächst kann man sehen, wie sich die Portugiesen eine Unterstützung im Kampf gegen muslimische Reiche erwarteten. Dass man daher besonders an einen Vorstoß gegen Kairo dachte, hängt damit zusammen, dass ja besonders die arabischen Händler, die an der Mittelmeerküste saßen, als Konkurrenz ausgeschaltet werden sollten. Andererseits kann man dem Text aber auch anschaulich entnehmen, wie die Portugiesen sehr vorsichtig und unter Beachtung der religiösen Bräuche Verhandlungen führten, wenn ihnen dies nützlich erschien.

„1. Zunächst ermahne ich Euch, unseren [religiösen] Bräuchen stets zu folgen und die Bräuche der Eingeborenen zu respektieren, da es hier keine allzu großen Unterschiede geben dürfte. Und was unsere oder ihre Bräuche betrifft, so sollt Ihr Euch mit ihnen in keine Diskussionen einlassen oder Auseinandersetzungen vom Zaun brechen. Dies gilt auch für alle anderen Angelegenheiten...

3. (…) Und Ihr sollt ihm berichten, wie die Könige von Portugal unablässig gegen die Mauren gekämpft und viele Städte in Afrika mit Waffengewalt eingenommen hätten. (…) Und schließlich sollt Ihr ihm von der Entdeckung Indiens berichten...

6. Ihr sollt, wenn sich die Gelegenheit dazu ergibt, beim Erzpriester in Erfahrung bringen, wie viele Männer er dem König, meinem Herrn, zur Eroberung von Kairo zur Verfügung zu stellen vorbereitet ist und was er uns gegebenenfalls an Lebensmitteln liefern könnte." (DGEE 2, 219f)

Das vordringliche Interesse der Portugiesen war mehr noch als eine Zusammenarbeit mit dem äthiopischen König, einerseits die Route durch weitere Stützpunkte auf dem Weg zu sichern, andererseits aber auch viele neue Handelspunkte zu errichten. Durch Handelsstützpunkte konnten die Europäer ein Netz von Verbindungen für den Einkauf von Gewürzen errichten, vor allem Pfeffer, Zimt, Muskat und Gewürznelken. Während der Pfeffer aus Sumatra und dem Hinterland der Malabarküste kam, stammten der Muskat von den Banda-Inseln, die Nelken von den Molukken und der Zimt aus Ceylon. Die Molukken, auch „Gewürzinseln" genannt und zwischen Sulawesi (Celebes) und Neu Guinea gelegen, wurden zum Hauptproduktionsstandort. Dabei waren die Portugiesen zunächst im Indischen Ozean nur Händler unter anderen Händlern, keinesfalls dominierende Kolonialherren. Der Handel lag bis dahin nämlich vornehmlich in den Händen arabischer oder nordindischer Kaufleute. Diese transportierten die Gewürze nach Djiddah im Roten Meer und von dort aus nordwärts nach Alexandria, den Mittelmeerhäfen, wo die Ware dann an die Italiener verkauft wurde. Die enormen Zölle und die Monopolsituation hatten bisher die Gewürze sehr teuer werden lassen. Dies sollte sich nun ändern, denn die Portugiesen strebten ein eigenes Monopol an. Daher richtete die Krone 1500 dauerhaft einen Vizekönig in Übersee ein und legte dort eine Reihe von Stützpunkten an. Damit war die Grundlage geschaffen, um die eigene Position weiter auszubauen und gewaltsam gegen die einheimischen Händler vorzugehen.

Unter der Amtszeit des Vizekönigs Afonso de Albuquerque (1509-1515) wurde die portugiesische Position durch verschiedene Maßnahmen gestärkt. Das wichtigste war zunächst die Sicherung der Versorgungsroute entlang der ostafrikanischen Küste. Diese war auch wegen des Goldvorkommens von Bedeutung, welches man für die Zahlungen brauchte. Dann wurden in schneller Folge Sansibar 1503 und Hormuz 1507-1515 erobert, während Aden erst 1524 folgte, nachdem der erste Versuch 1513 gescheitert war. Es gelang auch die Sicherung Indiens durch die Einnahme von Kalikut und Goa 1510. Dies schaffte die Grundlage für ein weiteres Ausgreifen, so 1511 nach Malakka, 1520 nach Timor und 1514 sogar nach China. 1557 konnte Portugal in Macao gegen Zahlung einer Grundrente eine Niederlassung eröffnen, die 1583 genehmigt wurde und erst 1999, also später noch als Hongkong, an China zurückgegeben wurde. Die Krone schritt noch weiter voran, als sie 1544 in Nagasaki den ersten Stützpunkt in Japan einrichten konnte. Der entscheidende Erfolg des Stützpunktaufbaues blieb jedoch, dass die Portugiesen die Straße von Malakka kontrollieren und somit an den Zöllen verdienen konnten.

Weniger erfolgreich war Portugal hingegen bei der Sicherung des Roten Meeres: Denn nach dem Sieg der Osmanen über das Mamelukenreich 1517 wehrten die neuen Herren in Ägypten die Expansion der Christen im Süden ab. Dabei drehte es sich um Handelsinteressen, religiöse Motivation und Legitimität. Besonders der letzte Punkt war den Osmanen wichtig. Durch die Eroberung der Heiligen Stätten in Mekka und Medina konnte der Osmanische Sultan einen enormen Legitimitäts- und Prestigezuwachs verbuchen, den er auch sogleich seinem

Titel hinzufügte. Andererseits war die Duldung von Ungläubigen dem „Bewahrer der Heiligen Stätten" unmöglich, da er eben diese auch gegen christliche Flotten schützen musste. 1538 stieß eine osmanische Flotte gegen die Portugiesen vor, die diese zwar nicht ganz verdrängen konnte, weil sich Portugal mit dem islamischen Feind der Osmanen, den Persern arrangiert hatte, doch das Rote Meer blieb den Portugiesen als Handelsweg verschlossen.

Für Portugal kam als nächste schlechte Nachricht hinzu, dass von Osten die Spanier als Bedrohung auftauchten. Dabei war es für die Portugiesen besonders schmerzhaft, dass diese erste Umsegelung der Welt von dem Portugiesen Fernão de Magalhães, spanisch Fernando de Magellán, im Dienst der Krone Kastiliens geführt wurde. Die spanische Expedition gelangte 1521 an der Südspitze durch die nach ihm benannte Magellanstraße um Südamerika herum bis zur Molukkeninsel Tidore, welche im portugiesischen Einflussbereich lag. Es war Glück für die Portugiesen, dass dies einen *overstretch* für die Spanier darstellte, da die Entfernung nach Mexiko zu weit war und die kastilische Krone keine Besitzungen in Asien hatte. Daher wurde das Gebiet an Portugal verkauft, und Spanien behielt später nur die Philippinen, die freilich von Mexiko aus verwaltet wurden.

Besonders interessant aber sollte nun bald die Option werden, welche sich durch den Erwerb Macaos von China ergeben hatte. Damit konnte Portugal auch in den Markt mit Japan einsteigen. In Japan zog die Oberschicht die chinesische Seide der eigenen vor, dafür bestand in China ein Bedarf nach Silber aus Japan. Hier waren die Portugiesen seit 1544 aktiv, besonders in Nagasaki, wo der Fürst den Portugiesen den Handel gestattet hatte. Japan war durch innere Unruhen gespalten und daher schlossen sich die ausländischen Mächte, um die eigene Position zu sichern, an einflussreiche Adelige an. Das Interesse dieser japanischen Adeligen bestand zwar darin, eine zu starke Zentralgewalt zu verhindern, sie wollten sich aber keinesfalls der Herrschaft einer europäischen Macht unterstellen. Als die Spanier 1565 die Philippinen eroberten, wurde die europäische Präsenz auch in Japan zunehmend als Bedrohung empfunden. Da die japanische Oberschicht ab 1600 mit den Niederländern und den Engländern zusammenarbeiten konnte, integrierte man diese Konkurrenten der Portugiesen in das eigene Handelskonzept.

Die Portugiesen bauten derweil ihre Stützpunkte als kleine Kolonien aus, gelegentlich auch mit Landbesitz, wie auf Ceylon, der Indischen Westküste oder auf Zambesi. Wichtig für die Gesamtverwaltung war besonders Goa, wo ein Vizekönig residierte, der auch für die Entstehung der umfangreichen Überlieferung, wie wir sie heute im *Corpo Cronologico* im Torre do Tombo in Lissabon finden, verantwortlich war. Um den obersten Kolonialbeamten nicht zu mächtig werden zu lassen, betrug die Amtszeit des Vizekönigs lediglich drei Jahre, und zudem richtete man neben dem Staatsrat (*Conselho da India*, ab 1563) auch noch untergeordnete Posten ein. Die „Oberkapitäne" (*capitão mor*), Kapitäne (*Capitão*) und „Oberfeldwebel" (*sarganto mor*) waren für die Verwaltung und Kontrolle der Wirtschaft und der Militärangelegenheiten, Faktoren (*feitor*) für den Handel und Richter (*ouvidor*) für die Rechtspflege zuständig. Nur größere Siedlungen wie Macao und Goa wurden mit Stadtrecht ausgestattet. Goa wurde 1543 Bistum, 1557/58 Metropolitanbistum. Ähnlich wie in Neuspanien kam mit der Kirche auch die Inquisition in diese Zentren, die hier auf die Reinheit der Lehre zu achten hatte.

Eine Sonderrolle spielten jene wichtigen Gebiete, welche die Krone nur unvollständig kontrollierte. In diesen Teilen des Kolonialreiches war man zu Zugeständnissen gezwungen. Während König Manuel 1496 alle Juden in Portugal auf Druck Kastiliens ausgewiesen hatte und die Inquisition über die Reinheit der Lehre wachte, konnte man die Glaubenseinheit in Übersee nicht herstellen. Hier ordnete Portugal vielfach Dogmen pragmatisch Wirtschaftsinteressen unter. In Übersee arbeitete die Kolonialverwaltung selbstverständlich mit den islamischen Kaufleuten und der muslimischen Mehrheit zusammen, da die Zahl der Portugiesen gering war. Doch nicht nur auf religiösem Gebiet, sondern auch bei der Machtsicherung griff das kleine Portugal zu unorthodoxen Methoden. Um auf den Molukken und in der wichtigen Straße von Malakka die Kontrolle zu behalten, erlaubte die Krone piratenähnliche Methoden: Nur mit Pässen konnten Schiffe sicher die Straße passieren, sonst wurden sie von portugiesischen Patrouillen zerstört. Dies brachte Geld und stellte sicher, dass niemand sonst hier umfangreichen Handel trieb, was bis zur Ankunft der Niederländer auch so blieb. Diese Haltung zahlte sich insofern aus, als Zölle im 16. Jahrhundert ungefähr 65 % der Gesamteinnahmen Portugals ausmachten.

Am wichtigsten für den handelspolitischen Erfolg der Portugiesen war aber der internationale Handel, die „Straße von Indien" (*Carreira da India*). Die Portugiesen betrieben nämlich nicht nur Handel mit Europa, sondern fügten sich in das asiatische System ein und nahmen damit am innerasiatischen Handel mit großen Gewinnspannen teil. Wie Wolfgang Reinhard gezeigt hat, kostete ein Bahar Nelken (273 kg) auf den Molukken 1-2 Cruzados, in Malakka bereits 9-14 und an der indischen Malabarküste 30-42. Gefärbte Seidenstoffe aus China konnten von den Portugiesen für das vierfache in Japan gegen Gold, Silber und Kupfer verkauft werden. Ebenso begehrt waren Silber oder Pferde aus Persien. Jährlich fuhren so vier bis acht Schiffe von je 400-2000 Tonnen von Lissabon in die „Indias". Während die portugiesischen Händler Personal und Kapital mitbrachten, nahmen sie Gewürze und Stoffe zum Weiterhandel auf und transportierten bei der Rückfahrt nach Lissabon Pfeffer, Edelgewürze, Indigo, Salpeter, Harthölzer zurück. Diese Fahrten dauerten mit viereinhalb bis neun Monaten nicht nur sehr lange, sondern waren auch sehr risikoreich. Meist verstarb die Hälfte der Mannschaft, während der Verlust an Schiffen nur 10-20 % betrug. Diese Einbußen konnten jedoch ausgeglichen werden, da der Rohgewinn von 152 % nach Abzug der Kosten immerhin noch 88 % Reingewinn erbrachte.

Der Handel lag in den Händen von Privatfirmen, die an die Krone 5 % Zoll (*Quinto*) abzugeben hatten. Daher waren neben den Portugiesen auch die großen italienischen Handelshäuser, ebenso die deutschen Handelsmagnaten Welser und Fugger aus Augsburg und die Vöhlin aus Memmingen vertreten. Nach dem Preisverfall des Pfeffers im Jahre 1506 hatte die Krone zwar ein Monopol für den Gewürzhandel eingeführt, doch blieb der Handel aller anderen Produkte in Privathand.

Der Niedergang des portugiesischen Kolonialreiches kam plötzlich von außen. Als der portugiesische König Dom Sebastião ohne Thronerben bei einem Kreuzzug in Nordafrika 1578 fiel, ging Portugal aufgrund der Verwandtschaftsbeziehungen an König Philipp II. von Spanien. Damit war Portugal voll in das spanische System, aber natürlich auch in die spanischen Frontstellungen, eingebunden. Und die wichtigsten Gegner Spaniens in der Zeit Philipps II. waren England und die Niederlande, jene beiden Länder die auf dem Sprung waren, große Kolonialmächte zu werden.

Kapital als Mittelpunkt: Die englisch-niederländische Stützpunktgründung

Die Vereinigte Ostindische Kompanie und die niederländische Expansion in Asien

Die Niederlande waren, als sie 1477 an das Haus Habsburg fielen, bereits einer der wichtigsten Handelsdrehscheiben Europas. Durch die Eingliederung in das spanische Imperium (1556) verloren die Niederlande jedoch an Mobilität und Bedeutung, die sie erst nach dem Aufstand gegen die spanischen Herren wieder zurückgewannen.

Der achtzigjährige Krieg gegen die Niederlande (1568-1648, unterbrochen durch einen Waffenstillstand 1609-1621) führte Spanien in drei Staatsbankrotte, die Niederlande dagegen zu großem Reichtum. Spanien musste seine dort stationierten Truppen finanzieren und benutzte daher das aus Amerika fließende Silber zur Bezahlung. Damit kam es zum beständigen Zuwachs der Silberzirkulation. Hinzu kam, dass die Holländer ungeachtet des Krieges mit dem protestantischen und dem katholischen Teil der Niederlande Handel trieben.

Über Umwege lieferten sie sogar an Spanien, da dort ein enormer Holzbedarf bestand, nachdem der Aufbau der spanischen Flotte zur Abholzung fast des kompletten früher sehr reichen Waldbestandes auf der Iberischen Halbinsel geführt hatte. In den Niederlanden wurden auch Schiffsbaumaterialien und Getreide aus der Ostsee umgeschlagen. Zentrum des Handels war zunächst Antwerpen, welches jedoch durch eine Belagerung und das anschließende Massaker der Truppen des Herzogs von Alba 1585 so geschwächt wurde, dass es seine Führungsrolle an Amsterdam abgeben musste. Amsterdam wuchs dank dieses Bedeutungszuwachses zwischen 1585 und 1622 von 30 000 auf 105 000 Menschen an.

Neben der Entwicklung der Städtelandschaft kamen den Niederländern auch einige technische Vorteile zu Gute. Durch günstige und wendige Schiffe, die Fleuten (*fluyt*), konnten die Holländer günstig Massengüter transportieren und das Land wurde zum Finanzzentrum Europas. Viele aus Spanien geflohene Juden und andere Angehörige christlicher Sekten hatten sich in dem toleranten Land niedergelassen und konnten dank guter internationaler Beziehungen umfassende und weitreichende Finanzgeschäfte tätigen, was wiederum das notwendige Kapital für koloniale Unternehmungen in die Niederlande brachte. So wurde 1609 die Wechselbank in Amsterdam gegründet, die sich im Anleihegeschäft im In- und Ausland engagierte.

Zunächst hatten sich die Niederländer lediglich als Konzessionäre am portugiesischen Pfefferhandel beteiligt. Nachdem jedoch der niederländische Kriegsgegner Spanien die portugiesischen Besitzungen 1580 übernommen hatte, drohte das Aus für den Handel, da auch die deutschen und italienischen Kaufleute schon weitgehend von Spanien kontrolliert wurden. Als 1594 den Niederländern alle iberischen Häfen versperrt wurden, startete man als Reaktion darauf den Versuch, eine Nordpassage um Russland herum zu finden. Da das ewige Eis die Weiterfahrt verhinderte, gelang lediglich die Entdeckung von Spitzbergen und Novaja Semlja. So blieb den Niederländern nur die Südroute, wo sich die Frage stellte, wie man die Spanier ausmanövrieren konnte. Die Straße von Malakka war sehr eng und daher der Aufbau einer Konkurrenz zu Spanien zu risikoreich, so dass die Niederlande sich auf das weiter südlich liegende Java konzentrierte, welches man an der Küste von Sumatra vorbei ansteuerte. Zwischen 1595 und 1601 wurden bereits 65 Schiffe nach Java gesandt. Dies war die Grundlage für die Gründung der VOC, der *Verenigde Oost-Indische Compagnie*, also der Vereinigten Niederländisch Ostindischen Compagnie als Monopolgesellschaft. Die VOC war keine einfache Handelsgesellschaft, sondern hatte das Recht, Kriege zu führen, Verträge zu schließen, ja Land in Besitz zu nehmen und Festungen zu bauen. 1621 folgte mit der Gründung der West Indischen Companie (*WIC Geotroyeerde West Indische Compagnie*) die Schwestergesellschaft, die für den Handel in Afrika und Amerika verantwortlich war.

Die Kontrolle wurde von Kaufleuten in den großen Städten ausgeübt, so dass die sechs kontrollierenden Kammern dort zu finden waren, nämlich in Middelburg, Delft, Rotterdam, Hoorn, Enkhuizen und natürlich Amsterdam. Mit 3,67 Mio. Gulden von einem Gesamtkapital über 6,415 Mio. Gulden besaß diese Stadt eindeutig das Übergewicht, was sich auch in der Organisation widerspiegelte. Acht der 17 Mitglieder des Leitungsgremiums kamen aus Amsterdam, vier aus Middelburg, von den anderen jeweils einer aus jeder Stadt. Ein Sitz alternierte, um eine absolute Mehrheit Amsterdams zu vermeiden. Die WIC hatte fünf Kammern mit 19 Mitgliedern, wobei Amsterdam und Middelburg alternierend den Vorsitz führten. Für diese Gesellschaften wurde das notwenige Kapital durch Anleihen gedeckt, nicht durch Geldvorräte. Zur Sicherung des Preisniveaus wurden daher Warenbestände zurück behalten und verzinst.

Mit der VOC war eine *joint stock company*, eine Art Aktiengesellschaft, entstanden. Man nutzte gemeinsames Kapital, das anfänglich nur für eine Unternehmung, nach 1612 aber für jeweils mehrere von Fahrten gezeichnet wurde. Von 1630 an wurde über zweihundert Jahre hinweg regelmäßig im Durchschnitt ein jährlicher Gewinn von 18,5 % ausbezahlt.

Das Entscheidende war, dass diese kapitalistische Handelsform mehr Geld zu mobilisieren vermochte, als der spanische oder portugiesische Kronkapitalismus. Zudem war sie durch die genaue Kontrolle noch effizienter. Kredite, wie die *anticipatiepennigen* mobilisierten zusätzliche Mittel, da die Obligationen, klein gestückelt, auch weniger wohlhabenden Bürgern zugänglich waren. Insgesamt wollten und mussten die reformierten Kaufleute vornehmlich Gewinn machen und dabei durfte dies nicht zu lange dauern. Herrschaftsausbau, Errichtung von Forts oder gar Mission durfte nur soweit getrieben werden, wie dies zur Herrschaftssicherung wie auf Amboina unbedingt nötig war und sollte keinesfalls zu viel kosten.

Dies zeigt sich deutlich am Beispiel Australiens. Zwischen 1605 und 1627 unternahmen die Niederländer die ersten Fahrten in diese Richtung. Doch weder diese, die Willem Jansz durchführte, noch die Reisen von Abel Jansz Tasman 1642-1644 führten zur Entdeckung von wirtschaftlich lukrativen Gebieten. Tasman segelte an Australien vorbei und langte an die Küste Neuseelands, stieß sogar bis nach Neuguinea vor. Doch obwohl seine Reise weiter südlich als irgendeine andere Fahrt bisher geführt hatte, war man mit dem Ergebnis in den Niederlanden keinesfalls zufrieden und warf ihm vor, keine lukrativen Absatzmärkte gefunden zu haben.

„Aber die Jacht Pera hat ihre Reise fortgesetzt, die Südküste Neu-Guineas bis zu einer flachen Einbuchtung auf 10° [s. Br.] (...) von wo aus [sie] die Küste weiter südwärts bis zum Staaten-Fluß auf 17° [s. Br.] entdeckt und gesehen hat, dass sich das Land weiter westwärts erstreckt. (...) Alles in allem ist nichts Nützliches für die Kompanie ausgerichtet worden (...)" (Instruktion für den kommandierenden schipper Abel Jansz Tasman, DGEE 2, 563).

Mit diesem effektiven System wurde aber ein Stützpunkt auf Amboina errichtet, dann 1609 sogar einer in Japan. In den beiden Amtsperioden von Jan Pieterszoon Coen (1618-1623 und 1627-1629) wuchsen die beiden Stützpunkte durch geschickte Politik der Verbindung und Stärkung zu einem Kolonialsystem heran, welches schnell die Konkurrenz verdrängte. Ziel war die Ausschaltung der Konkurrenz im Gewürzhandel, für den man ein Monopol wünschte.

Zunächst gingen die Niederländer ähnlich wie die Portugiesen vor, errichtete Kontore als Stützpunkte auf Amboina (Ambon) und in Japan, auf Java, Ternate und Ceylon (Sri Lanka). An die Spitze dieser Stützpunkte wurde ein Generalgouverneur gestellt und zudem ein „Rat von Indien" eingerichtet. Zentralort wurde Batavia, das heutige Jakarta, welches von Coen auf den Ruinen der 1619 völlig zerstörten Stadt Jakatra (wie es im 17. Jahrhundert noch geschrieben wurde) als Festung gebaut wurde.

„...Den 30. dito sind bei Tagesanbruch 13 Kompanien mit wehenden Fahnen, ungefähr 1000 Mann stark, herausgezogen, haben Jakatra mit Gewalt angegriffen, die von Bantam herausgetrieben und durch Gottes Gnade [die Stadt] sehr glücklich erobert. Als die Javaner sahen, dass tags zuvor so viel Volk in unser Fort gelegt wurde, flüchtete fast die ganze Bevölkerung Jakatras..." (Jan Pietersz Coen, DGEE 3, 159).

In den Stützpunkten folgte 1605 bis 1609 ein Gewürzmonopolvertrag auf den anderen, so auf der „Nelkeninsel" Amboina, auf Banda und auf Ternate. Neben Verträgen ging Coen aber auch mit großer Härte vor. Auf Amboina in den Molukken wurden englische „Verschwörer" und Einheimische hingerichtet. Mit der Hilfe von japanischen Söldnern gelang es zudem, die Banda-Inseln fest in holländische Kontrolle zu bringen.

Die Feldzüge von 1621 wurden ebenso als rücksichtsloser Krieg gegen die einheimische Bevölkerung geführt, die abgeschlachtet oder versklavt wurde. Nun aber hatten die Kolonialherren eine herausragende Stellung im Nelkenhandel eingenommen, welche durch die calvinistische Mission Amboinas und die Ansiedlung von Niederländern, weiter gestärkt wurde. Es entstand die erste niederländische Siedlungskolonie, für deren Gründung sich ebenfalls Coen ausgesprochen hatte. Mit seinem Vorschlag, das Monopol der VOC aufzuheben und auch private Kaufleute zuzulassen, konnte er sich hingegen nicht durchsetzen. Zwei Jahre vor seinem Tod, also 1627, wiesen die Direktoren Coen an, dass das Monopol der Kompanie erhalten bleiben müsse.

„Es ist wahr, daß die Portugiesen außer den Einheimischen (Indianen) niemand gegen sich hatten, und nun muß die [Niederländisch-Ostindische] Kompanie sowohl gegen Spanier, Portugiesen, Engländer, Franzosen und Dänen als auch gegen die Einheimischen kämpfen. Doch hat die Kompanie ebenso gut durch Gottes Gnade eine vortreffliche Gelegenheit, mit der Gründung von Kolonien und durch sparsame Haushaltung (menage) den inländischen Handel, den sie nun besitzt, so zu regeln, daß sie jährlich viel gewinnen wird. […] Um die Dinge soweit zu bringen, ist es nötig, die Stadt Batavia, die Länder [des Königreiches] Jakatra, Ambon und Banda [mit Europäern] zu bevölkern. Die Gründung von Kolonien muß einerseits mit allerlei Volk aus den Niederlanden, insbesondere mit einigen guten, angesehenen Familien, und [andererseits] mit einer großen Anzahl von Eingeborenen geschehen. Die Eingeborenen sind in verschiedenen Teilen [Ost-] Indiens sehr gut zu bekommen gewesen, (…).

Der inländische Handel wird durch private [Kaufleute] ungleich besser als durch die Geschäftsführer der Kompanie wahrgenommen werden. Es wird dann weder an Kapital noch an Volk oder Schiffen gebrechen. Jeder wird für sich selbst auf [günstigen] Einkauf, Verkauf und sparsame Haushaltung achten, ganz anders, als es für die Kompanie geschieht." (Vorschläge von Jan Pietersz Coen 1623, DGEE 3, 78)

Mit der Ansiedelung und der Beherrschung der Inselwelt war aber der erste Schritt hin zum „Nelkenmonopols" getan. Dieses vervollständigte die VOC weitgehend nach dem Rückzug der Spanier von Tidore 1662/1663, welches Madrid aufgrund der zunehmenden Schwäche der habsburgischen Monarchie nicht mehr halten konnte. Zudem gelang die Verdrängung der islamischen Konkurrenz 1660-1669 auf Sulawesi. Letztlich sollte Coen mit seiner Kritik am Monopol der VOC Recht behalten. Denn nachdem es keine Konkurrenz mehr gab, blühte der Schmuggel mit den seit Mitte des 17. Jahrhunderts wieder präsenten Portugiesen, an dem sogar die niederländischen Gouverneure beteiligt waren.

„Denselben Zimt haben auf dem besagten Schiff [des Don Theodoor] allein die Portugiesen, ohne Kommissionäre, gewogen, und zu diesem Zweck sind Waage und Gewicht insgeheim erst zur Schaluppe Esmonie und dann an Bord des vorgenannten [Schiffs] gebracht worden. Und darauf hatte er 163 Pfund Gewicht zu wenig; und die vorgenannte Schaluppe hat Order erhalten, ihren Anker bei Nacht zu lichten, ihren Platz [zu verlassen] und hinter dem besagten Schiff [des Don Theodoor] anzulegen. Und ich darf schließlich Euer Hochedelgestrengen nicht verheimlichen, dass diese Angelegenheiten von dem Herrn Gouverneur Laurens Pit auf diese Weise gehandhabt werden..." (Brief des independent-fiscaal der Faktorei Koromandel, George Edzard Ploos van Amstel, an den Generalgouverneur und die Indienräte zu Batavia, 8. Oktober 1691, DGEE 4, 258)

Neben dem Handel in Niederländisch Indien expandierten die Niederländer auf den chinesischen und japanischen Markt. Die Chinesen schlugen die niederländischen Versuche, ins Land einzudringen, jedoch erfolgreich ab. 1622 wurde der Angriff auf das portugiesische Macao abgewehrt und auf Formosa/Taiwan konnte sich die Niederländer auch nur halten, bis die Angehörigen der Ming Dynastie 1644 dorthin flohen und die Insel 1683 von den Mandschu Herrschern erneut erobert wurde.

Anders verhielt es sich in Japan. Hier gelang es den Niederländern, die japanischen Fürsten davon zu überzeugen, Spanier, Portugiesen und Engländer auszuweisen und nur noch sie zu dulden. Von der künstlichen Insel Deshima vor Nagasaki aus konnten die Niederländer nun gegen eine Miete von 10000 Gulden jährlich Handel treiben. Der Arzt der Niederländer auf der Insel Deshima, Engelbert Kaempfer, schildert Handel und Leben der Holländer im Jahr 1695. Aus seinem Bericht geht nicht nur die strenge Trennung der Holländer von der japanischen Bevölkerung, sondern zudem die breite Produktpalette der im interkontinentalen Handel vertriebenen Waren deutlich hervor:

„Der holländische Handel wird jährlich auf folgende Art in Japan betrieben. Sobald die Schauer die gewisse Nachricht bringen, dass ein holländisches Schiff komme, (...) werden drei Personen unseres hiesigen Comptoirs mit gewöhnlicher Begleitung auf etwa zwei Meilen und außer dem Hafen entgegen geschickt; mit einer verschlossenen Instruktion an den Schiffer, wie er sich bei der Landung und ferner nach Landesgebrauch zu verhalten habe. (...) Alles Verkaufbare wird aufgeschrieben, und unter ihrem Siegel aufbewahrt. (...)

Die Waaren, welche vorzüglich unsre Schifsladungen ausmachen, sind folgende: Rohe Seide aus Sina [China], Tunquin [Tonkin], Bengalen und Persien. Alle Arten von seidnen Zeugen [Tüchern], nur nicht mit Gold und Silber gestikte; aus den erwähnten und andern Ländern besonders Bengalische und Coromandelsche Taffacrels [Baumwollseidenstoffe], große, weiße, gerolte Pelangs [gefärbte, feine Seidenstoffe], weiße Gilangs [Baumwollstoffe], Armosinen [Tuche aus Ormuz], (...) Europäische Tücher und andere Wollen-, auch einige Seidenmanufakturen, besonders Rasche und Kronen-Rasche. Aus Siam und Cambodia Tsjappan oder Färbeholz, das man in Europa Brasilienholz nent, wilde Büffel- und Hirschhäute, Robbenfelle, Wachs- und Büffelhörner. Cardowaan und andere bereitete [gegerbte] Felle aus Persien, Bengalen und anderen Orten. Aus Spanien oder von Manilha aber darf diese Art von Waaren durchaus nicht eingeführt werden. Pfeffer, Puderzucker und Zuckerkant aus verschiedenen Theilen von Ostindien. Gewürznelke und Muskatnus aus den Inseln Amboina und Banda." (Engelbert Kaempfer, DGEE 4, 262-265)

Bis zum Ende des 17. Jahrhunderts nutzten die Niederländer die Entwicklungen in Europa, um Spanien und Portugal in Indien und auf den Gewürzinseln weitgehend zu verdrängen. Als Spanien und Portugal durch den Dreißigjährigen Krieg (1618-1648) geschwächt waren und Portugal ab 1640 seine Unabhängigkeit wieder zu erlangen suchte, setzten sich die VOC unter der Führung von Antonio van Diemen endgültig in Indonesien durch. 1636 eroberte sie erstmals Ceylon, 1654-63 besetzte man es endgültig. 1641 wurde Malakka genommen, was die Kontrolle der so wichtigen gleichnamigen Straße ermöglichte. Durch die Sicherung von Stützpunkten wie dem persischen Bandar Abbas, welches mit Unterstützung des persischen Schahs Abbas 1623 gegründet worden war, hatte man auch die Verbindungswege gesichert. Hinzu kam noch Südafrika. Mit Bandar Abbas hatten sich die Niederländer eine Handelsroute in den Jemen zum Export von Kaffee eingerichtet. Allein Goa und Macao verblieben den Portugiesen für einen erheblich bescheideneren Handel.

Durch die Eroberung aller Gebiete wurde Batavia zur Zentrale für den Handel und zum verpflichtenden Umschlagsplatz. Außerhalb der Stadt blieb die Präsenz von Niederländern allerdings gering. Man schloss Verträge mit den einheimischen Fürsten und übte mit diesem Instrument die Kontrolle aus. Anders verhielt es sich mit dem südlichen Afrika, das zunehmend als Zwischenhafen genutzt wurde und daher auch zu einer Siedlungskolonie avancierte. Am Kap der Guten Hoffnung nahm die Zahl der vorbeifahrenden Schiffe nach Wolfgang Reinhard zwischen

1602 bis 1750 von 10 auf 29 zu, während die Verluste bei nur 4,5 % lagen, was sehr effektiv war.

Das Ende der VOC kam nicht mangels geschäftlichen Erfolges, sondern in Folge der Französischen Revolution. Als französische Truppen die Niederlande eroberten und dort die „Batavische Republik" gründeten, wurden 1791 die WIC und 1799 auch die VOC aufgelöst und ihr Besitz auf den Staat übertragen. Nun gelang den Engländern vorübergehend, den Großteil der Besitzungen in Indonesien zu übernehmen.

Englands Eindringen in Asien

Ähnlich der VOC trat zu Anfang des 17. Jahrhunderts noch eine weitere private Gesellschaft, nämlich die englische „East India Company" (EIC), auf den Plan. Sie war aus der 1581 gegründeten „Levant Company", also aus einer auf das Mittelmeer ausgerichteten Handelsgesellschaft, hervorgegangen. Dies zeigt, wie weit England am Ende des 16. Jahrhunderts noch im Welthandel zurück lag. Ausgangspunkt für die Gründung einer eigenen Handelsgesellschaft war der Konflikt mit Spanien, das aufgrund seiner italienischen Besitzungen einen dominierenden Einfluss im Mittelmeer ausübte und den Nachschub der Luxusgüter Seide und Gewürze bedrohte. Die East India Company entstand auf Initiative der Londoner Kaufleute. Sie wurde zwar von der Krone privilegiert, doch blieb sie finanziell schwächer und verfügte nicht über das Kapital der niederländischen Konkurrenz. Dies lag maßgeblich daran, dass man sich bis 1657 nicht vom Konzept der zeitlich befristeten *joint stocks* lösen konnte und daher keine lang dauernden Folgeunternehmen angehen konnte. Zentrales Verwaltungsorgan war der *General Court*, welcher die *Court of Directors* wählte, dem der *Gouvernor* und *Deputy Gouvenor* unterstanden. Gewählt war dieser *General Court* durch die jährliche Aktionärsversammlung in London. Die 24 Direktoren führten die Kompanie über Ausschüsse, die wiederum vom Finanzplatz London abhingen.

Dies alles behinderte die Wirksamkeit. Am Anfang hing man von der niederländischen Unterstützung für die Gründung der ersten Handelsplätze ab, eine Zusammenarbeit, die sich binnen weniger Jahre zu einer Konkurrenz zuspitzte. Aufgrund der anfänglichen Schwäche spielten für die englische Wirtschaft die Anfang die 1615 in Besitz genommenen Stützpunkte in Indien, sowie in Malaya, Sumatra und Java noch keine große Rolle. Im Gegenteil, der weitere Aufstieg der Niederländer, besonders aber die inneren Unruhen in England durch den Englischen Bürgerkrieg (1641-1648), ließen die EIC stets an Einfluss verlieren. So schienen zunächst auch die kleinen Erfolge, wie die Gründung von Fort George 1641, später Madras genannt (heute Chennai), die Gründung einer Faktorei in Bengalen 1652 oder schließlich das 1661 von Spanien erworbene Bombay keinen neuen Aufbruch zu versprechen. Dies sollte sich erst nach 1688 mit der *Glorious Revolution* ändern, welche einen neuen Impetus, wichtiger aber noch, die Vereinigung der Regierung der Niederlande und der Krone Englands, mit sich bringen sollte. Doch ähnlich wie sich für Portugal die Personalunion mit Spanien negativ ausgewirkt hatte, so sollte die Vereinigung auch für die Niederlande zu einem erheblichen Nachteil, für England hingegen zum Vorteil werden.

Erst jetzt, also zu Anfang des 18. Jahrhunderts, als man über 3,2 Millionen Pfund Kapital verfügte, war die Gesellschaft handlungsfähig und konnte den Baumwollexport aus Indien, der bis dahin auf Grund der Konkurrenz zur englischen Wolle begrenzt worden war, zu einem Haupthandelssegment ausbauen. Hinzu trat der Sklavenhandel in der Karibik und in Nordamerika. Im Jahre 1665 hatten die Engländer bereits 18 Stützpunkte und sie konnten hier langsam die anderen kleinen Mächte, also Schweden, Brandenburg und die niederländische WIC verdrängen.

Zudem wurde erst jetzt das System, keine eigenen Schiffe zu haben, sondern Schiffsraum stets nur anzumieten, lukrativ. Denn im Gegensatz zur den französischen oder niederländischen Handelsgesellschaften besaß die EIC keine eigenen Schiffe, sondern mietete den erforderlichen Raum an. Als die Zahl der Indienfahrten am Anfang des 18. Jahrhunderts von elf auf zwanzig jährlich anstieg, begann man die Position in Asien zu sichern. Die indischen Besitzungen in Bombay, Madras und Kalkutta wurden ausgebaut und verstärkt, ebenso wie St. Helena, welches als Zwischenstopp auf dem Weg in die Karibik diente. Doch die Konkurrenz mit den anderen europäischen Mächten, besonders mit Frankreich, und die Angst vor einem Erstarken der indischen Lokalherrscher wuchsen.

In Indien hing man von diesen Herrschern zunächst ab. Durch Verträge mit den Mogulherrschern, also der im Norden herrschenden islamischen Dynastie, hatte man die Einrichtung von Handelsstützpunkten (*factories*) an der Küste erreicht, die dort zu Forts ausgebaut wurden. Damit entstand ein Netz von Niederlassungen, deren Hauptsäulen die Städte Madras (seit 1639), Bombay (seit 1661) und Kalkutta (seit 1689) waren. Ein größeres Problem als die Mogulherrschaft war für die EIC die Präsenz und Konkurrenz der anderen europäischen Mächte. Frankreich besaß wichtige Stützpunkte in Mahé (seit 1712), Karrikal (seit 1738), Yanaon (seit 1751) und Pondichéry (seit 1674), Dänemark in

Tranquebar (seit 1616) und die Portugiesen ihre bedeutendsten Posten in Dío (seit 1536), Damão (seit 1538), Goa (seit 1510) und schließlich die Niederländer auf Ceylon und in Kotschin (seit 1663). Diese Präsenz fast aller europäischen Mächte hatte für die indischen Fürsten den Vorteil, dass sich die Europäer gegenseitig argwöhnisch beobachteten und man mit allen Handel treiben konnte.

Die Machtbalance verschob sich im 18. Jahrhundert zugunsten der Briten. 1739 gelang es einer persisch-afghanischen Streitmacht, Delhi zu plündern, da das Mogulreich mittlerweile stark geschwächt war. Zwar wurden jetzt die Marathen in Indien zur führenden Kraft, da sie aber erst am Anfang ihres Aufstiegs standen, gewannen sie nie eine ähnlich konsolidierte Position wie die Mogulherrscher, die ja seit dem Anfang des 16. Jahrhunderts Nordindien dominiert hatten. Tatsächlich erlitten die Marathen bereits 1761 eine schwere Niederlage gegen die Afghanen, so dass sich die Marathenherrschaft in eine Konföderation auflöste, mit der die Briten aufgrund ihrer Zersplitterung leichter umgehen konnten. Die kurze Dominanz eines anderen Herrschers im südindischen Mysore (1761-1799) konnten die Briten beenden, weil dieser sich stark an Frankreich angelehnt hatte.

Die Engländer hatten zudem mittlerweile in Indien eigene Truppen aufgestellt, die Sepoy, was ihre militärische Macht stärkte. Damit gelang es im Siebenjährigen Krieg (1755/56-1763), nicht nur den Herrscher Bengalens in der Schlacht von Plassey zu schlagen, sondern zudem die Franzosen im Frieden von Paris in ihrer wirtschaftlichen Freiheit einzuschränken. Weitere Schritte folgten: Als Frankreich während der Französischen Revolutionskriege die Niederlande besetzte, kam die große Stunde der Englischen Ostindien Kompanie. Sie konnte nicht nur die niederländischen und französischen Besitzungen, darunter auch Ceylon (Sri Lanka) übernehmen, sondern besetzte zudem 1795-1796 Niederländisch-Indien (Indonesien). Damit waren die Engländer unangefochtene Herren des europäischen Asienhandels, da auch Portugals Stützpunkte englisch besetzt waren.

Haupthandelsprodukt der Englischen Ostindien Kompanie war am Anfang Pfeffer, später abgelöst durch indische Stoffe. Es bestand eine große Nachfrage für die leichteren Stoffe auf dem Modemarkt des 18. Jahrhunderts. Zunächst war es Baumwolle, die am Anfang des 18. Jahrhunderts noch recht teuer war und dann, als sie billiger wurde, durch Seide ersetzt wurde. Sehr viel schneller noch gewann ein drittes Produkt an Bedeutung, der Tee. Anfang des 18. Jahrhunderts noch von wenig bekannt und geschätzt, übertraf er um 1770 den Einfuhrwert von Textilien. Der Tee kam im Tausch gegen indisches Opium und Waren aus China und fand nun, gesüßt durch Zucker aus Westindien, in großer Menge Eingang in den europäischen Markt.

Im 18. Jahrhundert waren die Engländer vornehmlich als Kaufleute präsent, respektierten die Landessitten und versuchten, möglichst ungestört den Handelsinteressen nachgehen zu können. Da aber die Kompanie in Schulden geriet, beschloss das englische Parlament 1773 im *Regulation Act*, die Kontrolle über sie zu übernehmen. Dies hatte zwei weitreichende Konsequenzen. Die Schutzpolitik für Tee führte maßgeblich zum Aufstand in den Amerikanischen Kolonien, wo bei der Boston Tea Party ja eine ganze Schiffsladung Tee ins Wasser geworfen wurde, um gegen die neuen Steuern, die man zur Sanierung der Kompanie eingeführt hatte, zu protestieren. Auf der anderen Seite griff jetzt die Krone unmittelbar in die indischen Angelegenheiten ein, was im so genannten *India Act* 1784 seine formelle Begründung fand. England begann nach dem Verlust der Kolonien in Amerika sein Augenmerk auf Indien zu werfen.

Die Versuche zum Aufbau eines französischen Kolonialreichs

Obwohl in Europa sehr erfolgreich, tat sich Frankreich bei der kolonialen Expansion schwerer. Allein schon aus Prestigegründen wollte Frankreich indes nicht nachstehen, da die Kolonien in Nordamerika wenig lukrativ waren und die Hoffnung, durch Kanada einen Seeweg nach Indien zu finden, mittlerweile begraben worden waren.

Der französische Kardinalpremier Richelieu versuchte daher 1642, eine eigene Kompanie (Compagnie de l'Orient) zu gründen, um Englands Seemacht nicht unbeschränkt wachsen zu lassen.

„Eine Großmacht darf niemals in die Gefahr kommen, eine Beleidigung hinnehmen zu müssen, ohne Vergeltung dafür üben zu können. Bei seiner Lage könnte England, wenn Frankreich keine Seemacht hätte, alles zu seinem Schaden tun, was ihm beliebt, ohne ein Gleiches befürchten zu müssen." (Richelieu, Politisches Testament 1638, GiQ 3, 416).

Die erste Gründung blieb eine Episode; die nächste Gründung einer Monopolgesellschaft initiierte 1664 der französische Finanzminister Colbert. Allerdings besaß man in Asien und Afrika als größeren Besitz lediglich Madagaskar, zu dem 1665 auch Ile de Bourbon (Réunion) und Mauritius traten. Die französischen Gründungen in Indien schließlich führten in Konkurrenz zu den anderen Mächten zur Niederlassung in Madras und Bengalen. Das Projekt lief aber nur schleppend an, weil Frankreich in wirtschaftlichen Fragen nicht auf Paris ausgerichtet war, sondern wirtschaftlich von Metropolen wie Lyon, Bordeaux und Marseilles abhing und zudem die Experten für eine maritime Expansion fehlten. Als Aktiengesellschaft kam die „Compagnie des Indes orientales" nur 1736 bis 1755 aus den roten Zahlen. Nie gelang es jedoch, große Gebietsgewinne zu erzielen oder ein geschlossenes Handelsnetz aufzubauen. Nach der Niederlage im Siebenjährigen Krieg sah man sich 1769 genötigt, die Kompanie aufzulösen. Erst im 19. Jahrhundert sollte Frankreich einen bedeutenden Einfluss in Asien gewinnen.

Gescheiterte Träume: Die Welser, Brandenburg und Österreich

Neben den Kolonialmächten Portugal, Spanien, Niederlande, Frankreich und England hofften auch weitere europäische Staaten, von Kolonien profitieren zu können. Dabei war es meist nicht der Staat selbst, der sich auf koloniale Abenteuer einließ, sondern eine Gesellschaft, die dem niederländisch-englischem Vorbild folgte. Schweden, Dänen und Brandenburg versuchten in Asien, Afrika und der Karibik Fuß zu fassen.

Zum ersten Mal kam es 1528-1556 zur Expansion nach Amerika durch eine deutsche private Gesellschaft, nämlich durch die Welser. Als Obligation für die Kaiser Karl V. geleisteten Kredite bekam die Augsburger Gesellschaft die Statthalterschaft übertragen. So kam es, dass auch ein Deutscher, Philipp von Hutten, als Generalkapitän im heutigen Venezuela einen Eroberungszug organisierte, bei dem er vergeblich das Goldland (El Dorado) suchte. Kurz nachdem Karl V. abgedankt hatte, erkannte 1556 der Indienrat den Welsern jedoch ihre Beteiligung ab.

Im Vertrag wurde nicht nur festgelegt, dass den Deutschen die Aufgabe der „Befriedung" als Verpflichtung übertragen wurde, sondern, dass die Einflusssphäre des spanischen Bevollmächtigten nicht begrenzt werden dürfe.

„Sofern Ihr das erfüllt, was Ihr Euch obenstehend anbietet zu tun, nämlich dass ihr mit besagter Flotte fahrt oder sie losschickt mit dem besagten Gouverneur von Santa Marta, und sofern Ihr in der besagten Weise dieses [Gebiet von Santa Marta] befriedet, so erteile Ich Euch die Genehmigung und Befugnis, dass Ihr (...) von diesen besagte Gebiete und Provinzen entdecken und erobern und besiedeln könnt, die an besagter Küste liegen, (...) ausgenommen diejenigen, die dem Bevollmächtigten Juan de Anpiés als Encomiendas zugewiesen sind und unter seiner Aufsicht stehen (...)" (Asiento 1528, DGEE 4, 41f.)

Es sollte bis 1682 dauern, bis sich erneut Deutsche im Rahmen einer Gesellschaft am Kolonialhandel zu beteiligen suchten. Durch den Kurfürsten Friedrich Wilhelm wurde in Brandenburg eine Afrika-Compagnie gegründet, die von dem zu Brandenburg gehörigen Emden aus operierte. Wichtigster Stützpunkt war die Festung Groß-Friedrichsburg im heutigen Ghana, daneben hatte sie noch einen Besitz auf St. Thomas in der Karibik. Die Übernahme des Platzes in Afrika geschah in ähnlicher Weise wie im Fall anderer europäischer Kolonialherren. Nach einer Machtdemonstration, bei der die Hoheitsinsignien vorgeführt wurden, überrumpelte man die Ghanaer, indem man ihnen nicht nur Alkohol gab, sondern sie einem Vertrag zustimmen ließ, der ihrer Tradition nicht entsprach. Wie das *requerimiento* in der spanischen Welt gaben sich die Offiziere aus Brandenburg damit den Anstrich der Legitimität.

„Den folgenden Tag/ als den ersten Januarii, Anno 1683 brachte Capitain Voß die grosse Churfl. Brandenburgische Flagge vom Schiffe/ die ich mit Paucken und Schallmeyen aufgeholet/ mit allen im Gewehr stehenden Soldaten empfangen/ und an einem hohen Flaggen-Stock aufziehen lassen/ dabei mit 5 scharff-geladenen Stücken das Neue-Jahr geschossen (...) Und will Sr: Chrufl: Durchl: Nahme in aller Welt Groß ist/ also nennete ich auch den Berg: Den Grossen Friedrich-Berg. Diesen tag baueten sich unsere Soldaten ihre Baraquen, und ich ließ durch die Nägers vor mich und meine Officirer auch eine lange Baraque auffrichten...

Da foderten sie erstlich gewisse Wahren von mir/ davor sie unserer Compagnie den Berg und die umliegende Gegend Eigenthümlich verkauffeten. Nachmahls ließ ich eine Schale Brandtwein/ Wermuht-Exract und Violensafft zu richten/ nahm einen Löffel in die Hand/ und fragte den Aeltesten/ ob ihm beliebe zu trincken/ selbiger sagete: Ja/ ich trincke/ folgende Puncta, so man mir vorgelesen/ zu halten/ unter dieser über uns wehenden Fahne zu leben/ und zu sterben. Breche ich meinen Eyd/ so lasse mich der grosse Monarch augenblicklich sterben.“ (Otto Friedrich von der Gröben 1683, DGEE 3, 266f.)

Der koloniale Traum des kleinen Brandenburg, dessen Repräsentant doch so bemüht war, die Größe des Kurfürsten zu betonen, hatte keinen langen Bestand. 1717 entschloss sich König Friedrich Wilhelm I., der Soldatenkönig, der für die kolonialen Pläne wenig Verständnis hatte, für einen Verkauf der Niederlassung an die Niederländische Westindische Kompanie. Da Brandenburg im gesamten 18. Jahrhundert keine leistungsfähige Flotte besaß, kam es auch später zu keinem neuen Versuch mehr.

Auch der 1719 gegründeten österreichischen „Ostindischen Compagnie" war nur ein kurzes Leben beschieden, da sie gegen die englische Zusage, die habsburgische Erbfolge anzuerkennen, 1727 aufgelöst wurde. Letztlich scheiterten alle diese Gesellschaften an dem Kapitalmangel, da der Markt von den Engländern und Niederländern beherrscht wurde und ein Eindringen nicht mehr möglich war.

Russlands Vordringen an den Pazifik

Von ganz anderem Ausmaß und anderer Struktur war hingegen die russische Expansion. Hierbei handelte es sich um eine Kontinentalexpansion, die nach der Eroberung von Kasan seit 1552 zur Eroberung Sibiriens führte. In den folgenden zweihundert Jahren kam es zu einer Mischung von staatlich gelenkter Expansion und privaten Entdeckungsfahrten. Nach den ersten Vorstößen der Kosaken übernahm die Krone die Führung. 1632 wurde Jakutsk an der Lena, 1651/52 Irkutsk gegründet, nachdem man bereits 1642 am Pazifik angelangt war, wo man Ochotsk gründete. Durch die Niederlage gegen die Chinesen 1658 wurde dann allerdings die Expansion in Asien gebremst, was in dem Vertrag von Nerschinsk 1689 auch die schriftliche Fassung erfuhr. Gleichzeitig expandierte das russische Reich Richtung Süden, wo man 1722/23 auch Baku eroberte und damit bis an das Kaspische Meer gelangt war. Eine weitere Expansion ergab sich erst am Ende des 18. Jahrhunderts, als das Osmanische Reich die russischen Angriffe nicht mehr abzuwehren vermochte. (Vgl. Kap. 7).

Hauptgewinn der Expeditionen war der Pelzhandel, der 1644 zehn Prozent der russischen Staatseinnahmen ausmachte und jährlich bis zu 100 000 Fellen umfasste, die man teilweise mit Geiselnahmen von der indigenen Bevölkerung erpresste. Die Methoden, mit denen man Völker wie die Jukagiren (Siedlungsgebiet an der nördlichen Lena) zwang, zusätzlich zu ihren Abgaben den russischen Händlern Waren abzukaufen, spiegelt sich in einer Petition an Zar Alexej wider.

„In den vergangenen Jahren, Herrscher, als wir begannen, Dir, Großer Herrscher, für uns und die Menschen in unserem Stammesgebiet Jassák zu zahlen, (…) Wer Dir, Herrscher, im Jahr 5 Zobel Jassák zahlt, muß ihnen zusätzlich zu diesen 5 Zobeln für 20 Zobel Waren abnehmen; wer 10 Zobel zahlt, von dem verlangen sie 40 bis 50 oder noch mehr Zobel zusätzlich; (…) Und wenn der Jassák für Dich, Herrscher, gezahlt ist, machen sie die Tore der Amtsstube sperrangelweit auf, treiben uns Jukagiren alle in die Jassák-Amtsstube und beginnen, unter Drohungen und mit großer Härte für ihren eigenen Bedarf uns für ihre zusätzlich aufgezwungenen Waren Zobel, Füchse, Zobel-Rückenstücke und anderes Pelzwerk abzunehmen." (Bittschrift der im unteren Jassák-Winterlager tributpflichtigen Jukagiren 1663, DGEE 4, 348f.)

Die Situation der indigenen Völker in Sibirien sollte sich bis zum Ende des 17. Jahrhunderts rapide verschlechtern. Im 18. Jahrhundert verlagerte sich nämlich der Schwerpunkt vom Zobel auf den Seeotter, da die Bestände inzwischen stark geschrumpft waren. Diese Jagden auf die

Lebensgrundlage der einheimischen Bevölkerung und eingeschleppte Krankheiten führten einige Ethnien an den Rand des Aussterbens. Im 18. Jahrhundert machten die indigenen Völker nur noch 30 % der Gesamtbevölkerung aus, die aber andererseits durch die Einwanderung von Russen beständig wuchs. 1897 war der Anteil der sibirischen Völker sogar auf 15 % gesunken und nahm durch weiteres Nachziehen russischer Siedler beständig ab.

6. AMERIKA

Die europäische Expansion, besonders aber der Kolonialismus wurde nachhaltig durch die „Entdeckung" und Eroberung Amerikas geprägt. Denn während man von Asien seit der Antike Kenntnis hatte, sich hier nur in ein bestehendes Handelssystem einklinken konnte und sich in Afrika in der Frühen Neuzeit allein auf kleine Stützpunke an der Küste beschränkte, war Amerika die „Neue Welt". Ganze Generationen von Eroberern (Conquistadoren) setzten nach Amerika auf der Suche nach Gold und Ruhm über. Doch nicht nur die Eroberer kamen, sondern auch die Missionare und Siedler, weil im Fall von Lateinamerika sehr schnell klar war, dass man den gefundenen Kontinent auch besiedeln würde.

Da Amerika für die Europäer ein Kontinent war, den sie nach der Eroberung im Gegensatz zu Asien stets aus einer Herrschaftsposition führten, konnten Ideen und Utopien verwirklicht werden. Dabei reichte das Spektrum von dem Wunsch der vollständigen Beherrschung bis hin zur Hoffnung, hier eine „neue" und „bessere" Welt schaffen zu können. In Amerika wurde durch die Besiedelung und die Mission eine neue Gesellschaft geschaffen, die sich durch die Vermischung von Menschen unterschiedlicher Herkunft und Hautfarbe auszeichnet.

Die Bedeutung der vorkolonialen Entwicklung für die Eroberung

Mit dem Zusammentreffen (*encuentro*), für das vielfach weiterhin von der spanischen „Entdeckung Amerikas" gesprochen wird, war die koloniale Phase des Herrschaftsaufbaus, z.T. aber auch bereits die Herrschaftssicherung angebrochen. Die Europäer trafen auf ganz unterschiedliche Kulturen, was auch den Umgang und deren weitere Geschichte prägte.

Dennoch wurden Norden und Süden oft getrennt abgehandelt, was nur aus der heutigen Sicht verständlich ist, da Spanien große Gebiete der heutigen USA zu seinem Kolonialreich zählte. Seit 1992 ist die Frage, wie eigentlich die Ereignisse von 1492 zu benennen und zu bewerten sind, wieder aufgeflammt. Ist es die „Entdeckung" oder ist es die „Eroberung" Amerikas, von der man sprechen soll und darf? Heute wird der Begriff „Begegnung" (*encuentro*) verwandt, um die negativen Folgen auch mit anzuzeigen, wobei z.b. in Mexiko auf die Schaffung einer neuen Kultur durch beide Kulturen auf der Plaza de la tres culturas in Mexiko Stadt hingewiesen wird.

Wenn man über die Eroberung Amerikas durch die Spanier spricht, so wird fast nur an die Hochkulturen, also die Azteken, Maya und Inka gedacht, wenngleich diese nur einen kleinen Teil der Fläche des Amerikanischen Doppelkontinentes unter ihre Kontrolle gebracht hatten. Schätzungen gehen für das präkoloniale Hispanoamerika von 35 bis 45 Millionen Menschen aus, die sich ungleich auf mehr als 350 größere Volksgruppen allein in Lateinamerika verteilten.

Neben sehr großen Städten, die größte war Mexiko-Stadt (Tenochtitlán) mit mehr als 100 000 Einwohnern, und anderen urbanen Zentren, gab es große Gebiete, die von Nomaden oder Halbnomaden bevölkert wurden. Zwar fällt es schwer, die sehr unterschiedlichen Ethnien in Amerika zu klassifizieren, doch erscheint die von Mark Burckholder und Horst Pietschmann vorgenommene Einteilung plausibel. Die Eroberer in Amerika hatten es mit drei grundsätzlichen verschiedenen indigenen Gesellschaftstypen zu tun, auf die auch unterschiedlich reagiert werden musste:

Hochkulturen mit einer zentralen Organisation

Dünn besiedelte und weniger gegliederte Herrschaftsbereiche

Nomadenvölker

Für die Spanier war es daher notwendig, jeweils adäquate Vorgehensweisen bei der Eroberung zu entwickeln.

1. Im Falle von Hochkulturen konnte man durch Bundesgenossen, die Verwendung von Mythen (Kolonisation des Imaginären) oder durch die Ausnutzung von inneren Zwistigkeiten die Hierarchie ausschalten und die mittlere Führungsschicht auf die Seite der Eroberer ziehen. Dieser wurde dann eine ganze Reihe von Vorrechten belassen und die Häuptlinge (*caciquen*) in das Herrschafts- und Wirtschaftssystem eingebaut. Es sollte den Spaniern nutzen, dass in Mittelamerika bei den Hochkulturen Krieg maßgeblich zur Gefangennahme des Gegners geführt wurde, um diesen dann zu opfern. Nicht das Töten, sondern die Gefangennahme des Feindes stand also im Vordergrund. Zudem war durch die Nutzung von Kalender, der Kenntnis der Konstruktion von monumentaler Architektur, einem ausgebauten Straßennetz und

schließlich die Nutzung von Nummer und Schriftsystem ein für die Europäer nutzbarer Erfahrungshorizont vorhanden.

Hinzu kamen in der Folge eine Reihe von Verbindungen, nicht immer Ehen, die zu einem biologischen und kulturellen Mischprozess führten. Nicht bewährt hatte sich das in Peru versuchte Modell eines Marionettenherrschers. Zwar konnte man dort mit Tupac Amaru nach dem Tod der Inkaherrscher Atahualpa und Huana Capac zunächst einen kontrollierbaren Herrscher einsetzen, doch mit dem Widerstand der Thronanwärter Manco und Sayri Capac hatten die Spanier schnell gelernt, dass jedes Mitglied der Inkafamilie mit königlichen Funktionen eine Bedrohung für das spanische System sein musste. Daher kam ab der Regierungszeit des Vizekönigs Mendoza eine Kooperation oder ein Marionettenregime nicht mehr in Frage und auch in Peru hielt das System des Vizekönigs als Haupt der Verwaltung seinen Einzug.

2. Ganz anders wurde in der Karibik vorgegangen. Hier konnten sich die einzelnen Stammesverbände kaum unterstützen und waren zudem sehr anfällig für eingeschleppte Krankheiten. Ähnlich wie die Guanchen auf den Kanarischen Inseln wurde für diese Ethnien der Stress der Begegnung, die eingeschleppten Krankheiten und die rücksichtslose Ausbeutung durch die neuen Herren zur tödlichen Falle, weswegen in diesem Raum die höchsten Menschenverluste zu beklagen sind. Durch die Einführung von Sklaven aus Afrika wurde eine neue Gesellschaft geschaffen, die stark von den Plantagen und ihren Erträgen abhängig wurde.

3. Bei den nomadischen Indianern scheiterten die europäischen Mächte weitgehend mit ihrer Herrschaft. Diese Gebiete waren bis in das 19. Jahrhundert hinein in kein zentrales Herrschaftssystem eingebaut und wurden erst durch die amerikanischen Nationalstaaten gewaltsam in das nationale Gefüge aufgenommen. Bis in das 19. Jahrhundert lagen diese Ethnien ständig im Kampf mit der Kolonialmacht. Dabei gelang es ihnen vielfach, ihre Position im Widerstand durch die Assimilation „nützlicher" Importe, wie Pferde und Hunde, aufrecht zu erhalten. So gelang es den Spaniern nie, die Mapuche in Südchile, die das Pferd adaptiert hatten, vollständig zu besiegen. Es war für die Spanier von Vorteil, dass die Siedlungsgebiete dieser Indigenen, wie beispielsweise Südargentinien, Südchile, Nordmexiko und die Urwaldregionen, wenig attraktiv für die Kolonialherren waren.

Diese Situation hatte zur Folge, dass der Kontinent eine ganz unterschiedliche Durchdringung kolonialer Herrschaft aufwies. In den Grenzgebieten, wie Nordmexiko einerseits oder Südchile und Südargentinien andererseits, mussten sich die Spanien vornehmlich auf die

Grenzsicherung konzentrieren. Hier konnte es dann auch zu einer Umkehr oder doch zumindest Infragestellung der Herrschaftsbeziehung kommen. So erkannte Alfonso de Ribera (1601/05, 1612-15) als Veteran aus dem Flandernkrieg, dass die Conquista gegen die militärisch relativ starken Mapuche mit den schwachen eigenen Kräften unmöglich war. Es dauerte aber noch bis zur großen Rebellion von 1654, bis sich der Río Biobio als Grenze durchsetze und Spanien sich zu einer Einigung mit einer indigenen Gruppe bequemen musste, ja sogar auf den bisher geübten Sklavenfang nach 1663 verzichtete.

Christoph Columbus und die ersten Fahrten nach Amerika

Zur Entwicklung des kolonialen Amerikas kam es durch die Landung von Christoph Columbus, dessen Handeln im Rahmen der Vorgeschichte der ersten Fahrt aufgezeichnet werden soll. Durch die Konkurrenz zu Portugal, besonders aber auch aufgrund der Erfolge Genuas und Venedigs im Gewürzhandel, wollten die iberischen Monarchien seit dem 14. Jahrhundert auch an diesem lukrativen Geschäft teilhaben. Während vor der Heirat der Katholischen Könige das Königreich Aragon vollständig auf das Mittelmeer ausgerichtet war und daher die Option eines Ausgriffes über den Atlantik nicht in Frage gekommen wäre, weil es den Konkurrenten Kastilien gestärkt hätte, änderte sich dies mit der Vereinigung der beiden Reiche. Nun gab es gemeinsame Interessen der beiden Kronen, die zwar bei der Finanzierung weiterhin vorsichtig blieben, sich aber die gemeinsame Förderung privatwirtschaftlicher Unternehmungen vorstellen konnten.

Die langen Handelsverbindungen, die Kastilien nach Flandern und Irland besaß, hatten zum Aufbau einer hochseetauglichen Flotte geführt, die zudem viele erfahrene Seeleute, welche bereits lange und schwierige Fahrten unternommen hatten, in ihren Reihen zählte. Ob Christoph Columbus bereits 1477 im westirischen Galway war und hier Informationen für seine Fahrt nach Amerika sammeln konnte, ist unsicher. Es ist jedoch nachgewiesen, dass Handelskontakte mit Irland und dem Nordseeraum existierten und damit zu einer Verbesserung der Kenntnisse und Erfahrungen der Seefahrer aus dem Mittelmeer führten. So hatten die Portugiesen 1484 eine Faktorei in Brügge gegründet, mit der sie wiederum Handel nach Danzig und von hier aus über den Ostseeraum ins Baltikum und nach Russland Beziehungen unterhielten.

Die Sammlung bekannter und neuer Informationen war aber Christoph Columbus (1451-1506) zu verdanken, dessen Beharrlichkeit schließlich zum Erfolg führte. Er wurde geboren 1451 als der älteste Sohn eines

Wollwebers, entstammte also einer Handwerkerfamilie, doch ob diese aus dem nordspanischen Galicien oder Korsika stammten oder ob es katalanische Juden waren, darüber gibt es keine Gewissheit. Jedenfalls wurde Columbus unmittelbar in einem der kolonialen Zentren geboren, in denen Kolonien und der Reichtum durch den Kolonialhandel sofort erfahrbar waren. So ist es auch verständlich, dass er sich viele Kenntnisse im Selbststudium erwerben konnte, wobei sich in der Vorstellungswelt von Columbus ein aus Fabeln und belegten Berichten zusammengesetztes Bild verdichtete. 1473 ging er nach Lissabon und unternahm von dort aus Hochseefahrten, die ihn möglicherweise in das erwähnte Galway in Westirland führten, da dorthin viele Handelskontakte bestanden. Erst durch seine Heirat mit Filipa Moniz Pastello 1477 gelangte Columbus zu Ansehen und Vermögen, da sein Schwiegervater erblicher Statthalter der Insel Porto Santo bei Madeira war.

Durch die Heirat konnte Columbus aber nicht nur seine finanzielle Situation verbessern, vielmehr verdankte er ihr durch den frühen Tod seines Schwiegervaters auch das Erbe einer umfangreichen Bibliothek. Es kann nicht verwundern, dass der Italiener Cristoforo Colombo, wie er eigentlich hieß, zu dem Landsmann Paolo dal Pozzo Toscanelli, einem Florentiner Arzt, Astronomen und Geographen 1480 Kontakt aufnahm. Marco Polos Berichte waren eine weitere Inspirationsquelle, lag doch dessen Reisebeschreibung seit 1485 auch gedruckt vor. Damit hatte Kolumbus gewisse Informationen über Asien, die ihn in seiner Idee, Asien auch von Westen her erreichen zu können, bestärkten. Polo hatte jedoch die Ausdehnung Asiens für größer gehalten, was wiederum Kolumbus anzunehmen bewog, diesen Kontinent aufgrund der angenommenen Nähe von Westen erreichen zu können.

Es war für Seefahrer des ausgehendes 15. Jahrhunderts keine Frage, dass die Erde eine Kugel war, sogar die Idee einer Westfahrt findet sich bereits bei dem griechischen Gelehrten Eratosthenes von Kyrene im 3 Jh. v. Chr. Prägend jedoch für die Berechnungen des Kolumbus sollten die Ausführungen des Pierre d'Ailly sein, eines Kardinals, der 1410 in seinem „Bild der Welt" (*Imago Mundi*) schrieb, dass Asien von Europa nur durch einen schmalen Ozean getrennt sei. Ailly stützte sich auf Ptolemäus und blieb bei der Berechnung der Entfernung der Kontinente mehr als ein Dreiviertel unter dem tatsächlichen Wert. So kam es, dass Kolumbus die Strecke von den Kanarischen Inseln nach Japan mit 4445 km errechnete, während die tatsächliche Entfernung 19631 km beträgt.

Der Genuese versuchte zunächst, den portugiesischen König Johann von seinem Plan zu überzeugen, Indien auf dem Westweg zu erreichen. Portugal war im Besitz der Azoren und so schien es ratsam, sich mit der führenden Seemacht auszutauschen. Die Idee einer Westfahrt erschien grundsätzlich machbar und interessant, zumal Ptolemäus von einem durchgehenden Südkontinent gesprochen hatte, der die Umfahrung Afrikas ausgeschlossen hätte, eine Vorstellung, die ebenso wenig stimmte wie seine Entfernungsvermutungen. Columbus stand jedoch nach seinen Audienzen bei Hofe unter einem gewissen Druck. Die Gelehrten hielten eine Westfahrt aufgrund der Entfernung für unmöglich, da er für die lange Fahrt keine ausreichenden Vorräte hätte mitnehmen können. Auch aus diesem Grund reduzierte Columbus die Entfernungen nach Japan in seinen Berechnungen, was aber dann zur Ablehnung des unglaubwürdigen Projektes in Portugal führte.

Mittlerweile war man in Lissabon durch die Erfolge der letzten Jahre, die Diogo Cão 1485 bis zur Walfischbay in Afrika geführt hatten, überzeugt, dass der Seeweg nach Indien um Afrika herum in greifbarer Nähe lag. Dementsprechend wollte man keine wenig Erfolg versprechende Expedition nach Westen finanzieren. Aus diesem Grund ging Columbus nach Spanien, wo ihm jedoch 1486 ebenfalls Ablehnung entgegen schlug, weil sich die Landmacht Kastilien gerade auf den Krieg gegen Granada konzentrierte. Dies änderte sich, als 1488 einerseits die Nachricht von der Umrundung Afrikas durch den Portugiesen Bartolomeu Dias eintraf und andererseits der Krieg gegen das Nasridenreich erfolgreich verlief und die Kassen der Krone gefüllte hatte. 1492 hatten die katholischen Könige Granada erobert, mussten aber fürchten, von Portugal im Handel überflügelt zu werden.

Daher stimmten die katholischen Könige, vornehmlich König Ferdinand, dem ein Ausbau der Handelsmacht sehr wichtig schien, sogar der risikoreichen Konkurrenzunternehmung zu. Durch den Friedensvertrag von Alcáçovas war Kastilien die Nutzung der Route um Afrika ohnehin untersagt, so dass man auf die Westroute ausweichen musste. Wirklich an den Erfolg schien die Krone, als die Verträge, die Capitulaciones, in Sa Fe vor Granada am 17. April 1492 ausgestellt wurden, nicht zu glauben. Daher räumte man Columbus sehr großzügige Bedingungen ein. Der Genuese, dessen Herkunft nicht einmal bekannt war, erhielt nun den sonst dem kastilischen Hochadel vorbehaltenen Titel des Admirals und Gouverneurs, wie er dies gewünscht hatte. Es ist bemerkenswert, dass Königin Isabella der Standeserhöhung zustimmte, obwohl sie mit den „Admirälen von Kastilien" (Almirantes de Castilla) verwandt war, da die Landmacht Kastilien bisher keine Admiralstitel zur See verliehen hatte. Neben den Titulaturen räumte man Columbus zudem alle Justizrechte und einen zehnprozentigen Anteil am Gewinn ein:

„Zum ersten, dass Eure Hoheiten als Herren der erwähnten ozeanischen Meere den genannten Don Cristóbal Colón von jetzt an zu ihrem Admiral über alle die Inseln und Festländer ernennen, (…), auf Lebenszeit, und nach seinem Tode seine Erben und Nachfolger, von einem zum andern, ohne Unterbrechung, mit allen Vorrechten und Prärogativen, die zu einem solchen Amt gehören (…)"

Außerdem, dass Eure Hoheiten den genannten Don Cristóbal Colón zu ihrem Vizekönig und Statthalter in allen obengenannten Inseln und Festländern, die er, wie erwähnt, in den genannten Meeren entdecken oder gewinnen sollte, ernennen, und dass er zur Verwaltung jedes einzelnen von ihnen drei Personen für jedes Amt auswählen darf, (…)"

Desgleichen, dass Eure Hoheiten von jetzt an geruhen zu gestatten, dass der genannte Don Cristóbal Colón von allen Waren, es seien Perlen, Edelsteine, Gold, Silber, Gewürze (…) für sich den zehnten Teil erhebe und behalte. (…)"
(Kapitulation der Katholischen Könige mit Christoph Kolumbus, 17.4.1492, GiQ 3, 44)

Da für die Expedition 2 Millionen *maravedies* notwendig waren, übernahm die Krone die Hälfte als Kredit, den Rest übernahmen Genueser Bankiers und die Stadt Palos de la Frontera. Es wurden drei Caravellen ausgerüstet, nämlich die Santa Maria (150 Tonnen), die Pinta (140 Tonnen) und die Niña (100 Tonnen). Neben Columbus hatten Martin Alonso Pinzón, sein Bruder Vicente Yáñez Pinzón das Kommando inne, während Juan de la Cosa, Anteilseigner der Santa Maria, als Steuermann fungierte. Nun, endlich nach vielen vergeblichen Anläufen in Portugal, Frankreich and England, wo Columbus ebenfalls brieflich angefragt hatte, konnte der Admiral seine Fahrt beginnen. Mit weniger als 90 Männern segelte Columbus zunächst zu den Kanarischen Inseln, vornehmlich, um hier noch einmal Vorräte aufzunehmen.

Die Kanarischen Inseln waren in vielerlei Hinsicht Vorbild für die spätere Kolonisation. Die Inseln, die 1478 an Kastilien gegangen waren, da die portugiesische Krone sie nicht vollständig hatte erobern können, waren bis 1492 vollständig unterworfen. Als Kolumbus dort anlangte, war die bis 1490 dauernde Kolonisation, die schließlich mit der vollständigen Ausrottung der indigenen Bevölkerung endete, abgeschlossen. Hauptanbauprodukt war Zuckerrohr geworden. Wie später in der Karibik hatten die Spanier hier die gesamte Bevölkerung ausgerottet, Siedler ins Land gebracht und dies alles mit Handel und Zuckerrohranbau finanziert. Damit gab es ein Modell der Kolonisation auf der praktischen Ebene. Auf der anderen Seite stellte der Vertrag (capitulación) mit Columbus das Modell aller nachfolgenden Verträge dar. Dieser entscheidende Einschnitt in der kolonialen Rechtssicherung sei daher in fünf Punkte gefasst:

Durch einen Vertrag (*capitulación*) verpflichtete sich der Vertragspartner gegenüber der Krone gegen die Einräumung hoheitlicher Rechte die Besitznahme und militärische Eroberung eines neuen Gebietes zu vollziehen. Dafür wurde ihm für die Erreichung des Zieles weitgehende Freiheit gelassen Lediglich die Zielsetzung der Expedition, die Amtsgewalt und Dauer der Amtsführung wurden festgeschrieben. Für die Zeit der Genehmigung erhielt der Eroberer (*conquistador*) damit das Recht, als Inhaber der königlichen Autorität Eroberungszüge vor Ort zu delegieren. Durch diese Form der Beauftragung war die Machtfülle der Conquistadoren vorgegeben. Es ist wichtig, in diesem Zusammenhang die enorme Bedeutung der Sprache und der sprachlichen Fassung zu betonen. Sprache diente hier als Medium, etwas noch nicht Bekanntes zu fassen, schließlich war nur das Ziel, nicht aber das Ergebnis bekannt.

Es war absehbar, dass es zu Konflikten zwischen den Eroberern kommen könnte, entweder weil sie mit einander widersprechenden *Capitulaciones* versehen waren, oder weil einer seine Kompetenzen überschritt. Für diesen Fall hatte die Krone jedoch dank des Vertrags stets eine Handhabe gegen den Conquistador.

Zudem wurde durch die *Capitulación* die Verpflichtung zu Kolonisation und Mission festgelegt. 1352 hatte dabei erstmals ein Karmelitermönch, der vom Papst zum Bischof der Kanarischen Inseln ernannt worden war, teilgenommen. Kastilien wollte nicht nur Handelsstützpunkte anlegen, sondern die Herrschaft über Land, Leute und Seelen erreichen.

Ziel der Eroberung war die Eingliederung von Land und Leuten in das Königreich Kastilien und die Einordnung der neuen Gebiete in das kastilische Herrschaftssystem. Dabei nahm man die Ausrottung der Urbevölkerung in Kauf.

Da die Inseln in das Handelssystem der Spanier eingefügt waren, entschloss man sich, die von der Urbevölkerung freie Insel nicht nur mit Spaniern zu besiedeln, sondern dort auch Zuckerrohr in großem Maßstabe anzubauen.

Dieses Modell sollte Columbus also nach Amerika begleiten, schließlich waren seine Verpflichtungen bereits nach diesem Schema ausgefertigt worden. Nachdem Kolumbus 3000 Seemeilen seit Anfang September zurückgelegt hatte, landete er am 12. Oktober 1492 auf einer der Bahama- oder Lucaya-Inseln. Die Insel benannte er nach Christus dem Erlöser (San Salvador), die Inselgruppe nach dem sagenhaften Antilia (Antillen).

Die Problematik des Zusammenstoßes der Kulturen 1492-1502

Die Erwartungen der spanischen Eroberer, der *Conquistadoren*, waren
nach der langen und entbehrungsreichen Reise hoch. So hoffte Columbus, wie in seinem Tagebuch deutlich wird, vornehmlich auf Gold.

*„Samstag, den 13. Oktober: Ich beachtete alles mit größter Aufmerksam-
keit und trachtete, herauszubekommen, ob in dieser Gegend Gold vorkomme.
Dabei bemerkte ich, dass einige von diesen Männern die Nase durchlöchert
und durch die Öffnung ein Stück Gold geschoben hatten."*

Zudem interessierte ihn die Heranziehung der Bevölkerung als Sklaven:

*„Sonntag, den 14. Oktober: Sollten Eure Hoheiten den Befehl erteilen, alle
Inselbewohner nach Kastilien zu schaffen oder aber sie auf ihrer eigenen Insel
als Sklaven zu halten, so wäre dieser Befehl leicht durchführbar, da man mit
einigen fünfzig Mann alle anderen niederhalten und zu allem zwingen könnte
(...)"*

Die Versklavung der Bevölkerung schien Columbus auch deswegen so
leicht, weil er bei ihnen keine Arglist erwartete, ihnen aber gleichzeitig
Feigheit unterstellte. Er setzte die Indianer mit der Natur gleich und
beschrieb sie auch wie die Natur, reihte ihre Beschreibung in die von
Pflanzen und Tieren ein. Aber am wichtigsten war ihm, aus seinem
Überlegenheitsgefühl die Unterwerfung folgen zu lassen.

*„Dienstag, den 6. November Diese Leute kennen keine Arglist und sind
wenig kriegerisch. Männer und Frauen gehen nackt umher, wie sie Gott er-
schaffen hat. Allerdings tragen die Frauen ein Baumwolltuch um ihre Lenden;
aber das ist auch alles. Sie sind sehr ehrfürchtig. Ihre Hautfarbe ist nicht sehr
dunkel und heller als jene der Frauen auf den kanarischen Inseln. (...) Deshalb
hoffe ich zu Gott, dass Eure Hoheiten sich baldigst dazu verstehen werden,
derartige Männer hierher zu senden, um so große Völker zu bekehren und
dem Schoß der Kirche einverleiben zu können, nicht anders wie jene Völker
vernichtet worden sind, die sich nicht zur Dreieinigkeit von Vater, Sohn und
heiligem Geist bekennen wollten."* (Christoph Kolumbus, Tagebuch der ersten
Entdeckungsfahrt, 1492-1493, GiQ 3, 46 f)

1493 kehrte Columbus mit ungefähr 1500 Menschen auf 17 Schiffen
zurück, doch begleiteten ihn auf dieser Reise neben Seeleuten nun auch
Kronbeamte und die geforderten Missionare, sowie Tiere, Pflanzsamen,
Werkzeuge und Tauschgüter. Anders als die portugiesischen Reisen
zeigt sich bereits von Anfang an der andere, auf Siedlung und Mission
ausgerichtete Ansatz der kastilischen Krone. Doch in den Antillen angekommen, fand man keinen Überlebenden der Expedition von 1492

mehr. Die 39 Seeleute, die zurück gelassen worden waren, da die Santa Maria Schiffbruch erlitten hatte, waren tot. Mit der Landung von Kolumbus auf Hispaniola hatte sich erstmals sehr weit entfernt von Kastilien das System der *capitulaciones* bewähren müssen. Von Anfang an war klar, dass für alle Mitfahrenden der schnelle Erwerb von Reichtum, sei es durch Grundbesitz und weitere Ausbeutung, oder durch unmittelbar empfangene Gaben, im Vordergrund stehen würde. Schnell stieg daher auch der Druck der ersten Siedler auf Columbus. Da deren Erwartungen in Bezug auf ihr Einkommen auf Hispaniola nicht erfüllt wurden, gestattete der Admiral die Versklavung der Urbevölkerung. Die Siedler, hatten mit der Versklavung der männlichen und weiblichen Bevölkerung die ursprünglich freundliche Haltung der Indigenen ins Gegenteil verkehrt. Zudem war der erste Streitpunkt mit der Krone entstanden, welche die Versklavung der ansässigen Bevölkerung aus ihrem langfristigen Besiedlungskonzept nicht dulden konnte und daher diese Maßnahme unverzüglich rückgängig machte.

Die Situation verschlimmerte sich, als eine Hungersnot und fortgesetzte Gewalt die indigenen Arawaks 1494 zu einem Aufstand veranlasste. Dieser wurde nieder geschlagen und bestätigte daher die Spanier in ihrem Gefühl der Überlegenheit. Wie schon beim Granadafeldzug sahen sie sich berechtigt, die Zivilbevölkerung umzubringen oder zu versklaven. Zudem konnte Columbus seinen Verwaltern keine Gehälter zahlen, so dass sich diese unter der Führung von Francisco de Roldan gegen Columbus wandten. Zwar konnte der Admiral die erste koloniale Rebellion bei seiner dritten Reise 1498 niederschlagen, aber sein Ansehen hatte gelitten und er hatte der Krone einen Vorwand geliefert, um einzuschreiten.

Diese sah bereits nach der zweiten Expedition die Notwendigkeit, den administrativen Zugriff zu verstärken und Columbus die verliehenen Privilegien weitgehend zu entziehen. Aufgrund der Größe der in absehbarer Zukunft zu erwerbenden Gebiete, musste eine Einschränkung der Macht von Columbus und seiner Familie im Interesse der Monarchie sein. Offiziell konnte man sich auf die Klagen der ersten Expeditionsteilnehmer stützen, als man eine Untersuchungskommission einsetzte. Als sich dann noch bei der dritten Expedition eine offene Revolte gegen Columbus erhob, hatte die Krone den gewünschten Anlass, um einzugreifen. Zunächst verlieh sie jetzt auch anderen das Recht zu eigenständigen Tausch- und Entdeckungsfahrten nach Amerika. Dann aber machte Isabella ihre königliche Autorität durch die Entsendung von Francisco de Bobadilla als Untersuchungsrichter deutlich. Der Richter hatte die Befugnis verliehen bekommen, Columbus gegebenenfalls aller seiner Ämter zu entheben und abzusetzen. Dies geschah auch: Columbus wurde in Ketten nach Spanien zurückgesandt. Damit war das Abkommen von 1492 hinfällig. Zwar wurde Columbus in Spanien nicht verurteilt, doch die Vorwürfe, er habe gefoltert und sich barbarisch aufgeführt, lasteten schwer auf ihm. Nach sechs Wochen Gefängnis wurde er frei gelassen und ihm sein Besitz zurückgegeben. Sein Ansehen jedoch war beschädigt. So konnte er seine vierte Reise nur mehr als Entdeckungsfahrer, nicht mehr als mächtiger Admiral durchführen. Die politische Macht hatte mittlerweile der Vizekönig Nicolás de Ovando übernommen. Verbittert starb Columbus mit 55 Jahren 1506 in Valladolid. Die Epoche des kolonialen Lateinamerika hatte begonnen: Das Vermächtnis von Columbus, die Kombination von Kreuzzug und Goldjagd, blieb.

Für zukünftige Entdecker war klar, dass die Krone sich jederzeit das Recht der Intervention, Absetzung und Bestrafung vorbehielt, um ihre Autorität auch über große Distanzen hinweg zu sichern. Für die Krone galt es jetzt, langfristig zu planen und durch die Gesetze von 1503 und von 1513 (*Leyes de Burgos*) die Rechte der Indianer zu sichern. Diese Verordnungen wurden erlassen, um die Grundlage für eine langfristige Entwicklung zu schaffen. Zudem spielte die Sicherstellung der Mission eine wichtige Rolle, denn schließlich hatte der Papst Kastilien die neu eroberten Gebiete mit der Verpflichtung der Mission übertragen,

> *„(...) dass niemand von denen, die kraft Unserer Anordnung auf den genannten Inseln und dem Festland leben, sich unterstehen sollte, irgend jemanden von den Indianer dieser Inseln und des Festlandes zu ergreifen und gefangen zu setzen, um sie dann hierher in Meine Königreiche [Kastilien und Aragon] oder anderswohin zu bringen, noch auch sonst ihnen irgendeinen Nachteil oder Schaden an Leib und Gut zuzufügen, unter bestimmten, in dem genannten Gesetz festgelegten Strafen. (...) Nach allen diesen Vorgängen haben Wir, um sie [die Eingeborenen] noch mehr zu überzeugen und zu ermutigen, dass sie Christen werden und wie vernünftige Menschen leben, einige Statthalter auf diese Inseln und Festländer geschickt und Geistliche mitgegeben, die ihnen predigen und sie in den Dingen unseres heiligen katholischen Glaubens unterrichten und ihnen ankündigen sollen, dass sie Unsere Untertanen sind (...)" (Verfügung der Königin Isabella, 30. Oktober 1503, GiQ 3, 67)*

Obwohl schnell weitere Entdeckungsfahrten folgten, so nach Kuba und die heutige Dominikanische Republik, gingen die ersten Conquistadoren bis zur Korrektur von Americo Vespucci davon aus, dass die Nordküste Brasiliens mit Asien eine Landmasse bilden würde. In vielen Sprachen wurde und wird daher noch der Indienbegriff in Zusammenhang mit Amerika verwandt. So nannten die Spanier und Portugiesen ihre Entdeckungen stets *Indias*, schieden dann aber zwischen *Indias orientales* und *occidentales*, also dem westlichen und östlichen Indien. Im Englischen gibt es bis heute den Begriff der *West Indies*, da *India*, also Indien für die Europäer im Osten liegt. Auch die Franzosen verwandten den Begriff der *Indes*.

Umso mehr fühlten sich die spanischen Herrscher jetzt veranlasst, ihre Eroberungen gegen Konkurrenten abzusichern. Zwar hatte Kastilien eigentlich in Alcáçovas versprochen, den Papst bei Streitigkeiten nicht als Schiedsrichter einzuschalten, doch tat man dies nun doch, da der Heilige Vater aus Aragon stammte. Dieser bestätigte eine Trennungslinie, welche Grundlage für die Teilung im Vertrag von Tordesillas (7. Juni 1494) war: Hier wurde die Welt, sehr zur Verbitterung Frankreichs und Englands, in zwei Einflusszonen eingeteilt. Portugal erhielt alle Lande westlich der Demarkationslinie 370 Meilen westlich der Kapverdischen Inseln (46 Grad 37 Minuten westlicher Länge). Zu diesem Zeitpunkt war man sich der weitreichenden Folgen des Vertrages von Tordesillas noch nicht bewusst, da man Brasilien noch nicht kannte, das jedoch bereits 1500 von dem portugiesischen Seefahrer Cabral entdeckt wurde. Mit dem Vertrag hatten die Katholischen Könige nicht nur eine bessere Position durch die Festlegung der Teilungslinie gewinnen können, sondern hatten auch den Missionsauftrag als Legitimation für weitere Unternehmungen erhalten. Auch für Portugal schien durch den Vertrag alles geregelt, da man nun keine Beeinflussung des afrikanischen Seeweges mehr fürchten brauchte. Die von der Regelung Ausgeschlossenen, Frankreich und England, reagierten nicht unverzüglich, da sie in Europa beschäftigt waren. Doch war man sich auch dort bald der Folgen dieses Vertrages bewusst, was den französischen König zu der Bemerkung veranlasste, man solle ihm mal den Zusatz im „Testament von Adam" zeigen, in welchem diese Teilung festgelegt sei.

Der Beginn der europäischen Herrschaft in der Neuen Welt

Das spanische Herrschaftssystem musste sich auch in der Neuen Welt erst allmählich seine Form herausbilden. Zunächst hatte die Krone ja einen Stützpunkt in Indien angenommen, der für einen lukrativen Handel mit Gewürzen sorgen würde. Doch fand man all dies nicht. Gold hatten die Indigenen Columbus zwar gebracht, doch stellte sich schnell heraus, dass größere Goldmengen hier nicht auf dem Handelsweg zu erhalten waren und weitere Handelsgüter ebenso wenig zu erwarten standen. Im Gegensatz zu den asiatischen Handelsgesellschaften konnten sich hier die Europäer nicht in ein hoch entwickeltes System als Nachahmer und Nutznießer hineinsetzen, sondern mussten für die Rentabilität selbst sorgen. Daher wurde es für die Krone notwendig, auf anderen Wegen Wirtschaftlichkeit herzustellen. Der erste Schritt in diese Richtung war der, weitere Siedler mit Nutztieren und Pflanzen in die neue Welt 1498 gehen zu lassen. Jedoch waren dies nicht Subunternehmer reicher Handelsherren, sondern fast alle Conquistadoren entstammten einem Klientelnetz aus der Extremadura, der Mancha und Andalusien. Viele waren verwandt, so auch Cortés und Pizarro. Anders als Handelsherren, die für den Erhalt des Handels an relativ friedlichen Beziehungen interessiert waren, waren die Conquistadoren auf Kriegsbeute und Eroberung aus. Man kämpfte für den König, aber erwartete dafür umfangreiche Belohnung. Die Erwartung, für die Strapazen der Conquista eine Kompensation zu erhalten und die Ablehnung der spanischen Regierung in Europa, wird in dem Schreiben des aufständischen Lope de Aguirre 1561 deutlich:

„*Ich glaube wohl, christlicher König und Herr – wenngleich Du mir und meinen Kameraden so undankbar bist für gute Dienste, wie Du sie von uns empfangen hast –, dass jene Dich täuschen, welche Dir über dieses Land schreiben, da Du ja so fern davon lebst. Daher zeige ich Dir, König und Herr, an, was Recht und Redlichkeit so guten Untertanen zusteht, wie Du sie in diesem Lande hast, (…) Und dazu, König und Herr, glaube mir, dazu sind wir gebracht worden, weil wir nicht länger die Unterdrückung und Strafen Deiner Minister ertragen können, welche, um ihre Söhne und Diener zu fördern, unseren Ruhm, unser Leben und unsre Ehre geraubt haben.*"

Zudem kann man den Gegensatz zwischen Conquistadoren und Geistlichen erkennen. Vielfach waren die Mönche ebenfalls auf der Suche nach Ruhm, aber die Schärfe der Anklage aus dem Mund des Lope de Aguirre zeugt auch von der Kluft, welche zwischen Missionaren und Soldaten bestand:

„*Besonders groß ist in diesen Ländern die Willkür der Mönche, so groß, dass eine Strafe kommen muss. (…) Sie treiben Handel, machen Geschäfte, erwerben Güter und verkaufen die Sakramente, sind Feinde der Armen, Ehrgeizige und Schlemmer, so dass ein Mönch, und wäre er der geringste, über alle diese Länder zu befehlen beansprucht. (…)*

Ach, ach, was für ein großer Jammer! Dein Vater, der Kaiser [Karl V.], hat mit Macht Oberdeutschland erobert und so viel Geld ausgegeben, das von den durch uns entdeckten indischen Ländern eingegangen war, und Du erbarmst Dich nicht unseres Alters und unserer Ermüdung, so dass uns fast der Hunger umbringt." *(Lope de Aguirre an Philipp II. 1561, DGEE 2, 449-452)*

Gleichzeitig wurde das im Süden Spaniens präsente Element der Rechtfertigung des Krieges als Missionselement übernommen. Krieg konnte geführt werden, wie schon gegen Granada, wenn er äußerlich der Ausweitung des Christentums diente, ein Gedanke, der in Portugal zwar noch präsent war, aber nicht ähnlich starke Ausprägung gefunden hatte, weil die Rückeroberung des Landes schon im 13. Jahrhundert abgeschlossen worden war.

Damit begann ein langer Leidensweg der indigenen Bevölkerung. Bereits Kolumbus hatte die Aufteilung der Indianer (*repartimiento*) an die Siedler genehmigt. Danach wurde ein Häuptling mit seinen Stammesangehörigen einem Siedler zugewiesen, und dieser konnte mit den übergebenen Menschen nach Gutdünken verfahren. Zwar verbesserte Isabella die Katholische 1503 die Situation der Indianer graduell, doch blieb während der ganzen Kolonialzeit das System von *encomienda* und Zwangsarbeit erhalten. Da jedoch die meisten Indianer die harte Arbeit nicht vertrugen, begann ein Massensterben. Krankheiten, Arbeitsüberlastung und Unterernährung führten zum Aussterben der Indianer auf den meisten karibischen Inseln. Dabei trafen Grippe, Pocken und andere Krankheiten die Indianer, die keine Antikörper dagegen besaßen, besonders schwer. So ist es verständlich, dass bis zur Mitte des 16. Jahrhunderts die Ureinwohner auf vielen Karibikinseln ausgerottet waren.

Hinzu kam, dass bei den spanischen Siedlern das Interesse an Feldzügen stark von dem Wunsch, indianische Sklaven machen zu können, geprägt war. Die Praxis, in einem „gerechten" Krieg, trotz der Bestimmungen der Leyes de Burgos, Sklaven zu fangen, wurde zwar immer wieder kritisiert, blieb aber in der Praxis erhalten. Sie erlaubte das Versklaven von Indianern, die sich nicht im spanischen Herrschaftsbereich befanden und den Siedlern gegenüber feindlich auftraten.

Der Aufbau einer Verwaltung der neuen Gebiete

Kolumbus und seine Erben sollten keine Dynastie bilden. Nach der Entmachtung von Columbus, dessen Familie aber immerhin den Titel Duque de Veragua und Marqués de Jamaica erhielt, war der Krone ab 1502 daran gelegen, so viele Expeditionen wie möglich auf Kosten der Ausrichtenden zu entsenden, um möglichst schnell große Gebiete in der neuen Welt unter die spanische Herrschaft bringen zu können. Alle neuen Entdeckungsfahrten wurden durch eng gefasste *Capitulaciones* gebunden. Dabei hatte man mit der Entdeckung der Küste Brasiliens durch Cabral auch schnell erkannt, dass die Konkurrenz mit Portugal auch in Amerika seine Fortsetzung finden würde, schließlich konnte auf

Grundlage der Linie von Tordesillas das andere iberische Königreich fundierte Besitztitel vorweisen

Durch die Reisen von Columbus und Vasco da Gama 1498 angespornt, gaben sich nun die Entdeckungsfahrer „die Klinke in die Hand". 1501 erkundete eine kleine Flotte des Florentiners Amerigo Vespucci die Küste Brasiliens. Nach ihm benannte der Kartograph Martin Waldseemüller den Kontinent Amerika. Es sollte nun nur bis 1520 dauern, dass sich Menschen auf Erkundungsfahrten von Neufundland bis Feuerland begaben. Gaspar Corte Real segelte 1500 an Neufundland entlang bis Grönland, während die meisten übrigen Conquistadoren im Golf von Mexiko Entdeckungsfahrten unternahmen. Das Schema für die Fahrten war jedoch stets das Gleiche: Die Vertragspartner für Expeditionen stellten ihr Personal für die Fahrten selbst zusammen. Dabei griffen sie meist auf ihre Heimatregion, also vielfach die Extremadura und Andalusien zurück. Dafür wurde den Teilnehmern, abhängig von ihrer Ausrüstung, ein Anteil an dem Gesamtgewinn der Expedition versprochen. Neben Soldaten waren auch Handwerker und Frauen in dem jetzigen Konzept wichtig geworden, um die gewonnenen Gebiete besiedeln und halten zu können. Bedingt durch die oft kurzen Laufzeiten der *Capitulaciones* war aber andererseits der Druck, schnellstmöglich an viele Reichtümer zu gelangen, sehr groß, was z.T. auch die brutale Vorgehensweise erklärt.

Ziel der meisten Fahrten blieb zunächst das Erreichen einer Westpassage nach Indien. Diese war von Zentralamerika nur über Land durch Panama zu erreichen. 1513 hatte Alvar Núñez de Balboa den Pazifik, das „friedvolle Meer" (*Mar Pacífico*), gefunden. Damit war Amerika als eigener Kontinent erkannt und musste nicht mehr länger als ein Teil Asiens verstanden werden. So ließ dann auch die Verwirklichung der Idee des Kolumbus einer Westfahrt nach Asien nicht mehr lange auf sich warten. Der in Portugal abgewiesene Fernão de Magalhães (1480-1521) hatte 1518 den Auftrag zu einer Weltumsegelung erhalten. 1519 abgereist, durchquerte er 1520 die nach ihm benannte Straße im Süden Amerikas und überquerte in einer fast endlosen Reise von zwei Monaten den Pazifik bis Guam. 1521 wurde er auf den Philippinen, die nun für die spanische Krone in Besitz genommen und nach dem Thronfolger Prinz Philipp benannt wurden, erschlagen. Nur ein Schiff kehrte schließlich unter der Führung des Spaniers Juan Sebastián Elcano mit nur 18 Überlebenden nach Spanien zurück. Zwar hatte das Unternehmen gezeigt, dass man auch über die Westroute nach „Indien" gelangen konnte, jedoch war der Weg bis zu den Gewürzinseln derart weit und gefährlich, dass kaum Aussicht auf wirtschaftlichen Erfolg bestand. So verkaufte Kaiser Karl V. die Gewürzinseln an Portugal, in deren Einflusszonen sie bereits lagen. Andererseits konnte Spanien aber mit den künftig von Mexiko aus verwalteten Philippinen einen wichtigen Handelsstützpunkt in Asien sichern. Zentralpunkt, gleichsam Hauptstadt dieses amerikanischen Systems wurde Sevilla, wo alle Handelsaktivitäten zusammen zu laufen hatten. Die Aufteilung der von Westen und Osten vereinigten Welt wurde 1529 im Vertrag von Saragossa neu gefasst, als man die Tordesillas Linie über die Pole hinaus verlängerte und somit auf eine Linie 17 Grad ostwärts der Molukken für Asien als Trennung der Einflusszone von Spanien und Portugal kam.

Die neuen Gebiete in Amerika waren ab jetzt nicht vornehmlich als Durchgangsstationen für den Seeweg nach Indien interessant, sondern als Besitzungen, deren Einordnung in das königliche Herrschaftssystem baldmöglichst geschehen musste. Die Krone wollte eine leistungsfähige Bürokratie aufbauen, die grundherrlichen Gewalten einschränken und die Ansätze der Kirchenreform nach Lateinamerika übertragen. Die Reformansätze kamen aber nicht weit. Nach dem Tod Isabellas 1504 und Philipps des Schönen kam es zum Machtkampf des Adels in Spanien, der bis 1522 währte.

Südamerika

Die Eroberung Mexikos und Perus

Nach der Eroberung der Karibik bemächtigten sich die Spanier durch die Einnahme des Azteken- und des Inkareiches eines Großteils des Kontinents in nur vierzig Jahren.

Als Hernán Cortés 1519 nach Mexiko übersetzte, war er nicht der Erste, der dies unternahm. Doch war er besser vorbereitet als seine Vorgänger und wusste von den Konflikten im Aztekenreich. Cortés (1485-1547), der aus dem Kleinadel der Extremadura stammte, hatte die Universität Salamanca besucht und war als Akademiker (*letrado*), der in Spanien keinen adäquaten Posten in der Verwaltung erhalten konnte, 1504 nach Amerika gegangen. Dort beteiligte er sich an der Eroberung Kubas. Beseelt von dem festen Willen, in Amerika seinen Aufstieg zu schaffen, setzte er sich gegen jeden Widerstand durch. Cortés brach am 18. Februar 1519 gegen Willen des Gouverneurs von Kuba, Diego de Velázquez, zu seiner Expedition auf. Für den ohne Genehmigung operierenden Conquistador gab es nun kein Zurück mehr und er musste sich in seine Bestimmung fügen. Daher ließ er unmittelbar nach Ankunft auf dem mexikanischen

Festland seine Flotte zerstören, um auch Zweifler zum bedingungslosen Kampf zu zwingen. Ausgangspunkt der Expedition war das von ihm gegründete „Wahre Kreuz" (Veracruz), von wo aus er mit 660 Mann, 16 Pferden und 14 kleinen Kanonen Richtung Tenochtitlán aufbrach. Schon die Gründung von Veracruz war ein geschickter Schachzug. Denn eigentlich besaß Cortés keine Legitimität. Er ließ daher einen Stadtrat in Veracruz wählen, der wiederum ihn und seine Offiziere bestätigte, die auf diese Weise eine Legitimation erhielten.

Cortés begeleitete keine beeindruckende Macht, doch hatte er das Glück Malintzin (Malinche, Doña Marina) in Potonchán zu treffen. Malintzin und der bereits 1511 gestrandete Spanier Jerónimo Aguilar dienten Cortés als Übersetzer. Besonders Malintzin war aufgrund ihrer herausragenden Kenntnisse der Aztekensprache Nahuatl und der Maya Sprachen, wie dem Quiché von herausragendem Nutzen für Cortés. Hinzu kam, dass Malintzin, selbst von den Azteken als Sklavin verkauft, die Spanier mit vielen wichtigen Informationen über die Azteken versorgte und bei einigen Gelegenheiten Niederlagen der Spanier abwandte. Ihre Informationen sollten sich schnell als erheblich wichtiger denn die spanischen Waffen erweisen. Die Eisenrüstungen waren im dichten Regenwald eher hinderlich und die Musketen funktionierten oft nach kurzer Zeit nicht mehr, weil das Pulver feucht geworden war. Äußerst nützlich waren auch die zahlreichen indigenen Alliierten Cortés' besonders wenn man nicht auf das psychologische Moment eines Kanonenschusses, einer Kavallerieattacke oder einer Feuersalve setzen konnte. Es waren maßgeblich jene Völker Zentralamerikas, die unter der Expansion der Azteken hatten leiden müssen, die Cortés unterstützen. Sie hatten ständig Menschen aus ihrer Mitte an die Azteken liefern müssen, denen bei lebendigem Leib das Herz herausgeschnitten wurde. Diese Opferzeremonien dienten dann den Spaniern bis zum Ende des 20. Jahrhunderts als willkommene Begründung für jegliche Grausamkeit und für die Idealisierung der Eroberung als Befreiung vom Götzenkult.

Während die Spanier mit einem Gefühl der Überlegenheit nach Mexiko übersetzten, ist es ist erheblich schwieriger zu sagen, wofür die Azteken die Spanier hielten. Die Auffassung, dass der aztekische Herrscher Moctezuma II. (1465-1520) die Spanier als Inkarnation von Quetzalcoatl, der gefiederten Schlage, die auf Erden zurück gekommen sei, gesehen habe, ist mittlerweile nicht mehr konsensfähig. Wohl aber geht man in der Forschung davon aus, dass viele Bewohner Mexikos an übernatürliche Kräfte der Eindringlinge mit ihren speziellen Waffen glaubten, während die Oberschicht diese Vision wohl vielfach nicht teilte. Auch Cortés unterstützte ganz bewusst die Verbreitung dieser Vorstellung, um die Stellung der Spanier zu stärken.

Im August begann der Cortés' Marsch in Richtung des mexikanischen Hochlands. Zunächst stießen die Eindringlinge jedoch auf den massiven Widerstand der Tlaxcalteken. Nur knapp vermochten die Spanier, eine Niederlage abzuwenden. Es gelang Cortés aber, die Tlaxcalteken als mutige und entschlossene Verbündete gegen die Azteken zu gewinnen. Mittlerweile hatte nämlich der Herrscher des Aztekenreiches, Moctezuma, vom Vormarsch der Spanier erfahren. Er versuchte die Fremdlinge gegen die Zusage, dass man König Karl I. von Kastilien, also Kaiser Karl V., Tribut leisten könne, zum Umkehren zu bewegen. Doch Cortés ging nur zum Schein auf das Angebot ein, offerierte Moctezuma, er wolle sich mit ihm treffen. Das wahre Gesicht zeigten die Spanier auf ihrem Marsch in Cholula, wo sie 6000 Einwohner hinmetzelten, weil sie einen Hinterhalt fürchteten.

Die Briefe von Hernán Cortés an Karl V. sind eine reiche Quelle, die uns zeigt, wie sehr die Spanier einerseits die Kultur der Azteken bewunderten, gleichzeitig aber auch alle Mittel gegen die Azteken einsetzten. Daher gelang es Cortés, bei seinem Treffen Mexiko-Tenochtitlán, Moctezuma im November 1519 gefangen zu nehmen und als Geisel zu halten.

Als damit seine Situation in Mexiko gesichert schien, kam die Bedrohung durch die Spanier. Der Gouverneur von Cuba hatte nämlich Pánfilo Narváez (1470-1528) gesandt, um den ungehorsamen Cortés verhaften zu lassen. Dieser verließ unverzüglich Tenochtitlán und begab sich an die Küste, wo er Narváez am 27. Mai 1520 bei Cempoala besiegen konnte. Damit hatte Cortés eigentlich Hochverrat begangen, da er das Exekutionsorgan der königlichen Macht bekämpft hatte, doch ließ sein späterer Erfolg diesen Ungehorsam ungestraft. Sein Verhalten blieb vielmehr beispielgebend für nachfolgende Generationen, denen durch die Straffreiheit signalisiert wurde, dass sie im Falle eines Erfolges ähnlich glimpflich davon kommen könnten. Im 16. Jahrhundert ereigneten sich daher immer wieder Fälle von Ungehorsam.

Nach dem Sieg eilte Cortés unverzüglich nach Tenochtitlán zurück. Dort hatten sich jedoch inzwischen die Machtverhältnisse geändert. Eine Gruppe von Adeligen, die mit Moctezuma aufgrund seiner zögerlichen Politik gegen die Spanier unzufrieden war, hatte mittlerweile die Oberhand gewonnen. Diese gingen nun gegen die Spanier gewaltsam vor und es gelang in der von den Spaniern als „traurige Nacht" (*Noche triste*) (vom 30. Juni auf den 1. Juli 1520), die Conquistadoren aus Tenochtitlán hinauszudrängen. Moctezuma wurden abgesetzt und es folgten ihm die letzten beiden Aztekenherrscher nach: Cuitláhuac und Cuautémoc. Beide waren zwar entschlossen, den Widerstand aufrecht zu erhalten, doch wurde ihnen zum Verhängnis, dass die Hauptstadt der Azteken in einem See lag. Durch die Kanäle verbreiteten sich rasend schnell Krankheiten, der zunächst Cuitláhuac zum Opfer fiel. Als die Spanier dann noch die Frischwasserzufuhr abschnitten, brach der Widerstand endgültig zusammen, so dass die Stadt und damit das Aztekenreich am 13. August 1521 kapitulieren musste.

Cortés wurde zum Gouverneur und zum Marqués del Valle de Oaxaca ernannt. Er hatte Kaiser Karl V. geschmeichelt, als er ihm vorschlug, sich zum Kaiser von Mexiko krönen zu lassen. Diese Idee wurde zwar nicht umgesetzt, es war aber das erste Mal, dass ein Titel aus den Kolonien im Rang höher gestanden hätte, als der erbliche europäische Titel. Denn während Karl als Kaiser des Heiligen Römischen Reiches gewählt worden war, wäre der Titel eines Kaisers von Mexiko ein erheblicher Titel für die spanische Krone gewesen.

Dennoch beließ die Krone Cortés nicht lange im Amt. Er wurde vielmehr getreu der Politik, den Conquistadoren nicht zu viel Macht einzuräumen, 1535 von Antonio de Mendoza abgelöst. Der weitere Lebensweg des Conquistador steht für das Bewusstsein, im ständigen Kampf gegen „Ungläubige" zu ziehen. Nach einer missglückten Expedition nach Honduras, beteiligte er sich 1540 an einem Feldzug in Algerien, bevor er 1547 in Sevilla starb. Steht Cortés also einerseits für den Typ des *Conquistadors* der ausgehenden Reconquista, ist er anderseits ein Beispiel für die Verbindung mit neuen Gesellschaftsformen. Seine Heirat mit Malintzin ist ein Beispiel für die Verbindung mit den einheimischen Eliten und seine Vereinnahmung des Aztekenpalasts als „Casa de Cortés" eines für die Umdeutung indianischer Herrschaftssymbolik.

Mit der Einnahme von Mexiko Stadt war Zentralamerika noch nicht erobert, doch stellte sich jetzt den vielen späteren Expeditionen kein nennenswerter und organisierter Widerstand mehr entgegen. Die folgenden Expeditionen waren nun alle auf der Suche nach dem sagenhaften Goldland (El Dorado). Cortés' Begleiter Pedro de Alvarado zog nach Guatemala und El Salvador (1524). Weitere Expeditionen gingen in das heutige Costa Rica, Nicaragua und Honduras und durch Panama bis zum Pazifik.

Eine Vorstellung von der unglaublichen Brutalität bei diesen Zügen vermag uns die Eroberung von Michoacán in Mexiko zu vermitteln. In der Stadt angekommen, die keinen nennenswerten Widerstand geleistet hatte, verfolgten die spanischen Hauptleute Cristobál de Olid, Cortés und Nino de Guzmán nur ein Ziel: Gold. Sie drohten und erpressten den gefangenen *Caciquen*, um immer mehr Gold durch ihn geliefert zu bekommen. Dieser gab alles, in der Hoffnung, auf diese Weise die Spanier zu befriedigen. Dennoch wurden er und seine Gefolgschaft gefoltert. Man hing sie auf, schlug sie, übergoss ihre Füße mit siedendem Öl, immer, um mehr Gold zu erhalten. Dabei blieb dem *Caciquen* jedoch stets unverständlich, warum die Spanier derart viel Gold haben wollten: „Wozu wollen sie all dieses Gold? Diese Götter [der Spanier] müssen es wohl essen deshalb verlangen sie so sehr danach..." Als die Conquistadoren nach einer Weile den Eindruck gewannen, kein Gold durch die Hilfe des Caciquen mehr erwerben zu können, wurde er „dreimal" getötet, sozusagen im Namen der Dreieinigkeit völlig ausgelöscht. Am Schwanz eines Pferdes durch den Ort gezogen, wurde er, fast tot, mit der Garotte erwürgt. Der Leichnam wurde verbrannt und seine Asche im Fluss verstreut. Mit dieser Mischung aus Rohheit, Hinterlist und geschickter Koordination von Informationen gewannen die Spanier in Mexiko den Krieg.

Einen erheblich weiteren Vorstoß über das zentralamerikanische Festland hinaus unternahm Francisco Pizarro. Der ebenfalls aus der Extremadura stammende Conquistador gehört zu jeder Gruppe von Eroberern, die ihren kompletten sozialen Aufstieg in Lateinamerika leisteten. Pizarro konnte weder lesen noch schreiben, schaffte aber den Aufstieg an die Spitze einer großen Provinz. Wie Cortés kam er mit einer Mischung aus Brutalität, Verschlagenheit, geschickter Verwendung von Mythen und inneren Streitigkeiten an sein Ziel.

Nach seiner Landung in Túmbez in Peru, wohin er von Panama aus gelang war, erfuhr er, dass ein Bürgerkrieg um die Nachfolge des Inkaherrschers Huana Capac ausgebrochen war, bei dem sich Atahualpa gegen seinen Widersacher Huascar wandte. Durch eine List, die in Kapitel 4 genauer analysiert wurde, brachte er in Cajamarca den Inka Atahualpa in seine Gewalt, der seinerseits aus der Gefangenschaft seinen Widersacher Huascar ermorden ließ. So gelang es Pizarro mit der Hinrichtung von Atahualpa, das Land zur Führungslosigkeit zu bringen und den Marsch auf die Hauptstadt Cuzco mit seiner kleinen Truppe von 125 Mann fortzusetzen. Sowohl hier wie auf seinem späteren Vormarsch nach Quito traf Pizarro auf keinen großen Widerstand, da die Spaltung des Landes in unterschiedliche Lager nachwirkte und somit die Bündelung des Widerstandes verhinderte. Denn während das Gebiet um Cuzco vornehmlich zu Huascar gehalten hatte, war Quito die Operationsbasis von Atahualpa gewesen. So gelang es, bis 1535 ganz Peru zu erobern, was sich in der Gründung der neuen Hauptstadt

„Königsstadt" (Ciudad de los Reyes), das spätere Lima, noch in diesem Jahr manifestierte.

Die beiden Feldzüge von Cortés und Pizarro waren insofern Meilensteine der Kolonialgeschichte, als die Eroberung von riesigen Gebieten in nur wenigen Jahren gelang. Damit stand die Krone vor der Aufgabe, die Eroberer genau zu kontrollieren und ihre Macht einzuschränken, um die Kontrolle nicht zu verlieren.

Mit dem Erwerb des Inkareichs wurde eine neue Form der Herrschaftssicherung eingeführt, bzw. in Frage gestellt. Auf der einen Seite blieben mit der nominellen Belassung von Manco und Sayri Tupaq Inca zwei Herrscher eines Großreiches zunächst in begrenzten Würden an der Spitze. Aufgrund der mangelnden Herrschaftssicherung erhoffte sich Pizarro offenbar durch die Belassung der Inka nicht nur den Erhalt weiterer Reichtümer, sondern auch die Sicherung seiner eigenen Herrschaft. Als sich jedoch das Konzept wegen der Aufstände nicht halten ließ, schwenkte Pizarro, mittlerweile zum Vizekönig ernannt, um und ging mit unbarmherziger Härte gegen die letzten Nachkommen der Inkadynastie vor.

Montesinos, las Casas und die Diskussion um die Conquista

Aus der päpstlichen Bulle *Inter Cetera* von 1493, in der Papst Alexander VI. nach spanischer Interpretation die entdeckten und noch zu entdeckenden Länder Spanien übertrug mit der Verpflichtung der Bekehrung der Bewohner zum Christentum, leiteten die Krone und ihre Juristen das Recht der Conquista und die Verpflichtung zur Mission ab. Daher begleiteten Columbus bereits auf seiner zweiten Reise nach Amerika Fray Boyl und zwölf weitere Missionare.

Später waren es die besonders der Mission verpflichteten Bettelorden, die sich 1500 (Franziskaner) und 1510 (Dominikaner) Klöster in der Karibik gründeten. Ebenso entstanden Bistümer und Ordensprovinzen. Die Ordenspriester erkannten schnell, in welch schwieriger Lage sich die autochthone Bevölkerung befand. Daher wurden Heilsverkündung und Verteidigung der Indigenen ihr Ziel. Es war ein Donnerschlag, als in den Kolonien mit der Predigt des Dominikanerpaters Antonio de Montesinos (1480-1540) auf Santo Domingo die Kritik am Verhalten der Conquistadoren nicht aus der Alten Welt, sondern direkt aus den Kolonien kam. Bartolomé de las Casas berichtete ausführlich von der Predigt des Dominikanermönchs und der Reaktion der Siedler. In der Predigt, einer der wichtigsten Quellen der Kolonialgeschichte wird systemimmanent eine Gegenposition zur Verteidigung der indigenen Bevölkerung ausführlich formuliert:

„Als nun die Ordensbrüder lange Zeit hindurch mit Erstaunen sehen mussten, was die Spanier den Indianern antaten und wie wenig sie sich um deren leibliches und seelisches Wohl kümmerten, zugleich aber die Unschuld, die unsagbare Geduld und Sanftmut beobachteten, begannen sie (...) über dieses schändliche und noch nie erhörte schreiende Unrecht zu reden. Sie fragten sich: ‚Sind das nicht auch Menschen? Muss man nicht auch an ihnen das Gebot der Liebe und Gerechtigkeit erfüllen? Hatten sie nicht ihre eigenen Länder, ihre angestammten Herren und Obrigkeiten? Haben sie uns irgend etwas zuleide getan? Sind wir nicht verpflichtet, ihnen das Gesetz Christi zu predigen und mit aller Kraft an ihrer Bekehrung zu arbeiten? Wie ist es möglich, dass die zahlreiche Bevölkerung, die diese Insel gehabt haben soll, in einer kurzen Zeit von fünfzehn oder sechzehn Jahren so grausam vernichtet werden konnte?"

In der Diskussion werden grundsätzliche Fragen des Kolonialismus angesprochen, so nämlich das Menschrecht auf Leben und das Recht auf Selbstbestimmung unterworfener Völker. Der Schutz der Bevölkerung sollte nach dem Willen der Mönche aber vor allem der Bekehrung dienen.

„Als nun der Sonntag und die Predigtzeit gekommen war, bestieg der Frater Antonio Montesinos die Kanzel und nahm als Text (...): ‚Ich bin eine Stimme eines Predigers in der Wüste. (...) Diese Stimme sagt euch, dass ihr alle in Todsünde lebt und stirbt wegen der Grausamkeit und Tyrannei, die ihr gegen diese unschuldigen Menschen ausübt. Sagt: Mit welchem Recht haltet ihr diese Indianer in so grausamer und schrecklicher Knechtschaft? Wer hat euch Vollmacht gegeben, so verabscheuungswürdige Kriege gegen diese Menschen zu führen, die ruhig und friedlich ihre Heimat bewohnten, von denen ihr unzählige durch unerhörte Mord- und Gewalttaten ausgelöscht habt? Warum unterdrückt ihr sie und beutet sie aus, ohne ihnen Nahrung zu geben und sie zu pflegen, wenn sie krank sind, so dass sie von der übermäßigen Arbeit, die ihr ihnen zumutet, sterben, oder besser gesagt: Warum tötet ihr sie, nur um Tag für Tag Gold zu graben und zu gewinnen? (...) Seid sicher, dass ihr in diesem Zustand, worin ihr euch befindet, genauso wenig das Heil erlangen werdet wie Mauren und Türken, die den Glauben an Jesus Christus nicht haben und auch nicht danach fragen!'" (S. 73)

Dadurch, dass Montesinos als „Stimme Christi", als „Stimme in der Wüste" sprach, der den Conquistadoren vorwarf, durch ihr Verhalten gegenüber den Indianern Todsünde verfallen zu sein, blieb die Predigt von dauerhafter Wirkung. Montesinos stellte das Gegensatzpaar „unschuldige Indianer" und „tyrannischer" Conquistador gegenüber. Mehr noch: Er sprach den Spaniern jegliches Recht ab, so zu handeln, weil die Indianer Menschen seien, die rational handeln könnten. Da sich die Conquistadoren wie „Türken und Mauren" verhielten, verweigerte er ihnen zudem das Abendmahl.

„*Als er die Kanzel verlassen hatte, vernahm man in der Kirche ein allgemeines Geraune, so dass es kaum möglich war, die Messe zu Ende zu führen (...) Vor allem kamen die königlichen Beamten, die Schatzmeister und Rechnungsführer, Faktor[en] und Aufseher, und beschlossen, den Prediger unter Druck zu setzen und einzuschüchtern, desgleichen die anderen Ordensbrüder, wenn sie ihn nicht bestrafen würden als einen Menschen, der Ärgernis verursache, unerhörte neue Ansichten ausbreite [und] alle angreife, der [auch] gegen den König und seine Herrschaft über dieses Land Indien gehetzt habe, (...)*" (Predigt Montesinos, in: Las Casas, Kurzgefasster Bericht, in: GiQ 3, 72-74)*

Von diesem Moment an war durch einen mutigen Menschen ein Konflikt ausgebrochen, der die ganze spanische Kolonialherrschaft prägen sollte. Zum einen die Frage nach den Rechten und Verpflichtungen der Conquistadoren, zum anderen die Frage, ob die Indigenen wie Menschen zu behandeln seien.

Eine unmittelbare Folge waren zunächst die Gesetze von Burgos (1512) und die Verordnung des „Erfordernisses" (*Requerimiento*) (1513). Während die Gesetze von Burgos die Aufteilung der Indianer für Dienste verbot und durch Tributzahlungen ersetzte (*encomienda*), stellt das *Requerimiento* ein höchst umstrittenes Dokument dar: Jeder Conquistador hatte von da an einen vorformulierten Standardtext, in welchem verlangt wurde, sich dem König von Kastilien zu unterwerfen, vor der militärischen Eroberung vorzulesen. Erfolgte keine Unterwerfung, so war der Krieg gerechtfertigt. Den Indianern wurde in einem komplizierten Rechtskonstrukt zunächst die Position von Petrus und dessen Nachfolger auf dem Stuhl Petri „erklärt", um damit begründen zu können, warum der Papst das Recht gehabt habe, die Welt den Königen von Kastilien zu unterstellen. Dass den Indigenen weder der Papst noch der König von Kastilien etwas sagte, spielte in der Rechtsfiktion keine Rolle.

„*Im Namen S(einer) M(ajestät), Don N(ame), des Königs von Kastilien etc., gebe ich, N(ame), sein Diener, Bote und Hauptmann, euch, so gut ich vermag, kund und zu wissen, was folgt: Gott, unser Herr, der Einige und Ewige, schuf Himmel und Erde, einen Mann und eine Frau, von denen wir und ihr alle Menschen auf der Welt abstammen, wie auch alle, die künftig nach uns kommen werden. (...)*

Unter allen diesen Menschen beauftragte Gott unser Herr einen, den heiligen Petrus, dass er über alle Menschen auf Erden Herr und Meister sei, dem alle zu gehorchen hätten, und machte ihn zum Oberhaupt des ganzen menschlichen Geschlechts, wo immer Menschen leben und wohnen (…) Und er gab ihm die ganze Erde als sein Reich und Herrschaftsgebiet und befahl ihm seinen Sitz in Rom aufzuschlagen." Daraus entwickelten die Kronjuristen die Begründung, dass dem König, weil ihm vom Papst die halbe Welt geschenkt worden war, Gehorsam zu leisten sei.

„Nachdem nun S. M. dank dieser Schenkung König und Herr dieser Inseln und Festlandsgebiete ist, und da einige Inseln mehr, ja fast alle, diesem solchermaßen König und Herrn Gehorsam geleistet haben […] so seid ihr zu dem Gleichen gehalten und verpflichtet. Deswegen bitten und ersuchen wir euch nach bestem Vermögen, dass ihr auf unsere Rede hört und eine angemessene Weile darüber beratet, dass ihr die Kirche als Oberherrn der ganzen Welt und in ihrem Namen den Hohepriester, Papst genannt, sowie an seiner Statt Seine Majestät als Herrn und König dieser Inseln und dieses Festlandes kraft der erwähnten Schenkung anerkennt und euch einverstanden erklärt, dass die hier anwesenden Ordensbrüder euch das Gesagte erklären und verkünden." (Requerimiento des Palcios Rubios, 1513, DGEE 3, 473)

Da das Dokument bei der Verlesung aber fast nie von einem Anwesenden übersetzt wurde und vielen indigenen Kulturen in Lateinamerika ohnehin die Schrift unbekannt war, diente das Requerimiento lediglich der Rechtfertigung der Krone, sie habe ja die Bedingungen erklärt. Von „bitten und ersuchen" konnte ohnehin keine Rede sein, vielmehr folgte nach der Verlesung fast immer Gewalt. Eine solche Szene schildert uns der Chronist Gonzalo Fernández de Oviedo (1478-1557):

„[In einem von den Bewohnern fluchtartig verlassenen Dorf sagte der Notar Oviedo zu seinem Hauptmann:] ,Herr, ich habe den Eindruck, diese Indios wollen die Theologie dieses Requerimiento nicht anhören, noch habt ihr jemanden, der es ihnen erklärt, ([denn] die Priester warteten in den Schiffen). Euer Gnaden befehle daher, es aufzubewahren, bis wir einen dieser Indios in den Käfig stecken können, damit er langsam lerne und der Bischof es ihm auslegen kann.' Ich gab ihm das Requerimiento zurück, er nahm es und lachte schallend, und mit ihm alle, die mich gehört hatten.

[Seine Erfahrungen faßt Oviedo folgendermaßen zusammen:] ,Ich wünschte, es gelänge, ihnen [den Indios] das Requerimiento zunächst einmal verständlich zu machen, aber man unternimmt nicht einmal den Versuch, da er als unnötig und überflüssig erachtet wird.' " (Gonzalo Fernández de Oviedo, Historia General, DGEE 3, 474 f)

Die Diskussion um den Umgang mit den Indigenen aber ging weiter. 1537 griff auch Papst Paul III. (1534-1549) ein und verkündete in der Bulle *Sublimus Dei*, dass die Indianer „wahre Menschen" seien, die nicht versklavt werden dürften. Auf der anderen Seite standen vielen Autoren, welche die Indianer als Menschenfresser sahen, die mit Gewalt zu bekehren seien. Von Anfang an hatte sich für die Europäer die Frage nach dem „guten" und dem „bösen" Wilden gestellt. Bereits für Kolumbus war es dabei jedoch klar gewesen, dass die Karaiben Menschfresser seien, die weder göttliches Gesetz noch Naturgesetze befolgten.

Vor diesem Hintergrund verwundert es nicht, dass diese Frage nun auch in gelehrten Kreisen diskutiert wurde. Über die Behandlung der Indianer sollte eine Kontroverse ausbrechen, deren wichtigste Vertreter Juan Ginés de Sepúlveda (1490-1573), José de Acosta SJ. (1539-1600) und Bartolomé de las Casas (1484-1566) waren.

Bartolomé de las Casas wurde in Sevilla geboren und brach mit Nicolás de Ovando 1502 nach Hispaniola auf. Dort war er zunächst Conquistador, der Indianer in seiner *encomienda* für sich arbeiten ließ. 1511 wurde er zum Priester geweiht, und begann seine Missionsarbeit auf Kuba, als er die militärische Expedition von Diego de Velázquez und Panfilio de Narváez begleitete. Bis dahin war Casas ein durchschnittlicher Missionspriester gewesen, der durchaus auch den Besitz von Indianern in seiner *encomienda* mit seinem Gewissen vereinbaren konnte. Durch die Lektüre der Bibel (Sirach 34) wurde er „davon überzeugt, dass alles, was wir den Indianern bisher widerfahren ließen, nichts als Tyrannei und Ungerechtigkeit" war. Zu dieser Erkenntnis gelangt, wurde er zum bedeutendsten Gegner des Encomiendasystems und der Ausbeutung der Indianer.

Sein „Kurzgefasster Bericht" von der Verwüstung der Westindischen Länder ist ein ergreifendes Dokument, welches eindringlich die Grausamkeit der Spanier in allen Teilen Lateinamerikas schildert und sie stets mit der Friedensliebe der Indianer konfrontiert.

„Die Eingeborenen, die anfangs die Insel Kuba bewohnten, waren dieselben wie die auf den Lucayen [Bahama-Inseln]; harmlose, friedliche, gutherzige Menschen, die unbekleidet umhergingen, ohne böse Absichten, vielmehr bedacht, einander nur Gutes zu erweisen. (...) Sie hatten ihre Könige und Herren, hatten Siedlungen von 200 bis 300 Hütten, deren jede nach dem Gebrauch dieser Insel von zahlreichen Menschen bewohnt war. Sie lebten alle friedlich; ich kann mich nicht erinnern, dass wir je von Kriegern dieser Stämme oder Häuptlinge gegeneinander etwas gehört oder gesehen hätten."

Letztlich blieb Casas jedoch ein Theologe, für den es nur den Gegensatz zwischen glaubenstreu und glaubensuntreu gab. Die „arglosen" Indianer waren auch zum Glauben an den Gott der Christen berufen. Er glaubte, bei ihnen ein Christentum im Ansatz zu finden, welches nun lediglich „frei gelegt" werden müsse. Ein wirkliches Verständnis für die

Indigenen, für ihre Glaubensvorstellungen brachte er jedoch, trotz seiner unbestreitbaren Verdienste Verteidiger ihrer Rechte, nicht auf.

„Diese Eingeborenen von Kuba hatten Kenntnis davon, woher der Himmel und alles Geschaffene komme: Sie sagten von drei Personen; die eine sei von hier, die andere von dort gekommen, und was der Lügen mehr war. Ich sagte ihnen, dass diese drei Personen ein wahrer, dreieiniger Gott seien." (Las Casas, Kurzgefasster Bericht, in: GiQ 3, 86).

Eine entgegengesetzte Position formulierte sein Ordensbruder Juan Ginés de Sepúlveda. In der öffentlichen Diskussion in Valladolid 1550 vertrat er die Position, minderwertige Menschen (*homunculi*) hätten dem Schutz von zivilisierten und vernunftbegabten Europäern zu unterstellen. Daraus ergab sich, dass auch Gewalt legitim war, wenn eine Unterstellung nicht freiwillig erfolgte.

Gegen diese Position zog Casas, mittlerweile zum „Verteidiger der Indianer" ernannt, zu Felde. Er überzeugte Kaiser Karl V. von der Ungerechtigkeit des Handelns der Conquistadoren. Ihm war es zu verdanken, dass 1542 die neuen Gesetze verkündet wurden, die allerdings 1545 weitgehend wieder rückgängig gemacht wurden. Der Dominikaner starb 1566 in Madrid und musste sich damit abfinden, dass sein Hauptwerk, der „Kurzgefasste Bericht" vor allem bei den niederländischen Gegnern verlegt und als Anklage gegen Spanien verwandt wurde, während er in Spanien weitgehend in Vergessenheit geriet.

Die Missionare waren gespalten zwischen dem Wunsch, die Indianer vor der Brutalität der Siedler zu schützen und sie andererseits aber zu „integrieren" und zu „zivilisieren". Verständnis für die indigenen Kulturen brachten sie selten auf. Diego de Landa (1524-1579), dem wir mit dem Bericht über Yucatán zwar die Überlieferung des Mayaalphabetes verdanken, betätigte sich fanatisch als Zerstörer von Mayacodizes, weil er fürchtete, seine Schützlinge könnten in die alte Religion zurückfallen. Daher lernten Missionare wie er die indigenen Sprachen auch nicht, um die Kultur der zu Missionierenden besser zu verstehen, sondern um die als „teuflisch" angesehenen Wurzeln der früheren Vorstellungen vollständig auszurotten.

Besonders brennend stellte sich die Frage nach dem Stellenwert der nicht-christlichen Religionen und Gebräuchen bei den Jesuiten. In der China- und Japanmission drängten die dortigen Patres darauf, den Chinesen Zugeständnisse zu machen und Teile ihrer Vorstellungswelt zu akzeptieren. Dies führte zu heftiger Kritik innerhalb der Kirche (Ritenstreit). Da ein Hauptargument der Gegner der Jesuiten war, dass die Indianer ja auch ihre Riten nicht fortführen dürften, nahm der Jesuit José de Acosta hierzu umfangreich Stellung.

Er unterschied zwischen den Völkern der „ostindischen Provinzen", also Japanern und Chinesen, die in ihrer Mehrheit so „zivilisiert" wie die Europäer seien. Die zweite Kategorie, also Azteken und Inka, könnten zwar die Leistungen ihrer Staaten hervorheben, seien aber durch „schreckliche Verfehlungen" in ihren Bräuchen eingeschränkt und müssten daher in die Befehlsgewalt von Christen gebracht werden. Die unterste Stufe bildeten schließlich für Acosta die Kannibalen, denn auch bei ihm gibt es an der Existenz von Kannibalismus keinen Zweifel. Daher müssten diese „Halb-Menschen" (vix homines), zu denen er auch die Afrikaner zählte, zu richtigen Menschen gemacht werden.

„Ich wiederhole: Verliere nicht den Mut; der Indio oder Neger ist ein unvernünftiges Wesen, ein Stück Vieh."

Ihnen seien die rechten Anlagen für das Verständnis des Christentums gegeben, welches ihnen von Europäern, notfalls mit Zwang, eingepflanzt werden müsse. Der alte Glaube sei hingegen vollständig „auszurotten".

„Nein, man muss daran festhalten: Es gibt keine Barbaren ohne jede Fähigkeit zur Glaubenserkenntnis. (...) Trotzdem gibt es auch für sie die Erlösung, wenn sie nur richtig geführt werden. Drücke dem Esel das Maul mit Zügel und Zaum (Ps. 31,9) und lege ihm die rechte Last auf, nimm, wenn es nicht anders geht, den Stachel, und wenn er ausschlägt, so stoße nicht blindwütig mit dem Schwert zu, sondern schlage mit Maßen; zügle ihn allmählich, bis er sich an den Gehorsam gewöhnt (...) Es besteht kein Zweifel: Die Erfahrung bestätigt die Sklavennatur der Barbaren, und wenn man nicht die Furcht als Mittel einsetzt und sie mit Gewalt zwingt wie Kinder, widersetzen sie sich und gehorchen nicht." (Missionshandbuch des José de Acosta 1588, DGEE 3, 513).

Diese Sichtweise von den zu zivilisierenden und zu führenden Wilden sollte das europäische Denken bis in das 20. Jahrhundert bestimmen, unter anderem deswegen, weil Acosta sich in seiner Theorie auf die ganze Welt bezog und eine Einteilung für Asien, Afrika und Amerika vorgenommen hatte.

Die Kirche in Lateinamerika

Die spanische und portugiesische Kirche hing in Bezug auf ihre Einnahmen und die Besetzung der Bischofsstühle vollständig von der Krone ab. Diese bestimmte die Bischöfe, die der Papst lediglich bestätigen konnte. Ebenso verhielt es sich bei den Einnahmen, da die Krone den Einzug des Kirchenzehnten kontrollierte. Da diese Abgabe aber auf Agrargüter oder Vieh erhoben wurde, hatte die Kirche natürlich auch ein Interesse an der Evangelisation und steigenden Zahlen von Gemeindemitgliedern. Große Bevölkerungsverluste bedeuteten auch große Einnahmeverluste für die Kirche.

Nach der Ankunft der ersten Ordenspriester in der Karibik, gingen weitere nach Zentral- und Südamerika. Die erste Gruppe von Missionaren in Mexiko waren zwölf Franziskaner, die 1524 unter Fray Toribio de Benavente, genannt Motolinía (1482-1569), gekommen waren. In der sich entwickelnden Mission waren allein Bettelmönche, also Franziskaner, Dominikaner und Augustinereremiten tätig, später folgten Kapuziner und Jesuiten. Bei der Mission teilten sich die Orden ihre Gebiete auf, wobei es deswegen besonders mit den Jesuiten, welche die wichtigste Rolle in der Mission in Lateinamerika spielten, zu Streitigkeiten kam.

Die Regierungsübernahme Philipps II. bedeutete für die Kirche einen Einschnitt, da erstmals die spanischen Königreiche unter einem Herrscher zusammengeführt wurden. Philipp II. war es, der als erster den Titel „König der Spanien", *Rey de la Españas*, führte. Das Zeitalter Philipps II. begann mit einem Paukenschlag, als 1559, ein Jahr nach dem Herrschaftsantritt, die Inquisition durch drei große Ketzerprozesse in Zamora, Valladolid und Sevilla die kleine protestantische Bewegung auf der iberischen Halbinsel erstickte. Doch dürfen wir uns durch den in Bild und Schrift überlieferten Eindruck eines nun einsetzenden „finsteren Zeitalters" nicht täuschen lassen. Spaniens Inquisition wurde in den Jahren nach 1559 noch sehr aktiv, weil man gegen *conversos* (konvertierten Juden), *moriscos* (vormalige Moslems) und Indianer vorgehen wollte.

Hier ist die letzte Gruppe interessant. Unter dem Großinquisitor Gaspar de Quiroga (1573-1594) wurde das Netzwerk der bei der Inquisition eingestellten Kommissare (*comisarios*) und Informanten (*familiares*) ausgebaut und ein vorgefertigter Fragekataloges (*Cartilla*) 1607 eingeführt, um eine standardisierte Befragung vor Ort zu ermöglichen. Auf dieser Grundlage kam es zu einer Reihe von Prozessen, wobei die Inquisition jedoch selten Todesurteile aussprach. So wurden von dem mexikanischen Tribunal zwischen 1571 und 1600 902 Fälle verhandelt, die zu 600 Verurteilungen führten, allerdings waren davon „nur" 13 Todesurteile.

Standen im 16. Jahrhundert noch Eroberung und Evangelisation im Vordergrund, so verlagerte die Kirche ab 1580/90 ihren Schwerpunkt auf die Sicherung der katholischen Lehre. Während die erste Evangelisierung in Amerika und den Philippinen war noch mit Piktogrammen für das Vaterunser ausgekommen war, sollten nun durch Prüfung, Predigt, Drohung und Belohnung die katholischen Glaubensvorstellungen verankert werden. Bei der zweiten Evangelisierung konnte man bereits auf gedruckte Katechismen in indigenen Sprachen zurückgreifen, ging nun aber verstärkt gegen Abweichungen und Synkretismus vor. Aufgabe der Inquisition war es, vor Ort Fälle von Blasphemie, Aberglauben, Glaubensfehler (*errores de fé*) und alle Art sexueller Verfehlungen zu verfolgen. Die Spitzel der Inquisition zogen daher von Ort zu Ort, führten Befragungen durch und betätigten sich besonders auch als Kult- und damit Kulturzerstörer. In den Anden wurden z.b. die Totenfiguren, die Huacas, zerstört. Doch sollte man die intellektuelle Tätigkeiten der Missionare auch anerkennen: Jesuiten aus verschiedenen Teilen Europas mussten Übersetzungen in ganz unterschiedlich gelagerte indigene Kulturen leisten. Europäisches Überlegenheitsgefühl und kirchliches Sendungsbewusstsein soll hier keinesfalls negiert werden, doch war gerade den Jesuiten die Vermittlung der Glaubenslehre ein Anliegen, das stets auch mit dem Wunsch der Schaffung einer neuen Gesellschaft (*hacer un mundo nuevo*) verknüpft war.

Ziel der programmatischen Schrift des Jesuitenpaters José de Arriaga „Eure Götter werden getötet" war nicht allein die „Ausrottung des Götzenkultes", sondern er verlangte neben der demonstrativen Verbrennung von Huacas, auch Maßnahmen im Sinne Konzils von Trient: Visitationen, Katechese, Überprüfung von Normen und Personal waren von großer Bedeutung, um die ersten „Erfolge" sichern zu können. Es waren also die Jesuiten, welche durch Überzeugungsarbeit die Durchsetzung der Tridentinischen Ideen erreichten.

Eine Glaubenseinheit in allen Gebieten konnten die „katholischen Könige" Spaniens auch nach der Ausweisung der Moriscos 1609-1614 nicht herstellen. Die südlichen Philippinen blieben muslimisch, während an den Grenzen der spanischen Monarchie in Amerika, also im heutigen Chile oder Argentinien, in Kalifornien und Arizona die Existenz von nicht christlichen Völkern hingenommen werden musste. Freilich galten für sie dann nicht die „*Leyes de Indias*", sondern sie durften jederzeit versklavt werden.

Die Jesuitenreduktionen als Utopie und der weltweite Einsatz der Gesellschaft Jesu

Die wichtigste Position in der Mission hatten die Jesuiten inne, jener Orden, der erst 1539/40 durch den Basken Ignatius von Loyola (1491-1556) gegründet worden war. Die Jesuiten, die auf das Klosterleben und ein Ordenshabit verzichteten, waren gerade in den Kolonien, sei es in Afrika, Asien oder Amerika deswegen so erfolgreich, weil sie hohe und umfassende Bildung mit einer großen Mobilität verbinden konnten.

Dennoch beobachtete die Kolonialverwaltung den Orden bis zu seiner Ausweisung aus Portugiesisch Amerika 1759 und aus Spanisch-Amerika 1767 stets argwöhnisch, da sie fürchtete, dass sich die Ergebenheit, welche die Jesuiten dem Papst schworen, nicht mit dem Patronat der Krone über die Kirche vereinbaren lasse.

Der Orden leistete schon im 16. Jahrhundert an vielen Orten erfolgreich Mission, doch wünschten die Jesuiten mehr, nämlich die Schaffung einer „neuen Gesellschaft" unter Ausschluss der Spanier. Diese Idee war nicht neu. Viele Theologen, so auch Bartolomé de las Casas oder Juan de Zumárraga hatten gehofft, eine von Siedlern getrennte Mission dauerhaft aufbauen zu können, doch war ihren Versuchen nie eine gewisse Dauer beschieden. Es waren die Jesuiten, welche diese Idee ab 1609 in so genannten Reduktionen verwirklichten und bis zu ihrer Vertreibung 1767 auch am Leben erhalten konnten.

In den Reduktionen, welche an den Grenzen der spanischen Herrschaft lagen, also in Nordkalifornien, im Amazonasgebiet und in Río de la Plata, standen Indianerdörfer unter der Oberaufsicht eines oder mehrerer Patres. Diese führten die oft bis zu 3 000 Einwohnern zählenden Reduktionen, strikt getrennt von spanischen Siedlungen als Gemeinwesen. Dabei behielten die Häuptlinge (*Caciquen*) eine führende Funktion und die Einwohner eine weitgehende Selbstverwaltung, unterstanden aber dem Pater. Hier wirkten auch viele deutschsprachige Patres, wie der aus Südtirol stammende Anton Sepp (1655-1733):

„ [...] *lasset uns ein wenig sehen den Stand dieser Reduktionen/ also nennen wir sie/ weilen alle diese Indianer alleinig von uns zum Cristlichen Glauben reducirt worden; auf teutsch Völckerschafften/ Gemein/ oder Dörffer genennet werden. Dieser zehlen wir in allen 26. Ein jede wird von zween Patribus, wann es anderst möglich/ so biß heutigen Tag wegen großen Abgang der Priester/ nit hat geschehn können/ verwesen und versorget/ (...)* "

Die Arbeitszeit wurde auf 6 bis 8 Stunden täglich beschränkt, musste aber als Gemeinschaftsarbeit verrichtet werden. Privateigentum war nur sehr eingeschränkt gestattet. Viel Raum wurde hingegen der Musik und dem Gottesdienst eingeräumt. Da man als Missionsgebiet vornehmlich Gegenden nahm, in denen nomadische Indianer lebten, wurden diese sesshaft gemacht und in Bezug auf Lebensweise und Agrarstruktur in ein europäisches Konzept gepresst. Die Patres verstanden sich dabei, ganz im Zivilisationskonzept von Acosta, als die „Väter", die ihre „Kinder" zu bilden und zu „zivilisieren" hatten. Es war für die Jesuiten unverständlich, wie europäische Vorstellungen, wie Vorratshaltung, bei vormalig nomadischen Völkern, die keine Vorratshaltung gekannt hatten, auf Unverständnis stoßen konnte.

„Aber was thut der gefrässige Indier? Den Saamen/ den er der fruchtbaren Erden in ihr Schos anvertrauen solte von welcher er ein reichen Schnitt zu hoffen hätte/ verstecket er in seiner gefrässigen Wampen. (...) Sie seynd durchaus nit sorgfältig für morgen." (Pater Anton Sepp,1697, DGEE 3, 521)

Anderseits konnte sich viele Ethnien nur in den Missionen, wo sie auch bewaffnete Milizen bildeten, gegen die fortgesetzten Angriffe der portugiesischen *Bandeirantes* oder *Paulistas*, also Sklavenjäger aus Brasilien, zur Wehr zu setzen. Brasiliens Zuckerrohrplantagen wurden nämlich im 17. Jahrhundert noch vornehmlich durch Arbeiter oder versklavte Indianer bestellt. Eine Vorstellung von solch einem Raubzug vermittelt uns der Bericht zweier Patres:

„Sie kamen dann am 30. Januar des Jahres 1629 und brachten nicht nur Tatabrana in ihre Gewalt, sondern alle [Indios], die der Pater in San Antonio unterwies. Nach ihren eigenen Angaben ergriffen sie 4000 Indios oder Lastenträger und viele andere, zerstörten die Dorfanlage, zündeten die Häuser an, plünderten die Kirche und das Wohnhaus des Paters und entweihten ein Bild unserer Herrin [der Gottesmutter Maria]. Mit grober Gewalt trieben sie die indianischen Frauen und Männer aus dem Hause des Paters, wo sie Zuflucht gesucht hatten, und dabei töteten sie einen Indio direkt vor der Tür des Hauses und zehn oder zwölf [weitere] im Dorf selbst." (Ein Bericht der Patres Simon Maseta und Justo Mancilla, Guairá 1629, DGEE 5 438)

Die Bauwerke und Siedlungen waren stets auf gitterförmigem Grundriss um die Kirche herum angelegt. Die Bausubstanz war sehr unterschiedlich und reichte von mitten im Urwald entstandenen großen Steinbauten bis zu einfachen Holzbauten und -kirchen. Geplant waren die Bauwerke von den Patres. Funktionierte das System der Reduktionen nach innen ohne Geld, so musste man für den Außenhandel Gewinn zum Erwerb von Ackergerät oder anderen Metallgegenständen erwirtschaften. Dies geschah v.a. durch den Anbau von Yerba Mate, also einer Teeart. Damit und weil sie die indianischen Arbeitskräfte beschäftigten, waren die Patres eine ökonomische Konkurrenz der Siedler. Deren Opposition und der Verdacht, die Gesellschaft habe die Missionsmilizen auch gegen königliche Truppen 1751 geleitet, führte maßgeblich zum Ende des Experiments durch die Ausweisung der Jesuiten 1767, womit den Reduktionen ein gewaltsames Ende gesetzt wurde.

Die Jesuiten hatten sich auch in anderen Teilen der Welt, besonders in Asien dadurch ausgezeichnet, dass sie sich, um die Mission verwirklichen zu können, nach besten Kräften in die dortige Kultur einzufügen bereit waren. Die Mission portugiesischer Jesuiten, die in Südostindien, Japan, China und Vietnam tätig waren, zeigte eine große Flexibilität. Man passte sich der jeweiligen Kleidung, der Etikette, den Sitten und

Abb. 6:
San Ignacio Miní,
Argentinien. Die Jesu-
itenreduktionen stellen
ein Beispiel für den
Transport der barocken
Architekturformen von
der Iberischen Halbinsel
nach Amerika dar, die
aber dort mit reicher
Ornamentik einen
Wandlungsprozess
durchlaufen.

Gebräuchen an, lernte die Landessprache und studierte auch religiöse Schriften des Hinduismus oder Konfuzianismus. Damit wurden die Mitglieder der Gesellschaft Jesu, wie Ignaz Kögler (1680-1746) zu den ersten europäischen Japanologen, Sinologen oder Indologen.

Bei dem Versuch, die Religionen miteinander zu vereinbaren, stießen die Jesuiten dann jedoch an die von Rom gesetzten Grenzen. Als Matteo Ricci (1552-1610) das Christentum mit Elementen des Konfuzianismus verbinden wollte, machte er weitreichende Zugeständnisse an den chinesischen Ahnenkult und die Konfuziusverehrung. Dies galt vielen in Europa jedoch als Götzendienerei, was im so genannten „Ritenstreit" mit dem Verbot der Missionsmethode durch Papst Gregor XI. 1704 und zum Ende dieses Versuches führte. Der „Ritenstreit", der sich in ähnlicher Weise auch in Indien bis 1744 hinzog, wurde erst durch eine Revision durch Papst Pius XII. 1939, der eine größere Offenheit gegenüber den örtlichen Gegebenheiten zuließ, zugunsten der Missionare entschieden. Für die Jesuiten in China und Indien bedeutete das Verbot von 1704 den Beginn einer Verfolgung durch die weltlichen Obrigkeiten und den Verlust ihrer Missionserfolge.

Die Verwaltung in Spanisch Amerika

Nach den ersten Erfahrungen mit Christoph Columbus hatte die Krone die Conquistadoren durch Vizekönige ersetzt. Dies aber reichte als Verwaltungsreform nicht aus, denn da sich die Gebiete in Amerika durch die fortschreitende Entdeckung als immer größer erwiesen, brauchte man auch ein eigenes Verwaltungsgremium. Neben dem Königlichen Rat (*Consejo Real*) entstand 1524 ein Rat der Indien (*Consejo de Indias*), der für die überseeischen Gebiete in fast allen Fragen zuständig war. Wirtschafts-, Finanz, Militär- und Kirchensachen (außer die Inquisition betreffende Fragen, für die der Rat der Inquisition zuständig war) wurde von diesem Gremium übersehen. Um auch den Handel und die Auswanderung kontrollieren zu können, richtete man in Sevilla die *Casa de la Contratación* ein. Damit wurde die Stadt zum zentralen Anlaufpunkt für alle Fahrten von und nach Amerika.

In Amerika selber standen zwei Vizekönige der Verwaltung vor, nämlich einer in Mexiko (Stadt) für Neuspanien und einer in Lima für Peru, deren Gebiete erst im 18. Jahrhundert durch die Schaffung der Vizekönigreiche Neu Granada und Río de la Plata eingeschränkt wurden. Antonio de Mendoza aus einer alten spanischen Familie war der erste in der Linie der 92 Vizekönige in den Kolonien. Ihre durchschnittliche Aufenthaltszeit betrug 6-7 Jahre. Fast alle waren in Spanien geboren und aufgewachsen und kehrten auch wieder in das Mutterland zurück. Daher war vielfach ihr Hauptinteresse, dass sich ihr Posten in finanzieller Hinsicht oder in Bezug auf die Karriere schnell auszahlen würde.

Für die Rechtssprechung wurden die *Audiencias*, also Gerichte, wo man „erhört" wurde, wichtig. Anders als die indigene Bevölkerung bei den anderen Kolonialmächten, galten die Indianer in Lateinamerika als gleichberechtigte Untertanen der Krone und hatten die gleichen Rechte wie die Spanier, konnten diese also auch verklagen. Allerdings war dies aufgrund der Sprachbarrieren und der finanziellen Schwierigkeiten nicht einfach, kam aber durchaus vor, zumal es auch spezielle Gerichte für Indianer gab. Vielfach erwarteten die Indianer bei Gericht eine Vertretung ihrer Belange. Doch auch für die Siedler leisteten die Gerichte Beträchtliches. Selbst Erbschaftsprozesse konnten durch Aktenversendung über tausende von Kilometern von Gerichten in Kastilien in der Neuen Welt fortgeführt werden.

Hauptaufgabe der Vizekönige war es, Steuern einzusammeln und den regelmäßigen Transport von Edelmetall nach Spanien sicherzustellen. Ein ständiger Schriftverkehr war daher von Nöten, was eine besondere logistische Leistung darstellte, da große Mengen an Papier über die Weltmeere befördert werden musste.

Dieses zentrale System stand neununddreißig Provinzen vor, in denen königliche Beamte in Städten, dem spanischen Modell folgend, die Umsetzung der königlichen Anordnungen überwachen sollten. Die oberste Macht lag in den Händen des Gouverneurs (*adelantado, capitán general* oder *gobernador*). Ihnen unterstanden die Städte mit ihren Statthaltern (*tenientes*), die der Gouverneur nach Bedarf selbst einsetzte. Auf unterer Ebene nahm man durch die Einsetzung von Bürgermeistern (*alcaldes*) und Kronbeamte (wörtl. Korrektoren, *corregidores*) den Conquistadoren die Macht ab. Dabei gab es „Korrektoren der Spanier" (*Corregidor de Españoles*) und „Korrektoren der Indianer" (*Corregidores de Indios*), wobei letztere den indianischen Munizipien vorstanden, da große Teile Amerikas weiterhin fast nur von Indigenen bevölkert waren. Eine Ständeversammlung führte die Krone jedoch nicht ein, da sich die Stände Kastiliens zum Beginn der Herrschaft Karls V. erhoben hatten, was sich in Übersee nicht wiederholen sollte.

Anders als für die Portugiesen in Asien machten nicht der Handel, sondern die Abgaben und Steuern der Bewohner Amerikas und der Edelmetallabbau die Haupteinnahmen der Kolonien aus, mit denen auch die Verwaltung bezahlt wurde. Um einen Eindruck von einer Karriere in Übersee zu vermitteln, sei Alonso de Llano y Valdés kurz vorgestellt. Er studierte in Salamanca und Valladolid, wo er 1645 den Abschluss in Jura erwarb. Schon bald erhielt er einen Lehrstuhl an der Universität Valladolid und wurde dann an den königlichen Gerichtshof für Südspanien, die Kanzlei von Granada (*Chancillería de Granada*), berufen. Nach diesen juristischen Tätigkeiten wurde er Mitglied des Königlichen Rates für Navarra und erhielt den Ehrentitel eines „Ministers mit Robe" (*ministro togado*) im Indienrat. 1668 stieg er zum Präsidenten dieses Gremiums auf und stand damit unmittelbar an der Verwaltungsspitze des gesamten spanischen Kolonialimperiums, ohne dass er jemals in Übersee Erfahrungen gesammelt hatte. Auf der anderen Seite stand eine zunehmende Zahl von in Amerika geborenen Kreolen, die zwar wichtige Positionen in der Verwaltung einnehmen durften, denen aber die Führungspositionen verschlossen blieben, was besonders am Ende des 18. Jahrhunderts zu Unzufriedenheit führte.

Durch die Verwaltung musste man mit fortschreitender Eroberung die neuen Gebiete so klar wie möglich einteilen. Dies gelang aber nur teilweise, da sich eine klare Hierarchisierung, besonders auch auf dem Kontinent selbst, aufgrund der Entfernung nicht verwirklichen ließ. Die Konkurrenz der verschiedenen Verwaltungsebenen blieb bestehen, und selbst wenn den Vizekönigen alle königlichen Ehren eingeräumt wurden, gelang es ihnen z.T. nicht, sich in einzelnen Provinzen durchzusetzen. Um die Funktionstüchtigkeit des Systems zu garantieren, entsandte man Inspektionsbesuche (*visitas*), welche eine stete Kontrolle bewirken sollten. Gleichzeitig förderte man die direkte Kommunikation mit Madrid, d.h. die Generalkapitäne (*capitanes generales*) nahmen bei ihren Anfragen nicht den Weg über die Vizekönige, sondern wandten sich direkt an das Mutterland. Auf der anderen Seite mussten Kompromisse eingeräumt werden. So hatte die täglich tagende Finanzverwaltung (*junta de hacienda*) in den beiden Vizekönigreichen in Sonderfällen auch das Recht, ohne die Einholung der Genehmigung der Krone, etwas zu beschließen.

Am wichtigsten für das Gesamtsystem blieb aber letztlich das Funktionieren der Verwaltung auf unterer Ebene. Hier wurde oft vieles in der vorkolonialen Situation belassen. Die Auswahl der höchsten innerdörflichen Verwaltungsgremien, aber auch die innerdörfliche Kommunikation, welche für die Lenkung des Ortes essentiell blieb, orientierte sich weitgehend an den präkolonialen Bedingungen.

Aufgrund der schlechten Bezahlung war die Korruption ein Grundübel der Kolonialverwaltung, das im Lauf des 17. und 18. Jahrhunderts immer mehr um sich griff. Die großen finanziellen Probleme der spanischen Monarchie durch den Dreißigjährigen Krieg, die Kriege gegen Ludwig XIV. und schließlich den Spanische Erbfolgekrieg, warfen auch ihre Schatten auf die Kolonien. Immer stärker rückte daher das fiskalische Interesse in den Vordergrund, also der sichere Empfang der Einnahmen. Daher ging man dazu über, den Einzug der Steuern zu verpachten und die Ämter zu verkaufen. Daraus ergaben sich grundsätzliche Umschichtungen.

Während bisher fast ausschließlich Spanier die obersten Funktionen innehatten und die Stellung des Vizekönigs von Bischöfen bekleidet worden war, wurden jetzt Kreolen immer häufiger Inhaber mittlerer und gehobener Ämter, während nachgeborene Söhne des spanischen Hochadels die Posten der Vizekönige bekleideten. Damit wurde aber gleichzeitig das bisher bestehende Regierungssystem aus den Angeln gehoben, da nicht mehr a priori Spanier und indigene Würdenträger, sondern Spanier, Kreolen, Mestizen und Indianer, mit den sich daraus jetzt auch ergebenen Heiratsverbindungen, die Macht in der mittleren Verwaltung übernahmen. Zwar blieb Spanisch die dominante Sprache, aber durch die größere Akzeptanz von Verbindungen zwischen Spaniern und Indianern veränderte sich auch hier die Sichtweise. In den

Kolonien wuchs das Gefühl, bewusst in Abhängigkeit von Mutterland gehalten zu werden. Durch die zunehmende fiskalische Pression, aber besonders durch die merkantile Politik wurde im Keim der Wunsch nach Unabhängigkeit genährt. Um die Praxis des Ämterverkaufes zu bemänteln, bediente man sich der Sprache. Obwohl eigentlich nur Posten in den Stadträten (*cabildos*) und als Behördensekretäre und Notare (*escribanías reales y públicas*) verkäuflich waren, kaschierte man deren Verkäuflichkeit bei anderen Ämtern geschickt durch Umschreibung.

Die Verwaltung in Portugiesisch Amerika

Aufgrund der Undurchdringlichkeit des Regenwaldes blieb die Besiedlung in Brasilien auf den Küstenbereich beschränkt, die sich in drei Zonen, nämlich um Belém, Recife und Rio de Janeiro entwickelte. São Paolo stellte als eine nicht an der Küste liegende Stadt eine Ausnahme dar. Portugal richtete im Gegensatz zu Spanien keine Zentralbehörde für Amerika ein, sieht man von dem in der Zeit der Personalunion mit Spanien gegründeten Indienrat (*Conselho das Indias*) 1604-1642 ab. Auch der später eingesetzte Überseerat (*Conselho Ultramarino*) sollte nie eine zentrale Funktion erringen.

Bis zur Mitte des 16. Jahrhunderts hatte die portugiesische Krone den Eroberern Gebiete mit der Verpflichtung der Verteidigung direkt übertragen (*Donatário*-System). Portugal wollte nach der Entdeckung Brasiliens so schnell wie möglich an die Linie von Tordesillas gelangen, um den Spaniern zuvor zu kommen. Nach dieser ersten Kolonisierungsphase änderte die Krone 1549 mit der Einrichtung der Generalregierung (*Governo geral*) die Linie und übertrug einem Kronbeamten die höchste Verantwortung, die Rechtssprechung und den Oberbefehl. Die einzelnen Gebiete wurden, wie auch in Asien, von Kapitänen (*capitão mor* und *capitão*) geführt. Zudem wurde ein Gerichtshof (*relação*) in der Hauptstadt Salvador eingerichtet.

Der Titel eines Vizekönigs wurde 1640 zum ersten Mal vergeben und erst 1720 zur Dauereinrichtung. Auf der lokalen Ebene dominierten die Stadträte (*câmaras*), in denen zwar die lokalen Eliten das Sagen hatten, bei denen es offenbar aber seltener als im spanischen Machtbereich zum Ämterverkauf gekommen war. Die indianischen Siedlungen hingegen entwickelten keine festgelegte Munizipalverwaltung.

Soziale Strukturen

Die gemischtrassige Gesellschaft ist das Charakteristikum von Lateinamerika. Von Anfang an unterstützte die Krone die Verbindung von Conquistadoren mit Indianerinnen. Zwar waren diese Verbindungen anfangs zufällig und oft gewaltsam, dann aber dienten sie gezielt dem Sozialaufstieg der oft aus niederen Verhältnissen stammenden Conquistadoren. Auch die indigenen Häuptlinge waren an einer Verbindung mit den Spaniern interessiert und gaben ihnen daher Töchter zur Frau, um somit die eigene Herrschaft zu sichern. Für die Spanier bedeutete die Verbindung neben einem gewissen Sozialprestige oft auch, durch das Bündnis im Notfall auf die Indianer eines Stammes als Soldaten zurückgreifen zu können.

Zu diesen beiden Großgruppen kamen durch den Sklavenimport Afrikaner, die aufgrund des großen Männerüberschusses zunächst nur Indianerinnen heirateten, obwohl dies offiziell verboten war. Nachkommen von Sklaven waren auch Sklaven, so dass die Kinder aus einer solchen Verbindung alle in der Sklaverei verblieben. Vielfach gab es zudem außereheliche sexuelle Beziehungen von Weißen mit Indianerinnen und Afrikanerinnen. Zunächst wurde der Begriff Mestize für alle „gemischten" Verbindungen gebraucht, erst später bezog er sich allein auf die Verbindung zwischen Weißen und Indianern.

Das Sozialsystem war gleichsam von Kasten geprägt, wobei die Zugehörigkeit auch die Aufstiegsmöglichkeit bestimmte. Ganz oben standen die in Spanien geborenen Europäer, gefolgt von den in den Kolonien geborenen „Weißen", den Kreolen. Die weiteren Gruppen, d.h. Indianer, Mischlinge aus Indianern, Schwarze sowie die Mischlinge aus solchen Verbindungen, Mulatten, folgten absteigend. Während man durchaus in der ganzen Frühneuzeit Unterschiede in der sozialen Kategorisierung machte, erfolgte die Klassifizierung in „Rassentypen" je nach Mischung erst am Ende des 18. Jahrhunderts. Die Vergabe von Namen für jeden Typ einer Verbindung war schon ein deutlicher Reflex des Rassismus.

In Spanisch Amerika hatten Kaufleute, Beamte, hohe Kirchenfunktionäre und Großgrundbesitzer die führenden Positionen inne, in Brasilien gaben die Zuckerrohrpflanzer und Viehbarone den Ton an. Während in Spanisch Amerika die Indianer oft wichtige Funktionen auf der mittleren Ebene, auch in der Verwaltung oder als Kaufleute, bekleideten, waren Handwerker lediglich in kleinen Lokalverwaltungen vertreten. In Brasilien war die Barriere für Farbige noch nicht so hoch. Allerdings arbeiteten bis zur Mitte des 17. Jahrhunderts auf den großen Plantagen fast ausschließlich gefangene Indianer oder Lohnarbeiter, die erst ab dem Ende des 17. Jahrhunderts durch Sklaven ersetzt wurden.

In den Städten blieb das Leben durch die europäische Kultur geprägt, wurde aber in sehr vielen Bereichen, besonders in der Architektur, durch indigene Elemente beeinflusst. Die Verbreitung der spanischen Kultur fand vornehmlich an den Schulen und Universitäten statt. Die Bildung lag dabei in der Hand der Kirche. Die erste Dominikanerschule entstand auf Santo Domingo, wo auch 1558 die erste Universität, gegründet wurde gefolgt von Lima 1551 und Mexiko 1581. So entstand in den großen Städten ein Netz bedeutender Kollegien und Universitäten, zu denen 1645 auf der anderen Seite des Pazifiks die Universität in Manila trat. Lehrer in den höheren Bildungsanstalten waren die Dominikaner und Jesuiten. Ein berühmter Abgänger ist der Inka Garcilaso de la Vega, der Autor der königlichen Kommentare (*Comentarios reales*). Meist wurde die europäische Kultur und Bildung vermittelt, von klassischen Autoren bis zu den Dichtern der Renaissance und des Barock. Aber dennoch entstand in Lateinamerika eine eigenständige Literatur, die Autoren

Abb. 7:
Fassade der Kirche
von Nuestra Virgen
de Guadeloupe,
Mexico Stadt. Es ist
ein Beispiel für die
Verschmelzung des
iberischen Barocks
mit dem mexikani-
schen Formenschatz.

wie Gutierrez de Cetina, Francisco Terrazas, Juan de Espinosa, um nur
einige zu nennen, hervorbrachte. Besonders wichtig ist die mexikanische
Nonne Sor Juana Inés de la Cruz (1651-1695), nicht nur aufgrund ihrer
dichterischen Leistungen, sondern auch, weil sie ihre Position als Frau,
die sich schriftlich ausdrücken wollte, gegen den Widerstand der Kirche
verteidigen konnte.

Auch in der Bildhauerei und Architektur waren die Grundmuster
europäisch, die Ausgestaltung jedoch stellte einen eigenen Stil dar.
Hauptziel der Innenausstattung in Kirchen war die „Instruktion". Die
Gebäude sollten durch ihren Schmuck den Betrachter überwältigen und
belehren, Bibeln für Arme sein, weswegen die reich vergoldeten Altäre
mit vielen Figuren und Gemälden ausgestattet wurden. Die Kirchen
von Tepotzotlán, Ocotlán oder der Virgen de Guadalupe, die Kathedrale von Mexiko Stadt, genauso wie dortige der Palast des Vizekönigs,
die Universität von San Carlos in Guatemala oder São Francisco Ouro
Preto sind nur wenige Beispiele für lateinamerikanischen Barock. Es
wird deutlich, wie ein eigens ausgeprägter Stil im weltlichen wie im
kirchlichen Bereich zu bedeutenden Kunstwerken führte.

Den größten Teil Lateinamerikas aber machte der ländliche Raum
aus. Er blieb auch nach der Eroberung indigen geprägt. Die Spanier und
Kreolen lebten in den Städten, während auf dem Land kaum Spanisch
gesprochen wurde. Aufgrund dieser Sprachprobleme konnte die Krone
diese Gebiete nicht allein durch Kreolen verwalten lassen. Priester europäischer Herkunft wie z. B. die Jesuiten, welche die indigenen Sprachen
gelernt hatten, wurden von der Provinzialverwaltung eher ungern
gesehen. Europäer, welche die Herrschaft durch die Beherrschung der
indigenen Sprache wahrnehmen konnten standen für die Behörden
zwischen der spanischen Verwaltung und den indianischen Untertanen
und bildeten damit eine eigentlich im Gesamtkonzept der Verwaltung
nicht vorgesehene Zwischenebene.

Um nun aber die Struktur der indianischen Dörfer zu verstehen, werden zwei Beispiele beleuchtet: Coyoacan und Momostenango. Beide
liegen im Vizekönigreich Neu-Spanien, ersteres im Einzugsgebiet von
Tenochítlan mit Nahua-Einwohnern, das zweite in Guatemala mit Maya
Quiché. Beide Orte erfuhren in Folge der Conquista keinen unmittelbaren Einschnitt. Die niederen Lokalautoritäten blieben bestehen, die
höheren wurden durch Spanier ersetzt. Momostenango, das wohl erst
im 15. Jahrhundert durch die Mayaherrscher der Utatlán unterworfen
worden war, hatte mit der Eroberung Tribut an neue europäische Herren zu zahlen. Sonst änderte sich wenig. Der Ort lag zu weit von der

Küste weg, so dass Zwangsrekrutierungen für Plantagenarbeiten nicht vorkamen.

Auch in Coyoacan wurde der Stadtrat (*cabildo*) weiterhin aus der lokalen Führungsschicht rekrutiert. Er wechselte jedoch nicht, wie von Spanien vorgeschrieben, jährlich, da die Stadtratsmitglieder diese qua Abkunft erhaltene Würde meist lebenslang behielten. Weiterhin von zentraler Bedeutung blieb der indianische Rat (*altepetl*) als örtliches Gremium. Es bestanden damit zwei Ratsgremien, nämlich der von den Spaniern geforderte *cabildo*, der freilich in seiner Zusammensetzung vorkolumbinen Strukturen folgte und das *altepetl*, welches in Benennung und Struktur aus der Zeit vor der Conquista stammte. Diese Gremien waren dem Gouverneur (*gobernador*) unterstellt. Da jedoch in den peripheren Gebieten der spanischen Herrschaft dessen Macht sehr begrenzt war, tat dieser gut daran, enge Beziehungen zur lokalen Führungsschicht zu unterhalten.

Im Ort selber stand dem Gemeinwesen weiterhin ein Häuptling, ein *Cacique*, vor. Der Begriff Cacique war von den Spaniern aus der Karibik entlehnt und wurde als juristischer Terminus für Häuptlinge insgesamt verwandt. Einzige Ausnahme bildete die Bezeichnung Curaca in Peru. Sicher nachweisbar ist *Cacique* in der Gesetzgebung Hispanoamericas ab 1509. Seine Position wurde schon unter Francisco de Toledo um 1560 weiter gestärkt und ab 1602/14 war das Amt erblich, was oft ausgenutzt wurde. So klagte Hernando de Santillán, die *Caciques* benähmen sich alle wie kleine *Incas* und straften ihre Untertanen unter spanischer Herrschaft härter als vorher. Es wird deutlich, dass man nicht nur von einem Herrschaftsverhältnis Indianer-Europäer sprechen kann, sondern dass es auch Machtausübung und Machtmissbrauch durch Indigene gab, deren Verhalten oft durch die kolonialen Autoritäten gedeckt wurde.

Ende des 17. und Anfang des 18. Jahrhunderts zerbrach das abgeschlossene System. Nach Coyoacan waren aufgrund der Nähe zu Mexiko Stadt mittlerweile viele Spanier gekommen. Zudem hatte die indigene Bevölkerung durch Krankheiten stark abgenommen. Da jedoch die Abgaben gleich blieben, lasteten diese umso schwerer auf jedem Einzelnen. Hinzu kam, dass eine neue Bevölkerungsgruppe entstand: Indios, die entweder zeitweise in Mexiko Stadt lebten oder im Ort für die Spanier arbeiteten und damit zwischen den beiden Kulturen und Systemen standen. Sie mussten daher beide Sprachen sprechen und entfremdeten sich allmählich von der Nahuakultur und sprachen nur noch Spanisch. Ein weiteres Problem stellten spanische Landkäufe dar. Anfänglich hatte die indigene Oberschicht ohne Rücksprache mit dem Dorfrat, dem *altepetl*, Land verkauft, aber als dies immer mehr zunahm,

sah sich der *altepetl* veranlasst, eine engere Kontrolle durch die Ver-
schriftlichung der Verkäufe einzuführen. Es wurde zwar ein Buch der
Verkäufe angelegt, das jedoch in Nahuatl geführt wurde. Die Absicht
ist deutlich: Nachvollziehbarkeit sollte nach wie vor nur für die Einheimischen gegeben sein, denn dadurch blieb den spanischen Autoritäten
die Kontrolle trotz ihres Kontrollrechtes weitgehend versagt.

Auch in Momostenango blieb nach der Conquista im 16. und 17.
Jahrhundert zunächst alles weitgehend beim Alten. Die Religion wurde
ausgetauscht, jedoch nach Kräften alte Bräuche integriert. Ansonsten
änderte sich jedoch weder die Alltagssprache noch die innerdörfliche
Machtverteilung. Im 18. Jahrhundert trat durch das Eindringen von kreolischen Schafzüchtern, die gleichzeitig Händler waren, ein Wandel ein.
Es wäre aber zu kurz gegriffen, darin einen rein kreolisch-indianischen
Konflikt zu sehen. Vielmehr stiegen die Spannungen allgemein. Einmal
zwischen Kreolen und der spanischen Obrigkeit, aber auch zwischen
den Caciquen und den indianischen Wollarbeitern, welche die Schafe be-
aufsichtigten und die Wolle für die weitere Verarbeitung vorbereiteten.
Hier nun nahm der Einfluss der Caciquen zugunsten des kreolischen
Kronrepräsentanten (*Corregidor*) und zugunsten des Stadtrats (*Cabildos*),
in welchem Kreolen und Indianer vertreten waren, deutlich ab.

Die wirklich einschneidenden Veränderungen für Momostenago und
Coyoacan kamen aber erst 1871, als die Bewohner in ihrer Mehrheit zur
Arbeit auf den Kaffeeplantagen gezwungen wurden und die bisherige
Selbstversorgergesellschaft zusammenbrach. Damit ergab sich die Not-
wendigkeit, entweder eine Arbeit in der Plantage zu den vorgegebenen
Bedingungen anzunehmen oder auszuwandern. Besonders bei Coyacan
entschieden sich die Menschen für die zweite Lösung.

Wirtschaft und Handel

Kolumbus hob bei seiner Ankunft 1492 den Goldreichtum der Karibik hervor und betonte bei seiner Rückkehr, bei der er Proben von
Gewürzen, Baumwolle, Mastix, Aloeholz und – Sklaven – ausstellte, er
könne von allem mehr besorgen. Die Krone legte fest, dass ein Fünftel,
später ein Zehntel der Goldproduktion als Steuer direkt an den Staat
zu gehen habe. Erst richtig in Schwung kam der Goldrausch, nachdem
Pizarro durch die Gefangennahme von Atahualpa nicht weniger als 13
420 Pfund Gold und 26 000 Pfund Silber erpresst hatte. Damit schien
der Mythos vom Goldland, von „El Dorado" bestätigt, dass man in
Lateinamerika nur noch zu finden brauchte.

„El Dorado" wurde nicht gefunden, wohl aber reiche Silbervorkommen bei Potosí im heutigen Bolivien 1545 und bei Zacatecas im heutigen Mexiko 1548. Schätzungen zufolge beförderte nun die Handelsschifffahrt zwischen 1500 und 1650 181 Tonnen Gold und 16 000 Tonnen Silber aus Lateinamerika ins Mutterland. Durch diesen riesigen Silbereinfluss stiegen die Preise in ganz Europa im 16. Jahrhundert um 400 %. Stets blieb Edelmetall der wichtigste Einfuhrartikel aus Amerika. Selbst als Spanien im letzten Viertel des 18. Jahrhundert das wirtschaftliche Potential seiner Besitzungen durch den Großexport von Häuten, Fellen, Zucker, Tabak, Baumwolle, Kakao, Kaffee und Indigo voll nutzte, machte das Edelmetall immer noch 57 % des Gesamtimportwertes aus.

So entstand eine Oberschicht, die Unternehmer und Beamte zugleich waren und sich am Edelmetallabbau bereichern konnte:

„Dieser Brief an Euch gibt mir Gelegenheit, Euch einen kurzen Abriss meines Lebens [seit meiner Ankunft in Peru] zu geben. Ich kam im Jahr 1581 nach Peru und machte mich bald auf nach Potosí, wo ich die zurückliegenden Jahre verbracht habe, vollauf mit der Silbergewinnung beschäftigt. Ich habe viele, sehr gute Erzlagerstätten im Cerro Rico und eine Mühle, in der ich das Erz mahlen lasse. Ich habe für mich auch das Amt eines Sekretärs des Stadtrates und des städtischen Notars erworben, für 42000 Dukaten in barem Geld. Es ist hier bei weitem das profitabelste Amt, ihm obliegt die Kontrolle und die Ausführung von Erlassen und Verfügungen, die der König auf allen Gebieten ergehen läßt." (Der Bergwerksunternehmer Nicolas de Guevara an den Kaufmann Simón Ruiz in Medina del Campo, Potosí 1595, DGEE 447)

Aber es wurden nicht nur Produkte aus, sondern auch große Mengen von Waren nach Amerika gebracht. Holz aus Norwegen, Bier, Werkzeug, Kurzwaren, Schiffseinrichtungen aus Deutschland, Waffen aus Mailand und vieles mehr reiste über den Atlantik. Nachdem man anfänglich auch viel Getreide nach Amerika gebracht hatte, nahmen diese Exporte immer mehr ab, weil die Siedler sich nun an die amerikanischen Lebensmittel wie Mais gewöhnt und sich zudem die eingeführten europäischen Nutztiere vermehrt hatten. Es wurde immer mehr Wert auf exklusive Güter gelegt (Spitze, Seide, feine Wollstoffe). Dazu konnte auch Alkohol gehören, wie der katalanische Schnaps, dessen Ausfuhr im 18. Jahrhundert immerhin 31 % aller aus Barcelona nach Amerika verschifften Güter ausmachte.

Grundpfeiler der Versorgung in Lateinamerika war die Agrarwirtschaft. Es musste nicht nur der Anbau, sondern auch der Transport der geernteten Produkte über weite Entfernungen gelingen. Hauptexportartikel nach den Edelmetallen blieben landwirtschaftliche Erzeugnisse.

So wurden Kräuter, Gewürze, v.a. aber Zucker, Kakao und Kaffee nach Europa gebracht.

Die Schiffe waren je nach Entfernung unterschiedlich lange unterwegs, wobei die Fahrten von Spanien in die Kolonien aufgrund der Strömungen und Winde weniger lang dauerten als der Rückweg. Die angegebenen Zahlen sind lediglich Werte für Reisedauern ohne Schwierigkeiten, es konnte freilich auch erheblich länger dauern.

Von Sevilla	Nach Sevilla
zu den Kanarische Inseln 13 Tage	von den Azoren 31 Tage
nach Habana de Cuba 64 Tage	von Habana de Cuba 67 Tage
zum Isthmus von Panama 75 Tage	vom Isthmus von Panama 137 Tage
von der Westküste Afrikas nach Kuba 60 Tage	

Dabei war es für Portugal einfacher, den Kontakt mit seinen Städten aufrecht zu erhalten, lagen diese doch alle an der Küste, während sich für die Spanier das Problem ergab, dass Mexiko Stadt nur auf dem Landweg und Ciudad de los Reyes (Lima) nur auf einem 7 Wochen dauernden Land- und Seeweg zu erreichen war.

Ständiges Kopfzerbrechen bereitete den portugiesischen wie spanischen Verwaltungen die Frage, wie man die Überfälle der Engländer und Niederländer unterbinden könnte. Man versuchte viel, letztlich verhindern ließen sie sich aber genauso wenig wie der Schmuggel. Durch die Wetterverhältnisse war zudem die mögliche Reisezeit für die Fahrten eng vorgegeben. Die Flotten überwinterten in Veracruz oder Nombre de Dios, sammelten sich dann im März in Havanna de Cuba, um mit Proviant ausgestattet vor August, wenn die Wirbelstürme begannen, in Spanien zu sein. Durch diese Regelmäßigkeit waren sie dann jedoch auch immer wieder Opfer englischer Piratenüberfälle.

Für die begehrten Edelmetalle benötigte man eine große Zahl von Arbeitskräften. Das Problem ihrer Rekrutierung wurde durch die *mita*, ein staatliches System der Zwangsarbeit, gelöst. Die Indianergemeinden mussten eine festgelegte Zahl an Arbeitskräften stellen, die monatelang oft Hunderte von Kilometern von der Heimat entfernt Arbeit verrichten mussten. Da das Arbeiten in den Minen äußerst kräftezehrend war, starben viele, auch wegen der dünnen Luft im hoch gelegenen Potosí. Um zu überleben, nahmen und nehmen die Arbeiter in Potosí Coca, welches nun häufig angebaut wurde.

Auf dem Land wurde entweder in kleinen bäuerlichen Betrieben, die aufgrund der Größe des Kontinents viele Unterschiede aufwiesen, oder auf Plantagen produziert. Neben Brasilien und der Karibik war auch das Tiefland von Ecuador ein Zentrum der Großlandwirtschaft. Zucker, Tabak und vor allem Kakao, in der Spätzeit immer mehr Kaffee, waren die Hauptanbauprodukte, zu denen auch noch Indigo als Färbestoff trat. Anders als in der Karibik kamen hier jedoch selten schwarze Sklaven zum Einsatz. In Brasilien waren es indianische Sklaven oder Lohnarbeiter, in Hispanoamerika vornehmlich rekrutierte Arbeiter.

Am Ende des 18. Jahrhunderts musste Spanien die Demütigung hinnehmen, dass die Engländer die Philippinen, Florida und Kuba erobert hatten. Dies führte zu einer Reform des Handelssystems, was 1778 in einen begrenzten Freihandel mündete. Doch erst 1789 wurden alle Häfen Spaniens für den Handel mit Lateinamerika geöffnet, weil man den durch Schmuggel mittlerweile entstehenden Schaden nicht mehr einzudämmen vermochte. Doch die Reformen setzten eine Dynamik in Gang, die neben anderen Faktoren zur Unabhängigkeitsbewegung führte.

Aufstände und Konflikte

Eine Erhebung in Europa richtete sich im Regelfall gegen die Repräsentanten der Krone vor Ort. Diese waren durch eine Bestallung, welche sie entweder käuflich oder als Gnade erhalten hatte, legitimiert. Auf der Iberischen Halbinsel wie im übrigen Westeuropa war es die Ausnahme, dass die legitimierende Gewalt selbst nur teilweise legitimiert war. Eine solche seltene Konstellation fand sich am Anfang des 16. Jahrhunderts, als Königin Juana von Kastilien aufgrund ihrer Herkunft eher Anspruch auf die Thronfolge erheben konnte, als ihr Sohn Karl, der spätere Karl I., der sich selbst zu König von Kastilien proklamiert hatte.

Anders hingegen die Situation in Lateinamerika. Hier finden wir Konflikte um legitime Ernennungen als Regel, denn die Krone war im fernen Spanien. Durch die großen Entfernungen und die langen Zeiten der Bestätigung, besonders aber aufgrund der oft ungeklärten Zuständigkeiten, kam es in Lateinamerika vielfach zu parallelen und damit konkurrierenden Ernennungen. Einen klar legitimierten Vertreter der Obrigkeit gab es vielfach nicht, sondern Konkurrenten, die mit gleichem Fug und Recht ihren jeweiligen Anspruch belegen konnten.

Dies ist bereits 1536 bei Vorgängen in Río de la Plata der Fall, wo sich vom Beginn der spanischen Expansion an das Problem konkurrierender Ernennungen ergab. Nach dem Tod des ersten Gouverneurs Pedro de Mendoza, *(Adelantado del Río de la Plata)* kam es zu Streitigkeiten, welche zum Privileg eigener Wahlen des Gouverneurs 1537 führten, obwohl ein solches Privileg im Widerspruch zum Hauptinteresse der Krone stand, nämlich die Autonomie der eroberten Gebiete einzuschränken.

Ähnlich verhielt es sich in Peru, wo die Krone gerade erst in den Besitz des Landes gekommen war, es aber knapp fünf Jahre später durch einen Aufstand zu verlieren drohte. Die Rebellion des Gonzalo Pizarro (1544-1548) stellte eine große Herausforderung für die Krone dar, da hier nicht einfach unzufriedene Siedler gegen den Unternehmer der Conquista rebellierten, sondern die von der Krone eingesetzten Träger der Verwaltung im neuen Gebiet. Der Aufstand war aber darüber hinaus deswegen so einschneidend, weil Pizarro an der Spitze eines sehr großen Gebietes stand und sich der grundlegenden Bedeutung seines Handels offenbar bewusst war. Es finden sich bei diesem Aufstand Argumente, wie sie in dem Aufstand der spanischen Comunidades (1520-1522) gegen die Krone verwandt wurden. Auch argumentativ drehte es sich bei diesem Aufstand also um eine grundsätzliche Herausforderung.

So schrieb Pizarro am 20. Juli 1547, nachdem er sich erhoben hatte, beschwichtigend an Kaiser Karl V.:

> *„Ich würde es mir versagen, Eurer Majestät zu schreiben, wüsste ich nicht, dass Euch jene Wesensart fremd ist, die gemeinhin den Fürsten eigen ist, nämlich dass sie, nachdem sie durch einen ersten Bericht sich eine feste Meinung über die Verfehlungen oder die Beschwerden ihrer Untertanen gebildet haben, […] sich nur mit Schwierigkeit vom Gegenteil überzeugen lassen." (…)*
>
> *Ich habe niemals zugelassen, dass die Kassen Eurer Majestät angetastet wurden. Ich weiß nicht, welche Art von Freiheit diejenigen haben, die Eure Majestät von Spanien aus einsetzt, dass sie Eure königlichen Finanzen nicht entlasten, sondern ruinieren. (…)*
>
> *Aber da ich nur trachtete, Eurer Majestät und dem Wohlstand und der Mehrung dieser Reiche zu dienen, als einer, der sein eigenes Blut und das seiner Brüder vergossen hat, um diese Reiche für Eure Krone zu gewinnen, […]" (Gonzalo Pizarro an Karl V. 1547, DGEE 3, 47)*

Pizarro verwahrte sich also einerseits gegen den Vorwurf der Illoyalität, beharrte aber, ähnlich wie der bereits erwähnte Lope de Aguirre, auf den Verdiensten der Conquistadoren. Durch die Eroberung glaubten sich die Conquistadoren berechtigt, das Land in ihrem Sinne nutzen zu dürfen und wiesen daher Indianerschutzgesetze, die ihre Einnahmen schmälerten scharf zurück.

Es war Glück für die Krone, dass sich die Aufständischen, die sich nach dem Erlass der Indianerschutzgesetze von 1542 (Leyes Nuevas) erhoben hatten, selbst zerfleischten. Obwohl die Krone dadurch den Aufstand in den Griff bekommen konnte, machte sie aber dennoch aus

Furcht vor weiteren Erhebungen die meisten Indianerschutzbestimmungen rückgängig.

Es galt nicht nur, den Widerstand von Aufständischen zu brechen, sondern auch den der Indianern in kriegerischen Auseinandersetzungen. In dem von Peru nach Chile getragenen Krieg gegen die Mapuche zeigte sich schon 1541-1550, wie wenig man von Valladolid, Madrid oder Sevilla aus etwas gegen Unruhen oder Widerstand unternehmen konnte. In Südchile wurden die spanischen Truppen von den Mapuche besiegt, da diese gelernt hatten, auf dem Pferd zu kämpfen. Bis zum Ende des Kolonialreiches sollte es nie gelingen, die Mapuchegebiete zu erobern. Spätestens seit dem Aufstand der Pizarrobrüder war der Kolonialverwaltung erneut bewusst geworden, dass die Krone alles aufbieten musste, um die Conquistadoren zu entmachten und durch Verwaltungsbeamte aus dem Mutterland zu ersetzen, um so den kontinuierlichen Zugriff zu sichern.

Ein zweiter wichtiger Punkt der Herrschaftssicherung war die Erhebung der indigenen Oberschicht in den Status von Adligen (*hidalgo*, von *fijo de algo*: Sohn von jemanden). Sie bildeten damit eine von den Conquistadoren z.T. getrennte Führungsschicht und wurde im spanischen System Tributempfänger, die daher ihrerseits an der inneren Ordnung zugunsten des geregelten Abgabesystems Interesse hatte. Drittens schließlich wurde durch die Einführung bzw. Durchsetzung der Inquisition auch eine soziale Kontrolle ermöglicht.

Zwar waren die *Leyes nuevas* von 1542/43 einer der entscheidenden Auslöser für die Revolte in Peru gewesen, doch musste sich die Krone nach den dortigen Ereignissen bestätigt fühlen, die hier vorgesehenen Maßnahmen ohne weiteres Zögern größtenteils umzusetzen. Daher wurde die *encomienda* stark eingeschränkt und die Verwaltung gestärkt.

Nach einem Jahrhundert relativer Ruhe begann das 18. Jahrhundert für die Krone nicht so vielversprechend. Immerhin konnten die neuen Bourbonenherrscher froh sein, überhaupt im Besitz von Amerika geblieben zu sein, schließlich hatte Spanien während des Spanischen Erbfolgekrieges die Kontrolle über die Seewege weitgehend verloren. Die Revolten zwischen dem Ende des 17. und dem ersten Drittel des 18. Jahrhunderts, also der Puebla und v.a. die Aufstände in Chiapas und der Comuneros in Río de la Plata am Anfang des 18. Jahrhunderts waren sämtlich gegen die lokalen Obrigkeiten nicht aber gegen den König gerichtet gewesen. Es war gerade aufgrund der Schwäche der Zentrale, auf Beschwerden prompt zu reagieren, zu diesen Aufständen gekommen.

Betrachten wir nun als Beispiel für einen Aufstand im 18. Jahrhundert die Comuneros in Paraguay (1721-1735). Hier stand die ungeklärte Machtverteilung am Beginn der Auseinandersetzung. Da es gemäß des Privilegs von 1537 die Möglichkeit des Protestes gegen die Ernennung eines Gouverneurs gab, erfolgte 1721 der formale Einspruch der Siedler gegen Diego de los Reyes y Valmaseda, der sich nach dem Tod des ernannten Gouverneurs selbst zum Interimsgouverneur erhoben hatte. Daraufhin wurde von der nächst höheren Verwaltung, dem Gerichtshof (*Audiencia*) von Charcas (heute Sucre in Bolivien) eine Untersuchungskommission eingerichtet. Deren Vorsitzender wurde José de Antequera. Doch er beschränkte sich, kaum in Asunción angekommen, nicht auf die Untersuchung, sondern ernannte sich, unter Ausnutzung einer Temporalvollmacht 1721 selbst zum Gouverneur. Damit gab es zwei Gouverneure.

Beide Streithähne versuchten nun, Anhänger um sich zu scharen. Daher wurden in den Konflikt Siedler-Gouverneur jetzt auch die Geistlichen hineingezogen. Antequera hatte sich von einem Dominikaner begleiten lassen, während andererseits der kurzzeitig verhaftete Gouverneur Reyes sich nur durch die Jesuitenmissionen nach Buenos Aires 1722 hatte retten können. Auch auf der übergeordneten Ebene spielten Geistliche eine Rolle, da der Vizekönig, an den die Appellation von Reyes gelangte, Fr. Diego Morcillo, Erzbischof von Chuquiasca war.

In dem 1721-1735 dauernden Konflikt, der als Revolution der Comuneros in Paraguay bezeichnet wird, standen sich also Siedler mit ihrem Gouverneurskandidaten und die Jesuiten mit dem Gegenkandidaten gegenüber. Die königliche Macht konnte sich am Schluss nur dank der Hilfe der von den Jesuiten gegen die Siedler gesandten indianischen Miliz durchsetzen. Hinsichtlich der Argumente der Aufständischen handelte es sich um eine Revolte. Lediglich in der zweiten Phase kam 1730 durch den vermutlich aus Spanien stammenden Anwalt Fernando Mompó y Zayas eine auf den Theorien der Jesuiten Francisco Suárez und Juan de Mariana begründeter Widerstand zustande. Mompó folgte den Ausführungen von Suárez und Mariana und betonte, dass Gott die Quelle aller Autorität sei, also die politische Autorität auch für die Könige verliehen werden müsse. Diese Autorität nun müsse dem Wohl der Gemeinschaft, der *Comunidad*, dienen. Da Mariana das Widerstandsrecht aus dieser Argumentation insofern abgeleitet hatte, als Könige, welche nicht dem Wohl der Gemeinschaft dienten, abgesetzt, ja hingerichtet werden könnten, war erst jetzt mehr als lediglich Opposition, sondern regelrechter Widerstand erreicht. Noch etwas trat hinzu: Entscheidend für den Erfolg von Mompó sollte sein, dass er den offenen Rat (*Cabildo abierto*) wieder einführte. Dieses Gremium, welches als Gemeindeversammlung operierte, nahm Rückgriff auf die Schwurgemeinschaft, die sich zu dieser Zeit nur noch in der Schweizer Eidgenossenschaft gehalten hatte. Während jedoch in Europa die Bürgerversammlungen zu einer Formalie erstarrt waren, nahmen sie in Amerika aktiven Anteil. Die Flucht Mompós 1731 und damit der Verlust des intellektuellen Hauptes des Aufstandes hatte dessen Schwächung zu Folge. Mit der Rückeroberung von Asunción war das Ende der Revolte beschieden. Dennoch blieb die Position des Gouverneurs weiterhin schwach. Die ausgesprochenen Strafen ließen sich aufgrund der eingeschränkten Autorität nicht vollstrecken. Die Krone blieb auf die Kooperation angewiesen, vermochte in den entlegenen Provinzen zu drohen, konnte aber nicht wirklich durchgreifen.

Im Verlauf des 18. Jahrhunderts kam es auch in Peru in immer kürzeren Abständen zu Erhebungen. So 1730 die Rebellion von Alejandro Calatayud in der Gegend von Potosí, 1730-37 folgten weitere acht lokale Aufstände, darunter der von Juan Santos Atahualpa, der die lokalen Autoritäten und die Regierung von 1742-56 (1743, 1749, 1750 Lima, Jauje 1755, Trujilio 1756) beschäftigte. Schon dieser Aufstand richtete sich gegen die *Corregidores* und gegen die Ausweitung der franziskanischen Reduktionen. Doch selbst nach der friedlichen Beilegung dieses Konflikts war für den Vizekönig in Lima die Zeit der Unruhen noch nicht vorbei. Fast alle zwei Jahre kam es zu lokal begrenzten Aufständen, welche die vizekönigliche Regierung niederhalten konnte. (Cajamarca 1762, Huananga 1765, Cailloma 1769, Cuzco 1775, Condesuyo y Pampacolla 1776 und schließlich Unibamba).

Die größte Bedrohung für die koloniale Herrschaft stellte schließlich der Aufstand von José Gabriel Condorcanquí 1780-1781 dar. Erstens hatte er sich durch die Wahl des Namens Tupac Amaru II. als ein Inka bewusst in ausschließende Konkurrenz zur spanischen Krone gestellt und erhob, anders als bei vorhergehenden Erhebungen, den legalen Anspruch auf die gesamte Herrschaft unter Ausschluss der spanischen Kolonialherren. Zweitens fand der Aufstand im Zentrum des Vizekönigreichs Peru statt. Schließlich fand er zunächst breite Unterstützung aus verschiedenen kolonialen Verwaltungs- und Wirtschaftskreisen, was die, aus der Sicht der Zentrale, hohe Anfälligkeit der kolonialen Behörden sinnfällig vor Augen stellte. Doch die kolonialen kreolischen Eliten schlossen sich dem Aufstand nicht an, so dass er niedergeschlagen werden konnte und mit der Hinrichtung Tupac Amarus endete. Es hatte sich gezeigt, dass die kreolischen Eliten nicht bereit waren, einen Aufstand der Indianer zu unterstützen.

Militär und Krieg

Militär war teuer, der Transport nach Übersee verschlang große Summen, weswegen besonders die Handelskompanien versuchten, die militärische Präsenz gering zu halten. Wenn möglich, griffen die Engländer und Niederländer auf gemietete Truppen zurück, die man dann auch in Übersee einsetzen konnte. So sandten die Engländer zur Verstärkung ihrer eigenen Truppen mehr als 30 000 deutsche Soldaten nach Ausbruch der Unabhängigkeitsbewegung nach Nordamerika. Da Herzog Carl Eugen von Württemberg, dessen Truppen von den Engländern für Amerika als zu schlecht ausgerüstet angesehen wurden, bei den Verträgen von 1776 leer ausgegangen war, vermietete er seine Soldaten an die Niederländer. Der Name „Kap Regiment" verrät die ursprüngliche Destination. Da man aber dann die Soldaten doch nicht in Südafrika brauchte, wurden die Württemberger bis nach Niederländisch Indien gebracht, von wo kaum welche zurück kehrten, jedoch in Schillers „Kabale und Liebe" und Schubarts Kaplied ihre Spuren hinterlassen haben.

In der Hauptsache aber musste man sich überall auf indigene Hilfstruppen stützen, sei es in Indien, in Amerika oder in Asien. Dabei hatten die Kolonialherren stets Angst, dass die bewaffneten „Indianer" die Waffen gegen ihre Herren wenden könnten, was auch immer wieder geschah. Aus Mangel an Alternativen musste man jedoch trotzdem kontinuierlich auf diese Rekrutierung zurückgreifen.

In Lateinamerika waren auch nach den großen bourbonischen Reformen 1760 bis 1770 weite Teile des Kontinents praktisch auf sich selbst gestellt. Daher gab es große Gebiete, in denen Grundbesitzer, Priester und Milizoffiziere die Herrschaft ausübten. Immer mehr traten Beamte aus Europa, denen eigentlich stets vor den in Lateinamerika geborenen Beamten der Vorzug gegeben werden sollte, in den Hintergrund. Auch im Militärwesen nabelte man sich zunehmend von Mutterland ab. Unzulässige Gewalt, besonders der Großgrundbesitzer (*hacendados*) gegen einfache Landbevölkerung (*peones*) war alltäglich. Dies gilt besonders für die peripheren Gebiete. Nordargentinien, das Hochland von Bolivien, Chiapas und Yucatán waren Regionen, in denen der Zentralstaat wenig bis kaum Kontrolle auszuüben vermochte. Steuerhinterziehung und Willkür waren daher eher der Normalfall denn die Ausnahme.

Wichtiger aber noch war, dass es in Amerika bis zur Regierungszeit König Karls III. (1759-1788) kein stehendes Heer gab, sieht man von den Garden der Vizekönige oder den kleinen Garnisonen an wichtigen Punkten, wie Havanna oder Cartagena, ab. Es wurden bei Bedarf, also meist bei Aufständen, in aller Eile lokale Milizen ausgehoben oder, bei längeren Auseinandersetzungen, Truppen aus Europa verschifft. Erst nach dem Siebenjährigen Krieg kam es zum langsamen Aufbau eines stehenden Heeres in den Zentren der Vizekönigreiche. Diese Truppen bestanden zum Teil aus einheimischen Dienstverpflichteten, zum Teil aus europäischen Soldaten. Doch blieben die Truppenstärken, bedenkt man die enormen Entfernungen, sehr klein. In Neu-Spanien, also Mexiko, standen 6000 Mann unter Waffen, in Peru 1 500, in Neu-Granada, also dem heutigen Venezuela und Kolumbien, 3000 Mann. Hinzu traten dann noch stehende Milizen, für die 1540 eine Dienstverpflichtung eingeführt worden war. Eine Besonderheit waren die Milizen in den Jesuitenreduktionen. Da die Reduktionen ständig Opfer von brasilianischen Sklavenjägern wurden, erlaubte die spanische Regierung der Bewaffnung der Guaraníindianer. Diese unter der Führung von Jesuitenpatres kämpfenden Einheiten sicherten die Grenzen zwischen den spanischen und portugiesischen Besitzungen. Wenngleich die Jesuiten immer bemüht waren, ihre Beteiligung an militärischen Handlungen abzustreiten oder zu minimieren, führte dieser Konflikt um das staatliche Gewaltmonopol mit zur Aufhebung der Gesellschaft.

Viele meldeten sich, als man am Ende des 18. Jahrhunderts ein eigenes Militär in Spanisch-Amerika einrichtete, freiwillig in diese Einheiten, da sie als Militärangehörige der regulären Gerichtsbarkeit entzogen waren und nur noch den Militärgerichten (*fuero militar*) unterstanden. Damit bildete sich aber zugleich eine größer werdende Gruppe von Militärs heraus, die einen eigenen Teil des Staatsapparates formte.

Die zunehmende Dominanz militärischer Elemente auf dem Land führten in großen Teilen Lateinamerikas nach der Unabhängigkeit zu einer tragenden Rolle von politischen Führern (*caudillos*), welche die Geschicke des Landes diktatorisch bestimmten. Diesen Caudillos gelang es unterschiedlich lang, zu regieren. Herausragendes Beispiel ist Paraguay, der erste unabhängig gewordenen Staat Lateinamerikas, der im 19. Jahrhundert praktisch Privatunternehmen dreier Männer (Dr. Francia, dann López Vater und Sohn) wurde. In anderen Teilen regierten die Caudillos längst nicht so lange. Hier rangen verschiedene gesellschaftliche Gruppen um die Macht, wie dies bis in die sechziger Jahre des 19. Jahrhunderts auch in Uruguay und Argentinien der Fall war.

Die Karibik

Grundlage der Wirtschaft der Karibik war der Anbau von Zuckerrohr. In dieser Region wurde erstmals umfassend eine In-Wert-Setzung im Agrarbereich vorgenommen. Waren sonst Handel oder Bergbau die Haupteinnahmebereiche der Kolonialmächte gewesen, so begann hier die gezielte Einrichtung einer Monokultur in bisher nicht gekanntem Ausmaß. Für die Anlage einer solchen Plantage, die einen Großbetrieb darstellte, waren viele Arbeiter, eine umfassende Kapitaldecke und die landschaftliche Neugestaltung für die Plantagenwirtschaft erforderlich. Nur weil der Zucker in Europa so teuer und so begehrt war, konnte man die erheblichen Produktions- und Transportkosten auf sich nehmen. Da jedoch eine Monokultur auf der Basis von Zuckerrohr zu einer Auslaugung des Bodens führt, benötigte man große Gebiete, welche die klimatischen Vorraussetzungen für ein Gedeihen des Zuckerrohrs mitbrachten. Da es in der Karibik als Folge der ersten Phase der Eroberung zum Aussterben fast der gesamten Bevölkerung gekommen war, hatte man gerade hier zynischerweise den Raum, den man für die riesigen Pflanzungen brauchte. Da aber die einheimische Bevölkerung nicht mehr vorhanden war, sannen die auf Gewinn ausgerichteten Kolonialherren nach einer anderen Lösung und kamen schnell auf die Idee, afrikanische Sklaven zu importieren.

Der Handel mit schwarzen Sklaven war in Portugal und Spanien nichts Neues. Wir wissen aus einer Reihe von Quellen, dass man auf der Iberischen Halbinsel aus Afrika stammende Sklaven in alle Landesteile verkaufte. Ihre Zahl war jedoch relativ gering, war ihre Hauptaufgabe doch, als Hausdiener in Haushalten zu dienen. Aufgrund dieses Handels besaßen die Iberischen Mächte Zugang zu den Sklavenmärkten und konnten diese Kontakte nun ausbauen. Besonders Portugal, das bereits zahlreiche Handelsniederlassungen an der westafrikanischen Küste besaß, kam hier eine zentrale Rolle zu. Die ersten großen Lieferungen gingen auf die Kanarischen Inseln. Danach begann das dunkelste Kapitel des Kolonialismus in einem bisher unbekannten Ausmaß: der Fang und geschäftsmäßige umfangreiche Handel mit Menschen aus Afrika, die in Häfen an der afrikanischen Westküste zu Lieferungen zusammengestellt und auf engstem Raum nach Amerika wie Handelsware transportiert wurden.

Die Besiedelung und Eingliederung von Barbados sollte den Engländern und Holländern zeigen, wie gewinnbringend dieser Teil der Welt nach der rücksichtslosen Entwaldung der Insel wurde. Ein Kaufmannskonsortium unter Sir William Cortee (1572-1636) hatte zunächst vor, auf der Karibik Tabak anzubauen. Doch kam ihm James Hay zuvor, der sich 1628 von Karl I. hatte privilegieren lassen. Es kam nun zum Anbau von Tabak und Baumwolle, übrigens auch in der französischen Karibik, wo die Besiedelung 1625 auf St. Christophe vornehmlich von Hugenotten getragen wurde. Da jedoch der Tabak schlechter als der Virginias war und der Preis verfiel, begann man sich etwa ab 1640 stärker auf Indigo und Baumwolle zu konzentrieren. Eine wirklich lukrative Alternative stellte jedoch erst der Anbau von Zucker dar. Die aus Brasilien importierte Pflanze begann sich auf den karibischen Inseln schnell durchzusetzen. Hatte man 1638 nach Hermann Wellenreuther noch 675 688 Pfund Tabak verkauft, so waren es 1636 nur noch 135 322. Auf der anderen Seite stieg der Zuckerexport, der in den 1650er Jahren, nach ersten Anfangsschwierigkeiten, bei 15 000 Tonnen jährlich lag. Diese Produktion wurde zu zwei Dritteln nach ganz Europa exportiert. Es entstanden, um hohe Wirtschaftlichkeit zu erreichen, große Plantagen. Nachdem der Zustrom von Arbeitern aus England wegen der sehr schweren Bedingungen um 1641 abgeflaut war, begann man ab 1670 massiv Sklaven als Arbeitskräfte zu importieren.

Der Sklavenhandel

Ausgangsposition für die Sklavenhandel waren die Notwendigkeit hoher Barauslagen und die Risikobereitschaft. Im Regelfall waren es Einzelsegler, die von Afrika aus Sklaven nach Amerika brachten. Die spanische Handelsbehörde (*Casa de Contratación*) versuchte diesen direkten, von viel Schmuggel begleiteten Weg zu unterbinden, doch liefen die Schiffe meist nur die Kanarischen Inseln an und umgingen somit die Kontrolle in Sevilla.

Die Sklaven wurden in Afrika in einem mehrere hundert Kilometer breiten Gürtel gefangen, wobei Europäer, Schwarzafrikaner und Araber innerhalb eines umfassenden Systems, das Fang und Transport der Menschen organisierte, kooperierten. Die Menschen wurden in die wichtigsten Häfen für die Verschiffung, nämlich nach Santiago de Cabo Verde, São Tomé und Sao Paulo de Luanda in Angola gebracht. Der Transport von den Kapverden und São Tomé war einfacher und schneller, während Angola als Ausgangshafen aufgrund der größeren Entfernung und der schwierigen Winde mehr Risiken barg. Von einem solchen Sklavenfang berichtet der englische Freibeuter John Hawkins, für den der Sklavenfang ein Zusatzgeschäft war. Es wird zum einen deutlich, wie man mit Hilfe von Afrikanern die Jagden durchführte und zum anderen erkennbar, dass der Sklavenfang nicht nur ganze Regionen entvölkerte, sondern auch zu erheblichen Zerstörungen führte.

„Am vierten Tage des November brachen wir von dort zur Guineaküste auf und erreichten am 18. November Kap Verde. Wir setzten an dieser Stelle 150 Mann an Land, in der Hoffnung, etliche Neger einfangen zu können. Aber wir bekamen nur wenige zu fassen, und auch diese nur unter großen Verlusten und unter Inkaufnahme zahlreicher Verwundungen bei unseren Leuten; Schuld trugen daran vor allem vergiftete Pfeile [der Eingeborenen].

In dieser Lage wurden Boten mit der Bitte um Verstärkung an mich abgesandt. Ein erfolgreicher Abschluss dieser Unternehmung schien mir dem Zweck unserer Reise sehr förderlich. Ich nahm also selbst den Kampf auf und griff mit Hilfe des uns verbündeten Königs die Stadt an, und zwar zu Lande und zu Wasser und unter – allerdings sparsamem – Einsatz von Feuer, denn ihre Häuser waren mit trockenen Palmblättern gedeckt. Auf diese Weise eroberten wir die Stadt und schlugen einen Großteil der Einwohner in die Flucht. Den Rest nahmen wir gefangen, 250 Männer, Frauen und Kinder. Unser Freund und Verbündeter machte [sogar] 600 Gefangene, unter denen wir unsere Auswahl zu treffen hofften. Doch der Neger[-könig] dachte, als Angehöriger eines Volkes, dem aufrichtige Gesinnung fast immer abgeht, nicht mehr im geringsten an die Einhaltung seines Versprechens. Während der Nacht verschwand er mitsamt seinem Lager und den Gefangenen, so dass wir selbst uns mit den wenigen Gefangenen begnügen mussten, die uns in die Hände gefallen waren." (John Hawkins 1567, GiQ 3, 72)

Sklaven konnte man auf Märkten kaufen, auf denen diese Menschen neben Vieh und kolonialen Produkten aus aller Welt als Ware angeboten wurden, wie ein Bericht aus Ouidah (heute Benin) bezeugt:

„Alle vier Tage ist ein Markt in Sabi, der an verschiedenen Orten in der Stadt gehalten wird. Es ist auch wöchentlich einer in der Provinz Aplogua, welcher dergestalt besuchet wird, dass gemeiniglich fünf- oder sechstausend Kaufleute da sind. Die Negermärkte sind wohl versehen. Es werden daselbst Sklaven, Männer, Weiber oder Kinder, Ochsen, Schafe, Ziegen, Hunde, Federvieh und allerhand Vögel, Affen und andere Thiere, allerhand europäische Zeuge [Tuche und Stoffe], Leinen und Wollen, gedruckte Calicos, Seidenzeuge, Spezereywaare, chinesische Waaren, Gold im Staube oder Stangen; Eisen in Stangen oder gearbeitet, mit einem Wort allerhand europäische Güter so wohl als was Asia und Africa hervorbringt, und dieses alles um einen billigen Preis verkauft." (Schilderung eines Marktes in Oudiah um 1750, DGEE 4, 647)

Da die Sklaven vielfach mit Waren bezahlt wurden, wurden die Märkte zu internationalen Drehscheiben für Kolonialwaren. Hauptwirtschaftsfaktor aber blieb für die Europäer der Sklavenmarkt. Die Sklaven, die auf Schiffen, die im 17. Jahrhundert meist nur 40 - 60 Tonnen wogen, transportiert wurden, konnten nur 100-200 Afrikaner einladen. Als man im 18. Jahrhundert Schiffe mit bis zu 200 Tonnen einsetzte, geschah dies nur mit dem Ziel, die Transportkapazität zu erhöhen. Die Gefangenen wurden dicht nebeneinander in Ketten und gleichsam in Mulden liegend transportiert. Diese furchtbaren Bedingungen führten zu einer hohen Sterblichkeit, die zwischen 25 und 40 % lag. In Amerika angekommen, mussten die ausgemergelten Gestalten in lichtlosen Hütten am Hafen dahinvegetieren, bis sie zum Verkauf angeboten wurden. Die Gewinnspannen von 100 %-150 % waren hoch, wenngleich dies bedeutete, dass ein für 70 Pesos eingekaufter Sklave für mindestens 170 Pesos verkauft werden musste.

Am billigsten waren gruppenweise, also mit Frauen, Alten und Kindern verkaufte Sklaven, während ein erwachsener Sklave von guter Gesundheit 250-300 Pesos kostete. In Mexiko lag der Preis für einen männlichen Haussklaven bei 250-300 Pesos, für eine weibliche Sklavin zwischen 300-470. Je weiter die Entfernung von den Ankunftshäfen in der Karibik war, desto höher wurden die Kosten, weswegen ein Sklave in Lima 500 oder 600 Pesos kostete.

Das größte Handelszentrum für den Sklavenmarkt war Cartagena de Indias (heute Kolumbien), welches einen gut befestigten Hafen und Kommunikationsmöglichkeiten ins Binnenland bot. Von hier aus wurden die Sklaven in die Karibik oder auf einem extrem beschwerlichen Land und Seeweg über Portobelo und Panama nach Lima gebracht. Ab 1640 ging der Sklavenhandel vornehmlich in die Hände der Niederländischen Westindischen Kompanie über, was vielfach mit Schmuggel verbunden war, der sich allerdings in der Karibik nicht wirklich bekämpfen ließ.

Am Ende des 17. Jahrhunderts beherrschte in der Karibik der nunmehr von Sklaven betriebene Zuckerrohranbau die Wirtschaft. Dies bedeutete, dass hier nur wenige Europäer einer großen Zahl von Sklaven gegenüber standen. Lebten 1681 47000 Einwohner, davon 18000 Franzosen in der Karibik, so verschob sich das Verhältnis bis 1756 zu der Relation von 40000 Franzosen zu 300000 Sklaven. Auf Barbados gab es 1645 5680 Schwarze, 1680 37000 und am Ende des 17. Jahrhunderts dann eine halbe Million, womit diese britische Insel die am dichtesten bevölkerte Region Amerikas wurde! Dies bedeutete, dass die englischen Karibikinseln stark vom Import abhängig waren, der von anderen Teilen Amerikas oder Europas aus organisiert werden musste. Die enormen Gewinne, die hier erzielt wurden, ließen die Karibik zu einem internationalen Zankapfel werden, so dass viele Inseln im 17. und 18. Jahrhundert mehrfach den Besitzer wechselten.

Der enorme Gewinn, der im Zuckeranbau zu erzielen war, brachte auch viele Abenteurer und Spekulanten auf den Plan. So wurde in Schottland eine Gesellschaft gegründet, die sich ebenfalls daran versuchte, eine Kolonie in der Karibik, nämlich in Darien im heutigen Panama zu gründen. Doch aus Kapitalmangel blieb das Unternehmen im Anfang stecken. Erheblich erfolgreicher waren französische Jesuiten, die sich unter Einsatz von Sklaven ebenfalls am Zuckerrohranbau beteiligten und damit erhebliche Gewinne erzielen konnten, was in Europa aber auch in den eigenen Reihen einige Kritiker hervorrief.

Hatten die Afrikaner die langen Wege in Afrika, die Schiffsreise und schließlich die Wege in Lateinamerika überlebt, so stand ihnen vor Ort ein schreckliches Los bevor. Nicht nur pausenlose Arbeit, sondern auch drakonische Strafen bestimmten ihren Alltag. Der Jesuit Alonso de Sandoval lieferte einen langen Bericht, der ein anschauliches Bild der Behandlung von Schwarzen überall in Amerika zu vermitteln vermag.

„Denn die Behandlung, die sie den Schwarzen wegen kaum beachtenswerter Kleinigkeiten gewöhnlich zukommen lassen, besteht darin, sie zu prügeln, grausam auszupeitschen und auf schlimmste Weise zu foltern, sie mit siedend heißem Fett zu übergießen, bis zum Verlust der Haut und hiermit des Lebens."

Besonders hart wurden Sklaven und Sklavinnen bestraft, wenn sie geflohen waren, wobei, wie der Bericht zeigt, auch Frauen mit größter Brutalität behandelt wurden.

„Wer würde nicht erschüttert sein, hätte er eine andere Schwarze gesehen, wie sie gerade von einem grausamen Unmenschen geschlagen und mit dem Kopf in einem Halsblock festgehalten wurde, um sie mit jedem Hieb sicher zu treffen, und wie mit aller Kraft vier Henkersknechte auf sie einschlugen, wie auf einen Amboß oder wie auf ein wildes Tier. Sie hatte die so schwere Sünde begangen, dass sie aus Furcht vor der harten Behandlung, die sie da zu erleiden hätte, einen Tag lang abwesend gewesen war. Wem würde es nicht das Herz brechen, wenn er wüßte, dass erst vor wenigen Tagen eine schwarze Sklavin von ihrer adligen und vornehmen Herrin umgebracht worden ist. Wegen ihrer hohen Stellung hat sie keine Hemmungen gehabt, zwei weitere Sklavinnen umzubringen, womit es schon drei sind. Die erste hat sie aus Strafe getötet, anschließend an einem Balken ihres Hauses aufgehängt und behauptet, diese Schwarze habe sich selbst erdrosselt. Dann steckte sie die Getötete in einen Wachstreber, band ihr zwei Steine um und ließ sie von einem Schwarzen ins Meer werfen, um ihr Verbrechen zu verschleiern. Aber sie wurde herausgefischt, wobei die Wunden einer nie zuvor vernommenen Unmenschlichkeit ans Tageslicht kamen."

War schon die Behandlung unmenschlich, so gilt es auch für die Betrachtung dieser Menschen. Die Sklaven wurden stets nur als Sache gesehen und entsprechend im Umgang auch wie Tiere behandelt.

„Wenn sie bei all den Strafen ihre Sklaven wenigstens mit guten Worten behandeln würden, dann könnten diese all die übrigen Übeltaten noch verzeihen. Die Beschimpfung schmerzt die Schwarzen gewöhnlich am allermeisten, werden sie doch kaum anders gerufen als „Hund", „Wilder", „Pferd", und mit anderen zahllosen Schimpfnamen mehr versehen, womit der Besitzer ihre Seelen verdirbt. Denn der gute Sklave wird dadurch erst verdorben, und der schlechte Sklave durch seine Herren dazu gebracht, noch schlechter zu werden."

Der Arbeitsalltag in Minen wie auf Plantagen war so anstrengend, dass nur wenige älter als 35 Jahre wurden. Bemerkenswert sind aber im Text die Hinweise auf die Verwendung der Trommel und die „Gleichmütigkeit", mit der die Sklaven ihr Schicksal ertrugen.

„Wenn man die Schwarzen bei soviel Züchtigung und Beschimpfung, bei so schlechter Bekleidung und Ernährung wenigstens schlafen ließe, dann könnte es noch den Anschein erwecken, dass sie die eine Hälfte des Lebens ausruhen, um die Leiden der anderen Hälfte erdulden zu können. Aber die Wirklichkeit ist ganz anders, denn als Minenarbeiter schuften die Schwarzen den ganzen Tag über und eine gute Weile der Nacht. Wenn sie dann, den Unbilden der Sonne und des Wassers ausgesetzt, den ganzen Tag über gegraben und ihr Tagwerk beendet haben, dann ruhen sie sich aus, falls sie einen Platz gefunden haben, wo sie nicht von den lästigen und grausamen Moskitos gestört werden. Frühmorgens um drei Uhr dann wenden sie sich wieder der gleichen Arbeit zu. Sind die Schwarzen Vorarbeiter, ist es nicht viel anders. Nachdem sie einen Tag lang bei Sonne und Regen mit dem Buschmesser im Dickicht gerodet haben, den Moskitos und Bremsen ausgeliefert und voller Holzböcke und nicht einmal zur Einnahme eines Imbisses weggehen oder nur in großer Hetze etwas zu sich nehmen durften, zerreiben sie in der Nacht Jukka, aus deren Mehl sie Cazabí, so genanntes „Holzbrot", zubereiten. Sie reiben bis 10 Uhr nachts oder noch länger, was eine so überaus harte Arbeit ist, dass man sie in vielen Gegenden während der gesamten Arbeitszeit wie Seidenraupen durch Trommelschläge ablenken und aufmuntern lässt, damit sie die Qual der Arbeit nicht so sehr verspüren. Viele von ihnen arbeiten wegen ihrer Arbeitsschichten notgedrungen die ganze Nacht hindurch, damit der Arbeitsertrag möglichst hoch ausfällt. All diese Qualen ertragen diese Sklaven mit größter Geduld und Gleichmütigkeit." (Alonso de Sandoval über die Behandlung der schwarzen Sklaven in Cartagena, 1629, DGEE 5, 432f.)

Bis weit ins 19. Jahrhundert sollte für Millionen von Menschen diese
Situation so bleiben, da, wie in Kapitel 8 zu zeigen ist, die Abschaffung
der Sklaverei in Brasilien erst 1888 erfolgte.

Schmuggel und Dreieckshandel

Besonders in der Karibik entwickelte sich ein umfangreicher Handel.
Von dort wurden nach Europa Zucker, Kaffee, Tabak, Baumwolle und
Kakao exportiert, während man nach Nordamerika Zuckerrohrmelas-
se, ein beim Einkochen entstehendes Nebenprodukt, brachte. Dafür
kamen aus Europa Baumaterial, konservierte Nahrungsmittel und
Maschinen, während aus Nordamerika Pferde für die Zuckermühlen
und Nahrungsmittel importiert wurden. Man kann für den Verkehr
mit den Mutterländern ungefähr 1000 Schiffe pro Jahr zur Mitte des 18.
Jahrhunderts annehmen. Für jedes Schiff, das die Dreiecksfahrt über
Afrika nahm, fuhren drei Schiffe direkt nach Westindien.

Insgesamt war die Region fast supranational, da sich hier Austausch
und Schmuggel aufgrund der vielen Nationalitäten und relativ geringen Entfernungen nicht verhindern ließen. Zudem waren auch die
Kapitalströme international. Es wurde viel niederländisches Kapital auf
englischen und französischen Inseln angelegt, während die Engländer
auch auf niederländischem Besitz investierten.

Diesen gegenseitigen Austausch machten sich die Kolonialherren
auch im System des Dreieckshandels zunutze, der anschaulich die Handelsverbindungen zwischen Europa, Amerika und Afrika beschreibt.
England führte 1689 den Freihandel für Sklaven ein. Damit wurde das
bereits bestehende Handelssystem noch verstärkt: Konsumgüter aus
Westeuropa, oft von minderer Qualität, wurden nach Westafrika gebracht und dort gegen Sklaven eingetauscht. Die Sklaven wurden über
den Atlantik in die Neue Welt gebracht, die meisten in die Karibik. Dort
luden die Schiffe Kolonialwaren, so Rum, Zucker, Indigo u.a. ein und
fuhren nach Europa zurück.

1664 wurden von Frankreich aus zwei Kolonialgesellschaften für den
Osten und Westen, nämlich die Westindische und Ostindische Kompanie gegründet. Während letztere für den Handel in Asien zuständig war,
sollte die Westindische Kompanie (*Compagnie des Indes Occidentales*)
den Handel in der Karibik und Kanada überwachen und tragen. Diese
war daher auch umfangreich in den Sklavenhandel verwickelt, der vom
heutigen Senegal aus geführt wurde. Damit wurde den Besitzungen,
die teilweise bereits in den zwanziger Jahren des 17. Jahrhunderts

erworben worden waren, unter einem Dach zusammengefasst. Saint Domingue, Saint Christopher, Martinique und Guadeloupe, sowie die Dominica, Saint Lucia, Tobago und das auf dem südamerikanischen Festland liegende Französisch Guayana (Guyne) wurden jetzt von einer Gesellschaft geführt.

Die Inseln waren also Zentren der Produktion von Zuckerrohr, Tabak, Kakao, Kaffee und Baumwolle. Getragen von einer Gesellschaft engagierte man sich im Zuckerhandel, der auf recht kleinem Raum erfolgte, aber dennoch enorme Gewinne abwarf.

Nordamerika

Erste Besiedelung

Bis 1485 war England durch innere Unruhen (die Rosenkriege) gefesselt, konnte dann jedoch schnell aus seinen Schwierigkeiten unter dem Tudorherrscher König Heinrich VII. herausfinden. Da man jedoch noch nicht das notwendige Wissen für weite Eroberungsfahrten besaß, stellte die Krone mit Giovanni Caboto (1472-1557), englisch John Cabot, einen Venezianer ein. Dieser war schon aufgrund der Konkurrenz, die zwischen Genua und Venedig herrschte, daran interessiert, es dem Genuesen Cristoforo Colombo gleich zu tun und die Westpassage nach Indien zu finden. Ausgestattet mit Privilegien erreichte er 1496 Neufundland, ein Gebiet, das sich klimatisch kaum für einen längeren Aufenthalt eignete, schlimmer noch: das auch nicht versprach, durch Schätzen lukrativ zu sein.

Ähnlich erging es auch dem Toskaner Giovanni da Verazzano (c.1485c.-1528), der im Auftrag des französischen Königs Franz I. eine Reise nach Westen unternahm. Franz, der beim Papst gegen die Aufteilung der Welt zwischen Spanien und Portugal protestiert hatte, war von Papst Clemens VII. zugestanden worden, dass sich die Bulle Alexanders VI. nur auf bereits entdeckte Gebiete, nicht aber Neuentdeckungen bezöge. Auf diese Weise mit päpstlichem Segen ausgestattet, konnte sich Verazzano auf den Weg machen, gelangte an die Ostküste Nordamerikas und nach Brasilien. 1534-1542 folgte ihm Jacques Cartier (1491-1557), der den Lorenzstrom im heutigen Kanada in der Hoffnung hinaufsegelte, auf diese Weise den Seeweg nach Indien zu finden, doch fand er die gesuchte Westpassage nicht. Sein Bericht zur Landung am Golf von St. Lorenz zeigt uns aber, wie auch Frankreich die Symbolik bei der

Inbesitznahme betonte, um gegenüber der Welt und dem Papsttum die Besitzansprüche sichern zu können.

„Am XXIIII. Tag dieses besagten Monats [Juli 1534] ließen wir ein Kreuz von dreißig Fuß Höhe machen, das in Gegenwart von mehreren von ihnen [d.h. in Gegenwart einer Gruppe von Irokesen, die zum jährlichen Fischfang an den St. Lorenz-Golf gekommen waren] zusammengefügt wurde, und zwar auf der Spitze an der Einfahrt zu besagtem Hafen [Gaspé]. Unter dem Querbalken brachten wir ein Schild mit drei Lilien im Relief an und darüber ein Holzbrett, auf das in großen gotischen Lettern geschnitzt war: Es lebe der König von Frankreich. Und dieses Kreuz errichteten wir in ihrer Gegenwart auf besagter Spitze, und sie sahen zu, wie es zusammengefügt und aufgerichtet wurde. Und als es hoch in die Luft ragte, ließen wir uns mit gefalteten Händen auf die Knie nieder und beteten es in ihrer Gegenwart an und machten ihnen Zeichen, indem wir den Himmel anschauten und vor ihnen zu ihm hoch wiesen, dass wir durch es [das Kreuz] unsere Erlösung bekämen, woraufhin sie mehrfach ihre Verehrung bezeugten, indem sie sich besagtem Kreuz zuwandten und es anschauten."

Den Franzosen reichte die Betrachtung des Kreuzes, eine gewaltsame Bekehrung wurde nicht angestrebt. Es wurde eher darauf geachtet, dass ein Kontakt zu Stande kam:

„Und einer von unseren Männern, der in unserem Beiboot saß, packte seine besagte Barke und ließ unverzüglich zwei oder drei [unserer] Leute hineinsteigen. Diese veranlassten sie [die Indianer], auf unser Schiff zu kommen, was sie mit großem Erstaunen taten. Als sie an Bord waren, versicherte ihnen der Kapitän, dass ihnen kein Leid zugefügt würde, während er ihnen viele Zeichen seiner Zuneigung zuteil werden ließ. Er ließ ihnen zu essen und zu trinken vorsetzen und bei der Bewirtung allerhand springen." (Première rélation de Jacques Cartier, DGEE 2, 268)

Bis 1558 war England durch innere Spannungen gebunden, schließlich kam es nach dem Tod Heinrichs VIII. (1491-1547) zu schnellen Herrscherwechseln. So änderte sich auch mit dem Regierungsantritt Elisabeths I. (1558-1603) zunächst nichts, da die Königin bis 1570 nicht an einer Konfrontation mit Spanien interessiert war. Da sich jedoch die Beziehungen rapide verschlechterten, änderte die Königin ihre Außenpolitik und ging auch offensiv vor. Sie unterstützte so genannte Kaperfahrten, also private Piraterie gegen spanische Schiffe, durchgeführt von Francis Drake (1540/45-1596) und John Hawkins (1543-1595). So entstand zwischen 1570 und 1580 ein merkwürdiges Gemisch aus Handel, Staatsgeschäft und Kaperfahrt. Ziel der Kaperfahrten war dabei nicht nur, sich der spanischen Reichtümer zu bemächtigen, sondern die Herrschaft der Spanier in der Karibik zu unterwandern.

Für die Erlangung einer Vorherrschaft auf den Weltmeeren war jedoch die „Große Armada" 1588 ein herausragender Einschnitt. Die spanische Flotte, der auch viele Schiffe aus Italien und Portugal angehörten, wurde von den Engländern zwar nicht vollständig geschlagen, doch gingen auf dem Rückweg über Schottland und Irland mehr als die Hälfte der Schiffe samt Besatzung unter. Damit war die spanische Seite nicht nur geschwächt, sondern der Sieg hatte England und besonders die Königin in der Überzeugung gestärkt, einen göttlichen Auftrag der Welteroberung gegen Spanien zu haben. Der katholischen Weltmacht Spanien trat England auch als protestantische Macht entgegen, mit dem Ziel, im Wettlauf um die „richtige" Taufe vieler Seelen, die eigene Glaubens- und Werteauffassung in die Welt zu tragen.

Zunächst blieb dies jedoch ein Wunsch, weil England weder über die maritime Macht noch über große finanzielle Mittel verfügte. 1577/78 folgte Drake den Spuren Magellans, drang in den Pazifik vor und kehrte mit einer auf 320 000 bis 1,5 Mil. Pfund geschätzten Beute zurück. Damit konnte die Königin den Staatshaushalt sanieren und zu neuen Taten aufbrechen. Aufgrund der Gewinnaussicht traten nun auch Adelige, wie Sir Walter Raleigh (1552-1618) und sein Halbbruder Humphrey Gilbert (ca 1537-1583) auf den Plan. Außer auf Gewinne aus der Kaperei zielte man auf die Entdeckung von Gold und einer Nordwestpassage ab, welche neue Absatzmärkte eröffnen sollte. Da dies aber nicht gefunden werden konnte, begann man nun, auch das Konzept der Landbesiedelung zu verfolgen.

Auf der Insel Roanoke vor der Küste des heutigen North Carolina wurde von Raleigh 1584 eine erste Siedlungskolonie begründet, die zu Ehren der unverheirateten Königin „Virginia" genannt wurde. Für die Namensgebung hat aber wohl auch eine Rolle gespielt, dass man diesen Teil der „Amerika" als „jungfräulichen" Boden für die Besiedlung „entdeckt" hatte. Die Namensgebung ließ das Unternehmen jedoch nicht fruchtbar sein. Es endete erfolglos und wurde endgültig aufgegeben, nachdem man 1590 bereits keinen der 110 Siedler mehr antraf.

Die Kolonisierung ab 1607

Einen neuen Impuls erhielt die englische Kolonisierung mit König Jakob I. (1603-1625). Es war ein Erfolg, dass mit der Gründung von Jamestown in Virginia 1607 nun eine Siedlung entstand, die Bestand haben sollte. Bedeutsam für die Entwicklung der englischen Kolonien war nach dieser ersten erfolgreichen Gründung die aufziehende Konfrontation zwischen Königtum und reformierten Protestanten (Puritanern). Der Anglikaner Karl I. wünschte eine erneute Stärkung der Riten der englischen Hochkirche. Sein Nachfolger auf dem Thron, Karl II., verärgerte die Puritaner durch seine Nähe zum Katholizismus. So waren die strenggläubigen Reformierten (Separatisten und Puritaner) seit Karl I. davon überzeugt, in einem mit ihrem Seelenheil nicht vereinbaren Sündenpfuhl zu leben und wanderten bald in großer Zahl nach Amerika aus.

Dies stellt einen wichtigen Unterschied zwischen der französischen und englischen Siedlungspolitik dar: Während der französische Kardinalpremier Richelieu darum bemüht war, die Ansiedelung der protestantischen Hugenotten in Amerika zu verhindern, wobei ihm das sonst Frankreich meist feindlich gesinnte Spanien zur Seite stand, erlaubte England seinen religiösen Dissidenten, das Land in Richtung Amerika zu verlassen. Ausgenommen davon waren jedoch Katholiken, denen lediglich die Einwanderung nach Maryland möglich war, wo die katholischen Eigentümer durchgesetzt hatten, dass sich eine begrenzte Zahl von Katholiken ansiedeln dürfe.

Den Versuchen der Niederlande, mit der Westindischen Compagnie ab 1621 an die Erfolge der Ostindischen Schwestergesellschaft anzuschließen, führte in Nordamerika nur kurz zu Erfolg. Es wurde die Kolonie Neu Niederland am Hudson River mit Fort Oranje, heute Albany, gegründet und unter Peter Minuit [Minnewit] zudem Neu Amsterdam, heute New York, ausgebaut. 1655 gelang es auch, die seit 1638 in unmittelbarer Nachbarschaft am Delaware aktiven Schweden zu verdrängen. Doch blieb die finanzielle Situation der Kolonie schwierig. Als sich England und die Niederlande in Europa als Feinde gegenüber standen, verloren die Niederlande 1664 ihre nordamerikanischen Gebiete. Daher konzentrierte sich die Westindische Kompanie nun vornehmlich auf den Sklavenhandel.

Durch die seit Anfang des 17. Jahrhunderts erfolgende Ansiedelung verschiedener Gruppen entstanden im englisch dominierten Nordamerika drei rechtlich und administrativ verschiedene Typen von Kolonien: Kronkolonie, Eigentümerkolonie und Charterkolonie. Dabei erfolgte die Ansiedelung bei allen drei Typen zunächst in Siedlungen (*Plantations*). Solche hatte man bereits in Irland angelegt und dort die ersten Kolonisationserfahrungen gesammelt, da die Engländer die Iren wie die indigenen Völker Nordamerikas als unzivilisierte Barbaren ansahen. Als Siedler kamen nicht nur religiöse Dissidenten und Menschen, die Amerika ihr Glück suchten, sondern auch Sträflinge, die zu Zwangsarbeit verurteilt waren. Allein 1718-1775 sandten die Engländer 50 000 Sträflinge auf die Tabakplantagen in Virginia und Maryland.

Die Kronkolonien waren in Abhängigkeit von der Krone einem königlichen Gouverneur unterstellt und hatten sich in Bezug auf die religiöse Ausrichtung nach dem für England gültigen Gebetbuch, dem „Common Prayer book", zu richten. Anders die so genannten Eigentümerkolonien, wie New York oder Pennsylvania: Das 1681 von William Penn gegründete Pennsylvania räumte den Siedlern vollständige Glaubensfreiheit ein. Bei der Charter Colony als drittem Typ war ein Vertrag mit einer privilegierten Gesellschaft Grundlage für die Ansiedelung und die religiöse Verpflichtung und Ausrichtung konnte hier unterschiedlich aussehen.

Bei vielen Siedlern gerade in den Neuenglandkolonien bestimmte religiöses Sendungsbewusstsein und der Wunsch nach Schaffung einer utopischen Gesellschaft ihr Denken. In der neuen Gemeinschaft dachten sie jedoch den Ureinwohnern keinen Platz zu. „Diese wilden und unbesiedelten Länder... welche ertragreich und für die Besiedlung geeignet sind, da sie frei von jeglicher zivilisierter Bevölkerung sind und wie wo es nur Wild und viehische Menschen gibt, welche hin und her ziehen, wenig anders als Tiere..."

Dies implizierte die Berechtigung, das „freie Land" in Besitz zu nehmen, da es von den Ureinwohnern aus europäischer Sicht nicht ausreichend genutzt wurde, ein Konzept, das so in der spanischen und portugiesischen Welt nicht entwickelt wurde. So lebten die Kolonisten einerseits gegenüber der indigenen Bevölkerung mit dem Gefühl der Überlegenheit, welches aber mit den Handelseinschränkungen durch England im Gegensatz stand. Alle Güter aus Europa mussten via England transportiert werden, während es den Kolonien verboten war, wertvolle Produkte, wie Kleidung oder Hüte (aus Pelzen!) herzustellen und in England zu verkaufen.

Soziale, wirtschaftliche und ethnische Zusammensetzung

Die englischen Kolonien machten ebenso wie die anderen amerikanischen Kolonien einen erheblichen demographischen Wandel durch. Es wird angenommen, dass sich die Zahl der Indigenen nach dem ersten Kontakt mit den Europäern um etwa 90 Prozent verringerte. Lebten um 1570 ca. 3 Millionen Indianer östlich des Mississippi, so waren es 1670 gerade mal ungefähr 300000. Die native Bevölkerung wurde vornehmlich durch Krankheiten dezimiert, aber auch durch Kriege. Als sich im Connecticut Tal der Stamm der Mohegans gegen die weiße Landnahme zur Wehr setzte, töteten die puritanischen und verbündeten indianischen Milizen 500 Männer, Frauen und Kinder und verkauften die übrigen als Sklaven in die Karibik. Anders als in Lateinamerika wurden niemals bestimmte indianische Gebiete als Teil der Kronbesitzungen mit gleichen Rechten für Indianer und Europäer definiert. Vielmehr versuchten sich die protestantisch Siedler von den Indianern von Anfang an abzugrenzen. Für sie war es ein Fingerzeig Gottes, dass die wilden und heidnischen Indianer ausstarben. Andererseits konnten die Europäer in Nordamerika und Kanada nur dank der Unterstützung durch Indianer in der ersten Phase nach der Ansiedelung überleben. Zudem übernahmen sie von ihnen die Nutzpflanzen Tabak und Mais.

Eine zweite demographische Umwälzung ergab sich aus dem Import von schwarzen Sklaven seit 1619. In dieser Frühzeit war die Situation der Sklaven noch nicht so verheerend, es gab auch Mischehen, wenngleich schon damals dafür, Kirchenstrafen drohten. Seit 1660 verschlechterte sich jedoch der Status der Sklaven erheblich; sie wurden zur Ware degradiert. Sie arbeiteten vornehmlich auf Plantagen, auf denen Reis, Indigo, Zuckerrohr, Mais, Tabak und v.a. seit der Mitte des 18. Jahrhunderts auch Baumwolle angebaut wurden. Bis zur Unabhängigkeit gelangten 800 000 Menschen nach Nordamerika, davon 300 000 Schwarze und 500 000 Europäer als freie Einwanderer, zeitlich befristetete unfreie Arbeiter (*indentured servants*) oder Sträflinge (*convicts*). So lebten 1760 1,3 Millionen Weiße und 300 000 Schwarze in Amerika, während ihre Zahl 1780 auf 2,7 Millionen angestiegen war, davon 2,15 Millionen Weiße und 550 000 Sklaven. Das Siedlungsgebiet letzterer konzentrierte sich jedoch auf die südlichen Kolonien, wo sie insgesamt ein Drittel der Bevölkerung ausmachten.

Damit herrschte in den Kolonien eine bunte Mischung in Bezug auf die Herkunft der Einwanderer. Während in Massachusetts um 1790 81 % englischer Herkunft waren, lag der Prozentsatz in New York bei 52 %, in Pennsylvania sogar nur bei 35 %. Durch ihre Tradition als schwedische und niederländische Kolonie lebten hier noch ca. 17 % mit Herkunftshintergrund aus diesen beiden Ländern. In Pennsylvanien stieg der Anteil an deutschstämmigen Bewohnern bis zur Revolution auf ein Drittel, was besonders Benjamin Franklin Sorge vor Überfremdung bereitete. Andere Bevölkerungsgruppen waren Schotten, Iren und französische Hugenotten.

Die reichsten Einwohner in den englischen Kolonien waren Großgrundbesitzer, Anwälte, Schiffsbesitzer und Kaufleute. In Boston verfügten die reichsten Stadtbewohner über 10 %, 1690 über 27 % des zu versteuernden Vermögens, was sich aber bis 1770 dahingehend änderte, dass nun diese Gruppe 44 % des Vermögens innehatte. Die Mittelschicht machten Lehrer, Prediger und Pfarrer, Handwerker, Händler, Landbesitzer und Wirte aus. Am unteren Ende standen Gesellen, Arbeiter, Seeleute und Dienstboten, die nur noch auf die *indentured servants* und unter ihnen die Sklaven als sozial deklassierte herabblicken konnten. Die Wirtschaftsstruktur blieb agrarisch, ca. 80 % der Bevölkerung lebte von der Landwirtschaft, 10-15 % vom Handwerk und nur 5 % vom Handel. Durch die Möglichkeit der Westwanderung kam es zu keiner umfassenden Feudalisierung der Gesellschaft, wenngleich es im Süden Pflanzeroligarchien gab, die in Lebensstil und Selbstverständnis dem englischen Adel in Nichts nachstanden.

Die Verwaltung

Das Verhältnis zu England war, wie es Edmund Burke (1729-1797) formulierte, durch eine „heilsame Vernachlässigung" (*salutary neglect*) gekennzeichnet. Die unterschiedliche Struktur der Kolonien und das Fehlen eines zentralen Verwaltungsorgans in England, welches mit den Indienräten in Portugal (nur bis 1640) und Spanien verglichen werden könnte, führten von englischer Seite zu sporadischen und wenig effektiven Interventionen. Natürlich hatte das Mutterland ein finanzielles Interesse an Einnahmen aus den Kolonien. 1696 wurde der *Board of Trade* eingerichtet und eine neue Navigationsakte erlassen. Sie umfasste auch die Gründung von Vizeadmiralsgerichten, die Schmuggel und Piraterie eindämmen sollten.

In den Charter Colonies oder den Eigentümerkolonien (*Propietor Colonies*) konnte London ohnehin wenig Einfluss ausüben, weswegen man vornehmlich in die Kronkolonien (*Royal Colonies*) eingriff. Es gelang jedoch, die meisten anderen Kolonien schrittweise auch zu Kronkolonien umzuwandeln, so dass nur vier Kolonien (Pennsylvania, Maryland, Rhode Island und Connecticut) ihren alten Rechtsstatus beibehielten. In den Kronkolonien ernannte der König die Gouverneure, denen ein Beratungsgremium (*Council*) zur Seite gestellt wurde. Unterstellt war dieser Kolonietyp dem *Board of Trade* und dem Geheimen Rat (*Privy Council*) in London. Die freien Siedler erhielten aktives und passives Wahlrecht zur Bildung von Körperschaften (*Assemblies*), die Mitspracherechte bei der Gesetzgebung, Steuern und dem Haushalt hatten. Diese standen damit als Gegengewicht zum Gouverneur und dem Gouverneursrat. Dies führte im 18. Jahrhundert zu ständigem Streit zwischen Gouverneuren und Assemblies, der zusätzlich durch die Fraktionskämpfe im Mutterland angeheizt wurde. Ganz anders als Spanisch-, Französisch- und Portugiesisch Amerika hatte die Siedler also eine bedeutende Mitsprache.

Insgesamt war die Basis der Repräsentation sehr breit, denn 50-80 % der erwachsenen weißen Männer konnten am politischen Leben teilnehmen. In Neuengland stand jeder Gemeinde (Town) das Recht zu, ein oder zwei Abgeordnete ins Parlament zu schicken, während im Süden die Wahl auf der Basis der Kreise (*Counties*) oder Kirchengemeinden (*Parishes*) erfolgte.

Landessprache war Englisch und das Gerücht, fast sei Deutsch als Sprache eingeführt worden, hält sich zwar beharrlich, ist aber, schon vor dem Hintergrund der Bevölkerungszusammensetzung, als falsch zu entlarven. Das Verwaltungs- und insbesondere das Rechtssystem, welches auf dem englischen *Common Law* aufbaute, funktionierten in Englisch, und die Mehrzahl der Zeitungen wurde in englischer Sprache gedruckt.

Beständige Kriege gegen Frankreich, den Hauptgegner Englands auf dem Kontinent, führten auch in Nordamerika zu Krieg. So verursachte der King William's War (1689-1697), der Queen Anne's War (1702-1713), der Jenkins War und King George's War (1739-1748) und schließlich der French and Indian War (1754-1763), großen Ausgaben für England, das seinerseits die Kosten teilweise auf die Kolonien abwälzen wollte. Dies führte zum Bruch mit dem Mutterland.

Kirchen und Glauben in Nordamerika

Am Anfang der Auswanderung nach Amerika stand das religiöse Moment bei der Auswanderung nach Massachusetts und aus wirtschaftlichen Gründen nach Virginia im Vordergrund. Im Gegensatz zu Südamerika, wo Missionare die Soldaten begleiteten, kamen in Nordamerika Protestanten an, die sich als teilweise als Missionare in ihrer Gemeinde verstanden und deren Ziel eine besseren Gesellschaft war. 1620 brachen 18 Familien mit 104 Personen in die „Neue Welt" auf, wo sie in Neuengland/Plymouth und damit außerhalb der Jurisdiktion der Virginia Company ihr eigenes Leben gestalten konnten. Grundlage des Zusammenlebens sollte zunächst der *Mayflower Compact* sein, später verklärt zum amerikanischen Gründungsdokument. Sie verstanden sich als ein biblischer Bund (*Convenant*), der alle Bewohner verpflichtete, sich gegenseitig Beistand zu leisten. Die Siedler lebten in Bruderschaften (*brotherhoods*) und lehnten das Streben nach Wohlstand ab.

„Bevor wir an diesem Tag vor Anker gingen, hielt man es – da einige wenig Neigung zur Einigkeit und Eintracht, vielmehr Zeichen von Parteisucht erkennen ließen – für angebracht, eine Vereinigung zu bilden und eine Vereinbarung einzugehen, nämlich uns zu einem einzigen Körper zusammen

zu schließen und der Regierung und den Leitern zu unterstellen, deren Einrichtung und Wahl wir unter allgemeiner Zustimmung vereinbaren wollten, und uns an das zu machen, was Wort für Wort hier folgt. (…), haben zur Ehre Gottes und zur Ausbreitung des christlichen Glaubens und zum Ruhm von König und Vaterland eine Fahrt unternommen, um die erste Kolonie in den nördlichen Teilen von Virginia zu gründen." (Der Mayflower-Vertrag, 11./21.11.1620, GiQ 3, 407)

Bereits 1629 folgte die Massachusetts Bay Company, die sich, getragen von strikten Reformierten, den Puritanern, von England verabschiedete, weil es ihr zu „katholisch" vorkam. Hier in der Wildnis sollte ein Neuanfang, eine „Stadt auf dem Berg" (City upon the Hill), ein neues Jerusalem entstehen.

„Und wir selbst, das Volk von Neu-England, wir sollten ganz besonders bemühen, die anderen an Heiligkeit zu überstrahlen; wir haben eine Fülle und Überfülle von Verordnungen und Gnadenmitteln wie wenige sonst; wir sind gleich einer Stadt auf einem Berge, mit feinem Blick auf die ganze Erde, und die Augen der Welt sind auf uns gerichtet, weil wir uns selbst als ein Volk im Bund mit Gott bekennen. (…)" (GiQ 4, 39f.)

In dieser Idee wird die messianische Vision deutlich. Doch waren auch die Protestanten kaum toleranter als die katholischen Missionare in Spanien und verstanden ihre Besiedlung auch als einen Beitrag, um katholische Siedlungen in Nordamerika zu verhindern, wie in der Stellungnahme von John Wintrop (1588-1649) deutlich wird.

„Es wird einen sehr bedeutsamen Dienst an der Kirche darstellen, das Evangelium in jene Gebiete der Welt zu tragen, mitzuhelfen am Eintritt der Erfüllung für die Heiden und ein Bollwerk zu errichten gegen das Königreich des Antichrist, um dessen Aufbau sich die Jesuiten in jenen Gegenden bemühen (…) und wenn man sieht, dass die Kirche keinen anderen Zufluchtsort mehr hat als die Wildnis, welch besseres Werk kann es da geben, als vorauszugehen und Bethäuser (tabernacles) und Nahrung für sie bereitzustellen für den Tag ihrer Ankunft." (John Winthrop 1629, DGEE 3, 95)

Diese radikalen Protestanten erlebten bis 1640 einen großen Zuwachs und sollten maßgeblich die spätere US-amerikanische Identität prägen. Die Versammlungen (*Convenants*) bestimmten den Alltag und konnten zu strikten Sittenwächtern werden, was sich 1692 in den Hexenprozessen von Salem (nach Jeru-Salem!)/Massachusetts zeigte.

Weitere Einwanderung und die Gründung weiterer Kolonien (1636 Providence Plantation auf Rhode Island, Connecticut 1638/39) führte auch in Neuengland zu einer sehr unterschiedlichen Zusammensetzung verschiedener christlicher Bekenntnisse, so dass die Kolonien in ihrer religiösen Zusammensetzung ganz verschieden waren. Den Spitzenplatz hielt New York, das zwar mehrheitlich anglikanisch war, doch zudem zehn weitere christliche Denominationen beherbergte. So lebten hier Niederländisch- und Deutsch-Reformierte, Presbyterianer, Lutheraner, Quäker, Baptisten, Kongretionalisten, Französische Reformierte (Hugenotten), Pietisten, Katholiken und Juden. Zeichnete sich Lateinamerika durch eine Vielfalt von gemischten Ethnien aus, so stand Nordamerika für die Vielzahl von christlichen Konfessionen.

Betrachtet man deren Stärke, so kann man für 1750 für die Kolonien von unterschiedlichen Größen ausgehen: Mit 465 Gemeinden waren die Kongregationalisten (Reformierte) am Stärksten, die ihren Schwerpunkt in Neu England hatten. Gefolgt wurden sie von 289 Anglikanischen Gemeinden, die vornehmlich in Virginia und Maryland zu finden waren. Ungefähr ähnlich stark waren die in Pennsylvania, New Jersey und New York zu findenden Presbyterianer (233 Gemeinden), während sich die übrigen, also die Deutsch-Lutherischen (138 Gemeinden in Pennsylvania), Baptisten (132 Gemeinden in Rhode Island und Pennsylvania), sowie die übrigen Denominationen auf Pennsylvania, New York und Maryland (Katholiken) verteilten.

Die verschiedenen Konfessionen benötigten aufgrund ihrer unterschiedlichen Auffassungen auch eigene Hochschulen, welche die Grundlage für das höhere Bildungswesen der USA werden sollten. Es begannen die Kongretionalisten mit der Gründung von Harvard 1636, denen die Anglikaner 1693 mit dem William and Mary College folgten.

Für Schwarze und Indianer war in diesen Kirchen hingegen meist kein Platz. Wenige Missionare, so der Puritaner John Eliot, versuchten eine Bekehrung der Indianer, wie dies später auch durch Missionare aus dem deutschen Halle unternommen wurde. Im Regelfall aber erfolgte eher die gewaltsame Verdrängung der Indianer aus ihren Siedlungsgebieten. Es war eine Ausnahme, dass William Penn den Indianern das Gebiet, in dem er Pennsylvania gründete, auch abkaufte.

Anders verhielt sich die Situation der Sklaven, die zwar nicht Teil der weißen Gesellschaft wurden, aber die man in die christliche Ordnung einfügen musste. Die importierten Sklaven wurden daher meist protestantisch getauft, nur Maryland hatte auch katholische Siedler und Sklaven. Die wenigen Missionsaktivitäten, die den schwarzen Sklaven zuteil wurden, entfalteten Methodisten und Baptisten, wobei gerade letztere durch eine offenere Gottesdienstform für viele Afrikaner ansprechend waren.

Kanada und das französische Kolonialreich

Am Anfang des 16. Jahrhunderts war Frankreich von seinen Kriegen in Italien derart vereinnahmt, dass es ihm bis zur Mitte des Jahrhunderts kaum möglich war, umfangreich kolonial tätig zu werden. Immerhin wurde aber durch die Entdeckungsfahrt von Jacques Cartier 1534 ein Anfang gemacht. Er langte allerdings südöstlich der Mündung des St. Lorenzstroms an, wo die Verhältnisse für eine Ansiedelung von Europäern, die als Kolonisten mitgekommen waren, nicht günstig erschienen. Auch bei seiner zweiten Reise vermochten Cartier und seine Begleiter den harten Winter und den Skorbut nur dank der Hilfe der Eingeborenen zu überstehen. Es dauerte daher bis 1541, bis die erste Siedlung angelegt wurde. Doch die Situation blieb aufgrund der klimatischen Verhältnisse zu widrig und da man auch keine Gewürze oder Edelmetalle hatte finden können, verfolgte man die Idee weiterer Fahrten in diese Richtung nicht mehr.

Als 1577 der bretonische Adelige Troilus de La Roche de Mesgouez (ca 1540-1606) von König Heinrich III. ein Privileg zur Gründung von Nouvelle France verliehen bekam, scheiterte auch er an den schwierigen Umständen, welche ihm Klima und Landschaft auferlegten. Versuche, in der Bucht von Rio de Janeiro oder in Florida dauerhaft Siedlungen zu gründen, scheiterten am Widerstand der Spanier, welche diese Gründungen zerstörten und die Bewohner umbrachten.

Frankreich, das in der zweiten Hälfte des 16. Jahrhunderts durch den Bürgerkrieg gebunden war, wurde in dieser Epoche nur insofern kolonial tätig, als von katholischen Adeligen, wie dem Herzog von Mercoeur et de Pentihève der Pelzhandel als lukratives Geschäft erkannt worden war, während Protestanten, wie beispielsweise der Hugenotte de Monts (ca. 1558-1628), vergeblich in Florida ein neues Leben zu beginnen suchten. Dennoch hofften frühe Siedler, wie der Anwalt Marc Lescarbot, der 1606/1607 in Kanada gewesen war, auf eine dauerhafte Präsenz Frankreichs in Nordamerika, wobei schon zu diesem frühen Zeitpunkt nicht wirtschaftliche, sondern demographische und repräsentative Gründe aufgeführt wurden:

> *„Sire, wenn es einen König gibt auf der Welt, der Länder und Meere beherrschen könnte und sollte, dann seid Ihr es, der Ihr unzählige Menschen [unter Eurer Herrschaft] habt, von denen ein Teil dahinsiecht, weil er keine Arbeit hat. Und gäbe es nur zwei oder drei Arten von Menschen, die in Eurem Königreich im Überfluß vorhanden sind, so könntet Ihr [sogar] daraus großen Vorteil ziehen; denn sie wären nicht weniger fähig, Euch an allen Enden der*

Welt gefürchtet zu machen als die alten Gallier, die Asien und Italien eroberten und dort Provinzen besetzten, die mit ihrem Namen benannt wurden." (Marc Lescarbot an Ludwig XIII. 1617, GiQ 3, 52)

1605 entstanden in Französisch Amerika die ersten dauerhaften Siedlungen, die auf die Initiative von Samuel de Champlain (ca. 1570-16), dem „Vater Kanadas", zurückgingen, nämlich zunächst Port Royal und 1608 auch Quebec. Allerdings war die Besiedelung aufgrund der Witterungsverhältnisse zunächst nicht einfach:

„Als die wesentlichen Vorbereitungen abgeschlossen waren und Vater Grisart, d.h. der Winter, eintraf, musste jeder das Haus hüten und daheim bleiben. Während dieser Zeit hatten unsere Leute auf der Insel besonders mit drei Unannehmlichkeiten zu kämpfen, nämlich mit Holzmangel (denn das Holz, das auf der genannten Insel vorhanden gewesen war, hatte zum Bau der Gebäude gedient), mit Mangel an Süßwasser und mit der Wache, die man nachts hielt aus Furcht vor Überfällen der Wilden, die am Fuße der Insel in Hütten wohnten, oder von einem anderen Feind, war doch die Rachsucht und die Wut vieler Christen von der Art, dass man sich von ihnen mehr in acht zu nehmen hatte als vor ungläubigen Völkern (…)" Bericht von Marc Lescarbot (1604/1605), DGEE 3, 189)

Hatte die Fahrt von Cartier noch vornehmlich unter dem Vorzeichen der Entdeckung einer Nordwestpassage und von Gold gestanden, so war nun auch die Besiedlung Ziel der kolonialen Expansion. Dabei blieb freilich die Hoffnung, doch noch einen Seeweg nach Indien zu finden, erhalten. 1627 wurde Champlain zum ersten Gouverneur der nunmehr als Neu Frankreich (Nouvelle France) bezeichneten Kolonie ernannt. Champlain hatte zum Schutz der neuen Siedlungen Hilfsverträge mit den Huronen, Algonkin und Montagnais abgeschlossen. Dies hatte den Überlebungskampf dieser Ethnien zu Folge, denn es wurden Feuerwaffen importiert, während gleichzeitig die Bevölkerung durch Krankreiten zurückging. Zudem gilt zu berücksichtigen, dass diese Völker, über die es keine Beschreibungen gab, zum Teil erst durch europäische Definition entstanden, wofür sowohl der Begriff Montagnais, der sich von dem französischen Montagne (Berg) ableitet, als auch der Begriff Hurone, der sich aus dem Französischen „Hure" für Wild ableitet, als Beispiele dienen. Die Huronen nannten sich selbst nämlich Ouendat.

Aufgrund der schwierigen Witterungsbedingungen und der geringen Zahl der europäischen Siedler war der Kulturkontakt der Franzosen jedoch weitgehend von Kooperation gekennzeichnet. Zu einer umfassenden Änderung des indigenen Gesellschaftssystems kam es aber durch die Handelsbeziehungen und die Mission durch Jesuiten dennoch. Selbst wenn der Missionserfolg, wie sich besonders im 18. Jahrhundert zeigen sollte, vielfach nur oberflächlich war, die Indianer zwar Gebete, Glaubensbekenntnisse und liturgische Formeln aufsagen konnten, aber nicht daran glaubten, wurde die Gesellschaft verändert. Da man weder Gold, noch Gewürze noch eine Passage nach Asien fand, wurden Pelze das wichtigste Exportprodukt. Anfang des 17. Jahrhunderts wurden ungefähr 10000, Ende des Jahrhunderts bereits 100000 Biberfelle nach Europa exportiert, die dort als Pelzen oder zu Hüten verarbeitet wurden.

Mit dem Beginn der französischen Kolonisation manifestierte sich erstmals die Konkurrenz zwischen den großen Kolonialmächten England und Frankreich. Zwischen 1628 und 1632 ging die Kolonie an die Engländer verloren. Erneut war sie zwischen 1640 und 1701 gefährdet, als die von den Engländern unterstützen Irokesen gegen die von der französischen Krone unterstützten Ethnien zu Felde zogen. Da die Zahl der Siedler niedrig blieb (um 1660 ca. 3000), war man für die Sicherung der Kolonie auf den Erfolg der Indianer angewiesen. Andererseits hatte Colbert auf die Erhöhung der Zahl der Siedler gedrängt. Dies versuchte der Intendant Talon gezielt umzusetzen, indem Frauen aus dem Pariser Generalhospiz nach Kanada gebracht wurden. Dies waren zwischen 1665 und 1669 immerhin 661 Personen. Zudem wurde eine Strafe für Mädchen eingeführt, die mit 14/15 Jahren noch nicht verheiratet waren:

„(...) Die jungen Frauen, die in diesem Jahr angekommen sind, wurden bis auf 15 alle verheiratet. Diese habe ich auf die bekannten Familien verteilen lassen, bis die Soldaten, die um sie angehalten haben, einige Häuser erbaut haben und für ihren Unterhalt aufkommen können. Zur Beschleunigung der Verheiratung dieser Mädchen habe ich ihnen wie gewöhnlich neben einigen Lebensmitteln im Werte von 50 Livres kanadischer Währung [auch] Gegenstände des täglichen Bedarfs mitgegeben, die für ihren Haushalt angemessen schienen." (Bericht des Intendanten Talon (1670), DGEE 3, 343).

Die Maßnahme hatte Erfolg und die 1665 bis 1670 verheirateten Paare bekamen 2000 Kinder. Um nun diese wachsende Kolonie auf wirtschaftlich sicheren Boden zu stellen, hoffte die Krone darauf, doch noch bedeutende Bodenschätze zu entdecken.

„Wenn man eine Kolonie neu begründen will, muss man einen bedeutenden Nutzeffekt in Aussicht haben. So wäre ein Land wie Illinois, das nur Wein und Getreide liefert, für Frankreich mehr von Schaden als von Nutzen, weil es mit der Zeit soviel davon erzeugen, dass es des in Frankreich Produzierten entsagen und [sogar] mit dem Ausland Handel treiben könnte. (...) Ohne von den Kupferminen, die man dort eines Tages entdecken kann, zu sprechen, gibt es dort sicherlich sehr große Steinkohlevorkommen. Da wir [bislang] dazu

gezwungen sind, diese [Kohle] aus England nach Frankreich einzuführen, kann dies von großem Vorteil sein und sehr zum Handel des Landes und sogar zur Niederlassung am Ort beitragen." (Intendant de Meule (1685), DGEE 3, 59)

Die ausgeführten Ideen aber blieben Wünsche, denen die ständige Bedrohung des Landes durch Engländer und Indianer gegenüber stand. Einen Friedensschluss mit den Irokesen erreichte Frankreich jedoch erst 1701, nachdem man ein Regiment mit 1 100 Mann nach Kanada verlegt hatte. Den Soldaten wies man nun nach dem Frieden von Montreal Gebiete zur Besiedlung zu und räumte ihnen viele Vergünstigungen ein. Durch den Frieden von Utrecht 1713 musste Frankreich Arkadien aufgeben und sich auf die verbliebenen Gebiete zurückziehen. Die letzten aus der Normandie stammenden Siedler wurden 1755 in das Gebiet von New Orleans deportiert.

Trotz der demographischen Schwierigkeiten kam es zu keiner nennenswerten Zahl von Heiraten zwischen Franzosen und Indianerinnen. Eine Besonderheit der kanadischen Gesellschaft waren daher die „Waldläufer" *(courreur de bois)*, die sich trotz ihrer europäischen Herkunft nicht in die sesshafte Gesellschaft integrieren wollten. Dem Missionar Jacques Marquette und dem Waldläufer Louis Joliet verdankte Frankreich die Erforschung des Mississippi. Mit einem Netz von Forts breitete sich Frankreich um 1700 daher bis nach Louisiana (nach dem französischen König Louis – Ludwig so benannt) aus, wo auch Neu Orleans gegründet wurde.

Lag der Schwerpunkt bei den Einnahmen in der Karibik und im asiatischen Handel, so stellte Kanada für Frankreich den Siedlungs- und Missionsschwerpunkt dar. Da aber Frankreich und England im 17. und 18. Jahrhundert immer wieder Krieg gegeneinander führten, konnten Auswirkungen auf die Besitzungen in Übersee kaum dauerhaft ausbleiben. Anders benannt als die Kriege in Europa, fand sich dennoch die gleiche Frontstellung, sei des beim King William's War (1689-1697), dem Queen Anne's War (1701-1713/14), dem King George's War (1744-1748) und schließlich dem French and Indian War (1755-1762). Mit dem Frieden von Paris musste Frankreich die Gebiete westlich des Mississippi an Spanien abtreten. Nach dem Unabhängigkeitskrieg kurz an Frankreich zurückgegeben, wurden die Reste des französischen Kolonialreichs in Nordamerika schließlich von Napoleon 1803 endgültig an die USA verkauft.

Die Südsee und Australien

Die Suche nach der Terra Australis

Seit der Fahrt von Fernão Magalhães war den Europäern die Erstreckung des Pazifiks bekannt, aber man beschränkte sich zunächst auf wenige Fahrten in diesen Gewässern. Die Spanier hatten sich auf den Philippinen festgesetzt, die aber von Mexiko aus verwaltet wurden und bis zur Einführung des Tabakmonopols 1781 keine Gewinne einbrachten. Auch sonst waren keine großen Schätze zu erhoffen und die Inseln der Südsee nutzte man vornehmlich zu Zwischenstopps. Allerdings hoffte man auf die Entdeckung eines unbekannten „Australiens" (*terra australis incognita*), da man davon ausging, dass die Landmasse auf der Nordhalbkugel ihre Entsprechung auf der Südhalbkugel haben müsse und man daher einen riesigen Kontinent zu entdecken hoffte. Die Wunschvorstellung nach dem Goldland Salomos spiegelt sich bis heute in dem Namen der „Südsalomonen" wieder, jener von Alvaro de Mendaña de Neira als vermeidlich salomonisches Südland benannte Inselgruppe. Weitere spanische Expeditionen führten auch nicht in zu dem gesuchten Kontinent. Am nächsten an ihn heran begab sich Abel Jansz Tasman. Im Auftrag der Niederländisch Ostindischen Kompanie begab er sich weiter als irgendein Seefahrer vor ihm, nach Süden. Er landete in Neuseeland und erkundete die Nordküste Australiens. Doch die VOC war an der Wirtschaftlichkeit von Expeditionen interessiert und verweigerte weitere Expeditionen, weil nicht zu erwarten stand, dass man größere Gewinne würde erzielen können. So blieb es den Fahrten von James Cook (1768-1779) vorbehalten, Australien und Neuseeland für England in Besitz zu nehmen.

Technische Neuerungen und die „Entdeckung" der Südsee

Die Fahrten in die Südsee am Ende des 18. Jahrhunderts standen jedoch unter einem anderen Stern als die bisherigen Entdeckungsfahrten. Seit 1749, als der Reisebericht des englischen Kapitäns John Anson erschien, nahm die Zahl von Reisebeschreibungen und gelehrten Darstellungen stark zu. Die 1770 erschiene „Geschichte beider Indien" (gemeint war damit eine Geschichte der ganzen bekannten Welt, da man diese in West- und Ostindien einteilte) aus der Feder des Abbé Raynal, welche das ganze Wissen über die außereuropäische Welt und Geschichte zusammentrug, zeigt, ebenso wie die Lexika (Zedler, Hübner, d'Alembert) das gestiegene Interesse an fundierteren Informationen über die außereuropäische Welt.

Durch technische Innovationen, also die Vergrößerung des Schiffsraums, die mit Metallelementen verstärkten Schiffskörper, besonders aber durch die Erfindung eines seetauglichen Chronometers, welches eine exakte Längengradmessung ab den sechziger Jahren des 18. Jahrhunderts erlaubte, konnte die Erforschung der Inselwelt in der Südsee angegangen werden. Diese war von Anfang eine Prestigesache, da man keine Bodenschätze, wohl aber die Sicherung der noch unbekannten Gebiete erhoffte. James Cook für England, Louis Antoine de Bougainville für Frankreich und Alejandro de Malaespina für Spanien versuchten bei ihren Fahrten aber mehr als bisher, auch die Dinge, die sie sahen, zu beschreiben, zu katalogisieren und dies der heimischen Öffentlichkeit zugänglich zu machen.

Ob James Cook, die ihn begleitenden Deutschen Reinhold und Georg Forster oder Bougainville, alle waren von der Schönheit der Südseeinseln beeindruckt, die sie als ein verlorenes Paradies priesen. Dort glaubte man, ursprüngliches und unverdorbenes Leben zu treffen, eine Sehnsucht, die noch Maler wie Paul Gauguin im 20. Jahrhundert in die Südsee reisen ließ. So gab es auch Einzelschicksale, wie das von Referend George Vasco, der am Ende des 18. Jahrhunderts als Missionar auf Tonga gekommen war, dort aber, von der Insel derart angetan war, dass er sein Missionarsdasein aufgab und mit den Einheimischen lebte. Doch nachfolgende Generationen von Missionaren, die im 19. Jahrhundert kamen, verfolgten ihre Mission mit mehr Konsequenz und begaben sich im Missionsauftrag von Insel zu Insel, vielfach zum Schaden der angetroffenen Kulturen. Andererseits erkannten die Häuptlinge, welche Vorteile ihnen aus dem Paktieren mit den Europäern erwuchsen. Hongo Hinka, Häuptling der Maori auf Neuseeland, reiste 1810 mit dem Missionar Thomas Kendall nach England, um hier Waffen zu kaufen und seine Macht zu sichern. Ähnliches gilt auch für Tahiti. Hier hatte James Cook Pomare I. zum mächtigsten Häuptling der Insel gemacht, der nun, wie auch die Herrscher auf Tonga oder Fidschi nach europäisch-englischem Vorbild eine „absolutistische" Monarchie einrichteten.

Die wichtigsten territorialen Gewinne durch die Fahrt von Cook waren zweifelsohne Australien und Neuseeland. Die enorme Weite des Kontinents veranlasste die Engländer, nach einer seit 1784 dauernden Diskussion in Australien ab 1788 die Sträflingskolonie New South Wales einzurichten. Seit dem Verlust eines Großteils der nordamerikanischen Kolonien konnte England hier keine Sträflinge mehr hinschicken. So war es Joseph Banks gelungen, die Regierung für Australien zu gewinnen.

Zunächst waren die Zustände dort nach der Ankunft der Sträflinge recht anarchisch, doch bald stabilisierte sich die Gesellschaft unter dem Gouverneur Macquarie. 1820 zählte New South Wales bereits 40000 Einwohner. Die Landbebauung, die bereits jetzt 14000 Hektar betrug, sollte langfristig zu einem Konflikt mit den Aborigines führen.

„Auf die Frage, wie eine Kolonie dieser Art zu Beginn ihrer Gründung bestehen könne, antwortete er [Joseph Banks], dass sie [die Sträflinge] mit Sicherheit bei der Landung mit einer ganzen Jahresration an Lebensmitteln, Kleidern und Getränken ausgestattet werden müssten, des weiteren mit allen Arten von Werkzeugen zur Bodenbebauung und zum Hausbau, mit Schwarzvieh, Schafen, Schweinen und Geflügel, mit Saatgut für alle Arten von europäischem Getreide und Hülsenfrüchten, mit Saatgut für den Gartenbau, mit Waffen und Munition zu ihrer Verteidigung; ebenso sollten sie kleine Boote, Netze und Angelgerät bekommen (…)"

„Und auf die Frage, ob er sich vorstellen könne, dass das Mutterland wohl irgendeinen Nutzen aus einer in Botany Bay errichteten Kolonie ziehen könne, entgegnete er, dass sich die Leute notwendigerweise vermehren und Bedarf an vielen europäischen Handelswaren entwickeln würden, wenn sie untereinander eine Zivilverwaltung einrichten würden; und es sei nicht daran zu zweifeln, dass ein Landstrich wie Neu-Holland, der größer sei als ganz Europa, etwas bieten werde, was Nutzen und Gewinn abwerfe." (Einrichtung einer Sträflingskolonie in New South Wales (1786-1789), DGEE 3, 400)

Doch schnell ergab sich durch das weitere Wachsen der Kolonie ein Konflikt zwischen Aborigines und den freigelassenen Strafgefangenen, die nun Jagd auf die Ureinwohner machten. Hinzu kam, wie schon ab 1492 in der Karibik, die verheerende Wirkung von eingeschleppten Krankheiten, welches die Aborigines in Australien wie die Maori in Neuseeland an den Rand des Aussterbens brachte. Zum Beginn der Begegnung wird die Zahl der Aborigines auf 300000 geschätzt. Bis 1861 war ihre Zahl auf 180000 zurückgegangen und stieg erst in der Mitte des 20. Jahrhunderts langsam wieder an.

7. Der Kulturtransfer

Malerei und Architektur

Die kleinen portugiesischen, dann auch niederländischen, französischen und englischen Forts an der afrikanischen Küste und entlang der Handelsrouten in Asien stellen lediglich eine Umsetzung europäischer Fortifikationskunst, nicht aber die städtebaulicher Ideale dar. Dafür waren die Handelsstützpunkte einfach zu klein. Anders verhält es sich mit geplanten Städten, die vornehmlich in Lateinamerika, aber auch in Nordamerika, auf den Philippinen, Madagaskar und in Indien entstanden. Dies gilt in besonderem Maße für die Städte, die in den Kolonien neu angelegt wurden. Sie waren oft der Versuch der Umsetzung idealer Vorstellungen.

Herausgegriffen sei das Beispiel Lateinamerika, wo es die größte Varietät gab und die Städte in ihrer Mehrheit Neugründungen waren oder aber zumindest ein grundlegender Eingriff in die urbane Struktur erfolgte. Da gab es einmal geplante gut befestigte Städte in der Karibik, wie La Habana oder Cartagena. Sie mussten sich gegen ständige Angriffe hinter großen Festungsanlagen verstecken. Städte im Binnenland hingegen, wie Quito oder Mendoza, konnten auf solche Schutzmaßnahmen verzichten und wiesen weniger starke Fortifikationen auf. Diese Grundstruktur findet sich auch bei den portugiesischen und spanischen Städten in Asien. Auf der einen Seite kann Manila als Beispiel für eine gut gesicherte Stadt stehen, auf der anderen Seite Goa, welches nur schwache Befestigungen aufwies. An der indischen Küste hatten fast alle Nationen ihre Stützpunkte, hier war es für die Handelsgemeinschaft nicht empfehlenswert, gegen den Nachbarn zu ziehen, weil man mit dem prompten Vergeltungsangriff zu rechnen hatte. Wurden die Städte komplett geplant, so kam das Schachbrettmuster zur Anwendung, bezog man ältere Siedlungskerne mit ein, so kam es vielfach zu Mischformen.

Stets kam dem Hauptplatz, der Plaza Mayor, eine herausragende Bedeutung zu. Hier wurde die Macht der Krone inszeniert, hier fanden die Märkte und andere Zeremonien, z.B. Prozessionen statt. Um den Hauptplatz gruppierten sich die politische, kirchliche und städtische Macht mit ihren Bauwerken. So kann es auch nicht verwundern, dass Revolten meist vom Hauptplatz der Stadt ihren Ausgang nahmen. Seit 1513 und 1573 erließ die spanische Krone Vorschriften, wie die Städte auszusehen hatten, die bald aber auch auf das Land ausgeweitet wurden, wo man den Indianerdörfern (*Pueblos de Indios*) ähnliche Vorschriften machte. Damit wurde als einzigartiger Vorgang das schachbrettartige Muster für Städte vorgeschrieben. In drei Gründungsphasen, nämlich um 1520, um 1573 und um 1700 entstanden dann viele Städte in Lateinamerika, sei es bei Eroberungszügen, aus strategischen Erwägungen oder vor handelspolitischem Hintergrund.

Auch im Konzept anderer Kolonialmächte fand die Stadtanlage Berücksichtigung, wenngleich man freilich meist nicht in gleicher Weise den Bau durch Vorschriften bereits in der Frühen Neuzeit lenkte. Dies änderte sich im 19. Jahrhundert, als auch die Engländer und Franzosen verstärkt in den Städtebau eingriffen. Hohe Einwohnerzahlen, eine weltweite Verbreitung der Kolonialherrschaft, verbunden mit zahlreichen Neugründungen im 19. Jahrhundert verlangten nach einer Planung. Gab es, wie in Nordafrika, ältere Stadtkerne, so wurden diese meist am Stadtrand stehen gelassen, zum neuen Mittelpunkt wurde aber das Zentrum der von den Kolonialherren errichteten Stadt. Die Stadtanlage konnte aber auch bei einem Machtwechsel der Kolonialherren eine grundsätzliche Wandlung durchmachen. Als die USA die Philippinen 1898 eroberten, wurde zunächst ein Großteil des Alten Manila aus dem 16. bis 18. Jahrhundert zerstört, um nun Bauten, die US-amerikanische Vorbilder hatten, an seine Stelle zu setzen.

Die prägendsten Bauten der Kolonialherrschaft waren zweifellos die Kirchen, nicht nur weil sie an zentraler Stelle errichtet wurden, sondern allein schon aufgrund ihrer Größe und der herausragenden Rolle, welche die Religion für die koloniale Gesellschaft spielte. Besonders die großen Kathedralkirchen in Mexiko, Lima, Goa, Manila waren Zeichen kolonialer Herrschaft. In Nordamerika oder in Kanada ließen die begrenzten Ressourcen keine Möglichkeit, etwas Ähnliches aufzubauen. Hinzu kam aber im protestantischen Nordamerika noch ein anderes Verständnis von Kirchenbau. Der „Tempel" Gottes brauchte bei den Puritanern nur Haus mit einem Tisch zu sein. Hier reichte eine baulich einfache Struktur

Die Ausstattung der katholischen Kirchen war v.a. der Ort, wo eine kulturelle Symbiose stattfinden konnte. War die Grundform des Gebäudes der westlichen Tradition verpflichtet, so wurde bei der Malerei wie bei der Schnitzkunst viel an künstlerischer Freiheit umgesetzt.

Beispiele hierfür sind die mexikanischen Perlmuttbilder oder die koloniale Federkunst. Stilistisch zunächst von spanischen Malern wie Zubarán beeinflusst, werden durch Künstler, aus Werkstätten wie der des Baltasár de Echave Ibía neue Techniken entwickelt. Auf einer Unterlage aus Holz, wurden Perlmutfragmente aufgebracht und mit transparenter Ölfarbe bemalt. Da das Inkarnat nie in Perlmut ausgeführt wurde, musste der Künstler vorher genau sein Bild auf Gips geplant haben. Aber auch die altindianische Kunst, aus Federn Kunstwerke von unglaublicher Leuchtkraft zu schaffen, lebte, besonders für liturgische Gewandungen fort. Daneben fand diese Technik aber auch bei Fächern Verwendung.

Diese Freiheit der Gestaltung sollte im 19. Jahrhundert vielfach wegfallen. In den Kolonien in Afrika und Asien wollten die Kolonialherren

Gotteshäuser wie bei sich zuhause antreffen und errichteten vielfach Kirchen im Stil der Neogotik, die gerade auch bei den Engländern und später bei den Deutschen Anklang fand. Häufig ist aber auch „Orientalismus" zu entdecken. Hier wurden dekorative Elemente des islamischen Orients mit europäischen Formen gemischt. So stellt das Victoria Memorial in Kalkutta (1921) eine Mischung aus europäischem Barock und indischem Mogulstil dar. Der Gouverneurspalast in Algier (um 1905) hingegen mischte gotische Elemente mit der maurischen Architektur der spanischen Almoraviden. Selbst in Lateinamerika machte in manchen Regionen durch die verstärkte europäische Einwanderung einen Wandel durch, weil nun neben den barocken Kirchen aus der Kolonialzeit, rein neogotische Kirchen entstanden, die gar nicht oder kaum nicht eine Rezeption des lokalen Kunstschaffens darstellten. Dies lässt sich in Chile, Brasilien und Argentinien beobachten.

In einem kleinen, zunächst sehr viel weniger wahrgenommenen Rahmen, der Zeichnung oder als kleine Skulpturen fand der Prozess des Zivilisationskontaktes seinen Niederschlag. Die Feldzüge der Hernán Cortés werden auch in aztekischen Handschriften überliefert. Diese stammen zwar aus der kolonialen Zeit, bleiben jedoch in Bezug auf die Perspektive und Erfassung des Geschehens den vorspanischen Codizes verpflichtet. Die indigenen Künstler können hier ihre Wut und Enttäuschung über die Behandlungen durch die Kolonialherren zum Ausdruck bringen. Die Übertretungen der Kolonialherren oder der Geistlichen wurden darin dokumentiert. Wenngleich sie selten große Verbreitung fanden, so sind sie doch wertvolle Zeugnisse für das veränderte Fortleben der präkolumbinischen Kunst und die Sicht der Unterdrückten.

Anders stellte sich die Situation dar, wo die herrschende Elite eine Darstellung der Fremden wünschte, sei es in Japan, in China oder besonders in Indien. Im Indien der Mogulzeit hatte sich seit dem 16. Jahrhundert, beeinflusst durch die persische Malerei der Safavidenzeit, eine sehr detailverliebte Buchmalerei entwickelt. In den Bildern der Mogulmaler wurden nun ganz selbstverständlich auch die Vertreter der Niederländisch Ostindischen oder der Englischen East India Company gemalt. Und da diese Handelsvertreter auch Stiche, kleine Ölbilder oder mit Bildern geschmückte Gegenstände mitbrachten, konnten neue Anregungen aufgenommen werden. Besonders in der Zeit des Mogulherrschers Jahangir erfolgte die teilweise Übersetzung von Vorbildern aus der europäischen Porträtmalerei.

Das islamische Bilderverbot machte jedoch die Darstellung der Kolo-
nialrepräsentanten als Skulpturen oder in Großgemälden in islamischen
Ländern oder auch in großen Teilen von Niederländisch Indien, unmöglich. Skulpturen begegnen wir hingegen besonders in Afrika, da hier in
den nicht-islamischen Gebieten und oft auch in den subsaharischen nur
teilweise islamischen Gebiete. Figuren wurden aus Holz oder Stein in
kleiner Zahl gearbeitet. Im 19. Jahrhundert begann sich dies zu ändern.
Besonders Führer von Expeditionen waren an künstlerischer Ausbeute
interessiert. Die als „primitiv" eingestufte afrikanische Kunst oder die
Kunst der „Naturvölker" Australiens oder der Südsee wurde jetzt gesammelt und wanderte in großer Menge in Völkerkundemuseen.

Hier sollten sie zunächst vornehmlich als Beispiele für „zivilisatorisch
zurückgebliebene" Völker gesehen werden. Anders als die Sammlungen
ägyptischer oder vorderasiatischer Kunst, die man in die Entwicklungs-
linie der europäischen Kultur einbaute, betrachteten die meisten Europäer die Kunst aus Afrika, Amerika und Asien mit Herablassung. Nur
langsam änderte sich diese Position und es kam zu einer Neubewertung.
Es sind einmal die reisenden Maler (*Peintres voyageurs*) zu nennen, die
auch als „Orientalisten" bezeichnet, seit dem 17. Jahrhundert zunächst
vornehmlich im arabisch-persischen Raum, dann aber auch in anderen
Gegenden aktiv waren. Sie sind stilistisch wie von ihrer Malweise ganz
unterschiedlich. Viele von ihnen malten einen imaginierten Orient, wie
der wohl berühmteste Vertreter der orientalistischen Malerei, Jean Léon
Gérôme (1824-1904). In seinem Atelier drapierte er seine Modelle in
aus dem Orient mitgebrachten Kleidungsstücken und schuf so Szenen,
wie man sich Nordafrika in Frankreich vorstellte. Doch andererseits es
gab auch viele Maler, die vor Ort die Menschen zeichneten und malten,
selbst wenn die fertigen Ölgemälde dann vielfach im Atelier entstanden.
Eugène Delacroix (1798-1863), der 1832 nach Marokko als Begleiter einer
diplomatischen Mission reiste, war einer der ersten Vertreter, die mit
großer Akribie Kleidung und Menschentypen festhielt. Ihm folgten viele
Generationen von französischen, englischen, deutschen, italienischen
Malern, die bis nach Persien und die Sahara reisen sollten. Das subsa-
harische Afrika hielten sie in ihren Bildern jedoch nicht fest.

Zu einer neuen Generation gehörten dann Künstler wie Paul Gauguin.
Auf der Suche nach einer neuen ästhetischen Grundsätzlichkeit ging der
Maler in die Südsee, wo er das ursprüngliche Leben zu finden hoffte.
Neben den Motiven, die er hier fand, prägten ihn aber auch Technik und
Motivik der Holzschnitzkunst. Weitere Künstler lassen sich nun von
ozeanischer oder afrikanischer Kunst inspirieren so André Derain und
Henry Matisse. Bei allen steht die Suche nach dem Elementaren, nach

den „blockhaften", „einfachen" Form dahinter. In Afrika und der Südsee glaubten Künstler eine solche Ursprünglichkeit antreffen zu können. Daher wird nun das Wort „primitiv" auch im Sinne von „ursprünglich" und nicht mehr abwertend gebraucht. Ursprüngliche Malerei, so auch die flämische Malerei des 15. Jahrhunderts, deren Schlüsselbedeutung ja in Kapitel 3 bereits angesprochen wurde, wurde als „primitive Flamen" (*primitifs flamands*) bezeichnet.

Dieser Suche öffnete sich auch Pablo Picasso in seiner *periode nègre*. Mit den „Fräuleins von Avignon", die schon aufgrund ihres Motivs eine Provokation darstellten, gelang ihm eine doppelte Herausforderung, durch die neue Erfassung der Form. In der Folge beschäftigten sich viele Künstler in Frankreich, Russland, den USA, Deutschland und anderen Ländern mit den aufgenommenen Ideen, was sowohl zum Kubismus wie zum Dadaismus führte.

Einige Künstler schlossen sich auch der antikolonialistischen Bewegung an, besonders die französischen Surrealisten. Sie gingen nun dazu über, in abstrakter Form zur Kombinatorik zu gelangen, sich also von präkolumbiner und ozeanischer Kunst gleichermaßen beeinflussen zu lassen. Solche Ideen finden sich gerade bei Joan Miró und Paul Klee wieder.

Diese Begeisterung für das „Ursprüngliche" führt in der Phase der Dekolonisation zu einer großen Sammelleidenschaft vieler Privatsammler, die bis heute angehalten hat und gerade der asiatischen und pazifischen Kunst sehr hohe Verkaufszahlen beschert, allerdings auch den Kunstraub befördert.

Aber gerade die Sammelleidenschaft hat natürlich auch ihre Vorläufer in der Frühen Neuzeit. Für europäische Fürsten des 16. bis 18. Jahrhunderts galt ein „Raritätenkabinett" geradezu als Ausweis ihrer universellen Bildung und Gewandtheit. Die Sammlungen von Kaiser Rudolf II. oder das Grüne Gewölbe von Kurfürst August dem Starken haben Berühmtheit erlangt. Doch auch die kleinen Fürsten waren stets an Sammelobjekten, die kurios wirkten und zudem neu waren, interessiert. So beauftragt Herzog Carl Eugen von Württemberg (1736-1793) seinen Gesandten in Wien nicht nur mit diplomatischen Aufgaben, sondern ließ sich auch Preislisten von Objekten aus der Südsee senden, in die zu dieser Zeit gerade mehrere Expeditionen gingen.

Besonders das große Interesse an Porzellan führt im ausgehenden 17. und 18. Jahrhundert zu einer Rezeption asiatischer Motive. Da das Porzellan meist aber speziell für den europäischen Markt in China gefertigt wurde, nahm man in China bei Motiven und Farbwahl auf die Erwartungen der Kundschaft Rücksicht. Daher gelangten auch keine

Zeugnisse unveränderter chinesischer Kunst, sondern in der Motivik bereits adaptierten Kunst nach Europa.

Die Darstellung von Menschen aus Asien, Amerika und Afrika finden sich sowohl in der Druckgraphik wie der Malerei Europas. Solche Figuren traten einmal als Repräsentanten der Erdteile auf (Australien wurde erst Ende des 18. Jahrhunderts „entdeckt") und bildeten durch die Vierheit eine gute Möglichkeit, sich kompositorisch bei Gemälde, so bei Deckengemälden wie in der Würzburger Residenz anbringen zu lassen. Während diese Figuren aber eher der Vorstellung der Maler entsprangen, gab es auch einige Künstler, die aus eigener Anschauung Personen aus Übersee malten. Der Nürnberger Hans Weiditz gehörte 1526 zu den ersten, die „Indianer", die aus Amerika nach Europa gebracht worden waren, malte. Später finden sich immer wieder „Mohren" auf europäischen Porträts, deren Darstellung als Diener die im Zentrum des Porträts stehende Person noch überhöhen soll. Aber es entstehen durchaus auch Porträts mit Schwarzen als Dargestellte im Zentrum, wobei diese meist aus der Karibik stammten und daher den sozialen Aufstieg geschaffen hatten und dies nun auch durch ein Porträt dokumentieren lassen wollten.

Im 19. Jahrhundert sind es Lithographien, Stiche und ab der Mitte des 19. Jahrhunderts Fotos, die in großen Zahlen als Postkarten verkauft werden, die das Bild, das man sich in Europa von Übersee machte, prägten. Es handelt sich jedoch zunehmend um Massenware, die bei den Motiven auch Vorlagen aus anderen Zusammenhängen verwandte. Erneut ist das Ergebnis, dass die Produkte eher der vorhandenen Vorstellung von Afrika oder Asien als der tatsächlichen Situation entsprachen. Dazu gehören auch die Bilder, welche von Missionaren oder in deren Auftrag angefertigt wurden und beim europäischen Betrachter Rührung hervorrufen sollten, eine Bildergattung, die bis heute unser Bild gerade von Afrika prägt. Dazu kommt eine zweite Gattung, die bis heute wichtig ist, auf: Die Sensationsfotografie. Die Kongogräuel oder das Verhalten der Spanier auf Kuba wurde mit umfangreichen Bildern und Fotoserien in Europa bekannt gemacht. Gerade diese Sensationsfotografie prägt bis heute unser Bild des afrikanischen Kontinents.

Der Austausch in der Musik

Der Export der europäischen Musik erfolgte recht schnell nach dem ersten Kulturkontakt. Schon auf die Kanarischen Inseln hatten die Spanier Orgeln aus den Niederlanden oder Deutschland bringen lassen, um die neu gebauten Kirchen damit auszustatten. So ist die Musik von

Anfang an ein Instrument der Mission. Dadurch, dass es außer Mexiko
Stadt und Lima keine Hofgesellschaften und als kulturelle Hauptstädte
nur Havanna, Caracas, Buenos Aires und Rio de Janeiro gab, hatte die
Kirche und die Orden eine bedeutende Rolle für die Musikpflege, auch
nach der Conquista. Die große Entfernung der Orte brachte es aber mit
sich, dass sich in Lateinamerika die aus Europa mitgebrachte Musik sehr
viel selbstständiger entwickelte, als in den Herkunftsländern.

Wichtige Förderer sollten die Jesuiten sein. Sie hatten als Evangelisa-
tionsmethode das Theater entwickelt. In Amerika wurden die Vorstellungen des Ordens stets von Musik begleitet, wobei die Evangelisierung
nicht nur durch das Zuschauen, sondern gerade auch durch das Teilnehmen erfolgen sollte. In den Jesuitenreduktionen legten daher die Patres
auch großen Wert auf die Herstellung von Instrumenten und waren von
den stimmlichen Fähigkeiten der Indianer begeistert. Komponisten wie
Domenico Zipoli (1688-1726) brachten italienische, der aus der Schweiz
stammende Martin Schmidt (1694-1772) deutsche Einflüsse mit ein.

Aber auch die Plantagenbesitzer pflegten die Musik, bildeten Sklaven
aus, um sich von ihnen unterhalten zu lassen. Die isolierte Situation
der Plantagen erlaubte aber kaum mehr als Kammermusik und zudem
waren die Plantagenbesitzer an der Arbeitskraft ihrer Sklaven interessiert, weswegen die Verstärkung durch große Chöre hier nicht in Frage
kam. Dennoch ist davon auszugehen, dass diese Musiker auch für die
Gottesdienste spielten und Melodien weitergaben.

Hinzu kam, dass man in der Neuen Welt länger an dem konservativen
spanischen Musikverständnis festhielt. Dies bedeutete, dass kontra-
punktische Musik, die seit 1600 in Europa an Einfluss verlor, in Amerika
wichtig blieb. Die geführten Stimmen blieben also eher selbstständig,
während in Europa durch den *basso continuo*, also den tragenden Bass,
sich eine führende Stimme herausbildete. Diese Stimme wurde nun in
Europa, ausgehend von Italien, besonders Venedig, durch große Or-
chester, oft mit Doppelchörigkeit, verstärkt. In Amerika, wo man, außer
in den Missionen oder den Städten, für zwei Chöre nicht die Sänger
hatte, fand diese Tendenz zunächst weniger Anklang. Dies änderte sich
am Anfang des 18. Jahrhunderts, als mit dem Wechsel der Dynastien
in Spanisch-Amerika von Habsburg zu Bourbon auch der Musikstil
Italiens an Bedeutung zu gewinnen begann. Es wurde nun Opern in
Amerika komponiert, während andererseits in Europa eine Rezeption
amerikanischer Motive erfolgte. Von Gian Francesco de Majo wurde
1759 die Oper „Motezuma" aufgeführt, das gleiche Motiv wurde auch
von Antonio Vivaldi (1733), Carl Heinrich Graun (1755) und Giovanni

Paisiello (1772) verarbeitet, wobei letzterer gar drei Opern zur Thematik der Conquista verfasste.

In bescheidenem Maße kam es aber auch zur Integration von indianischer und afrikanischer Musik. Gerade durch die Sklavenimporte wurde die westafrikanische Musiktradition auch nach Amerika gebracht. Während die Schlaginstrumente in der europäischen Musik erst mit der Rezeption der so genannten „türkischen Musik" umfangreich erfolgte, geschah dies in Lateinamerika in so genannten *negros, negrillas* oder *guineos* (von Guinea), wie die Musikstücke hießen, bereits früher. Viele verschiene Schlaginstrumente, aber auch andere Blasinstrumente, so die Panflöte und Muscheln konnten teilweise in europäisch geprägten Aufführungen Verwendung finden. Sie blieben zudem in der täglichen Musikpraxis auf dem Land meist die einzigen Instrumente, wenngleich bei den Melodien, durch die Gottesdienste, auch europäisches Liedgut und Tänze eingebaut wurden. Die ersten Versuche im 16. Jahrhundert, mit präkolumbinen Melodien das Christentum zu verbreiten, waren aufgrund des Misstrauens der Missionare, welche die Gefahr des „Götzendienstes" sahen, schon bald wieder fallen gelassen worden.

In Nordamerika führte das Fehlen jeglicher Hofkultur zu einer sehr viel begrenzteren Musikentwicklung. Hinzu kam, dass die Reformierten Musik im Gottesdienst außer Psalmengesängen ablehnten und daher nur die Anglikaner und Lutheraner als Förderer der instrumentalen Musik wirken konnten. So wurden auch die Gebiete mit starkem lutherischen oder anglikanischen Gesellschaftsanteil, wie North Carolina oder Pennsylvania zu Zentren der Musikentwicklung. Diese blieb freilich in kleinem Rahmen. In Nordamerika geborene Komponisten wie David Moritz Michael (1751-1827) oder der aus den Niederlanden stammende Johann Friedrich Peter (1746-1813) brachten die deutsche Musiktradition in die mährischen Brüdergemeinden nach North Carolina.

Daneben brachten die Sklaven ihre eigene Musik mit, die jedoch im Gegensatz zu Lateinamerika hier nicht in die europäische Musiktradition eingebaut wurde, sondern sich eigenständig weiter entwickelte. Einen Impuls erhielt die Rezeption der afrikanischen Musik durch die Veröffentlichung des Buches von Olaudah Equiano, der aus Südost-Nigeria stammte. Seine in englischer Sprache verfasste Lebensgeschichte, die allein zu seinen Lebzeiten neun Auflagen erlebte, schilderte erstmals aus der Sicht eine Westafrikaners die Musik in seinem Herkunftsland. Danach war die Beschreibung von afrikanischer Musik im 19. Jahrhundert eher von Überheblichkeit und Missfallen gekennzeichnet.

Diese Haltung trifft auch auf die schwarze Musikkultur der Karibik oder im Süden der USA zu, die im 19. Jahrhundert keine Anerkennung außerhalb der schwarzen Bevölkerung fand. Der aufkommende Jazz aber entwickelte sich dennoch weiter. Er nahm Einflüsse aus der Musik des 18. Jahrhunderts und Liedgut der Einwanderer und Sklaven auf und verarbeitete diese.

Noch Anfang des 20. Jahrhunderts blieb die europäische geprägte Gesellschaft dem Jazz gegenüber zugeknöpft. Erst durch die Akzeptanz in Städten des Nordens der USA, wie in New York, wo die Rumba 1914 hingelangte und in den dreißiger Jahren zum beliebten Tanz wurde, änderte sich die Sichtweise langsam. Auch in Großbritannien erfolgte die Verbreitung des Jazz ab 1919. Dies gilt auch für den argentinischen Tango, der seine Wurzeln den Schwarzen in Argentinien verdankt oder andere Tänze, die in den dreißiger Jahren durch die nach dem Ersten Weltkrieg in Europa teilweise geänderten Gesellschaftsstrukturen Eingang finden. So sind Jazz, Tango, Samba (von *semba*: Tanz) oder Mambo um nur einige zu nennen, eine aus der Mischung kontinentübergreifender Ideen und Entwicklungen entstandene Musikformen, die unser Leben bis heute bereichern.

In Afrika wurde im 19. Jahrhundert die europäische Musiktradition von Missionaren verbreitet, wobei sich schnell die Gitarre als Instrument durchsetzte. Daneben fanden die Militärkapellen vielerorts Nachahmer. Darauf auf der eigenen umfassenden Musiktradition und dem aus den USA kommenden Jazz fußend bildete sich dann eine neue Musikkultur mit vielen regionalen Unterschieden in den Ländern Afrikas heraus. Während der Hip-Hop im Senegal eher die Ausdrucksform von marginalisierten Gruppen darstellt, ist das verwandte Hiplife in Ghana eine Ausdrucksform der Jugendlichen in höheren Schulen.

Die kolonialen Gesellschaften und die Sprachen

Die kolonialen Städte wurden zu Orten, in denen sich die Kulturen mischten. Nach außen waren sie dominiert von europäischen Ordnungsvorstellungen und kulturellen Einrichtungen, also den Kirchen, Regierungsgebäuden, Kasernen, manchmal auch Stierkampfarenen, Golfplätze, Pferderennbahnen, je nach Interesse der Kolonialherren. Doch dort trafen sich die verschiedenen Kulturen und Sprachen.

Damit kam es zu Prozessen der kulturellen Veränderung. In Lateinamerika hatte mehr noch als Maßnahmen der spanischen Kolonialverwaltung das Interesse an der Teilnahme am ökonomischen Leben in der Stadt eine Rückwirkung auf die Sprache der indigenen Bewohner. Wer handeln wollte, musste Spanisch beherrschen, was vielfach zum Verschwinden der indigenen Sprachen in den Städten und dem näheren

Umkreis führte. In den Gebieten der Karibik, wo fast jede Insel einer anderen Kolonialmacht gehörte, waren gerade die Städte Orte des kulturellen Austausches. Allerdings durften sich hier nur Weiße oder freigelassene Sklaven beteiligen, die Masse der Bewohner, die schwarzen Sklaven, blieben ausgeschlossen. Noch bevor sich in Afrika oder Indien die europäischen Sprachen durchgesetzt hatten, war dies in der Karibik der Fall. Selbst in ihrer eigenen Gruppe konnte die schwarze Bevölkerung nur durch die Annahme der Sprache der Kolonialherren eine Kommunikation aufrechterhalten, da ihre Herkunftsgebiete und Sprachtraditionen zu unterschiedlich waren. Doch blieb diese adaptierte europäische Sprache nicht stehen, sondern machte Entwicklungen durch und fand ihre Besonderheiten bei Wortschatz und Aussprache in der Karibik.

In Nordamerika blieben die Gruppen sehr viel stärker getrennt, so dass es auch in erheblich geringerem Maße zu einem Austausch zwischen indigener und weißer Bevölkerung in den Städten kam. Es wurde selbstverständlich erwartet, dass auf der offiziellen Ebene alle Verlautbarungen auf Englisch erschienen, die aber auch von den deutschen Siedlern, selbst wenn sie in ihrer Gemeinschaft beim Deutschen blieben, durchaus zur Kenntnis genommen wurden.

Eine Sonderentwicklung stellt das koloniale Brasilien und das nördliche Río de la Plata-Gebiet dar. In Brasilien konnte sich, auch aufgrund der großen Entfernungen und durch die Zeit der spanischen und niederländischen Fremdherrschaft, das Portugiesische in der Kolonialzeit nicht durchsetzen. Vielmehr sprach man meist Tupí nambá (*Tupí antigo*), eine aus einer Guaraní-Sprache mit portugiesischen Lehnworten von den Jesuiten geschaffenes Idiom, welches sich bis in das frühe 19. Jahrhundert als erste Sprache Brasiliens hielt, bevor es vom Portugiesischen abgelöst wurde. Die mittlerweile ausgestorbene Sprache hat aber mit Begriffen wie *Piranha*, oder Jacaré (Kaimanart) auch Spuren im Deutschen hinterlassen.

Auch das nördliche Río de la Plata Gebiet, das heutige Paraguay stellt in sprachlicher Hinsicht eine Besonderheit dar. Die Jesuitenmissionare, die meist Guaraní als eine der indigenen Sprachen gelernt hatten, sprachen auch in den Reduktionen nicht Spanisch, sondern Guaraní. So entwickelte sich bis zum 19. Jahrhundert das Guaraní zur führenden Sprache, weswegen Paraguay heute das einzige Land Lateinamerikas ist, das mit Guaraní eine indigene Sprache als erste offizielle Sprache nutzt. Allerdings wurde hier, wie sonst vielfach durch die Missionare, eine Sprache ausgewählt und zur Verkehrsprache auf Kosten der anderen Sprachen gemacht und zudem durch ihre schriftliche Festlegung nach europäischen Vorstellungen „geordnet". Dieses Problem sollte sich übrigens bis in das 20. Jahrhundert als Grundproblem der Missionare halten, die in Gebieten tätig waren, in denen viele unterschiedliche Sprachen gesprochen werden. Meist wurde sich eine Sprache herausgegriffen, deren dialektale Ausformung dann zur Hochsprache gemacht und durch die schriftliche Fixierung so erhalten wurde. Dies gilt z.b. für indianische Sprache wie Quetcua (erstes Wörterbuch 1560) und Aymara oder Tupí, die sich erst in spanischer Zeit weit über ihren Verbreitungsraum des 15. Jahrhunderts hinaus entwickelten oder für die unterschiedlichen Sprachen Mikronesiens, die erst im 20. Jahrhundert diesen Veränderungsprozess durchliefen.

In Asien und in Afrika stellte sich die Situation anders dar. Viele der Sklavenhändler in Afrika waren Araber, und ohnehin war das Arabische eine Lingua Franka, deren Kenntnis für die im Sklavenhandel tätigen Europäer von Vorteil war. Für die Kolonialbeamten und Offiziere hingegen, gab es keinen Grund, sich sprachlich umzuorientieren. Dies gilt noch stärker für Asien, wo es zu keiner sprachlichen Einheit kam. Aber auch hier waren es die Städte, in denen man selbstverständlich Sprachbegabung voraussetzte. In Indien, wo sich die europäischen Stützpunkte der unterschiedlichen Nationen wie Perlen an einer Kette um die Küste gelegt hatten, wurde den Händlern eine große Sprachkenntnis abverlangt.

Die letzte Sondergruppe in der Sprachvermittlung schließlich sind die Missionare. Besonders den Jesuiten lag in der ganzen Zeit ihres Wirkens viel daran, durch den Erwerb der Sprache die Mission vorantreiben zu können. Sie gehören auch zu den wenigen Europäern, die nicht nur Sprachen wie das Chinesische beherrschten, sondern auch Sprachentwicklungen beeinflussten, so in Vietnam, wo sie das chinesische Zeichensystem durch ein Buchstabensystem vereinfachten. Diesen mehrfachen Sprachtransfer machten gerade auch die zentraleuropäischen Jesuiten durch. Viele, die, aus der Oberdeutschen Provinz stammend, nach Amerika gingen, kamen aus Böhmen, Kroatien oder Ungarn. Sie hatten zunächst Deutsch, dann Spanisch und schließlich Guaraní zu erlernen. Sie durchliefen also einen Prozess der Aneignung ganz verschiedener Sprachen.

Die globale Migration

Der Kolonialismus ist auch die Geschichte einer riesigen Migrationsbewegung. Dabei handelt es sich im Falle von Asien und Afrika in der Frühen Neuzeit vornehmlich um Einzelmigration, weil nur wenige Europäer sich in den Stützpunkten ansiedeln wollten, im Falle der beiden Amerikas jedoch um Einzel- und um Gruppenmigration. Dies gilt natürlich auch für die Sklaven aus Afrika, die eine gewaltsame Gruppenmigration darstellen und nach Amerika gebracht wurden, ohne dort freie Siedler werden zu können. Anders sieht die Situation für Sträflinge aus, die von England nach Amerika und ab 1786 nach Australien, von Frankreich nach Guyene oder von Russland nach Sibirien deportiert wurden. Sie wurden zwar zwangsweise nach Übersee oder Sibirien gebracht, konnten sich hier dann aber nach Ableisten der Strafe als freie Siedler niederlassen und neue Gesellschaften gründen.

Konnte die Entscheidung auszuwandern selbst getroffen werden, waren meist wirtschaftliche, seltener politische oder religiöse Faktoren entscheidend. Die Entscheidung zur Auswanderung erfolgte selten in Schichten, die in bitterer Armut lebten, sondern eher in einer Mittelschicht, die sich die Reise und Schiffspassage, zumindest bis zu einem Einschiffungshafen, leisten konnte. Ausnahmen stellen von den Gemeinden bezahlte Überfahrten dar, um die „Dorfarmen" abzuschieben, wenngleich dies Vorgehen im 19. Jahrhundert häufiger wurde.

Im Zeitraum von 1500 bis 1800 verließen etwa 600 000 Kolonisten die Iberische Halbinsel, um sich in Lateinamerika anzusiedeln. Demgegenüber kamen zwischen 1600 und 1800 ungefähr 1,2 Millionen Nordwesteuropäer nach Nordamerika, andere Schätzungen geben für die Zeit 1500-1850 drei Millionen Europäer an.

Einmal in Amerika angekommen, war den Siedlern die Zuweisung eines Landstücks wichtig. In Lateinamerika war dies mit der Zuweisung indianischer Arbeitskräfte durch die *encomienda* verbunden. Trotz der Emigration blieb die Bevölkerungsdichte gering. Eine Ausnahme stellte die nicht-spanische Inselkaribik dar, wo die Bevölkerungsdichte sehr hoch war. Hier lebten neben den Sklaven zeitweise bis zu 300 Menschen europäischer Herkunft auf einer Quadratmeile, während in der spanischen Karibik nur ein Europäer pro Quadratmeile lebte.

Die Auswanderungsziele änderten sich im 19. Jahrhundert, als nun bei den außereuropäischen Zielen neben Nord- und Südamerika auch Nordafrika oder Südafrika, Russland und schließlich auch Australien hinzutraten. In den frühen 1870er Jahren verließen jährlich über 350 000 Menschen Europa in Richtung Nordamerika, Anfang der 1880er war die Zahl auf 500 000 angewachsen, darunter waren z.B. 1881 und 1882 rund 200 000 Deutsche. Wie stark die nicht europäische Einwanderung vom Anfang des 19. bis zum Anfang des 20. Jahrhunderts zugenommen hatte, zeigt sich an einem Vergleich der deutschen Auswanderung in die USA. Die deutsche Auswanderung in den 1820er Jahren umfasste knapp 600 Personen im Jahr, was weniger als 5 % der Gesamtimmigration ausmachte. Zwischen 1850 und 1869 stieg dann der Anteil der Deutschen auf ein Drittel in der Gruppe der Einwanderer. Und obwohl die Zahl der deutschen Einwanderer in die USA 1900-1909 330 000 betrug, stellte dies nur noch ungefähr 4 % der Gesamteinwanderung dar. Mittlerweile machte auch die außereuropäische Immigration einen bedeutenden Anteil aus.

Einen anderen wichtigen Faktor stellte die Zwangsmigration dar. Die Zahl der Sklaven, die nach Amerika gebracht wurde, lässt sich nur schätzen. Bis zum Ende des 17. Jahrhunderts hatte man wohl 370 000 Sklaven nach Spanisch Amerika gebracht, im 18. Jahrhundert mehr als 500 000. Brasilien ließ sich 1,7 Millionen Schwarze aus Afrika bringen, und steigerte diese Zahl beträchtlich im 19. Jahrhundert. Trotz Verbots des Sklavenhandels wurden in diesem Jahrhundert mehr als drei Millionen Afrikaner zur Zwangsarbeit nach Amerika verschleppt. Nach Schätzungen von Reinhard Wendt wurden zwischen 1450 und 1850 etwa 12 Millionen Menschen aus ihrer Heimat abtransportiert. Nach 1850 setzte sich die Zwangsmigration bei dem so genannten „Kulihandel" fort. Chinesen wurden meist mit Gewalt in den Arbeitsdienst gepresst und in Afrika, Niederländisch Indien und Lateinamerika in der Plantagenwirtschaft und im Eisenbahnbau eingesetzt. Durch Arbeitsverträge de facto für mehrere Jahre „verkauft", so nach Kuba, wurden diese Menschen noch am Ende des 19. Jahrhunderts teilweise in Ketten gehalten und mit Prügelstrafen traktiert. Nach der erzwungenen Aufhebung des Auswanderungsverbots in China 1842 verließen zwischen 1840 und 1900 2,3 Millionen Chinesen das Land.

Auf der anderen Seite kamen im 19. Jahrhundert viele Siedler nach Afrika. Dies waren keinesfalls nur Weiße, sondern auch entlassene Sklaven aus der Karibik und den USA oder die große Gruppe der Inder und Araber am Indischen Ozean. Hinzu kam die erwähnte große Menschenbewegung des Sklavenhandels und der Zwangsarbeit. Sie wurden in bestimmte Gebiete gebracht, wo sie aber keine eigenen Siedlungsgemeinschaften bilden konnten. Die verschiedenen Gruppen sahen sich mit ganz unterschiedlichen Bedingungen konfrontiert. Frühere afrikanische Sklaven, die nach Liberia kamen waren zwar nicht aufgrund ihrer Hautfarbe als Einwanderer erkennbar, wohl aber durch ihre kulturelle Prägung und ihres Selbstverständnisses. Auch die Besiedelung konnte recht unterschiedlich sein. Betrachtet man nämlich die Siedlungstypen, so finden sich Brückenköpfe als Ausgangspunkt der Besiedlung, was bei den arabischen, niederländischen oder portugiesischen Stützpunkten der Fall war, oder es handelte sich um eine vornehmlich auf das Land ausgerichtete Besiedelung. Während die Inder in Afrika, so z.B. in Kenia, v.a. in den Städten lebten, war die französische Besiedlung von Algerien auf das Land ausgerichtet. 1830/31 stellte den Beginn der französischen Besiedelung des nordafrikanischen Landes dar, für welches man auch bereits in Deutschland warb. Von diesem Zeitpunkt stieg die Zahl der Europäer in Algerien rapide. 1840 waren es bereits um die 100 000, deren Zahl bis 1871 auf 200 000 anwuchs. Eine weitere große europäische Siedlung in Afrika war bereits 1652 am Kap der Guten Hoffnung entstanden, wo sich Niederländer ihre Wohnsitze nahmen. In Nord- wie in Südafrika, aber auch in Amerika erfolgte die Landnahme auf Kosten der einheimischen Bevölkerung, die verdrängt wurde.

Jedes Land versuchte, durch die Besiedelung an den Orten, an denen man Kolonialbesitz hatte, die eigene Position zu stützen und die Inbesitznahme des Gebietes abzusichern. Frankreich, England und die Niederlande konnten dabei jedoch als Nationalstaaten die Auswandererströme besser lenken. In Deutschland, wo sich die Länder auch im 19. Jahrhundert gehalten hatten, bedurften Ausreisewillige stets die Genehmigung ihres Heimatstaates. Diese war jedoch nicht leicht zu beschaffen, weil die meisten deutschen Länder die Auswanderung zu verhindern suchten. So verließen sehr viele Auswanderungswillige illegal das Land und erst ab der Mitte des 19. Jahrhunderts besserte sich die Rechtssituation und die Auswanderung wurde allmählich legal, wenngleich selbst Preußen noch 1873 die Ausweisung der ausländischen Agenten und Werber verfügte. Dennoch kam es nie zu einer großen Auswanderung in die deutschen Kolonien. Aufgrund der klimatischen Verhältnisse eignete sich allein Deutsch-Südwestafrika als Siedlungskolonie.

Genussmittelexport und Einfluss auf die Küche

Kaffee, Tee, Kakao und Tabak

Als im 17. Jahrhundert durch die Handelskompanien viele Waren aus den Kolonien nach Europa gelangten, veränderten sich die Essgewohnheiten. Der Wissenshorizont wurde erweitert, was sich in Alltagsleben, Kunst und Wissenschaft bemerkbar machte. Zudem hatten die

Agrarentwicklungen in Übersee vielfach auch Rückwirkungen auf die
agrarische Struktur in Europa und schließlich entstanden durch neue
Essgewohnheiten auch ganze Industriezweige, um die Nachfrage zu
befriedigen.

Nutzung und Konsum bestimmter außereuropäischer Pflanzen waren
vor der europäischen Expansion seit Jahrhunderten bekannt. Doch mit
der Eroberung Lateinamerikas und der Entdeckung des Seewegs nahmen die Warenströme enorm zu, uns auch bisher unbekannte Pflanzen
und Konsumprodukte gelangten aus Amerika auf den europäischen
Markt.

Dies gilt für Tabak, Kakao, Bohnen, Mais, Reis, Kaffee, um nur die
wichtigsten Produkte zu nennen. Der Tabak wurde in vorkolumbischer
Zeit überall in Amerika angebaut und in getrocknetem, möglicherweise
auch fermentiertem Zustand genossen. Der Konsum von Kakao hingegen
war auf Zentralamerika beschränkt, da die empfindliche Kakaopflanze
nur hier gedieh. Für Trinkschokolade wurden die auf Steinen geriebenen
Bohnen mit Gewürzen (Chili, Vanille) und heißem Wasser vermischt,
manchmal noch Mais hinzugenommen, gekocht und dann gerührt.

Während Kakao aus Amerika kommt, lieferte Afrika zuerst Kaffee,
und Tee wurde zunächst in Asien kultiviert. In China wurde nicht nur
der Teeanbau weiter entwickelt, sondern auch die Teekultur verfeinert.
Dabei spielte das seit dem 9. Jahrhundert bekannte Porzellan eine wichtige Rolle. Dieses Produkt, dass zunächst in Japan, dann aber auch in anderen Teilen Asiens Verbreitung fand, war ein wichtiges innerasiatisches
Handelsgut. Das Geheimnis seiner Herstellung wurde in Japan und
China gut gehütet. Das Kaffeemonopol hingegen lag zunächst Mocca
im Jemen, wo die aus Äthiopien stammende Pflanze angebaut wurde.
Von hier aus verbreitete sich die geröstete Bohne schnell in ganz Arabien,
im Osmanischen Reich und Persien.

In Europa kannte man zu Anfang der europäischen Expansion nur
alkoholhaltige Getränke als flüssige Nahrungsmittel mit stimulierender
Wirkung. Eine Erweiterung dieses Bezugsrahmens war zunächst nicht
von Interesse. Hinzu kam, dass die Europäer zunächst vom bitteren
oder im Falle des Kakaos, sehr scharfen Geschmack, der unbekannten
Getränke abgeschreckt wurden. Diese wurden daher wie auch andere
„exotische" Ingredienzien als Heilmittel verwandt. Daher muss gerade
die Suche nach Medizin neben dem Wunsch, Edelmetalle und Gewürze
zu finden, als ein wichtiger Beweggrund für die europäische Expansion
verstanden werden. Dabei sollten die eingeführten Medizinstoffe sowohl gegen Einzelerkrankungen, wie Fieber, Koliken, Zahnschmerzen,
wie auch gegen Epidemien, also die Pest, Cholera, Ruhr, helfen. So

berichten Europäer regelmäßig von der großen Gesundheit, welche die Chinesen durch Tee, die Indianer durch Tabakkonsum oder die Araber durch Kaffee sich erhalten könnten. Zunächst konnten die Kolonialmächte den Tabak nach Europa überführen, da die Pflanze auch in anderen Regionen gedieh. Gleichzeitig entstanden große Plantagen in Virginia und Maryland und konnten damit einen rasant wachsenden Markt abdecken. Ähnlich verhielt es sich mit dem Kaffee. Als die Europäer ihn um 1600 kennen lernten, war er im Orient schon seit hundert Jahren üblich. Dann aber verbreitete er sich rasant. Nachdem es den Niederländern gelungen war, Setzlinge aus dem Jemen zu schmuggeln und in ihren indonesischen Besitzungen heimisch zu machen, konnte die Vereinigte Ostindische Kompanie zum Marktführer bei Kaffeeexport werden. Doch als um 1720 der Kaffee auch im niederländischen Surinam anlangte, verbreitete er sich schnell in der Karibik, womit die Konkurrenz für die Niederländer wuchs. Bis 1788 war die Kaffeeerzeugung aus der Karibik für den nordatlantischen Raum auf 55 000 Tonnen angewachsen. Durch die Unabhängigkeit Amerikas verlagerte sich die Kaffeeproduktion aus der Karibik nach Brasilien und Mittelamerika sowie Indonesien und in geringerem Maße Britisch Indien. Brasilien produzierte mehr als die Hälfte der 1886/87 weltweit produzierten 617 500 Tonnen Kaffee. Mit dem Siegeszug von Tee, Kaffee und Kakao nahm auch der Zuckerverbrauch erheblich zu, da diese Getränke stark gesüßt genossen wurden. Möglich war sowohl der Kaffee, wie der Zuckeranbau nur durch die vielen Sklaven, die in der Karibik oder Brasilien auf den großen Plantagen arbeiteten.

Tee mussten die Europäer aus Kanton, welches seit 1685 für den europäischen Handel geöffnet war, als dem einzigen ihnen zugänglichen Hafen in China beziehen. Seit 1760 wickelte eine Handelsorganisation des Kaisers mit den europäischen Handelsgesellschaften die Geschäfte ab. Dabei stieg der Bedarf an Tee und an Porzellan enorm. Zwischen 1719/25 und 1792/98 erlebte er eine Steigerung von 770 auf 11 052 Tonnen! Davon führten die Engländer 9000 Tonnen aus. Während die anderen Mächte ihre Rechnungen vornehmlich mit Silber aus Amerika beglichen, dessen Preis im 18. Jahrhundert zunehmend verfiel, konnte die Engländer ab dem Ende des 18. Jahrhunderts mit dem in China sehr gefragten Opium aus Nordindien und mit Baumwolle bezahlen. In China waren sich die Behörden der schädlichen Wirkung des Opiums bewusst, was sich in den Erinnerungen von Li Hung-tschang spiegelt:

> *„Ich weiß, dass durch dies nach Geldhaschen und die kaufmännische Aufdringlichkeit Englands gegen China Millionen unglücklicher Chinesen noch tiefer erniedrigt wurden; kräftige Männer und Frauen wurden arme*

Landstreicher und tiefgesunkene Verbrecher, und Hunderttausende der Schwächeren meiner Rasse – besonders unter den Frauen – sind zum Selbstmord geführt worden. Und das alles, damit Indien gedeihen möge. Und das alles, damit der britische Handel in chinesischen Häfen blüht. Alles dies, weil Gold und Land in den Augen der britischen Regierung mehr wert sind als die menschlichen Körper eines schwachen Volkes." (Memoiren des chinesischen Vizekönigs Li Hung-tschang, GiQ 5, 542)

Als China demonstrativ ein britisches Opiumdepot zerstören ließ, führte dies zum Ersten Opiumkrieg 1839, an dessen Ende die gewaltsame Öffnung des Landes stand. Es waren nun weitere Freihandelshäfen einzurichten, der Opiumhandel vollständig zu legalisieren und den Europäern im Reich der Mitte Bewegungsfreiheit einzuräumen.

Beim Kakao, der im 18. Jahrhundert in großer Menge in Neu-Granada (heutiges Venezuela und Kolumbien) angebaut wurde, ging der Siegeszug von Zentralamerika aus. Von hier aus fand die Pflanze ihren Weg aber auch nach Madagaskar, nach Ceylon (Sri Lanka) und v.a. nach Principe und São Tomé vor der afrikanischen Küste. Erst jetzt wurde der Kakao in Afrika heimisch. Bis zum ausgehenden 19. Jahrhundert dominierte die Karibik noch in der Kakaoproduktion, ab dem frühen 20. Jahrhundert dann jedoch Westafrika. Zwischen 1913 und 1939 nahm die Kakaoproduktion im kolonialen Westafrika von 250 000 auf 737 000 Tonnen jährlich zu.

Verweisen diese Zahlen aber schon auf den Boom des Kakaos als Genussmittel in Schokolade, so wurde in der Frühen Neuzeit noch besonders auf seine Heilwirkung geachtet. Kaffee, Tee und Tabak verabreichte man statt Aderlassen. Durch die harntreibende Wirkung der Getränke ging man davon aus, dass der Überhang an schädlichen Körpersäften, die man für Krankheiten verantwortlich machte, aus dem Körper getrieben würde. Natürlich gab es auch Kritiker des Kaffee- und Teegenusses, die aber nicht allein aus gesundheitlichen, sondern mehr aus volkswirtschaftlichen Gründen den Genuss kritisierten, weil sie fürchteten, besonders der Kaffeegenuss halte von der Arbeit ab.

Zunächst trat der Tabak in Europa seinen Siegeszug an, wurde schnell nicht nur in der Oberschicht, sondern in breiten Volksschichten heimisch, wovon uns die Gemälde der niederländischen Maler des 17. Jahrhunderts ein anschauliches Zeugnis geben. Im 18. Jahrhundert wurde Tabak vornehmlich als Schnupftabak genossen, bei Hofe konnte man durch kostbare Schnupftabaksdöschen seinen Reichtum zeigen, und Diplomaten brachten als Antritts- oder Abschiedsgeschenk häufig reich verzierte Exemplare mit. Im 19. Jahrhundert wurde diese Genussart von der Pfeife verdrängt, die am Ende des Jahrhunderts ihre Vorreiterstellung an die Zigarette abtreten musste.

Schokolade blieb in der Frühen Neuzeit auf die Oberschicht beschränkt. Im Gegensatz zu Tee oder Kaffee konnte man das Getränk nicht mehrfach aufgießen oder durch Ersatzstoffe, wie Zichorie, strecken. Zudem gehörten weitere teure Gewürze für die Zubereitung hinzu, und schließlich musste eine größere Menge genommen werden, um eine Tasse zu füllen. Hinzu kam schließlich, dass ab dem Anfang des 18. Jahrhunderts Kaffeehäuser entstanden, wo besonders der Kaffeegenuss auch zu einem sozialen Faktor wurde, wenngleich auch Tee und Kakao getrunken werden konnten. Ab der Mitte des 17. Jahrhunderts hatten sich Kaffeehäuser in Venedig, London (1652), Amsterdam (1661/62), Den Haag, Marseille und Paris (1700) etabliert, am Ende des Jahrhunderts traten noch jene in Bremen, Hamburg, Wien, Nürnberg und Frankfurt hinzu.

Im 18. Jahrhundert hatte sich dann der Kaffee soweit verbreitet, dass er zu einer europäischen Essrevolution führte. Der Kaffee mit Frühstücksschnitte löste die bis dahin übliche Biersuppe oder mit Wein und Brot konsumierten Speisen ab. Erst mit den Heißgetränken hatte man eine Alternative gefunden, die nicht mehr das Problem der Haltbarkeit entscheidend sein ließ. Vorher hatte man lediglich Wasser und Dünnbier als Alternative besessen.

Waren die Kaffeehäuser zunächst nur für Männer zugänglich, so etablierten sich am Ende des 18. Jahrhunderts Kaffeekränzchen als eigene Alternative für Frauen, die dem sozialen Kontakt und Austausch zu ganz verschiedenen Themen dienten. Im 18. Jahrhundert entwickelten sich die uns heute „landestypisch" erscheinenden Schwerpunkte, die stark mit der Möglichkeit des Imports zusammenhingen. England begann vornehmlich Tee, Spanien viel Kakao und Frankreich und Deutschland besonders Kaffee zu trinken. Es darf dabei besonders für den deutschsprachigen Raum aber nicht übersehen werden, dass vielfach aus Kostengründen lediglich das Wasser mit Kaffee gefärbt wurde oder man Zichorien- oder Malzkaffee ausschenkte. So wurde Bohnenkaffee in Deutschland erst im 20. Jahrhundert wirklich zu einem Volksgetränk.

Erst spät kam die Schokolade auf. Im 19. Jahrhundert war es Dank einer Maschine, die entölten Kakaobruch mahlte und mit Zutaten vermischte, möglich, die Grundlage für die Schokoladen zu erhalten. Damit und unter Zusetzung des 1867 erfundenen Milchpulvers konnte 1878 Daniel Peter die erste feste Milchschokolade herstellen. Deren Qualität wurde durch den Schweizer Rudolph Lindt verbessert. Sinkende

Rohkakao- und Rohzuckerpreise ermöglichten nun den Siegeszug der
Schokolade.

Gewürze, Kartoffeln und Tulpen

Den Hauptanteil an nach Europa importierten Handelsgütern machten in der Frühen Neuzeit zunächst die Gewürze aus, weil sie sich leicht
konservieren und über große Strecken mit Gewinn transportieren ließen.
Sie hatten zudem den Vorteil, dass auch kleine Mengen ausreichten, um
eine geschmackliche Veränderung der Speisen zu erreichen. Dabei gab
es für den Import aber oft erhebliche Schwankungen. So ging beim Pfeffer schon im 16. Jahrhundert aufgrund der großen Konkurrenz der Preis
zurück, bei Nelken und Muskat hingegen nicht, da die Niederländer es
geschafft hatten, ein Monopol für diese Gewürze aufzubauen. Neben
reinen Gewürzen fanden aber auch Gewürzmischungen, wie Curry
ihren Weg, hier über England, nach Europa. Damit konnten Backwaren
wie Lebkuchen oder Spekulatius überhaupt erst entstehen. In Nürnberger Lebkuchen werden Pfeffer, Muskatnuss und Muskatblüte verwandt,
in Aachener Printen finden Anis, Zimt, Koriander, Zucker und Nelken
Verwendung und natürlich kann die Currywurst nicht ohne Curry
auskommen. Im Verlauf des 17. Jahrhunderts erlaubte der fortgesetzte
Silberfluss nach Europa den europäischen Händlern eine Intensivierung
des Asienhandels, der nun neben Gewürzen in großen Mengen auch
europäische Produkte, wie venezianisches Glas oder holländische Uhren
im Tausch gegen Porzellan und Baumwolle einbezog.

Andererseits traten in Europa langsam umfangreiche Veränderun-
gen der Essgewohnheiten auch für breite Schichten durch eingeführte
Pflanzen ein. Kartoffeln, Mais, Bohnen, Paprika und Tomaten, aber auch
Erdnüsse und Gartenerdbeeren veränderten die europäische Küche.
Während der Mais aus Südeuropa langsam nach Norden wanderte,
was sich in seinem bis ins 18. Jahrhundert üblichen Namen als „Welsch
Korn" oder „Türkisch Korn" noch zeigt, wanderte die Paprika aus dem
Osmanischen Reich nach Ungarn und auf den Balkan. In das Osmanische
Reich wiederum war die Pflanze gelangt, nachdem sie zunächst von
Brasilien nach Indien gebracht worden war. Bei der Tomate schließlich
erinnert noch heute der in Österreich übliche Name „Paradeiser" an die
mit dem Gemüse verbundene Konnotation.

Mais hatte sich zunächst auch bei den europäischen Siedlern in Nord-
und Südamerika durchsetzen müssen und hatte, ähnlich wie später in
Europa die Kartoffel, oft erst in der Not Eingang in den Speiseplan

gefunden. Einmal etabliert, verbreitete er sich jedoch schnell, und die Europäer priesen enthusiastisch die Vorteile der Pflanze:

„Jetzt komme ich auf den Anbau von Mais zu sprechen, der [in Nordamerika] so weit verbreitet ist. Es ist mir zweifelhaft, ob eine andere Art von Getreide existiert, die allein für so viele Zwecke bei Menschen wie Tieren gebraucht werden kann. Zunächst ist er eine der fruchtbarsten Pflanzen der Welt, weshalb er auch von einigen ‚Ernte des Faulpelzes' [the lazy mans crop] genannt wird. (...) In Amerika gilt es als eine Fehlernte, wenn sie nicht das Zweihundertfache der Saat abwirft. Dazu sei angemerkt, dass ein großer Haushalt selten mehr als zwei Bushels pflanzt. (...) Rufen wir uns noch einmal ins Gedächtnis zurück, worüber wir eben gesprochen haben: Mais kann während des Frühlings mehrmals frieren und doch aus derselben Wurzel aufgehen; er verträgt mehr Hitze und Trockenheit als irgendeine andere Getreidepflanze, er wächst auf sehr armem Boden, er wächst rasch auf trockenen und sandigen Stellen, Feuchtigkeit schadet ihm nicht wie anderen Getreide usw. [...]

Manche Leute backen auch ein Brot aus verschiedenen mit Mais gemischten Kürbisarten. Dieses Brot ist sehr fein und süß. (...) Einige Leute in Amerika brauen ein bierähnliches Getränk aus Mais. Sie halten blauen Mais für diesen Zweck für besser geeignet und ausgiebiger als alle anderen Maisarten. (...) Wie vorzüglich dieses Nahrungsmittel für alle Arten von Lebewesen ist, geht auch daraus hervor: Ich kenne kaum eine andere Kulturpflanze, die so viele Feinde hat wie Mais von der Zeit der Reife an bis zur Einlagerung." (Peter Kalm, Reisen in Nordamerika, GiQ 4, 45 f)

Eine herausragende Rolle für die Weltwirtschaft spielte der Zucker. Der große Zuckerbedarf in der Frühen Neuzeit lässt sich aber nicht nur mit seiner Verwendung als Süßstoff für Getränke erklären. Zucker wurde nämlich zudem seit der Renaissance vielen Speisen als Gewürz beigegeben, während das Dessert als unabhängiges süßes Gericht noch nicht existierte. Bis zum Ende des 17. Jahrhunderts wurden die Gerichte vielmehr gleichzeitig serviert. Es war Frankreich, welches die Nachspeise, das Dessert, einführte und damit auch ein eigenes süßes Gericht. Zudem diente der Zucker zu riesigen Aufbauten. Beim Hoffest Karls V. in Binche 1549 wurde eine fünfstöckige Architektur auf Holzgerüsten aus Zucker aufgebaut.

Doch nicht nur Zucker, auch Tiere aus dem Orient bereicherten die Tafel. Bevorzugte man bis zum 17. Jahrhundert den Pfau als Tafeldekoration, so wurde er ab der Mitte des 17. Jahrhunderts durch den Truthahn aus Amerika abgelöst. Zeitweilig nahm man auch Schwäne, doch ließen sich Truthähne leichter züchten. Bei einem Festessen für Katharina von Medici 1549 wurden 30 Pfauen als Dekoration serviert.

An der Kartoffel und am Tabak lassen sich zwei unterschiedliche Vorgehensweisen des frühneuzeitlichen Staates mit aus Übersee stammenden Produkten aufzeigen: Förderung und Verbot. Die Kartoffel wurde besonders dort heimisch, wo aufgrund der klimatischen oder politischen Bedingungen oft Ernährungskrisen eintraten. Zudem war die Möglichkeit der Integration in die heimische Nahrung wichtig. Daher konnte die Kartoffel besonders in Norddeutschland leicht Fuß fassen, weil sie sich dort in die verbreiteten Eintöpfe integrieren ließ. Schwieriger verhielt es sich mit Südwestdeutschland, wo nur eine Änderung der Kartoffelform ihre Integration erlaubte: Sei es als Schupfnudeln in Württemberg oder als Knödel im bayerisch-böhmischen Raum. Den Durchbruch erlebte die Knolle aber erst durch die Hungersnot von 1770-1772, da die Leute jetzt gezwungenermaßen ihre Vorbehalte überwanden oder der Staat, wie das Königreich Preußen unter König Friedrich II., zwangsweise die Untertanen zum Kartoffelkonsum brachte.

Wieviel Überzeugungsarbeit noch am Ende des 18. Jahrhunderts nötig war, zeigt das „Noth- und Hülfsbüchlein für Bauersleute", in dem die Vorteile der Kartoffel in höchsten Tönen gelobt werden.

„*Die Kartoffeln, Tartüffeln, Erdtüffeln, Erdbirn, Grundbirn, (welche auch an einigen Orten fälschlich Erdäpfel genannt werden), sind eine gar herrliche Frucht, (…) Sie lassen sich trocken mit Salz essen; man kann sie in sauren Kohl, Möhren, Rüben, Erbsen, braunen Kohl und fast alle Gemüse mengen: die kleinsten kann man in Suppe thun wie kleine Klöse oder Knötel. Man kann Brey und Suppe daraus kochen und Kuchen und Brod daraus backen. […]*

Bey diesem vielfachen Nutzen sind nun die Kartoffeln auch eine so ergiebige Frucht, dass sie die Aussaat oft 50 mahl und drüber wiedergeben, und sie halten sich gut bis zum Anfang des Sommers, wenn man im Herbst die unbeschädigten aussucht und sie in Gruben verwahrt. Für Schweine und Rindvieh sind sie ein trefliches Futter." *(Noth- und Hülfs-Büchlein für Bauersleute. Hg. v. der Deutschen Zeitung. Gotha, Leipzig 1788, 73-76)*

Wurde der Kartoffelanbau in Preußen unterstützt, so agierten die Behörden beim Kaffee zweischneidig: Der Staat wandte sich gegen den Genuss, nutzte den Kaffeekonsum aber andererseits als Einnahmequelle. Gerade zwischen 1760 und 1780 wurde in Norddeutschland der Kaffeegenuss verboten, nachdem ähnlich restriktive Maßnahmen für den Tabak im 17. Jahrhundert bereits gescheitert waren. Durch den Anbau von heimischen Zichorien sollte der Abfluss von Geld ins Ausland verhindert werden. Zudem setzte Friedrich II. Steuerbeamte ein, vom Volk als „Kaffeeschnüffler bezeichnet, die illegale, unversteuerte Kaffeeröstereien auffinden sollten. Außerdem förderte der preußische

Staat den Anbau von Zuckerrüben, auch dies als Surrogat für den Rohrzucker. Beim Tabak füllten die Steuerbehörden die Staatskasse wie beim Kaffee durch indirekte Steuern. Für 1,1 Millionen Taler verpachtete König Friedrich II. 1765 sein Tabakmonopol. Beim Tod des Königs belief sich der jährliche Profit auf 18 % der Staatseinnahmen. So konnten am Kolonialismus auch Staaten profitieren, die selber keine Kolonien besaßen.

Viele andere Produkte aus Übersee können nur kurz genannt werden. Baumwolle und Seide beeinflussten nachhaltig das Kleidungsverhalten und wurden von den Europäern in der ganzen Welt verkauft. Tulpen, die seit dem ausgehenden 16. Jahrhundert über die Niederlande nach Europa eingeführt wurden, waren derart teuer, dass es eine umfassende Spekulation mit Tulpenzwiebeln gab, was 1637 zu einem Tulpenbörsencrash führte, der internationale Auswirkungen hatte. Auch die Kamelie, benannt nach dem mährischen Jesuiten Georg Joseph Kamel, stammte aus Übersee und war aus China nach London gelangt, wo die Blume im 19. Jahrhundert umfangreiche Verbreitung finden sollte. Reis hingegen hatte schon im Mittelalter seinen Weg nach Europa gefunden. Es konnte aber auch zum Kulturtransfer außerhalb Europas kommen. Die heute für viele asiatische Küchen so wichtige Chilischote kam aus Amerika nach Indien und China, ebenso die aus Amerika stammende Süßkartoffel, die nach Reis und Weizen zum wichtigsten Grundnahrungsmittel im Reich der Mitte wurde. Dies gilt auch für die Maniokwurzel, die durch die Portugiesen zunächst nach Angola gelangte und sich von hier aus in Afrika ausbreitete.

So wurde ein weltweites Warenhandelssystem entwickelt, eine Globalisierung, von der wir heute noch sprechen. An dem Text, der einem Londoner Handelsbuch von 1747 entstammt, lassen sich die internationalen Verflechtungen der Warenströme gut erkennen.

„Nach Irland exportieren wir die Erzeugnisse unserer Kolonien, Zucker und Tabak, ostindische Güter aller Art, (…) Wir exportieren nach Holland und Flandern Wollstoffe, vor allem Qualitäten aus Birmingham und Sheffield, Kohle, Blei, Zinn und Bleierze, mitunter auch Korn, Butter, Käse und Häute aus Irland; etwas Leder, Tabak und Zucker. Von dort erhalten wir grobe, ungebleichte Leinwand, Batist, Papier, Fischbein, Tran, Delfter und andere Töpferwaren, Garn und geklöppelte Spitzen und eine unvorstellbare Menge an ostindischen Gütern, (…)

Nach Frankreich führen wir kaum etwas anderes aus als Blei und Zinn, sowie kleinere Mengen Tabak nach Dünkirchen sowie Lachs aus Schottland. Dafür importieren wir in großen Mengen Wein, Branntwein, verschiedenste Sorten Seidenstoff, Batiststoffe, Spitzen und Gold- und Silberborten, Papier,

Karten, (…) Wir pflegten früher auch Spanien Wollwaren verschiedener Fabrikate zu schicken und versorgten dessen Kolonien mit denselben Artikeln, die wir unseren eigenen schicken. Wir versorgten sie mit Negern von der Guineaküste. Für all das bekamen wir spanischen Wein, Früchte, Öl und Oliven und große Mengen an Gold und Silber. Doch dieser Handel ist inzwischen zur Bedeutungslosigkeit geschrumpft, weil die Franzosen ihn völlig an sich gerissen haben. Nach Portugal schicken wir Blei, Zinn, Wollwaren, Güter für ihre Kolonien in Brasilien, als Gegenleistung erhalten wir Wein, Öl und Bargeld. Nach Italien verhandeln wir Fisch aus Neu-England und aus Neufundland, Blei, Zinn, Wollwaren, Leder, Tabak, Zucker und ostindische Güter. (…) Nach Ostindien führen wir verschiedene Wollwaren, Blei, Taschen- und Standuhren, Feuerwaffen und Hüte aus, aber unser wichtigster Ausfuhrartikel sind Silberbarren, für die wir im Austausch Gold, Diamanten, Gewürze, Drogen, Porzellan der Chinaware, rohe und verarbeitete Seide, Baumwollgewebe verschiedener Art, Salpeter und andere Dinge mehr erhalten." (Handbuch des Londoner Handels (1747), DGEE 4, 643)

Die Bedeutung von Erfindungen für den Vorsprung Englands

Der Import von Waren aus Asien erhöhte den Konkurrenzdruck auf Europa, da hier viele Menschen eine breite Warenpalette herstellten. Nur durch Innovationen und technischen Fortschritt konnten sich die europäischen Mächte auf dem globalen Markt halten. Unter Verwendung von kolonialem Rohmaterial vermochte England durch Erfindungen die Früchte seiner Kolonien effektiver zu nutzen. Die Baumwolle, welche die Niederländer aus Asien ursprünglich nur als Tauschprodukt gefördert hatten, war schnell zu einem bedeutenden Wirtschaftsfaktor geworden und hatte mehrere Wandlungen durchgemacht. Mit dem Sklavenhandel brauchte man für die Sklaven billige Kleidung, andererseits wurde feine Baumwolle ab der Mitte des 18. Jahrhunderts in Europa immer beliebter. Zwischen 1765 und 1768 entwickelte nun James Hargreaves mehrere Modelle der Spinning Jenny, die bis zu 32 Spindeln bediente. In der so genannten „Nachahmungsindustrie" sollte sich durch den Druck der indischen Konkurrenz und die Fähigkeit der Kombination von Einfuhr und Reexport die Führungsrolle Englands herauskristallisieren. Um 1788 waren bereits 20 000 Spinnmaschinen im Einsatz. So schwenkten die englischen Industriellen schnell vom heimischen Flachs, auf die aus den Kolonien stammende Baumwolle um, weil hier die Nachfrage höher war. Als Richard Arkwright 1769 eine wasserbetriebene Spinnmaschine erfand, die zudem spezielle Strumpfgarne herstellen konnte, war der Anfang einer industriellen Produktion gegeben.

Auch eine andere Erfindung, die zunächst keinen wirtschaftlichen Nutzen versprach, sollte später Englands mit Garnen aus den Kolonien versorgter Textilindustrie zu Gute kommen, die Lochkarten nämlich. Sie waren die Grundlage für Datenverarbeitungen und fanden daher ja auch bei Großrechnern bis in die achtziger Jahre des letzten Jahrhunderts Verwendung. Schon seit dem Mittelalter kannte man die Stiftswalze, doch erst durch den Mechaniker Jacques de Vaucanson (1709- 1782) fand diese Technik erstmals in einem Automaten, dem „selbstspielenden Flötenspieler", Verwendung. Waren dies zunächst nur Spielereien – die ihn freilich berühmt werden ließen – so wurde der industrielle Durchbruch durch die Verbindung zum Webstuhl geschaffen. Bereits 1745 von dem gleichen Mann erfunden, blieb ihm wegen mechanischer Probleme der Erfolg versagt. Erst Joseph Marie Jacquard (1752-1834) konstruierte zwischen 1802 und 1805 eine funktionsfähige Webmaschine. Eine Kette von Pappkarten wurde gemäß dem gewünschten Muster gelocht und von Nadeln abgetastet. „Die Fadenführung wechselte, je nach dem, ob die Nadeln in ein Loch fielen oder nicht. So ließen sich auch detailreiche Muster schnell und fehlerfrei weben…"

In England kam es zudem zu einer Verbesserung der Eisenschmelze und damit einer Steigerung des Reinheitsgrades, was unabdingbar für die weitere Produktion von Werkzeugen, Eisenbahnen und Metallschiffen sein sollte. Man konnte mit Steinkohle eine höhere Temperatur erreichen als mit Holzkohle. Betrug die Roheisenproduktion 1750 noch 28 000 Tonnen, so lag sie 1775 bereits bei 44 000, 1788 bei 70 000 und 1791 bei 90 000 Tonnen.

In diesem Zusammenhang muss auch die Dampfmaschine erwähnt werden. Schon 1712 hatte Thomas Newcomen einen Vorläufer für die Bergwerke entwickelt, nämlich eine Pumpe, die durch Kesselverbrennung Dampf erzeugte, damit einen Kolben antrieb. Das Problem war, dass sie nur auf und ab Bewegungen schaffte. Hierauf konnte der Schotte James Watt aufbauen, der es schaffte, den Energieverbrauch durch den Kondensator zu vermindern (1769) und die Kolbenbewegung zur Kreisbewegung zu führen (1782). Bereits 1773 wurde dann heimlich die erste Baumwollwebmaschine aus England nach Frankreich eingeführt, 1787 auch die erste Dampfmaschine.

Durch die Dampfmaschine konnte es im Transportbereich zu bedeutenden Fortschritten kommen: So ließ der englische Fabrikant Richard Reynolds 1767 hölzernen Schienen durch gusseiserne ersetzen. Um nun diese auch besser nutzen zu können, arbeitete man an der Verbindung mit der Dampfmaschine, was 1804 zur ersten Lok führte. Diese konnte sich zwar nicht durchsetzen, doch als 1825 George Stephenson eine

39 km lange Strecke in Betrieb nahm, war der Durchbruch erreicht. Deutschland folgte 1835 mit der Strecke Nürnberg-Fürth. Für die Entwicklung der Kolonialsysteme wurde der Ausbau der Eisenbahnnetze ebenso wichtig, wie die Erfindung der Dampfschifffahrt, welche die Dauer einer Reise ab 1860 erheblich verkürzte und Transporte planbarer machte, weil man nicht mehr von Winden abhängig war. Statt sechs Wochen um 1830 dauerte eine Reise von Deutschland nach New York dann 1870 nur noch zwei Wochen.

Weitere Erfindungen können nur kurz genannt werden: 1763 fanden Pierre Joseph Macquer und L. Hérissaut ein geeignetes Lösungsmittel für Kautschuk. Dieses erlaubte dann die Herstellung von Gummikleber und ab 1765 auch von Gummischläuchen. 1770 erkannte Joseph Priestley, dass man mit Gummi Bleistiftstriche entfernen kann, der Radiergummi war erfunden. Den Grundstoff für Gummi, Kautschuk aber wurde aus den Kolonien bezogen. Nun begann die Nachfrage nach Kautschuk aus Brasilien, wo sie zu einem Boom im Amazonas führte und ab 1876 als Pflanze auch in Asien und Afrika anlangte.

Schließlich sein noch Revolution des Kommunikationssystems als Faktor für die Globalisierung erwähnt. Zwar blieb der Brief bis zum Ende der Napoleonischen Zeit und weit in das 19. Jahrhundert unverzichtbar, aber es bedeutete einen großen Einschnitt, dass ab 1791 dank der Erfindung des optischen Telegraphen von Claude Chappe kurze Nachrichten schnell übermittelt werden konnten. Diese Telegraphen arbeiteten mit Flügeln an Masten, die durch Fernrohre gesehen wurden. Dies war die Vorgabe für die Erfindung von Samuel Thomas Sömmering, der 1809 den elektronische Telegraphen erfand, der jedoch erst dank der weiteren Entwicklung durch Carl Friedrich Gauß 1833 zur Nachrichtenübermittlung dienen konnte. So konnten nun zu Mitte des 19. Jahrhunderts die ersten europäischen Nachrichtenleitungen und am Ende desselben Jahrhunderts Überseeleitungen gelegt werden, welche die Übermittlung von Nachrichten aus den europäischen Hauptstädten in die Verwaltungszentren der Kolonien ermöglichten.

Die Veränderung der Sicht des Orients am Ende des 18. Jahrhunderts

Im Frankreich der Aufklärung diente der Orient, also im weitesten Sinne die östliche Welt, vor allem aber Persien und das Osmanische Reich, ab dem Anfang des 18. Jahrhunderts als Spiegel für die Missstände im eigenen Land. Die „Persischen Briefe" von Montesquieu (1689-1755), die

1721 erschienen, stellen die konstruierte Sicht zweier erfundener Perser dar, die durch ihre Kritik an Europa diesem den Spiegel vorhalten. Auch Voltaire (1694-1778) kleidet seine Kritik an Frankreich in eine Geschichte im Orient. Anders hingegen Immanuel Kant (1724-1804), der in seinen anthropologischen Vorlesungen hervorhebt, dass man außerhalb Europas dieses ganz anders sehen könne:

"*Die Türken, welche das christliche Europa Frankestan nennen, würden, wenn sie auf Reisen gingen, um Menschen und ihren Volkscharakter kennen zu lernen (welches kein Volk außer dem europäischen tut und die Eingeschränktheit aller übrigen an Geist beweiset), die Einteilung desselben nach dem Fehlerhaften in ihrem Charakter gezeichnet, vielleicht auf folgende Art machen: 1. Das Modenland (Frankreich)...*"

Kant kritisiert die im 19. Jahrhundert so eifrigen Bemühungen der Europäer, die Menschen als Rassen zu klassifizieren und daraus eine Höherwertigkeit für sich abzuleiten. Das europäische Wissen über den Orient und über die außereuropäische Welt speiste sich bis zum Ende des 18. Jahrhunderts vornehmlich aus Reiseberichten und Bildern, die in großer Zahl reproduziert worden waren. Dies sollte sich mit der Französischen Revolution insofern ändern, als jetzt verstärkt Forschungsexpeditionen zur Erlangung von Berichten unternommen wurden. Dabei stand eine genaue Beschreibung und Bewertung des Gesehenen im Mittelpunkt des Interesses.

Napoleons Feldzug nach Ägypten und der Orientalismus

Wie stark der Einschnitt vom 18. zum 19. Jahrhundert war, lässt sich deutlich am Empirestil festmachen. Er markiert einen deutlichen Einschnitt im Stilempfinden zwischen Ancien Regime und der „neuen Zeit". Besonders deutlich wird dies in der Frauenmode, wo eine antikisierende Körperlinie eingeführt oder bei Möbeln, wo ägyptische Motive dominierend werden sollten.

Ägyptenbegeisterung und großes Interesse für Ägypten war nicht erst in der Revolutionszeit entstanden. Die Vorliebe für das Land der Pharaonen hatte es schon im Ancien Regime gegeben. Schon Königin Marie Antoinette ließ sich ihr Schlafzimmer mit einer Sphinx ausstatten. Auch für den Adel wurden viele Möbel kurz vor der Revolution ägyptisierend gefertigt. Aber es gab, sieht man von Rom ab, kaum ägyptische Altertümer in europäischen Städten zu sehen, sondern Kunst, die ägyptisch angehaucht war, bzw. eigentlich nur so aussehen sollte, als sei sie ägyptisch. Echte Sammlung orientalischer Originale fand nicht statt. Zwar hatte die Idee Bonapartes zu einer Expedition mit Plänen von

1785/87 schon Vorläufer, doch mit dem geschickten Propagandisten sollte sie eine andere Qualität erhalten.

Nach dem Erfolg Bonapartes beim Italienfeldzug 1796 wollte der Erste Konsul sollte Englands Macht im Mittelmeer durch einen Angriff auf Ägypten schwächen, um damit die Verbindung nach Indien zu treffen. Bonaparte war sich dabei einerseits des Risikos, andererseits der Möglichkeiten bewusst. Der Feldzug musste ein Erfolg werden, wenn nicht militärisch, so propagandistisch. Um diese Expedition wirtschaftlich und propagandistisch nutzen zu können, war die Kampagne auf den Spuren Alexanders des Großen nicht nur als militärische, sondern auch als Forschungsexpedition angelegt worden. Diese so umfangreiche Organisation mit der Absicht die Altertümer in großer Zahl nach Europa zu bringen, war neu. Zunächst wurde eigens das „Institut d'Egypte" eingerichtet. Neben der Archäologie wollte man auch mehr über Geologie, Botanik und Zoologie in Ägypten erfahren, weswegen den Wissenschaftlern stets mehrere Zeichner zur Seite gestellt wurden. Die wichtigsten Resultate wurden in der „Description de l'Egypte" 1809-1828 in 24 Bänden veröffentlicht. Dieses unter der Leitung von Vivant Denon angefertigte Werk, war schon aufgrund des militärischen Misserfolges notwendig geworden, um wenigstens im wissenschaftlichen Bereich einen Erfolg für Napoleon vorweisen zu können. Die Ägyptologie mit ihrem Begründer, Champolion, der 1822 die Hieroglyphen entziffern konnte, war geboren. Frankreichs Vorbild spornte den Wettlauf an. Zwar hatten die Franzosen militärisch verloren, doch propagandistisch hatten sie geradezu einen Coup gelandet. Daher wollte auch England nicht nachstehen und verbrachte jetzt in großem Umfang Kunstwerke aus Ägypten auf die Insel. Die Aufstellung eines Obelisken, genannte die „Nadel Kleopatras" (*Cleopatra's Needle*) stellte den ersten Höhepunkt dar, da der Transport des tonnenschweren Steins über das Meer und sein Verbringung nach London und schließlich seine Aufstellung für viel Furore sorgten. Außereuropäische Kultur diente also der patriotischen Affirmation und zwar nicht nur in Frankreich, sondern eben auch in England, wo das British Museum für die Tradition imperialer Herrschaft, in welche sich England einordnete, stand.

Mit Bonaparte hatte zudem die systematische Konfiskation von Kunstwerken, zunächst in Europa, dann in Außereuropa, begonnen. Vorausgegangen war die Gründung eines Nationalmuseums im Louvre, das im August 1793 als Musée Central eröffnet wurde. Aufgabe des Museums war die Verteilung von Kunstwerken in die Provinz bei gleichzeitiger Konzentration der wichtigsten Stücke in Paris. Doch bezog man nicht nur die Stücke in Frankreich ein, sondern stockte die Sammlungen durch

Konfiskationen zunächst in Deutschland und Italien auf. Geleitet von dem Motto „Die Kunst ist ein Produkt der Freiheit. Sie muss von dem Joch der Unterdrückung befreit werden und im Land der Freiheit ihre Heimat finden – in Frankreich also..." wurde dann auch altägyptische Kunst nach Frankreich gebracht. Das im Louvre eingerichtete „Musée Napoleon" hatte zudem einen klaren propagandistischen Zweck.

Militärisch aber war das Ägyptenabenteuer jedoch für Frankreich ein Desaster und hatte drei wichtige Auswirkungen. Britannia wurde zur Alleinherrscherin der Meere und kontrollierte bald das Mittelmeer und die Ozeane. Zudem hatte die französische Armee große Verluste in Ägypten erlitten, da sie mit ihrer Ausrüstung und dem Material nicht auf einen Wüstenkrieg eingestellt war und Krankheiten unter der Truppe wüteten. Nun aber hatte man für zukünftige koloniale Feldzüge in Bezug auf die Ausrüstung umfangreiche Erfahrungen gesammelt und konnte dies gerade für die Expeditionen ab 1830 nutzen. Der dritte Punkt war, dass sich das Osmanische Reich, seit dem 16. Jahrhundert traditioneller Verbündeter Frankreichs, durch den Angriff auf seine ägyptische Provinz von Paris abwandte und sich England annäherte, welches damit für seine Expansion in Ägypten und Afrika die notwendigen Voraussetzungen schaffen konnte.

So stellte sich in England wie in Frankreich eine Ägyptenbegeisterung ein. In Frankreich besonders ab 1804, nachdem sich Bonaparte zum Kaiser krönte und sich nun noch mehr überhöhen wollte. So konnte man in einem deutschen Magazin aus Paris lesen:

„Aegyptische Formen werden, wie Sie unter anderen aus einigen ohnlängst erschienenen Kupferstichen haben sehen können, zu Mobiliar und Zimmerverziehrungen ziemlich häufig angewandt (...) Sogar zu Aushängeschildern und Farben für Tücher hat Aegypten Stoff liefern müssen..."

Diese Ägyptenrezeption ließ sich auch in der unmittelbaren Umgebung des Kaisers festmachen. Kaiserlicher „Bodyguard", also Diener und Leibhusar des Kaisers war der aus Ägypten mitgebrachte Roustam, der ursprünglich georgischer Herkunft war. Andere, wie ein „Ali", waren gar Franzosen und hatten muslimische Namen nur für diese Einheit angenommen. Er, wie eine ganze Kavallerieeinheit wurden als Mameluken eingekleidet, so dass sich der Kaiser bis zum Ende des Empire, ja sogar als es die echten Mameluken in Ägypten gar nicht mehr gab, noch von ihnen umgeben ließ.

Das Bild des Orients

Die Kampagnen, welche die Europäer zur „Befreiung" der Sklaven in Afrika unternahmen, hatten ihren Vorläufer der geschilderten Rezeption des Orients, dem Orientalismus. Auch hier mischte sich ein Bild im Abendland, welches in Europa entstanden war und in die islamische Welt exportiert wurde. Es war kein Zufall, dass schon die Schriftsteller des 18. Jahrhundert, dann besonders aber auch die Maler des 19. Jahrhunderts sich besonders für die Frau im Orient interessierten, verbanden Männer hiermit doch viele, meist auch erotische Vorstellungen. Für Diderot, der von der „epidemisches Wildheit des Weibes" sprach, wurden „Wilde" und „Frauen" durch Ziel- und Planlosigkeit charakterisiert. Auch Rousseau glaubte feststellen zu können, dass Frauen nach dem Augenblick entschieden. Anders hingegen der „zivilisierte Mann", der den notwendigen Weitblick besaß. Diese Metaphorik der Geschlechterverhältnisse wurde auch auf die Beziehung zwischen Orient und Okzident übertragen, wobei man zunächst den islamischen Orient, bald aber alles nicht Okzidentale im Blick hatte. Schon im 18. Jahrhundert verkörperte die Figur des orientalischen Despoten, der mit unbeschränkter Gewalt über seinen Harem und Untertanen herrschte, das Bild des Orients. War dies aber zu Zeiten, in denen das Osmanische Reich noch als ebenbürtiger Gegner empfunden wurde, als entfernte „Wirklichkeit" akzeptiert worden, so glaubte man sich im 19. Jahrhundert berechtigt, diese Situation ändern zu müssen.

Zunächst trat der Orient, nachdem durch Napoleons Ägyptenfeldzug die Begeisterung nach Europa geschwappt war, hinter dem europäischen Nationalismus zurück. Daher waren es wenige Künstler und Intellektuelle, die aus einer gewissen Verachtung der bürgerlichen Welt heraus, sich verstärkt mit dem Orient auseinander setzten. Sie sahen darin zweierlei: Die Traumwelt eines unbegrenzten Sinnengenusses einerseits und die in der Zeit des frühen Christentums stehen gebliebene Gesellschaft. Der Maler Eugène Delacroix schwärmte auf seiner Reise nach Marokko, wie er antike Gestalten gesehen habe. Sein Kollege William Hunt glaubte, in Ägypten das ursprüngliche Christentum wieder zu finden. Aus diesen beiden Ideensträngen kann auch der Kolonialismus in der Hochphase des 19. Jahrhunderts schöpfen: Einerseits war es die Überzeugung der Höherwertigkeit und andererseits das Gefühl, eine Bevölkerung anzutreffen, die, da sie in der Antike oder Steinzeit stehen geblieben zu sein schien, sich christlichen Missionsabsichten leichter öffnen würde, als der „verdorbene" Westen. Diese Vorstellung nahm gerade in England, wo mit der beginnenden Industrialisierung die Korrumpierung der eigenen

Gesellschaft deutlich zu werden schien, viel Platz ein und führte mit der protestantischen Überzeugung einer Erwähltheit dazu, dass man sich geradezu verpflichtet sah, missionarisch tätig zu werden.

Europäische Expeditionen nach Amerika und Afrika

Der umfassenden Dokumentation von Pflanzen und Tieren in Amerika und der Südsee folgte ein Interesse an Afrika. 1788 wurde die Britische Gesellschaft zur Förderung der Entdeckung des Inneren Afrikas gegründet. Wenn nun diese Gesellschaft den Niger, von dem man nur Informationen aus der Antike hatte, als erstes Ziel einer Expedition ins Auge fasste, so zeigt sich bereits hier die Suche nach der Antike. Es ist daher auch nicht verwunderlich, wenn diese Forscher weiterhin, wie schon Kolumbus in der Karibik, stets Europa bei ihren Berichten als Vergleichs- und Bezugsrahmen nahmen. Als der schottische Arzt Mungo Park 1796 den Oberlauf des Nigers erreicht, schreibt er: „...sah ich den großen Gegenstand meiner Sendung, den majestätischen Niger, so breit wie die Themse bei Westminster..." und etwas später über die Hauptstadt der Bambara: „...das Gedränge des Volkes, die Kultur der ganzen umliegenden Gegend, dies alles deutete auf einen Grad von Bildung und Wohlstand, den ich im Herzen von Afrika nicht vermutet hätte...".

Nach dieser Expedition Mungo Parks folgten weitere Forschungsreisen zum Niger. Der deutsche Theologe Friedrich Konrad Hornemann, der Schweizer Forscher Johann Ludwig Burckhardt und schließlich 1822 der britische Kolonialoffizier Alexander Gordon Laing waren die unmittelbaren Nachfolger. Laing drang mit dem Auftrag des britischen Kolonialministers bis nach Timbuktu vor, wo er jedoch getötet wurde. Die französisch englische Konkurrenz zeichnete sich bereits ab, denn 1828 langte auch der französische Afrikaforscher René Caillié in der Stadt an.

Auch die Forschungsreise durch das südliche Afrika wurde wieder von einem Schotten, nämlich dem aus Glasgow stammenden David Livingstone, durchgeführt. Nach seiner Tätigkeit in einer Missionsstation brach der Arzt 1849 zu seiner ersten Expedition auf. Seine Expeditionen wurden von einem großen Medieninteresse begleitet, seine Berichte mit Stichen illustriert, die den Briten ein authentisches Bild Afrikas vermitteln sollten. Dazu gehört auch, dass eine amerikanische Zeitung den Afrikaforscher Henry Morton Stanley beauftragte, Livingstone, der bei einer Expedition verschollen war, zu suchen und dann dessen „Wiederauffindung" gebührend zu begehen. Livingstone starb 1873 am

Bangweolosee. Sein einbalsamierter Körper wurde von Sansibar nach Westminster Abbey überführt, wo er in der imperialen Programmatik inzwischen zum Helden aufgestiegen war.

Durch weitere Expeditionen gelang es den Engländern, überall in Afrika Spuren zu hinterlassen. Aus den Wasserfällen des Sambesi wurden die „Victoriafälle", aus dem Ukerewesee wurde der „Victoriasee", beides zu Ehren der englischen Königin Victoria. Henry Morton Stanley, der ins Innere des Kongo vorstieß, tat dies bereits im Auftrag König Leopolds I. von Belgien, der hier eine Privatkolonie aufbauen wollte.

In den Kongo war auch Pierre Savorgnan de Brazza (1852-1905) vorgestoßen, dessen Bild, wie es am 19. März 1905 im französischen „Petit Journal" erschien, das Umschlagbild des Buches ziert. Brazza entstammte einer Adelsfamilie aus Udine, war in Rom aufgewachsen und in Frankreich naturalisiert worden. 1875-1878 und erneut 1879-1882 unternahm er Expeditionen an die Quellen des Ogooué, wo er 1880 Brazzaville, die heute Hauptstadt der Republik Kongo, gründete. Durch seine Expedition kam es allerdings zum Konflikt mit den belgischen Interessen im Kongo, was in der Berliner Kongokonferenz jedoch beigelegt werden konnte. Brazza lehnte die gewaltsamen Kolonisierungsmethoden ab und kam deswegen mehrfach in Konflikt mit Vorgesetzten und anderen „Entdeckern". Als er kurz vor seinem Tod von der französischen Regierung ausgesandt wurde, um zu berichten, ob es auch in Französisch Kongo bei der Gewinnung von Kautschuk zu ähnlichen Gräueltaten wie in Belgisch Kongo komme (vgl. Kapitel 9), wurde sein Bericht von der französischen Regierung kassiert. Seine Tätigkeit fand aber dennoch Interesse in der französischen Öffentlichkeit, wie das Titelbild zeigt. Brazza starb nur wenig später in Dakar im Senegal.

Den vielen Expeditionen war gemeinsam, dass die einzelnen Forscher ein wissenschaftliches Interesse an Afrika mit kolonialen Perspektiven für das Herkunftsland verbanden. Ihre Forschungsreisen schufen die Grundlage für die europäische Aufteilung von Afrika, da die Kolonialmächte sich das für die Expansion nötige Wissen dank der Berichte der Forscher machen konnten.

8. DIE KRISE DES SYSTEMS UND DIE DEKOLINISATION IN AMERIKA

Es können zwei Phasen der Dekolonisation geschieden werden. Die erste ist die Zeit zwischen 1774 und 1826, als die amerikanischen Kolonien unabhängig wurden. Der Kontinent, der als erster vollständig von Europa kolonisiert worden war, hatte mittlerweile so viel Selbstbewusstsein gesammelt, dass er sich gegen die von den Mutterländern aufgezwungenen Maßnahmen zu Wehr setzte und sie argumentativ mit den eigenen Waffen schlug. Während aber damit ein Kontinent in die Unabhängigkeit entlassen wurde, sollte sich andererseits der koloniale Zugriff auf Afrika, Asien und Australien erhöhen, so dass die zweite Phase der Dekolonisation erst im 20. Jahrhundert, für die meisten Kolonien sogar erst nach dem Zweiten Weltkrieg begann.

Die Amerikanischen Unabhängigkeitsbewegungen

Die Unabhängigkeit der USA und die Folgen für England

Als 1763 der Friede von Paris zwischen England und Frankreich geschlossen wurde, schien England klar als Sieger hervor gegangen zu sein. Es war ihm gelungen, Frankreich als großen Konkurrenten in Amerika zu verdrängen und darüber hinaus auch im Süden große Zugewinne gemacht zu haben. Die Briten erhielten ganz Kanada und sämtliche Gebiete östlich des Mississippi außer New Orleans (Nouvelle Orléans). Dies ging an die Spanier, die Louisiana von der Stadt an der Mississippimündung aus verwalteten. Zudem konnte England von Spanien Florida bekommen, das es für die Rückgabe des britisch besetzten Kubas im Tausch abtreten musste.

Was sich aber erst nach dem Krieg abzeichnete war, dass die Kolonisten durch den Sieg enorm an Selbstbewusstsein gewonnen hatten und für ihren Einsatz vom Mutterland Gegenleistungen forderten, besonders weil die französische Bedrohung jetzt nicht mehr gegeben war. Die Stationierung englische Truppen sahen die Siedler jetzt vielfach als unnötig an und wollte die Kosten für sie nicht übernehmen. England auf der anderen Seite hatte durch den Krieg hohe Ausgaben gehabt und erwartete nun gerade von den Siedlern eine finanzielle Beteiligung an der Truppenfinanzierung. Hinzu kam dass, wie überall in Europa, auch der englische Premierminister William Pitt darauf bedacht war, die Kolonien zu nutzen, um durch merkantilistische Maßnahmen die Wirtschaftskraft des Mutterlandes zu steigern.

Da Frankreich als Stütze der indigenen Bevölkerung gegen die englischen Siedler wegfiel, schlossen sich einige Indianerstämme in einem Aufstand 1763-1766 im Ohiotal und dem Gebiet der großen Seen zusammen. England reagierte hierauf zurückhaltend. Man wollte keine weiteren Konflikte an dieser Grenze, weswegen es der fortschreitenden Besiedelung einen Riegel vorschob und 10 000 Mann in Nordamerika stationierte. Diese Festlegung der Siedlungsgrenze führte zu Verstimmung bei den Bewohnern der Kolonien, doch spitzte sich die Situation durch die Einführung weiterer Steuern, die ohne Mitsprache der Siedler beschlossen wurden (*No taxation without representation.*), erst richtig zu. Der *Stamp Act* (1765; Rücknahme 1766), der Steuermarken für Kalender, Druckschriften, Zeitungen und Spiele vorgesehen hatte, musste genauso wie die *Townsend duties* (1767; Rücknahme 1770) zurückgenommen werden. Das Fass zum Überlaufen brachte aber schließlich eine Maßnahme, die zur Stärkung der verschuldeten East India Company gedacht war, nämlich die Zollerhöhung für Güter, die englische Kaufleute in Amerika einführten, u.a. Tee. Mit der Boston Tea Party wurde nicht nur gegen die Zölle protestiert. Die Siedler, die sich als Indianer verkleidet hatten, als sie den Tee ins Meer warfen, griffen damit das Konzept eines „Wilden" in Amerika auf.

„*Kurz vor Auflösung der Versammlung näherte sich eine Gruppe beherzter und entschlossener Männer, die als Indianer verkleidet waren, der Tür des Versammlungshauses, stieß das Kriegsgeschrei aus, das durch das Haus hallte und von einigen auf der Galerie erwidert wurde. [...]*

Sie, nämlich die Indianer [d.h. die verkleideten Siedler], begaben sich an Bord von Kapitän Halls Schiff, wo sie die Teekisten hoch hievten, und als diese an Deck standen, schlugen sie die Kisten ein und warfen den Tee über Bord. Als sie dieses Schiff entladen hatten, kam Kapitän Bruces Schiff an die Reihe und dann Kapitän Coffins Brigg. Sie widmeten sich so geschickt der Zerstörung der Ware, dass sie binnen drei Stunden 342 Kisten aufgebrochen hatten, alles was die Schiffe an Tee geladen hatten, und ihren Inhalt in das Dock geworfen hatten." (*GiQ 4, 79f.*)

Ebenso wichtig aber wurde im Laufe der nun folgenden Auseinandersetzung, dass eine neue Art von Krieg geführt wurde, der von der Bevölkerung oder zumindest der Oberschicht getragene Propagandakrieg. Man sprach von den „unduldbaren Maßnahmen" (*intolerable acts*) für die Gesetze und bauschte die gewaltsame Auflösung einer Demonstration zu einem Massaker auf (*Boston massacre*). Auch in Europa kannte man damals durchaus schon die Wirkung von Propaganda. Besonders Friedrich von Preußen war während des Siebenjährigen Krieges stets bemüht gewesen, seine Rechtsposition, seine Anrechte etc. herauszustreichen. Aber, und dies ist entscheidend, es handelte sich hierbei um von gekrönten Häuptern gelenkte Propaganda, die gewisse Regeln stets beachtete und dies war in Amerika nicht mehr der Fall. Erstmals veröffentlichten Kolonisten eine wahre Flut von Publikationen gegen die Regierung in England und das gekrönte Haupt des Mutterlandes. Bei den Rebellionen in Spanisch-Amerika waren immer wieder die Minister Angriff von Attacken gewesen, doch hatte man sich hier nie gegen den König gerichtet: „Es lebe der König, nieder mit der schlechten Regierung!" (*Viva el Rey, muera el mal gobierno*) hatte vielerorts der Schlachtruf in Lateinamerika gelautet. Hier in Nordamerika wurde die zunächst wirtschaftliche motivierte Revolte zur Revolution. Eine entscheidende Person für diesen Durchbruch war der gescheiterte englische Schriftsteller Thomas Paine. In seiner Schrift „Common sense" wurde nicht nur die amerikanische Position verteidigt, sondern grundsätzlich König Georg III. die Herrschaftslegitimation abgesprochen.

Schon seit 1774 hatten sich Repräsentanten der Kolonien im Kontinentalkongress getroffen, aus dem sich bis 1776 der Kongress entwickelte, der die Unabhängigkeit erklärte. Nach langen Debatten wurde am 4. Juli 1776 die Unabhängigkeitserklärung einstimmig verabschiedet. Mit diesem Dokument, dem Sieg im folgenden Unabhängigkeitskrieg gegen England und seine deutschen Subsidientruppen und schließlich der Verfassung von 1787 wurde Europa gezeigt, dass die Schaffung einer präsidentialen Republik möglich war. Dabei wurde schon in der *Virginia Bill of Rights* als dem Thomas Jefferson entwickelten Grundrechtskatalog von 1776 das Recht der Loslösung vom Mutterland und die Gleichheit der Menschen aus dem Naturrecht begründet.

"Dass alle Menschen von Natur aus gleich frei und unabhängig sind und bestimmte angeborene Rechte besitzen, die sie ihrer Nachkommenschaft durch keinen Vertrag rauben oder entziehen können, wenn sie eine staatliche Verbindung eingehen, nämlich das Recht auf den Genuss des Lebens und der Freiheit, auf die Mittel zum Erwerb und Besitz von Eigentum, das Streben nach Glück und Sicherheit und das Erlangen beider." (Virginia Bill of Rights, 12. Juni 1776, in: GiQ 4, 107)

Die Rechte der Sklaven hingegen, die Jefferson im Unabhängigkeitsentwurf noch berücksichtigt hatte, fand keine Aufnahme. Im Entwurf hatte der spätere Präsident der USA König Georg III. die Bereicherung durch den Sklavenhandel vorgeworfen. Doch die England vorgeworfenen „Scheußlichkeiten" wurden im 19. Jahrhundert dann von den

USA praktiziert. Die Vereinigten Staaten sollten zu einer von Weißen dominierten Gesellschaft werden.

„Er [Georg III] hat einen grausamen Krieg gegen die Natur selbst geführt, indem er die heiligsten Rechte des Lebens und der Freiheit in den Angehörigen eines fernen Volkes verletzt hat, das ihn nie beleidigt hat, indem er sie gefangen nahm und als Sklaven in eine andere Hemisphäre verschleppte, oder sie auf ihrem Transport dorthin einem elenden Tode preisgab. Diese seeräuberische Kriegführung, die Schmach heidnischer Völker, ist die Kriegführung des Christlichen Königs von Großbritannien, der entschlossen ist, einen Markt einzurichten, wo Menschen gekauft und verkauft werden sollen. (...) Und damit diese Häufung von Scheußlichkeiten eines Zuges ungewöhnlicher Färbung nicht entbehre, treibt er jetzt die gleichen Menschen an, mitten unter uns die Waffen zu erheben, (...) so bezahlt er für frühere Verbrechen gegen die Freiheit eines Volkes mit Verbrechen, die er dieses gegen das Leben eines anderen begehen läßt." (Thomas Jefferson, in: GiQ 4, 94)

Der amerikanische Unabhängigkeitskrieg dauerte von 1776 bis 1783. Praktisch entschieden war er 1781, als die in Yorktown eingeschlossene englisch-deutsche Besatzung kapitulieren musste. England hatte eine Niederlage gegen einige Rebellen erlitten, womit man bei Kriegsausbruch überhaupt nicht gerechnet hatte.

England hatte seine Lektion gelernt. Der amerikanische Krieg, der, verglichen mit europäischen Kriegen, nur eine Reihe von Scharmützeln und Gefechten verteilt über eine riesige Landfläche hinweg, gewesen war, hatte Großbritannien sehr deutlich die Möglichkeit der erfolgreichen Führung eines „Kleinen Krieges" gezeigt, jenes Kriegstypus, der schon die Entwicklungen des 20. Jahrhunderts aufscheinen ließ. Scharfschützen hatten gezielt Offiziere abgeschossen und die Linientaktik erwies sich nur auf dem Schlachtfeld, nicht aber in der Weite des Landes als erfolgreich.

Der Verlust der amerikanischen Kolonien darf aber nicht darüber hinwegtäuschen, dass England die Weltmacht Nummer Eins blieb, auch in wirtschaftlicher Hinsicht. Auf den britischen Inseln war die Industrialisierung erheblich weiter fortgeschritten als anderswo in Europa. Auf den britischen Inseln funktionierte das Zusammenwirken zwischen England und dem Empire relativ gut. Zudem wurden die Zügel auf den britischen Inseln enger gezogen. Schon nach der Niederlage der schottischen Stuartanhänger im Hochland 1745 bei Culloden hatte man nicht nur den Kilt, sondern auch das Gälische verboten. Auch für Irland strebte man eine engere Anbindung an England an, selbst wenn das irische Parlament in Dublin 1782 gewisse Rechte erhielt, es lief alles auf die Gründung des „United Kingdom of Great Britain" 1801 hinaus. Dieses United Kingdom, in dem der Premier William Pitt (1783-1801, 1804-1806) für den geistig umnachteten König die Geschäfte führte, hatte in den napoleonischen Kriegen nur mit Frankreich zu kämpfen, wobei ihm seine Insellage zu Gute kam.

So wie England Gewinner und Verlierer des Unabhängigkeitskrieges war, so gilt dies noch mehr für Frankreich. Einerseits hatten die Franzosen die Scharte des Siebenjährigen Krieges auswetzen und weitere kleinere Erfolge erzielen können, so etwas Gewinne in Westafrika und durch den Vertrag von Annam mit Nguyén Anh (1762-1820) in Vietnam (1787). Doch die Belastungen für die Monarchie wogen schwer: Neben der enormen Vergrößerung des französischen Haushaltsdefizits hatte sich die republikanische Idee als erfolgreich erwiesen. Nicht nur das, sie wurde, dies zeigte sich, als Benjamin Franklin als Botschafter der USA in Frankreich weilte, umfangreich positiv an der Seine rezipiert. Das Ancien Regime hatte in legitimistischer Hinsicht den Bogen überspannt, einen Virus eingesetzt, den es selber nicht zu kontrollieren vermochte. Frankreich, das Ursprungsland der Ideen von Rousseau, die in der Unabhängigkeitsklärung so wichtig war, konnte sich langfristig diesem Sog nicht entziehen.

Von den bourbonischen Reformen zur Unabhängigkeit Lateinamerikas

Eine neue Ära in Lateinamerika wurde eingeleitet durch das verheerende Erdbeben, welches Lissabon 1755 fast völlig zerstörte. Nun berief der portugiesische König Sebastião José de Carvalho e Mello, seit 1769 Marquês de Pombal (1699- 1782), zum Premierminister. In seiner Amtszeit kam es zu einer Reihe von tiefgreifenden Reformen. Dies waren einmal 1759 die Vertreibung der Jesuiten aus Portugal und Brasilien, die Abschaffung der Sklaverei in Portugal und in den indischen Kolonialgebieten – nicht aber in Brasilien (1761) – und schließlich protektionistische Maßnahmen, um die Abhängigkeit von England zu reduzieren.

Spanien folgte dem portugiesischen Beispiel und wies 1767 die Jesuiten aus Spanien und allen überseeischen Kolonien aus, was oft nicht ohne Gewaltanwendung vor sich ging und an vielen Orten zu gewaltsamen Protesten der Bevölkerung führte. Zudem war auch Spanien, ähnlich wie England, bestrebt, aus den Kolonien mehr Profit für das Mutterland zu holen. Freihandel war Spanisch-Lateinamerika ab 1776 trotzdem nur mit dreizehn ausgewählten spanischen Häfen möglich. Hauptaufgabe der Kolonien sollte es sein, das Mutterland mit Rohstoffen zu beliefern, um dort dann mit Gewinn weiter verarbeitet zu werden. Dies umso mehr, weil auch Spanien durch die Kosten des Amerikanischen Unabhängigkeitskrieges Geld brauchte, was man nur teilweise z.T. durch Papiergeld (*Reales de Vellón*) hereinholen konnte. Die Reformen in Übersee aber forderten ihren Preis, da es zu immer häufigeren Aufständen kam. Von zentraler Bedeutung wurde in den meisten Fällen der von der Mehrheit nicht mehr getragene stärkere Steuerdruck. Madrid machte kleine Zugeständnisse, indem durch Verwaltungsreformen eine stärkere regionale Autonomie eingeräumt wurde. Bei dieser Umorganisation stand jedoch die spanische Herrschaftssicherung im Vordergrund. Die Einrichtung der Vizekönigreiche von Nueva Granada und Río de la Plata sollte die Abwehr gegen die Engländer durch eine Sammlung der Kräfte in diesen Provinzen ermöglichen.

Dabei hatte man die Auswirkungen auf die Herrschaftssicherung nach innen aus den Augen verloren. Peru blieb in verschiedener Hinsicht benachteiligt. Einmal wurde das Vizekönigreich durch die Schaffung der neuen Vizekönigreiche stark verkleinert und abgewertet, was auch beim Handel den Kaufleute in Peru große Nachteile brachte und zudem hatte Peru, anders als Nueva Granada oder Río de la Plata, nicht die Möglichkeit, durch Schmuggel die Freihandelsgesetze in gleichem Maße zu umgehen. Die Randregionen überlebten seit Langem besonders dank des Schmuggels, denn man führte unverzollte Waren in direktem Austausch mit den Engländern, Franzosen und Niederländern aus.

Erschwerend kamen in Peru die anhaltenden Klagen über die unteren Kronbeamten und die Zwangsarbeit hinzu. Letztere umfasste vornehmlich entweder Arbeit in der Textilproduktion (*obrejas*) oder in den Minen (*mitas*). Der Verkauf von meist wenig nützlichen Waren an die Indianer durch die Kronbeamten (*corregidores*), die so ihre gekaufte Stelle finanzierten, war 1756 schließlich legalisiert worden. In Neu-Spanien (Mexiko) hingegen war dieser Usus bereits 1630 verboten worden. Es musste sich negativ auswirken, dass der Eindruck von Ungleichbehandlung aufkam.

Die spanische Herrschaft in Lateinamerika wurde durch Aufstände, die als Folge der Reformen ausbrachen, herausgefordert, erschüttert aber wurde sie davon noch nicht. Genauso wenig konnten in den folgenden Jahrzehnten die englischen Invasionen, so die von 1806, die Kolonialherrschaft zum Wanken bringen. Der Anstoß zum Zusammenbruch kam aus Europa mit der Absetzung der Bourbonen und der Flucht der portugiesischen Königsfamilie nach Brasilien. Napoleon hatte die königliche Familie in Bayonne 1808 gefangen gesetzt, war in Spanien einmarschiert und seinen Bruder Joseph als König eingesetzt.

Durch diese Ereignisse in Spanien waren Entwicklungen eingetreten, die sich nicht einfach rückgängig machen ließen. Das Fehlen eines legitimen Herrschers hatte das System bis ins Mark erschüttert. So war man in Amerika über die spanische Verfassung von Cadiz 1812 durchaus erbaut und setzte zunächst noch große Hoffnungen auf die Rückkehr der Bourbonen. Als König Ferdinand VII. jedoch dann 1814 den Absolutismus ohne Verfassung wieder einführen wollte, war die kreolische Oberschicht in den Kolonien nicht bereit, zum alten System zurückzukehren. Die Ideen der Aufklärung, die maßgeblich auch zu den Aufständen am Ende des 18. Jahrhunderts geführt hatten, zeigten ihre Wirkung.

Im Unterschied zu Spanien war die portugiesische Königsfamilie nach Brasilien geflohen. Dies stärkte zunächst sogar ihre Herrschaft vor Ort. Als sich die königliche Familie dann aber in das Mutterland zurückbegab und von dort aus die Reformen rückgängig machen wollte, kam es 1822 zu Bruch. Dabei ist bezeichnend für den Konservatismus, dass Brasilien ausgerechnet den portugiesischen Thronfolger als neuen Kaiser Pedro I. wählte.

Die Entwicklung der Staaten Lateinamerikas im 19. Jahrhundert

Mexiko und Argentinien führten die Unabhängigkeitsbewegung an. In Mexiko nahm sie unter der Führung des Priesters Hidalgo ihren Ausgang in einer seit der Ausweisung der Jesuiten unruhigen Provinz. In Argentinien war der Auslöser, dass britische Truppen ohne Gegenwehr 1806 Montevideo und Buenos Aires besetzten und es einer hastig zusammengestellten Miliz von Kreolen gelang, die Briten zu besiegen. Mit der Abwehr des englischen Angriffes war aber deutlich geworden, dass man Spanien für die Verteidigung nicht mehr brauchte. Schon 1810 erklärte Argentinien seine Unabhängigkeit. Hatten hier, wie auch unter Simon Bolivar im Norden, zunächst noch der Gedanke einer großen Staatsföderation von Peru, Chile, Argentinien und Bolivien im Vordergrund gestanden, zeigte sich schnell die Zerrissenheit der jetzt unabhängigen Gebiete.

Jetzt, nach der Unabhängigkeit wurde deutlich, welche Rolle die Großgrundbesitzer überall in Lateinamerika besaßen. Sie konnten die Entwicklung der ersten Jahre kontrollieren, weil sie große Wirtschaftskraft hatten und über eigene Soldaten verfügten. Dieser Gruppe standen die Bürger von Buenos Aires, besonders die Kaufleute gegenüber, die eine Militärjunta gebildet hatten. Mit den Milizen (*patricios*) kontrollierten sie die Bürgerversammlungen und schufen sich ein eigenes Militär.

Noch vor der Proklamation der Unabhängigkeit Perus 1821-26 trat in Argentinien die Spaltung beider Interessensgruppen zu Tage. Während man in Buenos Aires einen zentralen Staat wünschte, eine von dortigen Kaufleuten vertretene Idee, wünschten die Großgrundbesitzer und Viehzüchter eine föderale Struktur. Da letztere mit ihren bewaffneten Gauchoeinheiten auch über militärische Macht verfügten, vermochten sie 1820 die Anerkennung einer föderalistischen Verfassung zu erzwingen. Solche Interessenkonflikte sollte die nächsten Jahrzehnte die Geschichte der lateinamerikanischen Staaten bestimmen, die keine starke Zentralmacht ausbilden konnten und in denen die Großgrundbesitzer das Sagen hatten. Verlierer war die indigene Bevölkerung, deren Situation sich meist verschlechterte.

Die Diskussion über die Sklaverei und die Rassentheorien

Die Aufhebung der Sklaverei

Die Unabhängigkeitsbewegungen gaben der Diskussion um die Berechtigung der Sklaverei einen neuen Auftrieb. Dabei war die Diskussion schon so alt wie die Einführung von Sklaven aus Afrika nach Amerika. Sie begann unmittelbar mit der Einfuhr von Sklaven. Bartolomé de las Casas, der zwar auf die stärkere Belastbarkeit von Schwarzen verwiesen hatte, betonte aber auch, dass sie Menschen mit den gleichen Rechten wie andere seien.

Auch in Nordamerika gab es Diskurse über die Frage der Rechtmäßigkeit von Sklavenbesitz, so durch die Quäker in Pennsylvania, welche schon 1688 die Haltung von Sklaven ablehnten, eine Position, die im Gegensatz zu den Verfassungen von Staaten wie Carolina stand, wo man die Sklaverei als richtig und wichtig ansah.

„Aus folgenden Gründen wenden wir uns gegen den Handel mit Menschen: Gibt es jemanden unter uns, der möchte, dass ihm eine derartige Behandlung widerführe, d. h. der verkauft oder Zeit seines Lebens zum Sklaven gemacht werden wollte? Wie furchtsam und verzagt sind viele auf See, wenn sie ein fremdes Schiff sehen, da sie fürchten, es könne ein Türke sein, und sie würden gefangen genommen und als Sklaven in die Türkei verkauft. Nun, inwiefern ist dieses Handeln besser als das der Türken? (…) Es heißt, dass man alle Menschen so behandeln soll, wie man selbst behandelt werden möchte, ohne Unterschied von Herkunft, Abstammung oder Hautfarbe der Menschen. Und

jene nun, die Menschen stehlen oder rauben, und solche, die sie kaufen und verkaufen, sind sie nicht einer wie der andere? Hier herrscht Gewissensfreiheit. Das ist richtig und vernünftig; gleichsam sollte hier auch der Leib frei sein mit Ausnahme der Übeltäter, was jedoch ein anderes Problem ist." (*Manifest einer deutschen Quäkergruppe, 18.4.1688, GiQ 4, 47*)

Mit einer solchen Position blieben die Quäker aber weitgehend isoliert. Sehr verbreitet hingegen war die Position, die mit der Bibel die Berechtigung der Sklaverei begründete und sich bis weit ins 19. Jahrhundert hielt. Selbst die Quäker hatten, wie wir gesehen haben, nicht mit der Bibel gegen die Sklaverei argumentiert, sondern eher an die Grundeinsicht „Was du nicht willst, dass man dir tu, dass füg auch keinem Andern zu" appelliert. Daher hatten die Sklavereibefürworter lange ein entscheidendes Argument auf ihrer Seite.

„Keine menschliche Einrichtung entspricht nach meiner Meinung deutlicher dem Willen Gottes als häusliche Sklaverei, und keine seiner Verordnungen ist mit lesbareren Zeichen geschrieben als diejenige, die die afrikanische Rasse zu dieser Stellung bestimmt: wird sie doch dadurch zu ihrem Glück geführt, weit mehr als durch alles andere, für das sie empfänglich ist. Ob wir die Heilige Schrift oder die Offenbarungen der Natur und der Vernunft zu Rate ziehen, so tritt uns diese Wahrheit unzählige Male entgegen (…) Die Patriarchen selbst, diese erwählten Werkzeuge Gottes, waren Sklavenhalter (…) Dass der afrikanische Neger von der Vorsehung dazu bestimmt ist, diese Stellung dienstbarer Abhängigkeit einzunehmen, ist nicht weniger offensichtlich. Es steht auf seinem Gesicht geschrieben, auf seiner Haut gestempelt und geht deutlich aus der geistigen Unterlegenheit und natürlichen Sorglosigkeit dieser Rasse hervor." (*Adresse des Gouverneurs Mc Duffie an den Landtag von Südkarolina (1835), GiQ 5, 507*)

Mit der Befürwortung der Sklavenhaltung wurde diese weiter zementiert. Zwischen 1787 und 1807, dem Jahr in welchem Großbritannien den Sklavenhandel untersagte, kamen in zwanzig Jahren mehr Sklaven in die USA, als im gesamten vorherigen Jahrhundert. Und während in Südamerika Ehen mit Indianern oder Schwarzen wenigstens zu einer sozialen Vermischung führen konnten, waren sie in Nordamerika unvorstellbar.

Mit der Aufklärung begann man sich dann jedoch nicht nur die Frage nach dem biblischen Ursprung des Menschen, sondern auch nach der Gleichwertigkeit zu stellen. Zunächst wurde in evangelikalen englischen Kreisen die Forderung nach der Abschaffung der Sklaverei laut. Durch den Einfluss einer Erweckungsbewegung fand diese Position in der Öffentlichkeit Unterstützung. Das protestantische England sollte Sklaven befreien und Afrika missionieren. Die „zivilisatorische" Mission war also neben der christlichen Motivation ein wichtiger Beweggrund. Das 1787 gegründete Komitee für die Abschaffung des Sklavenhandels stellte sich unter das Motto „Bin ich nicht ein Mensch und ein Bruder", und zeigte einen knienden Sklaven in Ketten. Nun gab es einen Interessensverband, doch zunächst einmal blieb die Sklaverei erhalten.

Die ersten konkreten Schritte unternahmen Frankreich und Dänemark. In dem nordeuropäischen Königreich wurde zwar 1792 die Sklaverei abgeschafft, doch räumte man einen Zeitraum von zehn Jahren für die Durchführung ein, so dass die Sklaverei und der Handel mit Sklaven erst für die Zeit nach 1802 verboten wurden. In Frankreich hingegen entwickelte sich aus der Debatte um die Menschenrechte nach Ausbruch der Französischen Revolution 1789 die Diskussion um die Gleichheit (*egalité*) der Menschen. Ausgehend von dieser Idee debattierte man in der Öffentlichkeit über die Zukunft der Sklaverei. In dieser Diskussion konnte man auf Vordenker, wie die Werke des Abbé Raynal (1713-1796) zurückgreifen, der sich gegen Sklaverei und Kolonialismus ausgesprochen hatte. Nachdem die Nationalversammlung einer Delegation aus Saint Domingue 1790 lediglich Versprechungen gemacht hatte, brach bei deren Rückkehr auf die Insel eine Rebellion aus. Diese wurde niedergeschlagen und nach einer langen Debatte lediglich den Mulatten das Bürgerrecht zuerkannt. Daraufhin brach 1791 erneut eine große Revolte auf der Karibikinsel aus. Nach einer abermals langen Diskussion über, wurde die Sklaverei bis August 1793 abgeschafft, als die weißen Siedler praktisch die Kontrolle über die Insel verloren hatten.

Der Aufstand von Saint Domingue wurde von Zeitgenossen nicht als bedrohlich gesehen. Unruhe und Sklavenaufstände waren in gesamten Frühen Neuzeit nichts Ungewöhnliches gewesen, besonders im kolonialen Brasilien hatte es oft Sklavenrevolten gegeben. Stets hatten die Obrigkeiten solche Aufstände niederschlagen können. Dies konnte sich über Jahrzehnte hinziehen, wenn sich die an der Rebellion Beteiligten ins Landesinnere Brasiliens zurückzogen. Sie gründeten vielfach „Freie Republiken" (*quilombos*), denen aber meist gewaltsam ein Ende gesetzt wurde. Seltener war es, dass man sich auf dem Verhandlungsweg einigte, wie dies in den Bedingungen entflohener Sklaven formuliert wurde:

> *„Herr, wir wollen Frieden und keinen Krieg. Und wenn der Herr ebenfalls Frieden wünscht, so muss er folgende Bedingungen annehmen, damit wir zu einer Einigung kommen können: In jeder Woche müsst Ihr uns zwei Tage geben, an denen wir für uns selbst arbeiten dürfen; und zwar den Freitag und den Samstag ohne jede Einschränkung, denn dies sind geheiligte Tage."*
> *(Entflohene Sklaven unterbreiten dem Plantagenbesitzer ihre Bedingungen, 1790, GiQ 5, 587f.)*

In Paris war die Meinung derweil gespalten. Die junge Republik führte gegen ausländische Feinde Krieg und brauchte das Geld aus den Kolonien dringend. Schließlich produzierte die Insel mit ihren 8 000 Plantagen und einer halben Million Sklaven nicht weniger als zwei Drittel des französischen Außenhandelsvolumens. Auf der anderen Seite wollten die Französischen Revolutionäre ihren Grundsätzen treu bleiben.

Der Aufstand unter der Führung von Toussaint L'Ouverture war von einer unbekannten Qualität, da es sich bisher immer um Sklavenaufstände, jetzt aber durch die Erklärung der Menschenrechte erstmals um den Aufstand von „schwarzen Jakobinern", von „schwarzen Franzosen" handelte. Der Bruch mit Frankreich kam, als Bonaparte 1802 aus wirtschaftlichen Gründen die Sklaverei wieder einführte. Möglicherweise hatte ihn Josephine, seine auf Martinique geborene Frau dazu überredet, deren Eltern große Plantagen auf der Insel besaßen. Der Nachfolger von L'Ouverture, Desalines, sagte sich von Frankreich los und rief an Sylvester 1803 die Unabhängigkeit aus. Politisch war man erfolgreich, wirtschaftlich aber scheiterte man bald. Das Problem des neuen Staates war seine völlige Monokultur. Rohrzucker fand aufgrund der Kontinentalsperre durch die Ersetzung des Zuckerrohrs durch die Zuckerrüben keinen Absatz mehr, was zur Verelendung Haitis führte. Frankreichs wiedereingeführte Sklaverei indes sollte noch bis 1848 bestehen.

Andererseits setzten sich in England die Sklavengegner durch. Sie erreichten 1807 die Abschaffung der Sklaverei auf der Insel, das Verbot des Sklavenhandels in englischen Häfen und der Einfuhr von Sklaven in die englischen Kolonien. Ausgenommen blieb die Sklaverei in Südafrika, die erst 1834 ihr Ende fand. Die Abschaffung geschah also erst, als der Zuckerpreis durch die Kontinentalsperre Napoleons, mit der die Einführung von englischen Waren nach Europa verhindert werden sollte, zu einem Einbruch des Zuckerpreises geführt hatte. Da man seit 1801 Zucker aus Zuckerrüben gewinnen konnte, verbreitete sich diese Alternative schnell auf dem europäischen Markt.

Trotz der Veränderungen in Europa brach der internationale Sklavenhandel nicht zusammen. Zwar hatte auch Portugal bereits 1761 die Sklaverei im Land verboten, doch galt dieses Gesetz nicht für die Kolonien, in denen die Sklaverei erst 1868 abgeschafft wurde. In Brasilien folgte dieser Schritt sogar erst 1888, nachdem man im 19. Jahrhundert mehr Sklaven als in allen Jahrhunderten zuvor importiert hatte. Ähnliches galt für die USA: Zwar wurde 1808 ein Importverbot für Sklaven erlassen, doch die Abschaffung der Sklaverei folgte erst 1861-1865. Damit änderten sich zunächst lediglich die Bestimmungsorte der Sklavenschiffe, kaum aber das Elend und die Zahlen der gefangenen Menschen. Hinzu kam, dass auch viele afrikanische Staaten Sklaven hielten, so das Kalifat von Sokoto, welches von Nordnigeria bis in den Norden Kameruns reichte und zu den größten Sklavenhaltergesellschaften der Geschichte gehörte. Im Königreich Dahomey (Benin) waren in der Hauptstadt Abomey ein Drittel der 30 000 Einwohner Sklaven. Viele Herrscher waren in Afrika zu Ansehen und Reichtum durch die Sklaverei gekommen und sahen daher keine Notwendigkeit, auf sie zu verzichten. Ähnliches gilt auch für Sansibar, welches schon seit dem 16. Jahrhundert eine wichtige Rolle für den Handel spielte, jedoch mit schnelleren Schiffsverbindungen immer wichtiger wurde. Die dortigen Herrscher lebten vom Sklavenverkauf und von den Erträgen ihrer Plantagen, auf denen sie Sklaven arbeiten ließen. Mit Expeditionen durchstreiften Sklavenhändler wie Hamed bin Muhammed el Mudscherbi, genannt Tippu Tip (1835-1905) bei monatelangen Zügen Ost- und Zentralafrika, was dem Sklavenfang und der Jagd nach Elfenbein diente. Solche Sklavenhändler wurden von den europäischen Mächten als Legitimation genommen, um in Afrika zu intervenieren, um die Sklaverei, auf deren Grundlage man seine eigene Wirtschaft maßgeblich aufgebaut hatte, in Afrika abzuschaffen.

Eine Änderung ergab sich für Afrika durch die Abschaffung der Sklaverei aber dennoch. Mit US-amerikanischer Hilfe wurde Liberia als erster völkerrechtlich anerkannter afrikanischer Staat 1822 für freigelassene Sklaven gegründet, nachdem bereits die Engländer und Franzosen befreite Sklaven in Sierra Leone und Libreville (1787) angesiedelt hatten.

So mischte sich in Europa eine Reihe von Standpunkten: Das neu erwachte Entdeckungsinteresse an den „weißen" Stellen des afrikanischen Kontinents, so dass immer mehr Expeditionen wie die David Livingstones losgesandt wurden. Ziel dieser Expeditionen war nicht mehr, wie noch bei Georg Forster oder Alexander von Humboldt, eine Naturerfassung und die Beschreibung von Pflanzen und Tieren, sondern die Bestätigung der nationalen Identität durch die schnelle „Entdeckung" und Überwindung von Naturhindernissen. Die Reisenden sahen nun weniger einzelne Pflanzen oder Tiere, sondern in koloniale Träume einzubauende Landschaften. Hieraus erwuchs der Wunsch, Afrika zu durchqueren. Traf man auf Siedlungen, so waren die Europäer davon überzeugt, dass sie viele „rückständige" Völker „entdeckt" hätten, die man gegenüber dem Westen „öffnen" müsse, in zivilisatorischer wie ökonomischer Hinsicht und zudem vom Sklavenhandel zu befreien habe.

In den Ländern, in die man die Sklaven gebracht hatte, änderte sich die Situation selten. In den USA brachte die Aufhebung der Sklaverei weder Gleichberechtigung noch Akzeptanz, sondern es folgte nach 1865 eine Phase, in der viele schwarze Amerikaner durch Lynchmorde ihr Leben verloren. In Afrika sollte es bis zum Anfang des 20. Jahrhunderts dauern, bis das langsame Ende der Sklaverei einsetzte. Vorher gab es zwar überall Gesetze zur Abschaffung von Sklaverei, doch meist taten die Kolonialbeamten vor Ort wenig, um den Sklavenhandel zu unterbinden. Besonders südlich der Sahara blieb die Sklaverei bis zum Ersten Weltkrieg omnipräsent. Ersetzt wurde der Menschenhandel später vielfach durch Formen der Arbeitsverpflichtung, die ähnlich ausbeuterisch wie die Sklaverei waren. Menschen wurden verpfändet, dass heißt für geleistete Kredite mussten sie bis zu deren Abzahlung arbeiten. War der Kredit sehr hoch, so konnte daraus eine lebenslange Arbeitsverpflichtung werden. Auch die Wanderarbeiter in den großen, von den Europäern ausgebeuteten Minen mussten unter schwersten Bedingungen arbeiten, die sich nur wenig von denen von Sklaven unterschieden. Bis heute ist die Sklaverei nicht völlig abgeschafft, weder in Europa noch in Afrika. Gerade in Europa hat der Menschenhandel mit Frauen erschreckende Ausmaße angenommen, der eine neue Form des Afrika, Asien, Amerika und Europa einbeziehenden Sklavenhandels darstellt.

Das Konzept des „Wilden"

Vorbehalte gegen Schwarze waren in der gesamten Kolonialzeit verbreitet. Auch frühneuzeitliche Missionare hielten Afrikaner für weniger zivilisiert und geistig zurück geblieben. Ihre Argumentation war aber nicht rassisch-biologistisch ausgerichtet, sondern zielte auf die Mission und ihre Durchsetzung. Der Jesuitenpater Alonso de Sandoval kritisierte 1629 die Behandlung der Schwarzen, hob aber gleichzeitig unter Bezug auf Aristoteles hervor, dass dies ihre Bestimmung sei:

„Recht gut könnten wir über die Unbilden der Natur sprechen, die diesen unglückseligen Schwarzen anhaften. Denn wenn das Leben sogar ihrer Könige der Natur die Tribute der Erbärmlichkeit zollte, die von derselben Natur herrührt, von der die Tribute stammen, dann ist es klar, dass die Natur nicht großzügiger mit denen umgehen kann, denen das Schicksal ein sehr viel schlechteres Los zugeteilt hat. Offensichtlich bewahrheitet sich an ihnen die Behauptung Aristoteles, dass es nämlich Menschen gebe, die von Natur aus als Sklaven und Untergebene anderer geboren zu sein scheinen. (Alonso de Sandoval (1629), DGEE 5, 430)

Noch schärfer formulierte es der Jesuit José de Acosta (vgl. Kapitel 6), der den meisten Indianern und allen Afrikanern Zivilisation absprach, doch davon ausging, dass sie unter Anleitung der Patres zu Einsicht und Vernunft kommen könnten.

„Ich wiederhole: Verliere nicht den Mut; der Indio oder Neger ist ein unvernünftiges Wesen, ein Stück Vieh. (...) Es gibt keine Barbaren ohne jede Fähigkeit zur Glaubenserkenntnis. Erstrecht sind die Indios, wie alle wissen, die mit ihnen zu tun haben, nicht so schwach bei Verstand, und wenn sie ihn nur anwenden wollten, lieferten sie Beweise von recht ordentlichen Anlagen und hinreichender Einsicht." (Missionshandbuch des José de Acosta (1588), DGEE 3, 513)

Zu Beginn des 19. Jahrhundert tat sich im Gefolge der Ideen der Aufklärung und der Französischen Revolution ein Zwiespalt auf. Einerseits hegte man Bewunderung für „natürliche", von der westlichen Zivilisation unberührte Gegenden, besonders die Südsee, wo man viele Ideale verwirklicht sah. Andererseits blieb die europäische Weltsicht eurozentrisch und übertrug auf die Südsee eine herablassende Bewertung.

Maßgeblichen Anteil an der positiven Sicht der Südsee in Deutschland hatte Georg Forster (1754-1794). Er war politischer Vordenker und herausragender Naturforscher. Als Reisebegleiter von Thomas Cook hatte er mit seinem Vater Reinhold 1772-1775 Studien in Neuseeland, Tahiti, Tonga, den Osterinseln, den Neuen Hebriden, Neukaledonien und Feuerland unternommen. Ergebnis der Reise war nicht allein eine Sammlung von Zeichnungen, Pflanzenpräparaten und naturkundlichen Sammelstücken, sondern auch seine in deutsch und englisch erschienene „Reise um die Welt" (*Voyage around the world*). Er lobte die Gleichheit, die in den dortigen Gesellschaften herrschte und entwickelte aus seinen Erfahrungen in der Südsee revolutionäre Ideen für Europa.

Forster war aber auch in eine umfangreiche Debatte über die „körperliche Verschiedenheit des Menschengeschlechts" eingebunden. Während Johann Friedrich Blumenbach (1752-1840) die Position vertrat, der Mensch sei aus einem Stamm hervorgegangen, behauptete Samuel Thomas Sömmering (1755-1830), dass die Menschheit unterschiedliche Ursprünge habe. Die Diskussion, die maßgeblich von Immanuel Kants Schriften „Von den verschiedenen Racen der Menschen" (1775) angestoßen war, sollte für die Zukunft so wichtig werden, weil Sömmering glaubte, Menschenrassen würden sich durch Schädel- und Gesichtsform unterschieden.

Sömmering war anatomisch im Dienste des Landgrafen von Hessen-Kassel tätig. Da die Truppen der Landgrafschaft 1776-1783 in Amerika gedient hatten, verfiel man dort auf die Idee, gegen den anfänglichen Widerstand des britischen Oberkommandos, auch Schwarze in die Dienste zu nehmen, freilich nur als Musiker. Ein Teil dieser „schwarzen

Hessen" (*Black Hessians*) traten nach der Erklärung der Unabhängigkeit der USA gemeinsam als Soldaten in den hessischen Truppen den Weg nach Hessen an, da für sie die Befreiung ja nicht galt und sie in den USA als entlaufene Sklaven schwer bestraft worden wären. In Kassel wurden sie teilweise, in einer Art Zoo, im Park des Schlosses Wilhelmshöhe angesiedelt, dem ersten derartigen „Menschenzoo" auf deutschem Boden. Die schwierigen klimatischen und sonstigen Umstände ließen aber die meisten von ihnen bald sterben, die dann Sömmering für seine anatomischen Untersuchungen übergeben wurden. Aus seinen Beobachtungen schloss Sömmering, das

„Gehirn im Neger sey kleiner als im Europäer. Vielleicht möchte sich hieraus einige historische Thatsachen von ihrer Wildheit, Unbändigkeit und etwas minderen Fähigkeit zur feineren Kultur, erläutern. Nach Pater Charlevoix haben die Negern von Guinea sehr beschränkte Geisteskräfte, viel unter ihnen schienen vollkommen dumm..."

Daraus leitete er, trotz der vehementen Kritik durch Georg Forster, die „Inferiorität des Negers" ab. Seine Theorie illustrierte er in seinem Buch „Über die körperliche Verschiedenheit des Negers". Die darin enthaltenen Stiche zeigten die „Menschenrassen" vom Europäer mit dem größten Hirn bis hin zum „Neger" mit dem kleinsten Schädel und Hirn. Negative Darstellungen von Afrikanern waren zwar nichts Neues, doch da Sömmering seine Theorien „wissenschaftlich" auf Obduktionen gründete, fanden sie weitreichende Rezeption. Charles White baute in seinem Buch „An account of the regular gradation in man" auf den Ideen Sömmerings auf und verteidigte damit, wie auch Christoph Meiners (1747-1810), die Sklaverei.

Der europäische Rassismus und die Konsequenzen in Amerika

Für die Rassentheorien sollten aber auch Reisende aus Europa sehr wichtig sein. Neben den bereits erwähnten Reisenden nach Afrika hat auch Charles Darwin mit seinen Beobachtungen einen entscheidenden Anteil. Schon der Leiter des anthropologischen Museums in Paris, Alcide d'Orbigny, hatte 1839 in seinem Buch „Der amerikanische Mensch" (*El hombre americano*) nach seiner Reise durch Feuerland die noch nicht unterworfenen Ureinwohner als unzivilisierbar beschrieben. Als Folge von Darwins Veröffentlichungen trat zu dieser Sichtweise noch der Aspekt hinzu, dass langfristig nur die überlegenen Rassen überleben würden und der selektive Kampf unvermeidlich sei. Von Darwin allein auf die Tierwelt bezogen, fand seine an Lateinamerika und Australien entwickelte Theorie bald Anhänger in allen Teilen der Welt und stellte einen weiteren Baustein für das Superioritätsgefühl der Europäer dar.

Ausgehend von dieser Vorstellung entstand um 1860 die Theorie von der notwendigen Auseinandersetzung zwischen „europäischer Zivilisation" und „nativer Barbarei". Besonders in Lateinamerika, aber auch in Europa, fand diese Sicht viele Anhänger, zu denen auch argentinische Staatspräsident Domingo Faustino Sarmiento (1810-1888; reg. 1868-1880) gehörte. Leute wie er waren der Überzeugung, dass durch europäische Einwanderung langfristig die Höherentwicklung der „weißen" Nation gesichert und die „Indianer" ausgerottet oder assimiliert werden würden. Diese Vorstellung fand sich mitnichten nur in Lateinamerika, sondern hatte gerade auch in Nordamerika, Russland und Europa viele Anhänger, für die eine Überlegenheit der „weißen Rasse" gegenüber „Negern" oder „Indianern" gegeben war. Die Expansion in das Gebiet der Indigenen rechtfertigte man mit deren „Zurückgebliebenheit" und „mangelnder Ausnutzung" des Bodens. Da man überzeugt war, dass es kein friedliches Nebeneinander der Nationen geben würde, hoffte man für die eigene Nation die Weltherrschaft zu erreichen, besonders dann wenn der Status quo bedroht war. Diese „Weltreichslehre" fand besonders in Deutschland und Großbritannien in Konkurrenz zur USA Anhänger.

Diese Sicht der Zukunft sollte gravierende Folgen für die indigenen Ethnien auf dem ganzen amerikanischen Kontinent haben. Mit der Unabhängigkeit Chiles 1810/1826 tat sich ein Graben zwischen Anspruch und Realität auf. Einerseits waren die Siedler Nachfahren jener mit Pedro de Valdivia ins Land gekommenen Europäer, andererseits wollte man in den neu entstehenden Staaten gerade auch die „Indianer", die gegen die Spanier Widerstand geleistet hatten, integrieren. Denn schließlich sah man sich gemeinsam in der Tradition des Kampfes gegen die Kolonialmacht Spanien. Der südamerikanische Freiheitskämpfer San Martín stellte klar, dass in Peru alle als „Bürger" bezeichnet werden sollten und niemand mehr als „Eingeborener" oder „Indianer benannt werden sollte". Doch die Realität sah anders aus: So wurden die Indigenen weiterhin als „Wilde" gesehen, doch schwangen immerhin noch die Ideen der Aufklärung von „guten Wilden" mit.

Doch das Bild des Wilden sollte sich rasant ändern und zwar in anthropologischer, soziologischer und politischer Hinsicht. War man sich in Chile wie in Argentinien über das Ziel der Zivilisierung des „Wilden" einig, so herrschte über den richtigen Weg dorthin Uneinigkeit. Während ein Teil des argentinischen Nationalkongresses die Fortführung des schon in der Kolonialzeit begonnenen Weges der „Zivilisation" durch Mission bevorzugte, hielten andere ein militärisches Vorgehen („Pazifikation") für unumgänglich. Das Konzept der „Evangelisation", wie es noch in der argentinischen Verfassung von 1853 in Bezug auf die „Indianer" festgeschrieben wurde, hatte so lange eine Chance, wie durch die inneren Kriege in Lateinamerika die militärischen Kräfte anderwärtig gebunden waren. War Feuerland nur als Durchgangsgebiet aufgrund der Magellanstraßen und für den Walfang in Konkurrenz zu England wichtig, so wurden weiter nördlich liegende Gebiete immer attraktiver für die Großgrundbesitzer, die ihre Weidegründe oder das bebaubare Land ausweiten wollten. Darüber hinaus existierte seit 1848 nach dem Goldrausch in Kalifornien oder Australien kurzzeitig ein großer Absatzmarkt für chilenisches Getreide und chilenische Handelswaren. Da dieser Boom nur bis 1860 dauerte, führte er langfristig zu einer Verstärkung des Landhungers der Großgrundbesitzer, die um den Ausgleich der entstandenen Handelsverluste bemüht waren. Sehr wichtig wurde aber für Nord- und Südamerika die europäische Einwanderung. Einwanderer zogen in den USA Richtung Westen oder in Argentinien oder Chile in Richtung Süden, in der Hoffnung, dort nicht nur billiges Land, sondern auch Bodenschätze wie Gold oder Kohle zu finden.

Die zunehmend negativen Sichtweise der indigenen Bevölkerung, das Scheitern des Missionskonzeptes als Vehikel der Kolonisierung und Europäisierung und schließlich die wirtschaftlichen Gründe waren entscheidende Faktoren auf dem Weg zu einem endgültigen Krieg gegen die Araukaner in Argentinien und Chile (1879-1882) oder die Sioux und Cheyenne (1876-1890) in Nordamerika.

Bei den Feldzügen in den siebziger und achtziger Jahre stand niemand der indigenen Bevölkerung bei. Neue Waffen wie Maschinengewehre besiegelten die Niederlage der Indianer. Doch letztlich waren es nicht die Verluste durch die Feldzüge, sondern vielmehr die aus ihnen sich ergebenden Konsequenzen, die zu dem erheblichen Bevölkerungsrückgang bei den Mapuche, Sioux oder Cheyenne führten. Nach dem Sieg hatten eingeschleppte Krankheiten, v.a. aber große Hungersnöte und der Wegfall der bisherigen Einkommensquellen durch die Landkonfiskation eine rapide Abnahme der indigenen Bevölkerung zur Folge. In Argentinien kam als Besonderheit auch das „Verschwinden" der schwarzen Bevölkerung des Landes hinzu. Lebten 1810 in Buenos Aires 23 000 Menschen europäischer, 10 000 afrikanischer und nur ungefähr 150 indigener Abstammung, so sollte sich dies bis 1860 radikal ändern, als man kaum noch Schwarze antraf. Ohne ausreichende Einnahmequellen hatten die Schwarzen Arbeit auf Plantagen oder beim Militär annehmen müssen. Bei den Kriegen gegen Paraguay (1865-1870) und der folgenden

Gelbfieberepidemie kamen dabei die meisten von ihnen um, die übrigen gingen in der argentinischen Gesellschaft auf.

9. KOLONIALISMUS DES 19. JAHRHUNDERTS UND IMPERIALISMUS

Seit der Dekolonisation findet sich bei der Bewertung des Kolonialismus eine große Bandbreite. Diese reicht von der Rechtfertigung einer „zivilisatorischen Mission" bis zur Glorifizierung eines „heroischen Widerstands gegen eine von außen aufgezwungene Tyrannei". Andreas Eckart, der auf den nigerianischen Historiker Jakob Festus Ade Ajayi verweist, der in der Euphorie der Unabhängigkeit schrieb, die Kolonialperiode sei in der gesamten afrikanischen Geschichte lediglich eine „Episode" gewesen, zeigt, wie sich diese Hoffnung nicht bewahrheitet hat und wie bis heute die Auswirkungen beleuchtet und analysiert werden müssen.

Die neue Machtkonstellation durch den Niedergang des Osmanischen Reiches und Persiens

Für den Aufstieg Englands zur führenden Kolonialmacht aber auch für das Verständnis des russisch-englischen Konflikts, der mit dem Krimkrieg (1853-1856) seinen Höhepunkt erlebte, ist der Machtverlust Persiens und des Osmanischen Reichs wichtig. Erlaubte die schwindende Macht des Osmanischen Reiches den Engländern, sich zunächst in Ägypten festzusetzen, so ermöglichte ihnen die Schwäche Persiens die Expansion in Afghanistan.

Mit dem Frieden von Küçük Kaynarca 1774 und dem folgenden Friedensschluss von Jassy (1792) musste das Osmanische Reich große Zugeständnisse an Russland machen. Die Eingliederung der Krim in das Zarenreich, und damit der Zugang zum Schwarzen und zum Mittelmeer, bedeutete, dass das Osmanische Reich nun der ständigen Einmischung der europäischen Mächte ausgesetzt war. Allein deren Konkurrenz verhinderte die Aufteilung des im 17. Jahrhunderts noch so mächtigen Großreiches. So hatte Zarin Katharina II. bereits auf die Wiedererstehung des Byzantinischen Reiches, an dessen Spitze sie ihren Enkel Konstantin sehen wollte, gehofft, doch konnte sie sich mit ihrem Projekt nicht durchsetzten. Zwar versuchten Reformer das Osmanische Reich aus seiner bedrohten Situation zu holen, doch gelang es nicht mehr, die dominierende Stellung des 17. Jahrhunderts zurück zu gewinnen, als das Reich selbst noch zu den großen kontinentalen Kolonialimperien gehörte.

Als Sultan Selim III. (reg. 1789-1807) eine Reihe von westlichen Reformen durchzusetzen versuchte, wurde er abgesetzt. Seinem Nachfolger Mahmud II. (1808-1839) ging es nicht viel besser, denn er vermochte sich gegen den aufständischen Statthalter Ägyptens Mahmud Ali nur dadurch zu erwehren, dass er die Hilfe Englands und des Zaren annahm. Dies war ein erneutes deutliches Zeichen für die Schwäche des Osmanischen Reiches. In den folgenden Jahrzehnten kam es zu einer Mischung aus programmatischen Reformen und Reagieren auf auswärtigen politischen Druck. 1839 sicherte Sultan AbdulMecid seinen Untertanen die Sicherheit von Leben, Besitz und Ehre zu, 1865 erfolgte die rechtliche Gleichstellung von Muslimen und Nicht-Muslimen, 1876 wurde eine westlichen Vorbildern verpflichtete Verfassung proklamiert. In der Epoche der „Tanzimat" (1839-1878), also jener Zeit, die man mit „Ordnung" oder „Organisation" übersetzten kann, sollte die Verwaltung leistungsfähiger werden und auf diese Weise die europäischen Großmächte überzeugen, dass das osmanische Reich durchaus in der Lage war, sich selbst zu reformieren.

Politik war zu Mediensache geworden und die europäischen Großmächte und besonders die Öffentlichkeiten in den europäischen Großstädten registrierten sehr interessiert und emotional alle Nachrichten, die man als Benachteiligung der Christen wertete. Abdul Hamid II. (1878-1909) blieb zwar der Politik der Vorgänger als neoabsolutistischer Reformer verhaftet, war sich aber andererseits auch der Medienrevolution bewusst und holte Telegraph, Fotoapparat oder Eisenbahnen in die Türkei. Besonders die Eisenbahn aber erlaubte den europäischen Mächten den Interventionismus, die im Falle der Bagdad-Bahn ihre Präsenz im Osmanischen Reich verstärken konnten.

Persien wurde für England zunehmend vor dem Hintergrund der Expansion in Indien wichtig. Nachdem durch innere Unruhen in Persien die Dynastie der Safawiden, die das Land seit dem frühen 16. Jahrhundert regiert hatten, abgesetzt war, wurde der Chorâsân stammende Nâdar (1736-1747) neuer Schah. Ihm gelang als letztem, mit einer Reihe von Eroberungszügen noch einmal das persische Reich zu vergrößern, aber seine vielen Feldzüge trugen nicht zu Stabilisierung im Inneren bei und kosteten viel Geld. Als er versuchte, die Macht der schiitischen Geistlichkeit zu brechen, wurde er 1747 ermordet. Mit dem Tod des Schahs entstand ein Machtvakuum, in welchem sich Afghanistan 1750-1773 endgültig von der persischen Oberhoheit löste. Aus den Nachfolgekämpfen ging die türkischstämmige Dynastie der Qadjaren (1779-1925) hervor, die sich nun gegen England und Russland zur Wehr setzten musste. Während Europa mit Napoleon beschäftigt war, nutzten die Russen das Machtvakuum für eine umfassende Expansion im Kaukasus, welches eine bis zum Ende des 19. Jahrhunderts dauernde Expansion einleitete.

Persien, das zu schwach war, um Russlands Expansion zu verhindern, wurde nun durch England gestärkt, welches an dem Fortbestand von Afghanistan ebenso wie an einem verkleinerten Persien zur Sicherung des indischen Besitzes interessiert war. 1839-1842 und 1879-1880 marschierten die Engländer in Afghanistan ein und installierten unter Abd al Rahman Khan ein Marionettenregime (1880-1901). Auf der anderen Seite wurde von Russland die Chanate Kokand, Chiwa und Buchara 1866-1876 unterworfen. 1879-1881 wurde das Turkmenengebiet südlich des Aralsees dem russischen Reich einverleibt. Die russischen Kolonialkriege waren Kriege gegen die ganze Bevölkerung, wie uns die Bilder der Geschehnisse durch den russischen Maler Wasili Weretschagin vermitteln, der mit ergreifender Realität die von russischen Soldaten aufgebauten Schädelpyramiden festhielt.

Die Lösung Ägyptens vom Osmanischen Reich

In osmanischer Zeit war Ägypten ein relativ unabhängiges Paschalik gewesen: Die Paschas waren gegenüber der Pforte nur zu Tributzahlungen und Aushebung und Gestellung von Soldaten verpflichtet. Die Paschas wechselten häufig und blieben aufgrund ihrer hohen Steuerforderungen stets unbeliebt. Damit gewannen die Mamelukenbeys wieder an Macht, die ihre Truppen mit Sklaven aus dem Kaukasus auffüllten. Die Mameluken, vormalige Sklaven vornehmlich georgischer Herkunft, regierten mit kleinen Privatarmeen Ägypten. Die mamelukische Herrscherschicht verschmolz gleichzeitig immer mehr mit den in Ägypten lebenden Osmanen, während die neu gekauften Sklaven keinen Aufstieg mehr schafften.

Schon seit 1786 hatte das Osmanische Reich versucht, die unkontrollierbaren mamelukischen Provinzen wieder unter ihre Botmäßigkeit zu bringen, doch umsonst. Damit erkannten die Beys den Sultan nur noch formal als ihren Oberherrn an. In dieser Phase der Schwäche wurde Ägypten für England interessant. Bereits 1770 hatte die East India Company durch eine Reihe von Expeditionen erkannt, dass der Weg über Suez doch erheblich kürzer (2 Monate), als um das Kap der Guten Hoffnung (5 Monate) war.

Der Ägyptenfeldzug Bonapartes war für Frankreich eine Niederlage, für die Mamelukenbeys bedeutete er den Verlust der Kontrolle über das Land. Dies konnte ein türkischer Offizier albanischer Herkunft, Mohamed Ali ausnutzen. Mit ihm und dank seiner Rücksichtslosigkeit und Willenskraft wurde Ägypten vom osmanischen Reich gelöst. Er begründete die bis 1952 regierende Dynastie der Khediven. Dank der Hilfe eines französischen Exoffiziers konnte Ali eine schlagkräftige Armee gegen Mameluken und Osmanen aufbauen. Nachdem Mohamed Ali durch sein Hinhalten der konkurrierenden Mächte eine Invasion der Engländer gestoppt hatte, massakrierte er 1807 und 1811 die Mamelukische Oberschicht im Land.

Mohamed Ali seinerseits eroberte für die Pforte die Heiligen Stätten von den Wahabiten zurück. Gleichzeitig sicherte er sich aber gegen die Einmischung Istanbuls ab und schob seinen Machtbereich bis Syrien vor. Langfristig brauchte Ali aber Verbündete, um sich gegen den osmanischen Oberherrn halten zu können. England unterstütze nun die ägyptischen Herrscher, freilich um den Preis, dass das Land immer mehr zum Marionettenregime der Briten wurde, die dann 1882 das Land ganz annektierten.

So bestanden die islamischen Großreiche Osmanisches Reich und Persien, zwar fort, wurden aber durch die Europäer durch eine ausgeklügelte Politik von Drohen und Ausnutzen der jeweiligen Situation in ein Abhängigkeitsverhältnis gebracht.

Der Ausbau der Kolonialherrschaft der Niederlande, Englands und Frankreichs in Südostasien

Für die Niederlande bedeutete die Französische Revolution und die Expansion Frankreichs das Ende der Kolonialherrschaft. Noch am Ende des 18. Jahrhunderts hatte man württembergische Truppen (Kapregiment) als Subsidientruppen zur Niederschlagung von Aufständen gemietet. Doch 1799 kam das Aus. Die Vereinigte Ostindische Compagnie wurde aufgelöst und ihr Besitz an die den Nachfolgestaat der Niederlande, die Batavische Republik, übereignet. Zu diesem Zeitpunkt befand sich die VOC jedoch bereits in einem desolaten Zustand und die Mehrheit der Geschäfte nahm mittlerweile der Schmuggel ein.

Die Engländer, die den gesamten niederländischen Kolonialbesitz besetzten, behielten nach den Napoleonischen Kriegen das Kapland (Südafrika), Ceylon und Mauritius. Malakka und Indonesien wurde an das Königreich der Niederlande zurückgegeben, doch mit der Gründung von Singapur behielt man einen Stützpunkt in der Region.

Niederländisch-Indien wurde damit zur staatlichen niederländischen Kolonie und es begann die Eingliederung ganz Indonesiens ab 1830. Mit der Einführung des „Kultursystems" (*cultuurstelsel*) wurde der Kaffeeanbau effektiviert. Den Einwohnern Javas, die kein Bargeld hatten, wurde nun angeboten, statt zwei Fünftel des Ertrages als Steuer zu zahlen, ein Fünftel mit „Kolonialprodukten", also Tee, Zucker, Kaffee oder Tee für die Regierung zu pflanzen. Nach anfänglichem Widerstand hatte man bis zur Mitte des 19. Jahrhunderts die Nutzung von 5 % des Landes für Kolonialprodukte auf Java durchgesetzt. Vorteilhaft waren die Einnahmen für die Niederländer, aber auch die Javaner profitierten vom System. Allerdings trug von nun an der Transport von Arbeitskräften innerhalb der Inselwelt Indonesiens mit zu den ethnischen Spannungen von heute bei. Bis 1848 waren Generalgouverneur und Kolonialminister allein für die Verwaltung der Inselwelt verantwortlich, 1848 erfolgte die Unterstellung unter die Verantwortung des Parlaments. Für die Gebiete ergab sich aus zwei Gründen eine veränderte Situation. Die Verkürzung der Transportzeit durch die Eröffnung des Suezkanals (1869) ließ die Produkte aus den Kolonien billiger werden, was die Nachfrage erhöhte. Zudem wurde das Kultursystem bis 1917 flexibel, so dass durch mehr Freiheit im Agrarsektor bessere Ergebnisse erzielt werden konnten. Zunehmend waren die Niederländer im frühen 20. Jahrhundert an den äußeren Inseln, nach dem Fund von Erdöl und Kautschuk interessiert. Diese Intensivierung der Herrschaft hatte zur Folge, dass große Teile Indonesiens erst im 19. oder frühen 20. Jahrhundert erobert wurden. Die Eroberung von Bali 1908, der Krieg gegen Aceh von 1873-1908 zeichneten sich durch Brutalität auch gegen die Zivilbevölkerung aus. Aufstände, wie auf Java 1825-1830 oder auf Bali 1848-1849 forderten mehr als 200 000 Opfer. Sie zeigten, dass die Herrschaft der Niederlande Risse bekommen hatte. Eine weitere, bis heute nachwirkende Spaltung betraf Borneo. 1841 erwarb der britische Privatunternehmer James Brooke (1803-1868) Sarawak auf Borneo und erklärte sich zum Herrscher (Raja). Wenig später erwarb die Britisch North Borneo Company als Aktiengesellschaft Nordborneo.

Die weitere Aufteilung Südostasiens erfolgte durch die gewaltsame Einnahme Birmas zwischen 1824-1825 und 1885 und den Aufbau des französischen Kolonialreichs in Indochina. Erst unter Kaiser Napoleon III. gelang es Frankreich, sich in Kambodscha, Laos und Vietnam zu etablieren, was zu Indochina zusammengefasst wurde. Den Ausgang nahm das Kolonialreich mit der Eroberung des südlichen Vietnam 1858-1862. Es dauerte bis in die Zeit der zweiten Republik, bis man auch die Gegend um Hanoi 1883 eingenommen hatte. Durch die Vereinigung mit dem seit 1863 französischen Kambodscha und dem erst seit 1893 größtenteils französischen Laos entstand erst um die Jahrhundertwende ein geschlossener Kolonialbesitz. Während in Laos, Kambodscha und Annan Protektorate mit Frankreich unterstellten Herrschern eingerichtet wurden, unterstellte man „Cochinine" direkt der französischen Herrschaft.

Indien: Englands Kronjuwel

Die Französische Revolution hatte auch in England Auswirkungen gezeigt, als sie dort nationale und aufklärerische Ideen, gleichermaßen wie evangelikal christlichen Vorstellungen zum Aufschwung verholfen hatten. Eine liberal säkulare Gruppe forderte Anfang des 19. Jahrhunderts daher in England die Verbesserung der sozialen Situation der Inder, während christliche Gruppen nicht nur das Recht der Mission, sondern der Intervention für die Abschaffung des *sati*, der Witwenverbrennung, forderten. Dies stellte einen wichtigen Einschnitt dar. Hatten sich die Engländer bisher aus Handelsinteresse bei der Durchsetzung von westlichen Vorstellungen zurück gehalten, so erwartete man nun aus einer gestärkten Machtposition heraus, dass in Indien Bräuche, die mit westlichen Vorstellungen unvereinbar waren, verschwinden würden.

1813 wurden nun Missionen zugelassen, 1829 der *sati* verboten. Doch dies war nur der Anfang, wobei sich im Kern die von den Jesuiten im Ritenstreit bereits aufgeworfene Problematik wiederholte: Sollte man Vorstellungen, die mit dem westlich-abendländischen Kulturkreis nicht vereinbar waren, tolerieren oder abzuschaffen suchen? War das Kastensystem zu tolerieren und war es, als der christlichen Grundidee zuwiderlaufend, zu bekämpfen? Es setzten sich die Wortführer für eine Anglisierung des Landes unter Wortführung von Thomas Babington Macaulay durch, die 1835 Englisch als Schulsprache einführten.

Diese Maßnahmen wurden nicht ohne Murren und Widerstand von der von steuerlichen und rechtlichen Neuerungen betroffenen Bevölkerung hingenommen. Die Randzonen Indiens waren wegen der häufigen Aufstände kaum zu kontrollieren. Die Machtbasis stand auf schwachen Füßen.

Als unter diesen Umständen der Aufstand der *Sepoy*, also der indischen Hilfstruppen, bekannt als *Munity* von 1857/58, ausbrach, stellte dies die bisher größte Herausforderung der britischen Herrschaft dar. Auslöser war das Unverständnis der englischen Militärbehörden zur Berücksichtigung religiöser Vorstellungen. Als man von den bisher genutzten glattläufigen Vorderladern, der „Brown Bess" auf moderne

„Enfield Rifled Muskets" umstellen wollte, bedeutete dies, dass für die gezogenen Läufe neue Munition nötig war. Die mit tierischem Fett eingeschmierten Patronen verletzten jedoch die religiösen Gefühle der Soldaten, da die Patrone mit den Zähnen aufgebissen werden musste. Alle Proteste der Soldaten hatten die Behörden beharrlich ignoriert.

Der Aufstand wurde konsequent und brutal mit Hilfe anderer loyaler Hilfstruppen, der Sikhs und der nepalesischen Gurkha, niedergeworfen. Wenn überhaupt Gefangene gemacht wurden, so wurden diese vielerorts als abschreckendes Beispiel mit Kanonen hingerichtet. Besonders wichtig aber sollte die breite mediale Abdeckung der Ereignisse sein. Fotoreporter fotografierten die zerstörten Stätten des Aufstandes, Stiche berichteten von Grausamkeiten der Aufständischen gegen Engländer. Bereits beim Aufstand der Griechen gegen die Osmanen 1821-1829 hatte die englische Öffentlichkeit stets Anteil genommen und den Türken ihre Gräueltaten vorgeworfen. Hatten Bilder von Eugène Delacroix, die in Gestalt von Kupferstichen in Europa erschienen, die europäische Öffentlichkeit gegen die Osmanen aufgebracht, so erfolgte nun die umgekehrte Wahrnehmung. Dem Betrachter in Europa wurde durch Stiche der Eindruck vermittelt, plündernde Horden undisziplinierter Inder würden sich über englische Frauen und Kinder hermachen, weswegen die Niederschlagung Aufstandes hauptsächlich deren Schutz diene.

Noch vor Ende des Aufstandes entzog die britische Regierung als Konsequenz der East India Company endgültig die Herrschaft über Indien und erklärte Britisch-Indien zur Kronkolonie (British Raj, 1858-1947). Aus dem bisherigen *governor* wurde nun ein Vizekönig. Durch ein nicht klar definiertes und flexibles Herrschaftssystem, welches überall in Indien eingriff, sicherten sich die Engländer die Herrschaft und konnten sie nun auch sukzessive über den ganzen Subkontinent ausbauen. 1876 wurde Queen Victoria zur „Kaiserin von Indien" (*Empress of India, kaisar-i-hind*) ausgerufen. England versuchte, an die Tradition der Mogulherrscher anzuknüpfen und sich in einem teilweise veränderten Feudalsystem in das vorhandene hierarchische Herrschaftsgefüge einzupassen. Man konservierte die machtpolitischen Strukturen, um somit die eigene Herrschaft zu sichern. Es wurde ein traditionelles Indien der „Fürstenstaaten" konstruiert, dem ein modernes Britisch-Indien gegenüberstand.

Die Verwaltung wurde von einem in Europa geschulten Korps von Beamten, dem Indian Civil Service, übernommen. Bis nach dem Ersten Weltkrieg war der Zugang allein Briten, die meist an den Elitenuniversitäten studiert hatten, vorbehalten. Europäischen Vorbildern folgend führte man zudem Reformen im Bildungs- und Verwaltungsbereich

durch, die der Vereinheitlichung des Landes dienen sollten, weswegen
auf die Teilfürstentümer in dieser Hinsicht auch großer Druck ausgeübt
wurde.

England sah in Indien einen großen Absatzmarkt, dessen Erhalt für
die englische Wirtschaft unverzichtbar sei. Der Boom der Baumwoll-
produktion im 18. Jahrhundert wurde nun zum Argument für den
Kolonialismus:

> *„Für mich bedeutet das Weiterbestehen der britischen Herrschaft in Indien*
> *nichts anderes als günstige Verhältnisse in Lancashire, als das Wohlergehen*
> *und die Existenz von Tausenden von Arbeitern, von Frauen und Kindern,*
> *welche ihren Lebensunterhalt und Wohlstand von der Baumwollindustrie*
> *suchen und finden. Das Wachsen und die weite Ausdehnung unserer Kolo-*
> *nialherrschaft bedeutet in meinen Augen Leben, Wohlstand, und Glück in*
> *unseren Industriebezirken, und da in allen Teilen unsere Kolonien die besten*
> *Abnehmer für Erzeugnisse unserer Industrie sind, bedeutet in der Tat der*
> *Besitz unserer Kolonien auch den Wohlstand des ganzen Landes." (Rede von*
> *Lord Dunravon in der Constitutional-Union, 20.6.1884, GiQ 5, 574f.)*

Tatsächlich wurden die Inder im Rahmen des „British Empire" in
ein internationales Handelssystem einbezogen, was am Beispiel der
Hindukaufleute aus der Provinz Sind im heutigen Pakistan aufgezeigt
werden soll. Diese *Shikapuris* hatten Verbindungen nach Zentralasien,
Iran und Afghanistan und vermochten diese Kontakte weiter auszubauen. Besonders dank des Opiumhandels konnten sie ihre Position
zwischen den Mächten sichern, zumal Russland immer weiter nach
Zentralasien vorstieß. Die *Sindworkies*, Händler aus dem benachbarten
Haiderabad, in der gleichen Region im Industal (Sindh) bauten ebenfalls
ein Handelsnetz aus, welches bis nach Japan (Yokohama) und Buenos
Aires mit Niederlassungen reichte.

Eine weitere wichtige Veränderung stellte die große Migration dar,
die entweder auf dem Indischen Subkontinent oder innerhalb der englischen Herrschaft stattfand. Die überseeische Migration setzte nach
1842 ein, wobei das Modell der *indentured labours* wieder aufkam. Die
Schiffspassage wurde durch einen Vertrag, der zu einer jahrelangen Arbeit verpflichtete, bezahlt. Mauritus, Südostasien, Südafrika, Kenia und
die Karibik, besonders Britisch Guayana, waren die Zielregionen der
Emigration. Dort war der Neuanfang, besonders für die Frauen, oft sehr
schwer. 1881-1921 setzte eine massive Migration aus den Distrikten Bengalens und Bihars nach Mauritius ein. Die Arbeitskräftemigration war
keine britische Erfindung, doch führten stärkere Kommerzialisierung
der Landwirtschaft und Monokulturen wie Indigo zu größerem Bedarf

an Arbeitskräften in verschiedenen Teilen Indiens und im Britischen Kolonialreich.

Die gewaltsame „Öffnung" Chinas

China, dies war auch den Wirtschaftspolitikern des 19. Jahrhunderts bewusst, stellte einen riesigen Markt dar. Die Einschränkung auf Kanton als einzigen Hafen, der für Europäer zugelassen war, hatten die Kolonialmächte hingenommen, weil man über diesen Hafen die im 18. Jahrhundert transportierbaren Mengen bewältigen konnte. Im 19. Jahrhundert warf jedoch der Handel mit Opium in China für England einerseits bedeutende Gewinne ab und andererseits boten schnellere Schiffe mit größerem Laderaum nun auch die Möglichkeit, englische Textilien in China in großem Stil abzusetzen. Daher nahm man die Zerstörung von englischem Opium im Hafen von Kanton zum Anlass, im Ersten Opiumkrieg (1839-1842) das Land gewaltsam zu öffnen.

Der Vertrag von Nanking 1842 verschaffte England nicht nur die Kronkolonie Hongkong unweit von Macao, sondern auch die Öffnung von vier Vertragshäfen, unter ihnen auch Shanghai. Damit war China nach wie vor dem Opiumhandel ausgesetzt, der bis 1911 legal blieb und musste andererseits auch gegenüber den anderen Kolonialmächten USA, Russland und Frankreich Konzessionen machen, die nun auch ihren Anteil am chinesischen Markt erwarteten.

Frankreich und England: Der Wettlauf um die Weltherrschaft in Afrika

Afrika ist zwar später als die anderen Kontinente, dann jedoch härter von einem umfassenden Kolonialismus getroffen worden. Zwar war Afrika als Herkunftskontinent der Sklaven schon seit dem 16. Jahrhundert in das „atlantische System" des Dreieckshandels eingebaut, doch war die europäische Präsenz auf kleine Stützpunkte beschränkt und die Konkurrenz der am Sklavenhandel interessierten europäischen Mächte verhinderte eine territoriale Expansion. Da alle Kolonialmächte Sklaven in der Karibik brauchten, arrangierte man sich an der afrikanischen Westküste, um den Sklavennachschub zu sichern. Zudem waren die Kolonialmächte an Gold und Elfenbein interessiert, welches ihnen ebenfalls aus dem Landesinneren geliefert wurde. Aufgrund der Konkurrenz der Mächte und der Unzugänglichkeit des Landesinneren beschränkten die Kolonialmächte ihre Präsenz auf Forts an der Küste, da eine Expedition ins Innere mit dem Ziel einer dauerhaften Festsetzung, zu kostspielig und militärisch kaum zu leisten gewesen wäre.

Der „Wettlauf um Afrika" begann erst in der zweiten Hälfte des 19. Jahrhunderts. Nach europäischer Auffassung musste dies nach einem Ordnungsschema ablaufen. Deswegen unterzeichnete man so genannte Schutzverträge oder hisste einfach irgendwo Fahnen, um Gebiete für das eigene Land in Besitz zu nehmen und zu verhindern, dass dieser oder jener Flecken Land an eine andere europäische Macht fallen könnten. Die Änderung vom Kolonialismus der Handelsgesellschaften zum staatlichen Kolonialismus des Hochimperialismus ist mit einem griffigen Begriffspaar charakterisiert worden. Galt bis zur Mitte des 19. Jahrhunderts: „Die Fahne folgt dem Handel", so galt jetzt „der Handel folgt der Fahne". Noch auf der Berliner Afrikakonferenz von 1884/85 gab es kaum genaue Kenntnisse von Afrika und den Bodenschätzen, sondern lediglich allerlei Vermutungen und Pläne für weitere Unternehmungen. Die Berliner Afrikakonferenz darf jedoch nicht einfach als Landaufteilung gesehen werden, sondern ist, Andreas Eckert folgend, als Markstein einer völkerrechtlichen Festlegung der Teilung zu sehen.

Bis zum Ersten Weltkrieg kam es, trotz vieler Krisen, zu keinem Krieg der Kolonialmächte in Afrika. Der Burenkrieg (1899-1902) stellt dabei insofern eine Ausnahme dar, als hier Europäer und weiße Siedler gegeneinander kämpften. Die wichtigste Konfrontation unter den Kolonialmächten war die „Faschodakrise" (1898), als die französische Ostexpansion mit der englischen Süd-Nordexpansion am Nil zusammenstieß und man sich in letzter Minute einigen und Waffengewalt verhindern konnte.

Über die Gründe, die zu der als Imperialismus bezeichneten Phase (1880-1918) des Kolonialismus führten, gibt es in der Forschung keine Einigkeit. Neben innenpolitischen Problemen, von denen abgelenkt werden sollte, traten wirtschaftliche Interessen, gestiegenes Nationalbewusstsein und schließlich die propagandistisch nutzbare Abenteuerlust im Rahmen des technischen Fortschritts. Zudem gewann die „Zivilisierungsmission" an Bedeutung, weil die europäischen Staaten ihre eigene nationale Einigung zwischen 1850 und 1870 abgeschlossen hatten. Weitere Beweggründe waren technischer Natur. Seit 1860 wurde das Dampfschiff auch stärker im Überseehandelsverkehr eingesetzt, 1866 ermöglichte das erste Transatlantikkabel die Verbindung nach Amerika.

Für die Europäer, denen als Kolonialherren die ethnischen Grenzen in Afrika völlig unklar waren, galten diese nicht, vielmehr ging man hier rücksichtslos vor und zog nach Gutdünken neue Grenzen. Eine Mehrheit des zum Kalifat von Sokoto gehörenden Emirats von Adamaua wurde von den Deutschen in die Kolonie Kamerun eingegliedert, während das politische Zentrum Yola an das englische Nordnigeria ging. Es wurden neue Grenzen gezogen, Großfamilien und Volksgruppen auf verschiedene Verwaltungsgebiete aufgeteilt und Wirtschaftskontakte unterbrochen, was bis heute nachhaltige Folgen zeitigt.

Jede Kolonialmacht versuchte, nachdem sie die Gebiete von den ersten „Entdeckern", Kaufleuten und Abenteurern übernommen hatte, die Eingliederung in die staatliche Herrschaft zu verwirklichen. Es entstanden klar definierte Grenzen, eine Hauptstadt und eine in wirtschaftlicher wie politischer Hinsicht auf Zentralisierung ausgerichteten, je nach Kolonialmacht sich unterscheidende Verwaltung. Damit wurden Strukturen geschaffen, die es in dieser Form bisher weder in Afrika noch in Indien oder Indonesien, ja überhaupt im frühneuzeitlichen Kolonialismus, gegeben hatte.

Mit dem Anschluss an eine Kolonialmacht wurde mit der „Konstruktion von Ethnizität" begonnen. Für die Kolonialherren war die prospektive Identifikation der Bevölkerung mit ihrer Herrschaft wichtig, da man aus demographischen Gründen von den lokalen Kräften abhing. Nur wenn es gelang, lokale Schlüsselpersonen zu Kontrollfiguren zu machen, konnte man die Herrschaft sichern. Auch dieser Prozess hatte seinen Vorläufer in den spanischen Kolonien. Er wurde nun in Afrika aber viel schneller und intensiver durchgesetzt. Es entstanden Stämme und Häuptlinge, denen dann auch Titel verliehen wurden. Damit musste auch die Identifikation von Sprache, Kultur und Abstammung, die für den europäischen Nationalstaat seit dem 19. Jahrhundert wichtig war, übertragen werden. Die Europäer begannen daher, die von ihnen geschaffene Stammesgruppe als eine Nation zu sehen, der man bei ihrer nationalen Findung noch etwas helfen musste. Dieser Prozess war kein unilateraler, sondern vollzog sich selbstverständlich auch unter afrikanischer Beteiligung. Afrikanische Traditionen, Rivalitäten und Gewohnheiten wurden dabei aufgegriffen und uminterpretiert.

Die Kolonisierung Afrikas unterschied sich von der Eroberung Amerikas dadurch, dass man die Gebiete nicht als rechtlich gleichwertig und die Kolonialpräsenz nicht als dauerhaft verstand (Ausnahme Frankreich). Die zeitliche Grenze freilich wollten die Kolonialherren selber festlegen. Man ging daher hart gegen jeden Widerstand, den man als gegen die „Modernisierung" gerichtet verstand, vor. Für Britisch-Ostafrika kann man zwischen 1894-1914 fünfzig bewaffnete Konflikte ausmachen, für Deutsch-Ostafrika den Maji Maji -Krieg (1905-1908) und in Deutsch-Südwestafrika gegen die Herero und Nama (1904-1907). So wurde in Deutsch-Südwestafrika der Feldzug gegen die Herero erst beendet, als man den Verlust aller Arbeitskräfte fürchtete.

Die Sklaverei wurde zwar, wie dargestellt, abgeschafft, dafür allerdings vielerorts Zwangsarbeit eingeführt oder Menschen, denen man durch Deportation die Lebensgrundlage entzogen hatte, wurden in Arbeitsmaßnahmen gesteckt.

Es greift allerdings zu kurz, Afrikaner nur als passiv Ausgebeutete zu sehen. Der Anbau von Kakao im großen Stil an der Goldküste, Nigeria und der Elfenbeinküste ging auf die Initiativen afrikanischer Agrarproduzenten zurück. Hier waren es lokale Herren, die Arbeiter anstellten, wenngleich der Hauptgewinn dann an die Europäer ging, die für den laufenden Import verantwortlich waren.

Die Europäer in Afrika wichen jedoch aufgrund ihrer Vorstellung einer rassischen Überlegenheit nie ihre primitive Form der Herrschaftsausübung ab. Bestrafungspraktiken wie Auspeitschen, kollektive Bestrafung von Dörfern oder Zwangsarbeit waren bis zum Ende der Kolonialherrschaft angewandte Mittel der täglichen Unterwerfung.

Wirtschaftliche Ausbeutung

Durch die Hochindustrialisierung kam es in den Kolonien auch zu einem bisher nicht gekannten Ausmaß der wirtschaftlichen Nutzung. Für einen solchen „Boom" kann die Stadt Johannesburg stehen. War die Suche nach Gold Hauptmovens für die spanischen und portugiesischen Conquistadoren gewesen, so hatte dieses Moment im 19. Jahrhundert an Bedeutung verloren. Es war aber natürlich noch keinesfalls vergessen. Als man im Westen der USA Gold fand, löste dies den Goldrausch und eine Siedlungswelle aus, ähnliches gilt für Australien.

Noch mehr aber ist eine solche Entwicklung für das südliche Afrika festzumachen. 1886 entdeckten George Harrison und George Walker nach einigen Jahren Suche bedeutende Goldvorkommen. Da das Gold aber im Gegensatz zu Alaska, Kalifornien, Brasilien oder Australien nicht durch Goldwäscherei gewonnen werden konnte, brauchte man Spezialisten. So kamen zunächst Goldsucher, die Johannesburg aus dem Nichts aufbauten. Die Stadt zählte um die Jahrhundertwende bereits 166 000 Einwohner. Durch das Geld der Minengesellschaften, die zu 85 % von ausländischem Kapital finanziert wurden, konnte nun im Transvaal ein Fünftel der gesamten weltweiten Goldproduktion gefördert werden: Südafrika war zum größten Goldproduzenten der Welt geworden. Bald wurden auch noch reiche Kohlenvorkommen entdeckt, die den Boom zusätzlich ankurbelten.

Doch hatten die Buren, wie sich die Siedler niederländischer Herkunft
stolz nannten, 1884 ihre Unabhängigkeit wieder erlangt und sahen daher
den Goldrausch mit großer Sorge. Für Großbritannien hingegen wurde
die Region durch die Bodenschätze jetzt unverzichtbar, zumal man sie
nicht in die Hände der Deutschen fallen lassen wollte, die nicht weit
entfernt mit Deutsch-Südwestafrika ihre eigene Kolonie besaßen. Dies
veranlasste die Briten zu dem einzigen Kolonialkrieg gegen ehemalige
Kolonialherren, den Buren-, bzw. zweiten Unabhängigkeitskrieg (1899-
1902), der mit einem englischen Sieg endete. Dieser Krieg war aber auch
insofern eine gewisse Besonderheit, weil Großbritannien sonst in Afrika
zunehmend durch Handelsgesellschaften und nicht mehr durch direkte
Besetzung Territorien zu erwerben trachtete. Britsch-Somaliland hatte
man 1884-1887 noch besetzt. Durch die „Royal Niger Company" (1886)
oder die „British East Africa Company" (1888) und schließlich die „British South Africa Company" (1889) wurden zunächst Gebiete in Besitz
genommen, in die Großbritannien wenig später direkt eingriff.

Um den Abbau leisten zu können, brauchten die Minengesellschaften
jetzt viele Arbeiter, die sie als Wanderarbeiter im gesamten südlichen
Afrika rekrutierten. So stammten viele aus dem portugiesischen Mosambik. In großen Lagern konzentriert und bei nur geringen Löhnen, waren
sie das Rückgrat der Minenausbeutung. Die Sterblichkeit war sehr hoch,
da bei 1750 Metern Tiefe im Winter Temperaturen um den Gefrierpunkt,
im Sommer jedoch um 60° Celsius auftraten. Qualifizierte Arbeit wurde von den Weißen, die harten körperlichen Arbeiten jedoch von den
Schwarzen geleistet. Die Frauen der Wanderarbeiter blieben zurück und
mussten die Landwirtschaft aufrechterhalten. Die lange Trennung und
die durch Prostitution verbreiteten Geschlechtskrankheiten führten zu
Auswirkungen selbst Hunderte Kilometer von Johannesburg entfernt.

Ein anderes Beispiel der wirtschaftlichen Ausbeutung durch die
Kolonialherren, welches aber noch erheblich schwerer wog, stellte
die Kautschukgewinnung im Kongo dar. Durch die Kongokonferenz
wurden die Ansprüche König Leopolds II. von Belgien gegenüber
Frankreich im Kongo bestätigt. Der Kongo wurde zur königlichen
Privatkolonie und sollte größtmöglichen Profit durch die Gewinnung
von Elfenbein, Palmöl und v.a. Kautschuk abwerfen. Dieses musste im
Urwald von den aus Brasilien eingeführten Bäumen gezapft werden.
Damit die gewünschte Menge erreicht wurde, griffen die Aufseher zu
brutalen Methoden. Wenn die Arbeiter, die zur Ernte gesandt wurden,
die gewünschte Erntemenge nicht erzielten, wurden ihnen die Hände
abgeschlagen oder andere drakonische Strafen gegen Männer, Frauen
und Kinder oder ganze Dörfer verhängt. So viel Brutalität war selbst

den Kolonialmächten zu viel, die inzwischen unter Handlungsdruck gerieten, weil der englische Journalist Edmund Morel de Ville (1873-1924) die Gräueltaten, die als „Kongogräuel" bekannt wurden, unter Verwendung von Beweisfotos öffentlich anprangerte. Der König wurde 1908 gezwungen, die Kolonie an den belgischen Staat abzutreten. Unter dessen Verwaltung besserte sich die Situation der Arbeiter zwar etwas, doch blieb sie weiterhin von Ausbeutung geprägt. Die Zwangsarbeit wurde 1910 zwar verboten, bleib aber an der Tagesordnung, bis Importe aus Asien und der Karibik dem Kongo den Rang abliefen und die Produktion hier zurückfiel.

Die zivilisatorische Mission Frankreichs

Frankreich sah seine Aufgabe in der Assimilation und „Zivilisation" seines Kolonialreiches, besonders des Maghrebs. Der Beginn der Expansion war 1830 die Landung in Algerien, die man programmatisch mit einer Messe zelebrierte und die später ikonographisch in einem Gemälde von Horace Vernet „Première Messe en Kabylie" verherrlicht wurde. Zunächst zeigten die ersten Siedlungsversuche, für die man Sträflinge und deutsche Siedler holte, keinen Erfolg, da keine Siedlung Bestand hatte.

Erst als 1852 der Generalgouverneur das Einlagerungssystem (*cantonement*) einführte, änderte dies die Situation in zweierlei Hinsicht. Das Land wurde nun systematisch in seiner Gesamtheit aufgeteilt und zudem eine große Zahl von Neusiedlern, nämlich die von Napoleon III. deportierten Republikaner, im Land angesiedelt. Ab 1872/73 entwickelte sich Algerien als Teil Frankreichs zu einem vollständig von den Weißen beherrschten Gebiet. Zudem breiteten sich Frankreich und Spanien in Marokko aus. Tunesien wurde 1881 französisches Protektorat. Besonders Frankreich betrachtete sich als Kulturvermittler im neuen Departement. Man träumte von der Dominanz im Mittelmeer, hoffte also damit, die Vision von Napoleon I. doch noch verwirklichen zu können. Kolonien dienten der „nationalen Größe" und der internationalen Steigerung des Ansehens.

„Möge bald der Tag kommen, wo unsere Mitbürger aus der Enge unseres afrikanischen Frankreichs nach Marokko und Tunis hinübergehen und endlich jenes Mittelmeerreich gründen, das nicht nur unseren Stolz befriedigen, sondern auch im künftigen Zustand der Welt die letzte Quelle unserer Größe sein wird. (...) Denn es gibt nur zwei Arten, das Schicksal Frankreichs aufzufassen: entweder bleiben wir, was wir sind, indem wir uns inmitten einer sich rasch ändernden Welt zu Hause in einer zeitweiligen und ohnmächtigen

Erregung verzehren; in diesem Fall versinken wir auf diesem Erdball, der von den Nachkommen unserer alten Rivalen besetzt sein wird, in eine schmähliche Bedeutungslosigkeit (…) Oder 80 bis 100 Millionen Franzosen, die auf beiden Ufern des Mittelmeeres, im Herzen des alten Weltteils fest angesiedelt sind, werden den Namen, die Sprache und das wohlerworbene Ansehen Frankreichs durch die Zeiten aufrecht erhalten." (Prévost-Paradol, La France nouvelle, 1868, in: GiQ 5, 581)

Von Algerien aus breitete sich Frankreich weiter nach Süden aus und eroberte 1843-1897 Französisch Westafrika und 1839-1908 auch Französisch Äquatorialafrika. Dies war ein Gebiet, das einerseits vom heutigen Marokko bis an die Elfenbeinküste, andererseits vom heutigen Tschad bis in den Kongo reichte. Während Algerien zu einem Departement Frankreichs erklärt wurde, war eine ähnlich enge Angliederung an Frankreich für den ganzen Kolonialbesitz aufgrund der Zahl der Untertanen (*sujets*) und der Landerstreckung nicht machbar. So wurde für die Regierung ein System von Häuptlingen (*chiefs*) geschaffen, die nicht einer alten Elite angehörten, sondern von den Kolonialherren aufgrund bestimmter Verdienste oder Beziehungen ernannt wurden. Die lokale Bevölkerung musste diese von den Kolonialherren eingesetzten *chiefs* akzeptieren, auch wenn sie sozial teilweise unter ihnen gestanden hatten, was selbstverständlich zu Spannungen führte.

Französische Offiziere unternahmen im Auftrag der Regierung mehrere Entdeckungsreisen, bei denen es vornehmlich darum ging, das Vordringen der Engländer in den eigenen Machtbereich zu verhindern. Zudem fanden diese Berichte von Entdeckern großen Absatz im Mutterland und suggerierten dem Leser die Überlegenheit der französischen Kultur. Das Gegensatzpaar des „zivilisierten Franzosen" und des „Wilden" musste in solchen Büchern deutlich werden. Dies finden wir auch im „Journal" von Parfait Louis Monteil über seine vom Senegal aus in den Tschad unternommene Expedition, die 1894 im Druck unter dem Titel „De Saint Louis à Tripoli par le lac Tchad" erschien. Monteil wich bei der Druckversion immer wieder von seinem Tagebuch ab, um sich als Handelnder, Überlegener und Aktiver gegenüber einem verschlagenen, indolenten, kaum selbst kreativen „Schwarzen" herauszuheben. Dadurch vermochte Monteil einmal das teilweise erlittene Scheitern seiner Mission geschickt zu vertuschen, vornehmlich aber seiner Reise und damit dem „zivilisatorischen" Auftrag Frankreichs eine Überhöhung zu verleihen. Die kleineren Verträge, die Monteil zur Sicherung von Gebieten zugunsten Frankreichs und gegen den ausgreifenden Einfluss Englands nach Faschoda abschließen konnte, wurden durch Monteil als bedeutende „Kolonialleistung" definiert.

Etwas anders verhielt sich die Situation in Nordafrika, wo man die Einwohner als höher entwickelt ansah. Besonders galt dies für Algerien, welches formal dem Mutterland gleichgestellt worden war. Hier wurde jetzt auch das französische Verwaltungssystem voll umgesetzt. Bürger (*citoyen*) konnte jedoch nur der werden, wer auf den Anspruch, in zivilrechtlichen Fragen dem muslimischen Recht unterstehen zu wollen, verzichtete. Faktisch bedeutete dies, dass nur Christen oder Algerier, die den Islam aufgaben, Bürger im laizistischen Staat werden konnten. Für alle diejenigen, die keine französischen Bürger waren, galt das Eingeborenenrecht (*code de l'indigénat*). Dieses sah eine rechtliche Sonderbehandlung vor und definierte eigene Strafbestände. So konnte „respektloses Verhalten" gegenüber französischen Beamten strafrechtlich verfolgt werden.

Während die muslimische Bevölkerung auf dem Land lebte, wohnten die französischstämmigen Siedler in den Städten. Dies galt ähnlich auch für die spanischen Besitzungen in Nordafrika, wo die Spanier ebenfalls vornehmlich in den Städten lebten. Frankreich legte aber meist eigene „Neustädte" für die französischen Siedler an, während die Spanier weniger regulierend eingriffen. Die meisten Franzosen besaßen große Ländereien, die durch Enteignungen übertragen worden waren. Die Einheimischen wurden also verdrängt, weswegen die landwirtschaftliche Produktivität sank. Entfielen 1889 auf hundert Einwohner noch 285 Schafe, so sank die Zahl bis 1914 auf 165. Diese Zahlen machen die Zuspitzung der Lebenssituation deutlich, welches zu einem wichtigen Faktor für die Unabhängigkeitsbewegung werden sollte.

Nur eine kleine Minderheit der Muslime durfte eine französische Schule besuchen, 1914 waren es gerade mal 5 % der muslimischen Kinder in schulpflichtigem Alter. Auch in Westafrika war die Schule als Kulturvermittler gedacht. Hier sollte die zukünftige Elite im französischen Sinne ausgebildet werden. Die Schulabgänger bekleideten nach ihrer Ausbildung Verwaltungsposten im mittleren Dienst. Erst mit dem Ende des Zweiten Weltkriegs wurde dieser Elite etwas mehr Handlungsfreiheit eingeräumt. Die neue Vierte Republik wollte auch die Kolonialbevölkerung in begrenztem Maße an der politischen Macht teilhaben lassen.

Wirtschaftlich hingen die Gebiete von Minen und den Erträgen im Agrarsektor aus der Plantagenwirtschaft ab. Hier waren die Bedingungen für die Arbeiter sehr schlecht. Auch die großen infrastrukturellen Konzepte, wie der Bau von Eisenbahnlinien konnte nur durch den Einsatz lokaler Arbeiter verwirklicht werden, wobei bei solchen Projekten viele Menschen ums Leben kamen.

Nach dem Zweiten Weltkrieg war die Dekolonialisierung der Gebiete südlich der Sahara (1958-1960), von Marokko und Tunesien (1954-1956) für Frankreich leichter, weil die Gebiete als Kolonien betrachtet wurden. Algerien hingegen, das als Teil des Mutterlandes verstanden wurde, sollte nicht aufgegeben werden. Erst nach einem brutal geführten Krieg von 1956-1962 erlangte Algerien die Unabhängigkeit. Die tiefen Wunden, die der Krieg hinterließ, die Spaltung zwischen Stadt und Land aber blieben und haben das Land bis heute nicht zur Ruhe kommen lassen.

Die „späten" Kolonialmächte: Das Deutsche Reich, Japan und die USA

Das deutsche Kolonialreich

Im deutschen Reich hatte Reichskanzler von Bismarck mit dem Sieg über Frankreich 1871 das wichtigste Ziel seiner Außenpolitik erreicht. Koloniale Interessen verfolgte er zu diesem Zeitpunkt nicht. Die anderen europäischen Mächte begannen derweil mit der Aufteilung Afrikas. 1880 nahmen die Franzosen Tunesien und Teile des Kongo in Besitz, 1884 Guinea und große Teile Westafrikas. Großbritannien seinerseits dehnte sich von Ägypten über Ostafrika in Richtung Südafrika auf der Ostseite des Kontinents aus. Von dem britischen Kolonialpolitiker Cecil Rhodes wurde die Erstreckung des Kolonialreichs auf die Formel „*Cape-to-Cairo*" gebracht.

So wollten im Deutschen Reich weite Kreise nicht zurückstehen. Adolf Freiherr von Bieberstein (1842-1912), Staatssekretär des Auswärtigen Amtes, formulierte 1884 im Reichstag, es sei:

„...*eine Frage der Würde des Deutschen Reichs, dass wir da, wo wir einmal festen Fuß gefasst haben, auch bleiben. Wenn wir ... wirklich aus unseren Kolonien herausgehen sollten ... mit dem Zugeständnis vor aller Welt: wir sind zu arm, wir sind zu schwach, wir sind zu energielos, um ein Werk zu vollenden, das wir begonnen haben – dann würde ein Faktor berührt, der auch für die europäische Politik von großer Bedeutung ist; es würde abgeschwächt die Überzeugung, die jetzt bei anderen Nationen besteht, dass in Deutschland allezeit ein fester Wille und auch ein starkes Können vorhanden ist...*"

Im deutschen Bildungsbürgertum war man überzeugt, dass der Kolonialerwerb für Deutschland große Vorteile, besonders in wirtschaftlicher Hinsicht bieten würde. Doch Deutschland hielt sich noch zurück, da Bismarck am Liebsten eine Chartergesellschaft nach englischem Vorbild als

Träger der Kolonien gesehen hätte. Gleichzeitig trat der Reichskanzler aber auf der Berliner Kongokonferenz (1884/85) als Vermittler zwischen Frankreich, Belgien und Großbritannien auf, während die deutschen Ansprüche in Afrika weitgehend ausgeklammert blieben.

Es war der durch die Presse aufgebaute Druck, der die Reichsregierung zum Handeln zwang. Zeitungsartikel und Texte suggerierten in der deutschen Öffentlichkeit den Eindruck, dass man in der Kolonialfrage sofort handeln müsse. Besonders der Kaufmann Carl Peters tat sich als Propagandist für ein deutsches Kolonialreich hervor. Seine Erinnerungen erschienen zwar erst ab 1906, zirkulierten aber als Gedanken bereits um 1884. Im Zentrum von Peters Ideenwelt stand das seit dem 16. Jahrhundert verwandte Argument der Europäer, dass große Räume ungenutzt seien und nun von den Europäern zivilisiert und besiedelt werden müssten.

„Genau wie Deutschland nach der aktiven, so ist Ostafrika kolonisationsbedürftig nach der passiven Seite hin. Die üppigen Landschaften, verödet durch jahrhundertlange Sklavenjagden, liegen da wie die Obstbäume der Frau Holle und harren der Hand, die bereit ist, den reichen Segen zu ernten. Selbst in den Schwarzen dämmert die Erkenntnis auf, dass es besser mit ihnen werden wird, wenn Weiße als Herren des Landes unter ihnen wohnen (…)"

Auch die Besitznahme folgte dem gleichen Schema wie im 16. Jahrhundert. Das Verlesen eines unverständlichen Dokuments, die Präsentation eines Hoheitszeichens und eine Machtdemonstration waren wieder die Ingredienzien der kolonialen Machtübernahme.

„Als dies geschehen war, wurden die Fahnen auf einer die Umgegend beherrschenden Höhe gehißt, der Vertrag in deutschem Text von Dr. Jühlke verlesen, ich hielt eine kurze Ansprache, wodurch ich die Besitzergreifung als solche vornahm, die mit einem Hoch auf seine Majestät den deutschen Kaiser endete, und [mit] drei Salven, von uns und den Dienern abgegeben, den Schwarzen ad oculus, was sie im Fall einer Kontraktbrüchigkeit zu erwarten hätten. Man wird sich nicht leicht vorstellen, welchen Eindruck der ganze Vorgang auf die Neger zu machen pflegte. In das Hoch auf den Kaiser stimmten sie kreischend und springend, die Sultane voran, mit ein, bei den Salven wichen sie scheu zurück (…)" (Carl Peters, Wie Deutsch-Ostafrika entstand 1906, GiQ 5, 586).

Die durch solche Texte beeinflusste Öffentlichkeit hatte die deutsche Regierung mittlerweile in Zugzwang gebracht. Die in Togo und Kamerun ansässigen Handelsgesellschaften weigerten sich, die Hoheitsrechte auszuüben, während die Deutsche Kolonialgesellschaft in Südwestafrika einfach zu finanzschwach war, um die Kolonie aus eigener Kraft zu unterhalten. Da aber deutsche Kaufleute auf eigene Faust bereits Gebiete erworben hatten, erfolgte 1884 als erstes die Erklärung des Reichsschutzes für das von Franz Adolf Eduard Lüderitz erworbene Gebiet, welches Deutsch-Südwestafrika wurde. Es umfasste 580 000 Quadratkilometer mit 200 000 Einwohnern. Territoriale Nachbarn waren England an der Walfischbay und Portugal bei Kunene. Durch den deutsch-britischen Kolonialvergleich gewann man noch einen Zipfel im Nordosten hinzu, der den Zugang zum Sambesifluss ermöglichte. Ebenfalls 1884 übernahm das Reich die Schutzherrschaft über das Gebiet am Kamerunfluss. Kurz vorher war bereits das Togogebiet bei Bagida und Lomé unter kaiserlichen Schutz gestellt worden.

Die koloniale Expansion in Afrika war weitgehend komplett, nachdem das Deutsche Reich auch die Gebiete in Ostafrika in Besitz genommen hatte. Der deutsche Kaufmann Carl Peters hatte ohne Genehmigung seiner Regierung in den 1880er Jahren Gebiete in Ostafrika erworben. 1884 hatte er dann jedoch für seine Unterstützung die „Gesellschaft für deutsche Kolonisation" aus der Taufe gehoben. Sein Ziel war es, durch seine Gesellschaft deutsche Siedler zur Auswanderung nach Afrika zu bewegen. Blieb die deutsche Regierung wegen der Eigenmächtigkeiten von Peters zunächst abwartend distanziert, so geriet sie auch in Zusammenhang mit diesem Gebiet schnell in Handlungsdruck. Einerseits drohte Peters, mit dem belgischen König Leopold II. in Verhandlungen zu treten, andererseits erhob sich 1888 die arabische Küstenbevölkerung gegen die deutsche Präsenz Diese Faktoren veranlassten schließlich das Reich, zu intervenieren. Mittlerweile hatte die Regierung im Deutschen Reich gewechselt. Nach dem Tod Kaiser Wilhelms I. folgte im so genannten „Drei-Kaiser-Jahr" zunächst Friedrich III. und dann bereits Wilhelm II. Der neue Kaiser entließ 1890 Bismarck und arbeitete von Anfang an daran, Deutschlands Flotte auszubauen und die internationale Präsenz zu stärken.

Auch die Expansion in der Südsee ging zunächst von privaten Initiativen aus. 1884 hatte der Forschungsagent für die Deutsche Neuguinea Gesellschaft ein Gebiet von mehr als 200 000 Quadratkilometern sichern können. Zudem gewann man die als herrenlos eingestuften Marshallinseln. 1885 kam noch der Nordosten Neuguineas (Kaiser Wilhelms Land, Neu Pommern, Bismarck Archipel, Neu Mecklenburg), die Admiralitätsinseln, ein Teil der Salomoinseln und schließlich 1898 aus vormaligem spanischen Kolonialbesitz die Marianen- und Palauinseln hinzu. Die Samoainseln kamen 1899 durch Tausch hinzu, 1897/89 auch das „Schutzgebiet" Kiautschou.

1914 umfasste das deutsche Kolonialreich 2,9 Millionen Quadratkilometer mit 12,3 Millionen Einwohnern. Damit übertrafen die überseeischen Gebiete in der Fläche das Mutterland um das Sechsfache, während die Einwohnerzahl nur ein Fünftel des Mutterlandes betrug. Deutschland hatte ein Kolonialreich durch Kauf- und Schutzverträge, Pacht oder Okkupation zusammengestellt, welches hinter Großbritannien, Frankreich und den Niederlanden an vierter Stelle stand.

Die Verwaltung übernahm ab 1890 die Kolonialabteilung im Auswärtigen Amt, 1907 wurde ein Reichskolonialamt geschaffen. Daneben gab es 1890-1908 einen Kolonialrat mit beratender Funktion, dem auch Mitglieder der Wirtschaft angehörten, der aber keine nachhaltige Wirkung entfalten konnte. Die Rechtssituation blieb oft unklar und widersprüchlich. Dies zeigt sich auch daran, dass die „Eingeborenen", wie sie 1900 definiert wurden, kein deutsches Staatsbürgerrecht hatten, sondern nur Schutzbefohlene des Deutschen Reiches waren.

Wie in anderen Kolonialreichen musste die deutsche Verwaltung in den Jahren ihrer Herrschaft einige Flexibilität entwickeln. An der Spitze der Administration standen Gouverneure, die an die Weisungen des Reichskolonialamtes gebunden waren. Die Zahl der deutschen Beamten vor Ort blieb dabei gering. 1896 stellten 15 Beamte die deutsche Zentralverwaltung in Kamerun, 1912 nicht mehr als 81. Durch die 1898 erfolgte Gründung der Deutschen Kolonialschule in Witzenhausen bei Kassel hoffte man, die Ausbildung nach englischem und französischem Vorbild zu verbessern. Allein Deutsch-Südwest stellte eine Siedlungskolonie dar, weswegen es 1909 eine Selbstverwaltung eingeräumt bekam.

Bei der Herrschaft paktierte die Kolonialverwaltung mit den Eliten, schützte sich auf die afrikanische Hilfstruppe der „Askari" und baute ein Strafsystem auf, welches europäischen Standards nicht entsprach, jedoch ähnlich auch von den anderen Kolonialmächten angewandt wurde. Im Zentrum stand die körperliche Strafe, besonders die Prügelstrafe. Seit 1896 durften zwar Frauen, Inder und Araber nicht mehr körperlich gezüchtigt werden, was jedoch vornehmlich ein Reflex der europäischen Rassenvorstellungen war, die Inder und Araber als „höherwertig" einstufte. Alle afrikanischen Männer hingegen durften weiterhin mit Ruten oder der Nilpferdpeitsche geschlagen werden. Diese Prügelstrafen wurden, besonders bei „Arbeitsverweigerung", trotz der Vorschriften, unkontrolliert und gehäuft eingesetzt. Das Interesse der Kolonialbeamten und Siedler, größtmöglichen Profit zu machen, wurde biologistisch begründet:

„Nach dem übereinstimmenden Urteil aller Kenner unserer kolonialen Verhältnisse ist eine derarte Bestimmung [Anwendung der Körperstrafe]...

nicht zu entbehren. Zur Ausnützung der Schätze des Bodens sind die Arbeits-
kräfte der farbigen Bevölkerung unentbehrlich und bedauerlicherweise ist die
Trägheit derselben, ihre Neigung mitten unter der Arbeit zu entlaufen, wenn
nicht gerade der Hunger...sie zwingt, sich ihr Brot zu verdienen" schrieb
1905 der deutsche Kolonialbeamte Bauer.

Ein weiterer Konfliktpunkt ergab sich aus der Landnutzung. Aufgrund der klimatischen Bedingungen eignete sich eigentlich nur
Deutsch-Südwestafrika für das Projekt einer Siedlungskolonie. Der Staat
annektierte vermeidlich ungenutztes Land als Kronland, genauso wie
einzelne Käufer mit windigen Verträgen Land erwarben. 1904 verfügten
dreizehn europäische Gesellschaften über mehr als 50 000 Hektar Boden,
1913 teilten sich 58 Gesellschaften bereits 115 000 Hektar. Von diesen
Ländern wurde nur eine Viertel bewirtschaftet, der Rest war Spekulati-
onsland. Für die Minengesellschaft und Plantagen brauchte man zudem
viele Arbeitskräfte. In Kamerun stieg deren Zahl von 500 im Jahre 1895
auf 18 000 im Jahr 1912.

In Ostafrika wurden Kautschuk, Kaffee, Sesam und Erdnüsse, in Kamerun Elfenbein, Zuckerrohr, Pfeffer und Tabak, in Togo Baumwolle und in
den pazifischen Kolonien schließlich Bananen, Zuckerrohr und Kokus-
produkte angebaut, um nur die wichtigsten Produkte zu nennen. Durch
die steigende Wirtschaftskraft nahm auch die Zahl der Deutschen in den
Kolonien, besonders in Südwestafrika zu. 1895 waren es noch 1500, 1912
bereits 12 000, zu denen dann noch ca. 2000 andere europäischstämmige
Siedler, v.a. Niederländer kamen. Diese standen mit den einheimischen
Viehzüchtern, an erster Stelle im Herero in Konflikt, der 1904-1907 zum
Aufstand des Stammes führte. Die Herero waren seit 1901 in Reservate
abgedrängt worden, so dass sie sich auf den schlechten Böden ihrer
Lebensgrundlage beraubt sahen. Als durch eine neue Eisenbahnlinie
noch mehr Siedler zu kommen drohten, brach der Aufstand unter Samuel Maharero (1856-1923) aus. Er richtete sich gegen die Farmen, die
durch Angriffe zerstört wurden. Obwohl die Siedler harte Maßnahmen
forderten, reagierte der Gouverneur Theodor Leutwein (1849-1921)
hinhaltend, wollte erst die Gründe für den Aufstand erfahren. Doch als
er durch Lothar von Trotha (1848-1920) abgelöst wurde, der sich bereits
als Oberbefehlshaber des Ostasienkorps bei der Niederschlagung des
Boxeraufstandes einen Namen gemacht hatte, wendete sich das Blatt.
Da er die Herero jedoch auch nicht besiegen konnte, drängte er sie in
die Halbwüste Omaheke. Dort wurden alle, auch Frauen und Kinder
von den Wasserstellen weggetrieben und in den Tod geschickt. Trotha
sah sich in einem „Rassekampf" und verzichtete auf seinen Schießbefehl
erst, nachdem ihn Berlin dahingehend aufgehoben hatte, dass Gefan-

gene gemacht werden könnten. Unter elenden Bedingungen wurden diejenigen, die sich ergaben in Ketten gehalten. Auch gegen die Nama wurde 1905-1907 Krieg geführt. Als Folge kamen 80 % der Herero und 50 % der Nama ums Leben. Von 80 000 Herero haben wohl nur ungefähr 15 000 überlebt.

Nach dem Aufstand wurde die Kontrolle durch eine Reihe von „Eingeborenenverordnungen" verstärkt. Jeder Afrikaner über sieben Jahre hatte eine Passmarke mitzuführen, Arbeits- und Dienstverträge waren genehmigungspflichtig. Zudem mussten jetzt Arbeiter aus dem britischen Südafrika angeworben werden, um den Arbeitskräftebedarf zu decken. In Ostafrika wurde eine etwas weniger harte Kolonialisierung fortgeführt, wobei die Plantagenwirtschaft im Vordergrund stand. Durch die Zuwanderung von Indern, 9000 Menschen bis 1914, gewann man jedoch weitere Arbeitskräfte im Handelsbereich hinzu.

Durch den Ausbruch des Ersten Weltkrieges verlor das Deutsche Reich zwischen 1914 und 1916 seine Kolonien. Allein in Deutsch-Ostafrika hielt sich bis 1918 eine kleine deutsche Schutztruppe unter Paul von Lettow-Vorbeck. Maßgeblichen Anteil an dem langen Ausharren hatten die Askari. Mit dem Versailler Vertrag gingen die ehemaligen deutschen Gebiete an Frankreich und England. Nur Kiaotschou mussten die Japaner auf US-amerikanischen Druck hin 1920 an China abtreten. Die Marshallinseln und die Marianen erhielt Japan als Mandat vom Völkerbund übertragen, mit der Auflage, die Inseln nicht militärisch zu nutzen und die Missionare in ihrer Arbeit nicht zu behindern. In allen ehemaligen deutschen Kolonialgebieten blieben die Missionare auch nach dem Ersten Weltkrieg als Überbleibsel der deutschen Herrschaft.

Japans Imperialismus

Japan war durch die portugiesische und niederländische Expansion mit dem europäischen Kolonialismus in Kontakt gekommen. Da jedoch Familien an der Peripherie der japanischen Inseln gegen den Shogun („Unterdrücker der Barbaren und großer General"), der faktisch die Macht im Lande hatte, agierten, lag es in dessen Interesse, einen Machtzuwachs seiner Gegner zu verhindern.

Denn als die Portugiesen seit 1543 europäische Feuerwaffen einführten, machten sich zunächst alle Parteien diese Neuerungen zunutze. Während es jedoch im Süden zu einer fortschreitenden Christianisierung kam, schlossen sich die Parteigänger der Shogunfamilie Tokugawa dem Christentum nicht an. Zunächst nutzten daher die Japaner die spanisch-portugiesische Konkurrenz und den Neid zwischen Franziskanern und Jesuiten, um den christlichen Einfluss zu begrenzen. Doch als die Macht der Europäer in der Region immer mehr zunahm, erfolgten die Ausweisung der ausländischen Christen und die Verfolgung der japanischen Glaubensgenossen. Lediglich die Niederländer, die keine Mission betrieben hatten, duldete man nach 1639 auf einer künstlichen Insel vor Nagasaki weiterhin, um von den Handelsbeziehungen profitieren zu können.

So war Japan bis in das 19. Jahrhundert verschlossen geblieben. Am Beispiel Chinas und Koreas hatte man jedoch mitverfolgen können, dass sich die Politik der Isolation nicht beständig durchhalten ließ. Dennoch erfolgte die Öffnung letztlich gewaltsam. Der US-amerikanische Kommodore Matthew C. Perry erzwang mit der Landung seines Kanonenbootes die Öffnung des Landes, wie er sich rückblickend erinnert:

„Er [der Gesandte des Shogun] erwiderte, dass Nagasaki nach den Gesetzen Japans der einzige Ort sei, um Geschäfte mit Fremden zu verhandeln, und es werde nötig sein, dass die [amerikanische] Eskadre sich dorthin begebe, worauf ihm gesagt wurde, dass ich [Perry] deshalb nach Uraga gekommen, weil es Jeddo, der damaligen Hauptstadt Japans, so nahe gelegen sei und dass ich nicht nach Nagasaki gehen werde; (…), allein dass ich keine Unwürdigkeit dulden würde, auch nicht erlauben wolle, dass die Wachtboote, welche sich um die Schiffe zu sammeln begannen, da bleiben dürften, und wenn diese nicht augenblicklich sich entfernten, ich sie mit Gewalt vertreiben werde."
(Depesche Perrys an den Marineminister der USA, Juli 1853; GiQ 5, 525)

Nach dieser Gewaltandrohung wurden 1854 die Häfen von Shimode und Hakodate für amerikanische Schiffe geöffnet und die USA konnte eine diplomatische Vertretung einrichten. Ähnliche Verträge mit Russland, Großbritannien, Frankreich und den Niederlanden folgten.

Diese von außen erzwungene Öffnung führte zu einer inneren Debatte um die Zukunft des Landes. Diese Auseinandersetzung mündete in einen Aufstand, der mit der Wiedereinsetzung des Kaisers in seine Macht und der 1868 erfolgten Absetzung des Shogun endete. Mit der nun einsetzenden Mejii-Restauration wurde eine schnelle staatliche Modernisierung, eine sehr begrenzte Partizipation der Bevölkerung und eine eingeschränkte ökonomische Öffnung proklamiert. Edo wurde die neue Hauptstadt, die als Zäsur in Östliche Hauptstadt (d. h. Tokio) umbenannt wurde. Die wichtigsten Maßnahmen für den Aufstieg zur Kolonialmacht waren jedoch die Enteignung der Großgrundbesitzer und die Durchführung von Militär- und Bildungsreformen nach westlichem Muster. Hierbei entwickelte sich der japanische Nationalismus, der zu einer expansionistischen Außenpolitik seit den 1890er Jahren führte.

Dessen erstes Opfer wurde Korea. Das Land war 1846 Ziel einer französischen Intervention und 1871 einer amerikanischen Strafexpedition gewesen, die aber am Widerstand der Koreaner scheiterte. Japan öffnete sich den koreanischen Markt vertraglich 1876, die übrigen Mächte ab 1880. Das geschwächte China konnte Korea nicht mehr halten und musste es nach dem japanisch-chinesischem Krieg (1894-1895) ebenso wie Formosa (Taiwan) an die Japaner abtreten. Die Annexion der neuen Gebiete erfolgte ohne den Widerstand des Westens, sicher auch weil die Japaner zunächst das Land noch nicht vollständig annektierten, sondern den Schein der Unabhängigkeit beließen. Es sollte bis 1910 dauern, bis nach dem Unterbrechen einer eigenen Außenpolitik und der Auflösung des koreanischen Heeres, Japan die volle Kontrolle übernahm.

In China hatten nicht nur die Engländer, sondern auch die Franzosen seit dem Opiumkrieg an Macht gewonnen. Die Angst vor zunehmender Überfremdung Chinas entlud sich 1900 im „Boxeraufstand" (benannt nach einem chinesischen Geheimverband), dem viele Europäer zum Opfer fielen. In seltener Einmütigkeit wurde als Reaktion ein Truppenkorps zusammengestellt, welches neben europäischen auch US-amerikanische und japanische Verbände in seinen Reihen zählte. Unter dem Oberkommando von Alfred Graf von Waldersee, der jedoch erst nach der Eroberung Pekings durch englische und japanische Truppen am Ort des Geschehens eintraf, wurde in China die „Ordnung" wiederhergestellt. Kaiser Wilhelm II. hatte bei der Entsendung des deutschen Expeditionskorps klar gestellt, dass „keine Gefangenen gemacht werden". So wurden nicht nur die am Aufstand Beteiligten, sondern Tausende andere Chinesen hingerichtet.

Russland nutzte die Gelegenheit, um in die Mandschurei einzumarschieren, wo es nun die japanischen Interessen bedrohte. Daraufhin begann 1904 der erste große Krieg einer „östlichen" gegen eine „westlichen" Macht. Der ohne Kriegserklärung begonnene Krieg, der mit der Zerstörung der russischen Ostasienflotte begonnen hatte, endete mit dem Sieg Japans. Russlands Vordringen in der Mandschurei wurde daher beendet, Port Arthur an Japan abgetreten. Zudem wurde Japans Herrschaft über Korea anerkannt und der neuen Großmacht Sachalin übertragen. Noch aber war Japan nicht als gleichrangig anerkannt. Es erhielt keine Kriegsentschädigung, was zu Unruhen in Tokio führte. Gravierend aber waren die Folgen für Russland, welches in eine Krise (1. russische Revolution von 1905-1907) stürzte.

Von diesem Zeitpunkt an mussten sich die europäischen Großmächte mit der japanischen Präsenz im chinesischen Meer und im Pazifik abfinden. Durch die Übernahme eines Teils der deutschen Kolonien im

Pazifik rückte Japan näher an die USA heran. 1931 besetzte Japan die Mandschurei, 1937 kam es zu Kämpfen zwischen Japan und der chinesischen Guomindang. Der überaus brutale Vormarsch der Japaner fand einen Höhepunkt im Massaker von Nanking (200 000 Tote). Nach dem Sieg der Japaner wurde dort eine japanische Marionettenregierung eingesetzt. 1941 griffen die Japaner in einem Präventivschlag Pearl Habour an, eroberten dann Gebiete bis Birma. Nach dem Atombombenabwurf und der Kapitulation Japans musste das Land 1945 seine Kolonien und die nördlichen Kurilen abtreten.

So wie die Japaner die Europäer bei ihren inneren Reformen imitiert hatten, so griffen sie auch auf das europäische Vorbild der Zivilisierungsmission zurück. Sowohl in Korea wie in Taiwan wurden die einheimischen Sprachen teilweise verboten, was sich jedoch aufgrund der daraus erwachsenden Ablehnung als kontraproduktiv erwies. Entscheidend für den Aufstieg des rohstoffarmen Japan sollte die Lieferung von Kohle, Eisen und Rohbaumwolle aus China sein. Andererseits zwang man China die Hälfte der eigenen Textilproduktion auf. Diese Expansion auf dem Textilsektor führte, genauso wie die Beteiligung japanischer Firmen an der Rohstoffproduktion im asiatischen Raum, zu Befürchtungen der europäischen Kolonialmächte, dass Japan die Märkte der europäischen Kolonien mit Produkten überschwemmen könne, weswegen man Zollschranken gegen den Aufsteiger Nippon errichtete. Japans Hauptinteresse blieben aber die Rohstofflieferungen. Deren Knappheit führte während des Zweiten Weltkrieges zu brutaler Ausbeutung der besetzten Gebiete, die vielerorts den europäischen Kolonialismus übertraf.

Die USA auf Kuba und den Philippinen

Mit der Monroedoktrin (1823) hatten die USA ihren Anspruch auf Einflussnahme in Lateinamerika deutlich gemacht und sich gegen europäische Interventionen in Lateinamerika verwahrt.

„Die jüngsten Ereignisse in Spanien und Portugal zeigen, dass die Verhältnisse in Europa sich noch nicht gefestigt haben. (...) Aber bezüglich dieser (amerikanischen) Kontinente sind die Umstände hervorragend und sichtlich verschieden. Es ist unmöglich, dass die verbündeten Mächte ihr politisches System auf irgendeinen Teil eines der beiden Kontinente ausdehnen könnten, ohne unsern Frieden und unser Glück zu gefährden; auch kann niemand glauben, dass wir eine solche Einmischung, gleich welcher Art, mit Gleichgültigkeit ansehen könnten (...)" (Monroedoktrin, GiQ 5, 55)

Eine Einmischung in Amerika konnten die USA nicht immer verhindern, sahen sie aber mit fortschreitender Expansion nach Westen und Süden zunehmend als nicht hinnehmbar. Die USA expandierten auf Kosten Mexikos, das bis 1853 mehr als die Hälfte seines Territoriums an den expandierenden Nachbar abtreten musste. Daher sah Washington die Intervention Frankreichs 1863 in Mexiko, die zur Einsetzung Kaiser Maximilians führte, sehr kritisch, betrachtete man Mexiko doch weiterhin als Einflusszone. Mit der weiteren Territorialexpansion nach Westen, die mit der Bekämpfung der Indianer einherging (siehe Kapitel 7), gelangten die Siedler zur Mitte des 19. Jahrhunderts bis an den Atlantik.

Damit waren die USA die militärisch und politisch stärkste Macht auf dem amerikanischen Doppelkontinent. Das erste Mal ließ man im „Salpeterkrieg" zwischen Peru, Bolivien und Chile die Muskeln spielen. Schon der Unterschied zwischen „Salpeterkrieg", wie man den Konflikt in Europa nannte und „Pazifikkrieg" (*Guerra del Pacifico*), wie er in Lateinamerika bezeichnet wurde, zeigt die unterschiedlichen Interessen. Während es den Kriegsteilnehmern um territoriale Expansion ging, war für die europäischen Großmächte der Salpeter, der für die Schwarzpulverherstellung gebraucht wurde, wichtig. In diesem Konflikt nun griffen die USA in den Friedensverhandlungen 1881/82 ein, denn ihnen ging es darum, dass der Zugriff auf das für die Munitionsherstellung unverzichtbare Salpeter nicht gefährdet wurde.

Wurden die Kriege gegen die Indianer bis 1880 mit gleicher Brutalität wie Kriege der Europäer in Afrika geführt, so kam es zur Entstehung eigener Kolonien aber erst als Folge des spanisch-amerikanischen Krieges. Spanien hatte sich erst sehr spät durchgerungen, die Sklaverei auf Kuba abzuschaffen. 1862 wurde die Einfuhr, jedoch erst 1886 der Handel mit Sklaven auf der Insel verboten. Kuba gehörte mit den Philippinen und einigen kleineren Inseln in der Karibik und der Südsee zu den letzten Überbleibseln des spanischen Kolonialreichs, welches das iberische Königreich durch die Unabhängigkeit Südamerikas hatte aufgeben müssen. Für Spanien waren die Kolonien daher nicht nur wirtschaftlich wichtig, sondern man sah in ihnen, wie übrigens auch in Portugal, die letzte Reste des Imperiums und spanischer „Größe".

Als auf Kuba eine Revolte (1868-1879; 1895-1898) ausbrach, reagierten die Spanier mit großer Härte, richteten Lager ein, die General Valeriano Weyler (1838-1930) als Führer eines Freikorps sich ausgedacht hatte. Tausende wurden zwangsweise umgesiedelt und starben in diesen Lagern an Hunger und Entkräftung. Das brutale Vorgehen der spanischen Truppen, das sich allerdings kaum von dem der Deutschen in Deutsch-Südwest, der Engländer in Südafrika oder der USA in Montana unterschied, führte zu einem Aufschrei in den USA. Es wurden Bilder von ausgemergelten Kubanern in der Presse veröffentlicht. Dies gab den USA einen Grund für die Intervention an die Hand, die man gegenüber Spanien jetzt mit einer „Zivilisierungsmission" begründete.

„Da die entsetzlichen Zustände, welche seit mehr als drei Jahren in Kuba, so nahe unseren Grenzen, bestanden, den moralischen Sinn des Volkes der Vereinigten Staaten verletzt haben, eine Schande für die christliche Zivilisation sind und deren Höhepunkt in der Zerstörung eines Vereinigten Staaten-Schiffes mit seinen 260 Offizieren und Mannschaften während eines freundschaftlichen Besuches im Hafen von Havanna gefunden haben, nicht länger geduldet werden können, wie dies von dem Präsidenten in seiner Botschaft vom 11. April auseinandergesetzt worden ist – wird deshalb beschlossen:
1. dass das Volk der Insel Kuba von Rechtswegen frei und unabhängig ist und dies sein sollte; (...)" (Senatsbeschluß über das Eingreifen der USA,16.4.1898, GiQ, 5, 598)*

Spanien wurde im Krieg 1898 schnell geschlagen. Die spanischen Gebiete wurden an die USA abgetreten. Einzig die kleinen Inseln in der Südsee verkaufte man notgedrungen an Deutschland. In Spanien führte der Verlust der Überseegebiete durch die englischsprachigen USA, jenem Aufsteiger, den man als Teil des eigenen Kolonialimperiums gesehen hatte, zu einer großen Krise. Es war das erste Mal, dass eine vormalige Kolonialmacht von einer vormaligen Kolonie, die als Kolonialmacht auftrat, besiegt worden war.

Die Philippinen, die sich 1896 gegen die spanische Herrschaft erhoben hatten, waren das einzige asiatische Land, das mehrheitlich katholisch war. Es wurde nach 1898 von den USA, nach einem mit unbarmherziger Härte gegen die philippinische Freiheitsbewegung geführten Krieg, in das US-amerikanische Verwaltungs- und Bildungssystem eingebaut. Wichtigste Funktion des neuen Besitzes war die strategische Bedeutung. Wie Hawaii, welches man sich 1898 zusätzlich einverleibte, sollten die Gebiete dazu dienen, sich gegen die japanische, russische und europäische Präsenz in der Südsee abzusichern.

Unter der US-amerikanischen Herrschaft wurde Englisch allgemein eingeführt. Die spanischen Missionare hatten meist die indigenen Sprachen gelernt und in ihnen missioniert. Daher sprach nicht mehr als 10 % der Bevölkerung Spanisch. Mit dieser Bildungsoffensive gewannen die USA die Zustimmung für ihre Herrschaft, mehr als auf Kuba, wo Spanisch die einzige Sprache war und die protestantischen US-Amerikaner als fremde Herren angesehen wurden. Zudem emigrierten viele Philippinos in die USA, wo sie aufgrund ihrer Englischkenntnisse auf einen sozialen Aufstieg hofften. Die Emigration wurde erst 1935, als den Philippinen Autonomie zugestanden wurde, eingeschränkt. Die Unabhängigkeit erlangten die Philippinen erst nach dem Ende der japanischen Herrschaft im Jahre 1946.

Auf Kuba, das offiziell in die Unabhängigkeit entlassen worden war, hatten sich die USA das Recht der Intervention verfassungsrechtlich verbriefen lassen. Zudem ließ man sich Guantánamo als Stützpunkt einräumen. Die eingeschränkte Möglichkeit der Außenpolitik führte dazu, dass der US-Botschafter auf Kuba dort zum heimlichen Präsidenten wurde und sich ständig in die Angelegenheit des Landes mischte. Dies führte mit zur Revolution von 1959, durch die Fidel Castro die Macht übernehmen konnte.

Die nicht spanischsprachigen Teile der Karibik wurden meist erst in der zweiten Hälfte des 20. Jahrhunderts unabhängig. So erlangte Barbados 1966 die Unabhängigkeit, während Surinam und Belize auf dem Festland noch bis 1975 und 1981 warten mussten. Die fünf Inseln umfassenden niederländischen Antillen gehören hingegen weiterhin zu den Niederlanden, genauso wie die Karibikinseln Martinique und Guadaloupe mit Französisch Guayana noch heute französische Überseedepartements sind und es derzeit auch bleiben wollen.

10. DER ZUSAMMENBRUCH DER KOLONIALREICHE

Der Erste Weltkrieg als Krise des Systems

Als zu Beginn des 20. Jahrhunderts die Aufteilung Afrikas abgeschlossen war, wurde durch die Größe der Kolonialreiche nicht nur eine Kooperation mit Stammeshäuptlingen notwendig, sondern auch, dass man afrikanisches Führungspersonal einsetzen konnte, das nach westlichen Vorstellungen ausgebildet war. Man sandte daher Afrikaner zum Studium nach Europa, um sie dann in den Heimatländern als Bindeglieder für die Effektivierung wieder einstellen zu können. Nach europäischen Standards wurden sie in der nationalen europäische Geschichte, Literatur, Kunst, Geographie und Staatsbürgerkunde unterrichtet. Ihnen wurde von den Errungenschaften der Französischen Revolution berichtet, was die Frage aufkommen ließ, warum Freiheit, Gleichheit, Brüderlichkeit nicht für Afrika und Asien galt. Schon nach dem Ersten Weltkrieg und dem Einsatz von Kolonialtruppen geriet daher die Kolonialherrschaft in eine Krise, die jedoch erst wirklich nach den Verlusten des Zweiten Weltkrieges zum Loslösungsprozess führte, weil die europäischen Kolonialmächte Frankreich, Niederlande, Belgien und England erwartet hatten, ihre Wirtschaftssysteme durch einen erhöhten Druck und eine verstärkte Ausbeutung der Kolonien sanieren zu können.

Das Erwachen der Nationen

Während das Deutsche Reich sein Kolonialreich bis auf Deutsch-Ostafrika, wo sich Deutsche und afrikanische Hilfstruppen bis 1918 hielten, aufgeben musste, konnten die Alliierten im Ersten Weltkrieg auf Soldaten aus den Kolonien zurückgreifen. Frankreich warb zunächst Freiwillige an, griff dann aber im weiteren Verlauf auch zu Zwangsrekrutierungen. Diese Soldaten hatten nicht nur mit den Schrecken des Krieges und dem europäischen Klima, sondern auch mit dem Rassismus, der ihnen entgegenschlug, zu kämpfen. Zudem wurden Kolonialtruppen vielfach an besonders gefährlichen Frontabschnitten eingesetzt, so dass ihre Verluste überproportional hoch waren.

Der Rassismus in England und Frankreich war auch ein Grund, warum man zunächst beim Einsatz nicht „Weißer" Truppen gezögert hatte. Zudem fürchtete man die Kontrolle zu verlieren, wenn Millionen ausgebildeter Soldaten nach dem Krieg in ihre Heimatländer zurückkehren würden. England, welches auch gegen das Osmanische Reich kämpfte, setzte daher seine Kolonialtruppen v.a. im Nahen Osten ein. In Europa griff man nur auf Spezialtruppen und aus „Weißen" bestehende Einheiten, also Kanadier, Südafrikaner, Australier und Neuseeländer zurück.

Während des Krieges kam es, sieht man von einem Aufstand der Buren in Südafrika ab, der aber schnell beendet werden konnte, zu keinen Unruhen. In Indien forderten allerdings die Kongresspartei und die Muslimliga in einer gemeinsamen Erklärung 1916 die Unabhängigkeit. Doch die Engländer reagierten ausweichend und hielten eine mögliche Unabhängigkeit für verfrüht.

Das Ende des Weltkrieges, das zu einer neuen Weltordnung führte, festgelegt auf den Pariser Friedenskonferenzen von 1919, ließ Afrika und Asien aufhorchen. Die Kolonien und die unabhängigen Staaten wurden jedoch nicht auf Augenhöhe mit den europäischen Mächten behandelt. Japan erhielt zwar die früheren deutschen Schutzgebiete und Kolonien zugesprochen, durfte aber nicht am Verhandlungstisch erscheinen. Noch stärker zurückgesetzt wurden die Chinesen, die die Rückgabe von Kiautschou erwartet hatten. Doch dies geschah nicht, vielmehr wurde es an Japan übertragen, was zu lang dauernden Protesten in China führte. Die Konsequenz aus der Zurücksetzung war die nationalistische Bewegung des 4. Mai, welche die beschleunigte Modernisierung Chinas verlangte und die weitere Einführung von technischen und organisatorischen Ideen europäischer Herkunft erreichte. In Afrika schließlich wartete man vergeblich auf einen Dank aus den Mutterländern für die großen Opfer, was die Frage aufkommen ließ, warum Afrikaner überhaupt für europäische Interessen kämpfen sollten.

Um dem neu gegründeten Völkerbund eine gewissen Rolle einzuräumen und dem amerikanischen Präsident Wilson entgegen zu kommen, wurden die ehemaligen deutschen Kolonien offiziell als Völkerbundsmandat den Kolonialmächten unterstellt, wenngleich die „Beute" unter den Kolonialmächten schon aufgeteilt war. Hinzu kam, dass den von Weißen bewohnten britischen Kolonien (Kanada, Neuseeland, Australien) der Status von autonomen Staaten innerhalb des „Commonwealth of Nations" eingeräumt wurde. Sie waren damit nur noch durch einzelne staatsrechtliche Konstruktionen mit Großbritannien verbunden.

Nach dem Ersten Weltkrieg gedachten die Kolonialmächte, die sich jetzt volkswirtschaftlich lohnenden Kolonien noch lange zu behalten. War der Kolonialismus für die Frankreich und England vor dem Ersten Weltkrieg meist mit höheren Kosten als Gewinnen verbunden gewesen, so erlaubten nun die erheblich verbesserten Transportmöglichkeiten enorme Gewinne. Zwar hatten schon vor 1914 die großen Gesellschaften, Firmen und Banken erhebliches Plus in den Kolonien machen können, doch waren dem Staat, welcher die Infrastruktur aufbauen und aufrecht erhalten musste, die hohen Kosten hängen geblieben.

Die Hoffnung der wirtschaftlichen Nutzung der Kolonien verstärkte sich mit der Weltwirtschaftkrise, da man in den Mutterländern davon ausging, im eigenen Kolonialreich einen abgeschlossenen Markt für die eigenen Industrieprodukte aus dem Mutterland schaffen zu können. So erreichte die Kolonialherrschaft erst nach 1918, also nach dem Ende der als „Imperialismus" bezeichneten Phase, ihre größte Ausdehnung. Die schon lange geplante Aufteilung des Osmanischen Reiches war mit dem Frieden von Sèvres realisiert worden. Zwar blieb die Türkei als Staat erhalten, aber die Besitzungen des Osmanischen Reiches im Nahen Osten fielen nun an Frankreich und England. Dadurch gelangte man nicht nur in den Besitz von bedeutenden Bodenschätzen, sondern konnte auch, besonders gilt dies für England, die Infrastruktur des Kolonialimperiums verbessern.

Zudem wurde durch den italienischen Überfall auf Abbessinien 1937 ein Land angegriffen, welches bisher noch nicht mit der Kolonialherrschaft überzogen worden war. Das christliche Land war in der Frühen Neuzeit der Verbündete der christlichen Mächte gewesen, weswegen diese auf eine Einverleibung verzichtet hatten. Italien hatte jedoch das Gefühl beim Kolonialismus zu kurz gekommen zu sein. Beim ersten Versuch der Eroberung des Landes 1896 hatte das italienische Heer eine empfindliche Niederlage einstecken müssen. Dieses Mal konnten die Italiener nur dank des Einsatzes von Giftgas und erfahrener Gebirgstruppen den Sieg erringen. Aber nicht nur Italien, auch Frankreich und Spanien griffen für die Sicherung ihres Kolonialbesitzes in Nordafrika (gegen Abd el Krim 1922-1927) zu Giftgas, welches trotz der Bestimmungen des Versailler Vertrages von Deutschland geliefert wurde. Die Möglichkeiten, die Giftgasproduktion durch diese Kolonialkriege auch nach dem Versailler Vertrag weiter auszubauen, sollte für die weitere Entwicklung von Giftgas in Deutschland wichtig werden und stellte einen bedeutenden Baustein für den späteren Holocaust dar.

In Indien wurde Mahatma Gandhi mit seiner Form des gewaltfreien Widerstands zur Symbolfigur und zu einem Vorbild für die ganze Welt. Doch schätzen die Engländer seine Wirksamkeit zu diesem Zeitpunkt als gering ein und Churchill, der verächtlich nur von dem „halbnackten Fakir" sprach, lehnte Verhandlungen mit ihm ab.

Von der Kolonie in die Unabhängigkeit

Hatte der Erste Weltkrieg schon eine beträchtliche Aktivierung der menschlichen und materiellen Ressourcen gefordert, so war dies beim Zweiten Weltkrieg noch mehr der Fall. Dies lag einmal daran, dass durch Japan der Zweite Weltkrieg auch in Asien geführt wurde und Indien, die asiatischen Besitzungen der Franzosen, Engländer und Niederländer und schließlich Australien und Neuseeland unmittelbar in die Kampfhandlungen einbezogen wurden. Auch im Nahen Osten führten die Möglichkeiten, die jetzt durch den Einsatz von Flugzeugen gegeben waren, zu einer Ausweitung der Front von Marokko bis Persien, wo daher Verbände ganz unterschiedlicher Herkunft zum Einsatz kamen. Auf der anderen Seite verlangte der mit noch größerer Härte ausgetragene Krieg von den Kolonialmächten die Mobilisierung aller Kräfte. Durch die deutsche Expansion wurden zudem die Kolonialmächte Frankreich, Belgien und die Niederlande besetzt und konnten sich nicht mehr an der Sicherung der Kolonien beteiligen.

Der Krieg Japans gegen die Kolonialmächte führte zwar nicht zu einer asiatischen Solidarität, da die Japaner die besetzten Gebiete rücksichtslos ausnutzten und sich damit keine Freunde schafften, es zeigte den asiatischen Ländern aber, dass die Europäer besiegt werden konnten und führte in manchen Teilen Asiens, wie den Philippinen, zur Geburt einer aktiven Widerstandsbewegung.

Der Beginn der Dekolonisation in Afrika und Asien

Am Ende des Zweiten Weltkriegs verblieben nur die USA als wirtschaftlich voll intakte Macht, während die europäischen Staaten und Russland mit schweren Zerstörungen umzugehen hatten. Dies führte die Briten zu der Erkenntnis, dass man einen Teil der Kolonien in die Unabhängigkeit entlassen müsse, weil man nicht mehr die Kraft zu einer Rückeroberung hatte. Diese Erkenntnis hatte Großbritannien aus der Entwicklung in Indien ziehen müssen, wo schon seit dem 19. Jahrhundert eine Unabhängigkeitsbewegung großen Einfluss gewonnen hatte, die hier aufgrund der Vorreiterrolle des Landes für die Dekolonisation näher betrachtet werden soll.

Die im 19. Jahrhundert aufgestiegene Elite formulierte nur vorsichtig Reformvorschläge, was aber zunehmend bei jüngeren Nationalisten auf Kritik stieß. Deren Position erfuhr eine Stärkung, als Vizekönig Lord Curzon (1899-1905) nicht nur legislative und bildungspolitische Maßnahmen einkassierte, sondern die Provinz Bengalen teilte. Mit der Schaffung einer moslemischen Provinz Ostbengalen, die, wie schon vorherige Maßnahmen der Briten, an das Mogulreich anknüpfen sollte, rief er einen Proteststurm der Hindus hervor. Es kam zu Boykotten britischer Waren, die aber längst nicht von allen getragen wurden. Schwieriger war, dass es zu einer, wohl auch von Curzon intendierten, Spaltung zwischen Hindus und Moslems kam. Zwar hatten zunächst die Moslems die Teilung Bengalens nicht unterstützt, doch als die Hindupropaganda gegen die Teilung mit scharfen Tönen mobilisierte und Bengalen zum „Hindu-Land" machte, folgte die Reaktion auf dem Fuß. 1906 wurde die Muslim-Liga gegründet, die schnell wuchs.

Diese Annäherung honorierte die britische Kolonialmacht und legte in einer Verfassungsreform fest, dass eine separate Wählerschaft notwendig sei. Nur Muslime sollten Muslime repräsentieren. 1911 besuchte Georg V. als Kaiser von Indien das Land als einziger englischer Monarch. Aufbauten zu seinen Ehren in Delhi oder Bombay, wo man Hoftage (Darbar) inszenierte, sollten die englischen Monarchen in die Tradition der Mogulherrscher stellen. Im Ersten Weltkrieg erwartete England vollen Einsatz des Landes für die englischen Interessen, doch stand am Schluss für Indien nur die Einrichtung einer „Prinzenkammer" (Chamber of Princes) als Repräsentativorgan, welches aber nur beratende Funktion hatte. Entscheidend war, dass der *Governor General*

über den Staatssekretär für Indien weiterhin dem englischen Parlament
verantwortlich war.

Aufstände und Unruhen wurden brutal niedergeschlagen. In Amritsar ließ der englische General Rex Dyer in einem ummauerten Hof das Feuer auf die friedliche Menschenmenge eröffnen, wobei ungefähr 600 Menschen starben und Hunderte verwundet wurden. So erkannte die Kolonialmacht zunächst die Herausforderung, welche Mahatma Gandhi als Gallionsfigur der Unabhängigkeitsbewegung für die Herrschaft darstellte, kaum. Der Salzmarsch Gandhis von 1930 und die Einführung des „zivilen Ungehorsams" (*Civil Disobedience*) wurden nicht als Bedrohung der englischen Herrschaft wahrgenommen. Auch nach dem Zweiten Weltkrieg sah der britische Premier Churchill keine Veranlassung, Gebiete in die Unabhängigkeit zu entlassen. Er betonte vielmehr, er sei nicht als Premierminister seiner Majestät geworden, um der Auflösung des Weltreiches vorzustehen und sah die von den US-Amerikanern initiierte *Atlantik Charta* (1941), nach der jedes Volk das Recht habe, selbst die Regierungsform zu bestimmen, als keinen Gegensatz zum britischen System.

Gandhi blieb hartnäckig. Als er im Alter von 46 Jahren 1915 aus Südafrika nach Indien zurückkehrte, hatte er zunächst viele innere Widerstände zu überwinden, bis er 1920 in einer Sondersitzung des Nationalkongresses die knappe Mehrheit für den Boykott englischer Textilien erhielt. Dies war der Übergang von der Nichtzusammenarbeit zum zivilen Ungehorsam. Gandhi war dabei jedoch die Friedlichkeit der Bewegung höchst wichtig. Als er von Ausschreitungen im Dorf Chauri Chaura hörte, wo der Mob die Polizisten eingeschlossen und verbrannt hatte, stoppte er, sehr zum Unverständnis vieler Anhänger die gesamte nationale Kampagne.

„Stärke entspringt nicht der physischen Macht. Sie entspringt einem unbezähmbaren Willen. Ein durchschnittlicher Zulu ist an Körperkraft einem durchschnittlichen Engländer weit überlegen. Und trotzdem ergreift er die Flucht vor einem englischen Knaben, wenn dieser einen Revolver in der Hand hat. Denn er fürchtet sich vor dem Tode und verliert daher die Nerven, trotz seiner imponierenden Figur. Für uns in Indien ist es ohne weiteres klar, dass 100 000 Engländer nicht imstande sind, 300 Millionen menschlicher Wesen in Schrecken zu halten. Ein wirkliches Verzeihen von unserer Seite würde daher eine wirkliche Anerkennung unserer Stärke voraussetzen. [...]

Und darum empfehle ich Indien nicht Non-Violenz, weil es schwach ist. Ich will, dass es Non-Violenz übt im Bewußtsein seiner Stärke und Macht. Um diese zu begreifen, benötigt es keine Übung in den Waffen. Nur scheinbar brauchen wir diese, wie wir annehmen, dass wir bloß ein Klumpen Fleisch

sind. Ich möchte, dass Indien erkennt, dass es eine unzerstörbare Seele hat,
die sich triumphierend über alle physischen Schwächen erheben und dem
physischen Zusammenwirken einer ganzen Welt trotzen kann." (Mahatma
Gandhi: Satyagraha und die Lehre vom Schwert, GiQ 7, 623)

Diese Vision war auf einen langen Kampf ausgelegt. Nach europäischen Maßstäben schien nach seiner Verhaftung die Vision Gandhis
gescheitert. Doch die Inder blieben hartnäckig. 1928 wurde auf Druck
Jawaharlal Nehrus (1889-1964) die Unabhängigkeit von den Engländern
gefordert, eine Forderung, der sich Gandhi zunächst zögernd anschloss.
Dann aber stellte er sich wieder an die Spitze der Bewegung. Um ein
Zeichen zu setzen, griff sich Gandhi mit dem Salzgesetz ein Gesetz
heraus, welches gerade die Armen belastete, weil diese die Salzsteuer
nicht aufbringen konnten. Als sich Gandhi beim Salzmarsch durch das
Auflesen von Salz strafbar machte und er mit vielen seiner Anhänger ins
Gefängnis kam, war ein Zeichen gesetzt: Die Gefängnisse reichten nicht
mehr aus, Großbritannien konnte nicht ein Millionenvolk einsperren.
Gandhi verhandelte in den folgenden Jahren mit den Engländern, einen
Durchbruch konnte er jedoch nicht erzielen. Die Situation änderte sich,
als die Japaner 1942 Singapur und Birma nahmen. Gandhi forderte nun
die Briten mit „Verlasst Indien" (*Quit India*) auf, das Land zu verlassen,
denn Japan habe keinen Streit mit Indien. Doch nicht diese Kampagne,
sondern die Demobilisierung von zwei Millionen indischen Soldaten
brachte die Wende. Da die Briten vor den Folgen der Demobilisierung
Angst hatten, organisierten sie Wahlen, an deren Ende die Ernennung
Nehrus zum Interimsminister stand. 1947 konnte Gandhi seinen Wunsch
der Unabhängigkeit zwar verwirklichen, doch die Teilung des Landes
in Indien und Pakistan konnte nicht verhindert werden.

Die Zerstrittenheit über den nun folgenden Weg, nämlich am Kolonialreich auch mit Gewalt festzuhalten oder die Dekolonisation zu
gestatten, spiegelt sich in den Redebeiträgen des englischen Premiers
Clement Attlee (1945-1951) und seines Amtsvorgängers Winston Churchill (1940-1945; 1951-1955). Dabei bezog sich Attlee darauf, dass auch
Burma in die Unabhängigkeit entlassen werden müsse, weil es ein
Selbstbestimmungsrecht der Völker gebe.

„Ich möchte für Burma wiederholen, was ich schon für Indien ausführte.
Wir wollen nicht irgendein unwilliges Volk im Commonwealth und Empire
festhalten. Es ist Sache des burmesischen Volkes, über seine eigene Zukunft
zu entscheiden (...) Die Regierung Seiner Majestät wünscht und beabsich-
tigt, den Zeitplan zu beschleunigen, nach dem Burma seine Unabhängigkeit
erreichen soll, ob innerhalb oder außerhalb des Commonwealth. Um des bur-

mesischen Volkes willen ist es äußerst wichtig, dass sich dieser Fortschritt in geordneter Form, wenn auch schnell, vollzieht (...)" (S. 618)

Churchill hingegen verwies auf die „Größe" des Empires und die gebrachten militärischen Anstrengungen, dieses zu erhalten. Eine Unabhängigkeit schien ihm daher verfrüht.

„Das Britische Empire scheint beinahe so rasch dahinzuschmelzen wie die amerikanische Anleihe. Ständig und ohne Skrupel verschleudern wir, was viele Generationen mit Mühe, Verwaltungskunst und Opfergeist gewannen. Im Falle Burmas ist es kaum ein Jahr her, seit die herrliche Leistung der 14. Armee, seit enorme Opfer and Blut und Gut – Opfer an britischem Blut und an indischem Blut – die Japaner zur Übergabe zwangen, sie vernichteten oder vertrieben. Das Land wurde befreit. Und jetzt, kaum ein Jahr später, erleben wir diese außergewöhnliche Hast: wir suchen nach den notwendigen Maßnahmen, um endgültig und für immer aus Burma zu verschwinden (...)"
(Aus der Kolonialdebatte im britischen Unterhaus vom 20. Dezember 1946, GiQ 7, 619)

Dieser Gegensatz zwischen Politikern, die aufgrund der Machtsituation die Selbstbestimmung der Völker einräumten und solchen, die um jeden Preis am Kolonialreich festhalten wollten, sollte in europäischen Parlamenten in England, Frankreich, Belgien und den Niederlanden noch einige Debatten bestimmen. Wie in England war es auch sonst häufig eine Auseinandersetzung zwischen sozialistischen Politikern, wie dem Labour Premier Attlee und Konservativen, wie dem Tory, Churchill.

So versuchte man oft einen Mittelweg oder wechselte die politische Richtung. Um einen Rest an Einfluss zu wahren, verpflichtete Großbritannien auch die jetzt unabhängig gewordenen Staaten zum Beitritt im Commonwealth. Dadurch sollte einerseits ein gewisser Einfluss und eine ökonomische Bindung an das Mutterland erhalten bleiben, andererseits der Verlust des „Empire" psychologisch aufgefangen werden. So gelang es den Briten auch, gewisse Interessen durchzusetzen. Bei der Gründung der *Federation of Malaya* konnte England die Trennung von Singapur als eigenen Staat erreichen.

Die Niederlande versuchten vergeblich, ihr verlorenes Reich in Niederländisch-Indien zurück zu erobern. Die während der japanischen Besatzung entstandene Unabhängigkeitsbewegung, die 1944 die Unabhängigkeit des Landes mit den Japanern ausgehandelt hatte und der Druck der USA führten zur Unabhängigkeit. Die USA, die ihre eigene Kolonie, die Philippinen, auch erst 1946 in die Unabhängigkeit entlassen hatten und Besitzungen in der Südsee weiter besetzt hielten, waren aber daran interessiert, dass die europäischen Mächte nicht wieder im asiatischen Raum Fuß fassen würden. Als die USA den Niederlanden mit der Einstellung der Hilfe aus dem Marshallplan drohten, lenkte die Niederländische Regierung ein. 1949 wurde Indonesien in die Unabhängigkeit entlassen, außer Westneuguinea (Iryan Jaya), welches noch bis 1961 in niederländischem Besitz blieb.

Ähnlich wie die Niederlande ignorierte Frankreich die Unabhängigkeitserklärung Vietnams von 1945. Der Führer der Vietminh, Ho Chi Minh wandte sich daher der Sowjetunion zu, um gegen die Kolonialherren Waffen und Unterstützung zu erhalten. Ho Chi Minh hatte gelernt, die Europäer mit ihren eigenen Waffen, auch argumentativ zu schlagen, als er ihnen mit einem Bogen der Entwicklungen von 1776 bis 1789 vorhielt, die Gleichheit als Ideal zu predigen, aber eben nicht anzuwenden.

„Wir sind der Ansicht, dass alle Menschen gleich geschaffen sind; dass sie von Geburt einige unverbrüchliche Rechte mitbringen, darunter das Recht auf Leben, Freiheit und Glück. Diese unsterblichen Worte stehen in der Unabhängigkeitserklärung der Vereinigten Staaten von Amerika, die im Jahre 1776 ausgerufen wurde. In weiterem Sinne bedeuten sie: Alle Völker der Erde sind gleich; jedes Volk hat das Recht auf Leben, Glück und Freiheit. Die Erklärung der Menschen- und Bürgerrechte, die von der Französischen Revolution im Jahre 1789 verkündet wurde, besagt ebenfalls: Die Menschen werden frei und gleichberechtigt geboren und bleiben es. Das sind unumstößliche Tatsachen. Aber schon über 80 Jahre rauben die französischen Kolonialherren unter dem Deckmantel des Wahlspruchs von 'Freiheit, Gleichheit und Brüderlichkeit' unser Land aus und knechten unsere Landsleute." (Unabhängigkeitserklärung der Demokratischen Republik Vietnam, 2.9.1945, GiQ 7 593)

Wie Kuba hatte sich die Bewegung maßgeblich mangels anderer Optionen dem Kommunismus verschrieben. So brach eine nationalistische Revolution unter kommunistischen Vorzeichen aus, die zu einem von den Vietnamesen perfektionierten Guerillakrieg führte. Damit hatten die Vietnamesen bereits gegen Japan Erfolg gehabt und siegten nun auch gegen Frankreich. Im Dschungelkrieg war Frankreich unterlegen. Nach vier Jahren Krieg, in dem besonders viele Fremdenlegionäre, unter ihnen auch 35 000 Deutsche, kämpften, war der Krieg 1954 beendet. Nach der Kapitulation bei Dien Bien Phu wurden Laos, Kambodscha und Vietnam in die volle Unabhängigkeit entlassen. Vietnam blieb durch den 17. Breitengrad geteilt. Frankreich hatte andererseits umfangreiche Erfahrungen im Kolonialkrieg gemacht und gelernt, für künftige Konflikte besonders auf die Fremdenlegion zurückzugreifen.

Noch erheblich schwieriger wurde für Frankreich die Trennung von Algerien, das als Teil Frankreichs betrachtet wurde. Die Absetzung des Königs in Ägypten 1953 und die anschließende Ausrufung einer Republik waren, wie die französische Niederlage in Dien Bien Phu, Signale für die Unabhängigkeitsbewegung im Land. Frankreich hatte es nicht vermocht, die Unzufriedenheit aufzuhalten, war gegen Demonstrationen mit Waffengewalt vorgegangen. Die 1954 gegründete *Front de Libération Nationale* (FLN) operierte, wie Vietnam, mit Sabotageakten und kämpfte in Guerillataktik. Grausamkeiten, begangen von beiden Seiten, kennzeichneten den Kriegsverlauf. Der Krieg, der bis 1962 250 000 Menschen das Leben kosten sollte, konnte nicht mehr gewonnen werden, weil die FNL ständig neuen Zulauf erhalten hatte. Am Schluss hatte Frankreich nicht nur eine Staatskrise, die zur Gründung der Fünften Republik führte, durchlaufen, sondern musste eine Million Franzosen und Kollaborateure in Frankreich aufnehmen.

Dekolonisation im Zusammenhang des Kalten Krieges

Bei den Unabhängigkeitsbewegungen in Afrika machten sich die Auswirkungen des Kalten Krieges bemerkbar. Als Frankreich und Großbritannien in alter Kolonialmanier den ägyptischen Präsidenten Gamal Abdel Nasser für dessen Verstaatlichung des Suez Kanals 1956 strafen wollten, stießen sie an ihre Grenzen. Israel sollte, von Frankreich und England unterstützt, den Suezkanal wieder in europäische Kontrolle bringen. Doch die Kommandoaktion in Ägypten scheiterte, weil die erhoffte Unterstützung der USA ausblieb und die Sowjetunion zu intervenieren drohte. Die Kolonialmächte hatten gelernt, dass Unabhängigkeitsbewegungen nicht einfach mit kleinen Eingreiftruppen beendet werden konnten. Andererseits erkannte man in Afrika, wie wichtig die Unterstützung der USA oder der Sowjetunion war, um die Unabhängigkeit zu erringen.

So wurde gerade die Dekolonisation Afrikas, mehr noch als die Asiens, zum Stellvertreterkrieg. Nachdem Ghana 1957 als erstes Land südlich der Sahara unabhängig geworden war und 1960 weitere siebzehn afrikanische Länder gefolgt waren, hofften die Unabhängigkeitsbewegungen auf einen baldigen Erfolg auch in ihrem jeweiligen Land.

Im belgischen Kongo, der über erhebliche Uranvorkommen verfügte, welche die USA für ihr Atomprogramm nutzten, schien die Machtübergabe zunächst friedlich möglich zu sein. Belgien hatte zunächst nach dem Zweiten Weltkrieg weiterregiert, als ob nichts geschehen sei. Der

Volksaufstand in Leopoldville riss die Belgier aus ihrem Traum und veranlasste sie, da sie die logistischen Kräfte zu einer Niederwerfung der Unruhe nicht hatten, das Land in die Unabhängigkeit zu entlassen. Die offizielle Machtübergabe stand von Anfang an unter einem schlechten Stern. Gleich zu Anfang stahl ein begeisterter Anhänger der Unabhängigkeitsbewegung dem belgischen König seinen Degen als Zeichen der kolonialen Macht, als dieser im offenen Wagen stehend fuhr. Und dann wurden die anwesenden belgischen Würdenträger bei der Übergabezeremonie durch eine Rede von Patrice Lumumba (1925-1961) geschockt, in der er mit der Kolonialherrschaft der Belgier abrechnete. So schien es zunächst, als ob Lumumba mit seiner Vorstellung eines geeinten Kongo sich werde durchsetzen können. Lumumba betonte die Notwendigkeit der Einigkeit, um den Versuchungen des Westens, dem seinerseits an einer Spaltung der Unabhängigkeitsbewegungen gelegen sei, zu trotzen.

„Die Kolonialmächte haben sich immer auf Zersplitterung gestützt, um ihre Herrschaft zu festigen; das hat erheblich – und bis heute – zum Selbstmord Afrikas beigetragen. Wie kommen wir aus dieser Sackgasse heraus? Für mich gibt es nur einen Weg: Sammlung aller Afrikaner im Schoße von Volksbewegungen oder einheitlichen Parteien. Innerhalb dieser Parteien der nationalen Erneuerung können alle Richtungen koexistieren, und jeder wird sein Wort zu sagen haben – sowohl bei der Diskussion der Probleme, die sich für das Land stellen, wie bei der Führung der öffentlichen Angelegenheiten. Innerhalb dieser Parteien soll es wahre Demokratie geben, und jeder kann zur Genüge frei seine Meinung sagen. Je besser wir eine Einheit bilden, um so besser können wir der Unterdrückung, der Korruption und den Spaltungsmanövern widerstehen, zu denen die Spezialisten der 'Teile-und-Herrsche,-Politik greifen. (…) Wir kämpfen heute mit friedlichen Mitteln um die Eroberung unserer Abhängigkeit; aber wir wollen die Europäer nicht von diesem Kontinent verjagen, wir wollen uns nicht ihre Güter aneignen oder sie verhöhnen. Wir sind keine Piraten." (Rede auf einer Konferenz des Kongresses für die Freiheit der Kultur, Ibadjan (Nigeria), März 1959, GiQ 7, 626)

Er hatte umsonst betont, dass er die Europäer nicht vertreiben wollte, Begriffe wie „Volksbewegungen oder einheitliche Parteien" ließen die USA aufhorchen, die an der Beseitigung Lumumbas interessiert waren. Belgische Truppen intervenierten, und der Süden des Landes proklamierte die Unabhängigkeit Katangas, was zum Militärputsch und zur Ermordung Lumumbas führte. Das Land, in dessen innere Angelegenheiten sich auch in den folgenden Jahren der belgische Geheimdienst und die CIA mischten, kam nicht mehr zur Ruhe. 1964/65 kämpften sogar europäische Söldnerverbände unter Führung des berüchtigten

„Kongo-Müller" (eigentlich Siegfried Friedrich Heinrich Müller 1920-1983) im Süden des Landes, das durch den Militärputsch von Oberst Josef D. Mobutu (1930; 1965-1997 Präsident) in eine dreißigjährige Militärdiktatur geführt wurde. Dessen Herrschaft sicherten sowohl den USA wie den internationalen Minengesellschaften auch weiterhin die Gewinnabschöpfung, weswegen der Westen sein Regime stützte.

Auch in Rhodesien/Simbabwe und Kenia war der Unabhängigkeitsprozess ein langer und blutiger Weg. 1889 hatte Cecil Rhodes mit Unterstützung der „South Africa Company" das Gebiet zwischen den portugiesischen Kolonien Angola und Mozambik erworben. 1890 wurde Salisbury (Harare) gegründet, 1891 zwang England Portugal zur Anerkennung. Als nach der Gründung des „Britisch East Africa Protectorate" 1895 auch die angrenzenden Gebiete sicher unter britischer Verwaltung standen, reservierte sich eine weiße Minderheit die Mehrheit des Landes. Dieses wurde nach Cecil Rhodes „Rhodesia" benannt. Wirtschaftlich blieben die Siedler abhängig von der schwarzen Bevölkerung, um die großen Latifundien bewirtschaften zu können.

Mit dem Ende des Zweiten Weltkrieges fürchteten die weißen Farmer in Kenia und Rhodesien um ihre privilegierte Stellung. Der von den Briten als „Mau Mau Aufstand" (1952-1959) bezeichnete Bewegung in Kenia wurde instrumentalisiert, indem man den Kämpfern Gräueltaten vorwarf. Tatsächlich kamen aber nur 95 Weiße und 2000 mit ihnen verbündete Afrikaner um, während die Unabhängigkeitsbewegung 11 500 Tote und 30 000 Gefangene zu beklagen hatte. Um eine kontrollierte Entlassung in die Unabhängigkeit zu garantieren, übergaben die Briten Jomo Kenyatta (1893-1978) die Macht, der nach der Unabhängigkeit 1963 bis 1978 regierte. Schwieriger noch gestaltete sich die Unabhängigkeit von Rhodesien. Die dominierende Gruppe der weißen Siedler erklärte 1965 die Unabhängigkeit und versuchte an der kolonialen Machtstruktur festzuhalten. Ein langer Krieg zwischen der schwarzen und der weißen Bevölkerung führte zur kurzen Rückkehr der englischen Kolonialherrschaft und schließlich 1980 der erneuten Unabhängigkeit von Simbabwe-Rhodesien, welches sich nun Zimbabwe nennt und seit der Unabhängigkeit von Robert Mugabe (*1924) regiert wird.

Auch Südafrika ging einen langen Weg. Das Land erlangte bereits 1910 als „Südafrikanische Union" den Status eines Dominions, dem 1931 die Unabhängigkeit innerhalb des Commonwealth verliehen wurde und schließlich 1961 die vollständige Unabhängigkeit als Republik Südafrika folgte. Doch war das Land gespalten. Der weißen Bevölkerungsminderheit, die seit der Niederschlagung des Burenaufstandes (1899-1902) nie die Macht aus den Händen gegeben hatte stand die schwarzafrikanische Mehrheit im Land gegenüber. 1948 kam es durch den Sieg der nationalen Partei zum Ausbau des Apartheidregimes und der Separierung, die darauf abzielte, die Schwarzen in gesonderte Gebiete abzuschieben. Diese Politik war bereits 1913 initiiert worden, als man zwischen afrikanischen Reservaten und weißem Farmland, das 90 % des Landes umfasste, schied. Doch gegen diese Politik der Trennung formierte sich Widerstand. 1912 hatten sich einige *Chiefs* und Vertreter der afrikanischen Bildungselite versammelt, um den South African Native National Congress (seit 1924 African National Congress ANC) zu gründen. Dessen Weg zu einer Änderung des Systems dauerte jedoch sehr lange und führte erst 1994 mit dem Wahlsieg des ANC zum Ende der Apartheid.

Angola schließlich gehört zu den Staaten, die als letzte die Unabhängigkeit in Afrika errangen. Das Land war Beispiel für einen offenen Stellvertreterkrieg. Im Hintergrund standen sich die USA und die Sowjetunion gegenüber, ausgefochten wurde der Krieg von Portugal und die Befreiungsbewegung MPLA und später von Südafrika und Kuba. Für den von dem portugiesischen Diktator Salazar (1932-1968) begründeten „Neuen Staat" (*estado novo*) waren die Kolonien aus wirtschaftlichen aber auch ideologischen Verbindungen unverzichtbar. 1951 wurde das Land zur Überseeprovinz. Als 1959 ein Aufstand ausbrach, wurde Portugal in einen bis 1975 dauernden Kolonialkrieg verwickelt, der erst beendet wurde, als sich wegen der Erfolglosigkeit des Kolonialkrieges die Streitkräfte nach dem Tod von Salazar gegen dessen Nachfolger Caetano (1968-1974) wandten. Dies führte 1974 zur „Nelkenrevolution" in Portugal und brachte die Wendung zur Demokratie. Erst nach dieser Revolution wurden nun 1974/75 die Kriege in Guinea Bissau, Angola und Mosambik beendet und die Kolonien, also auch die Kapverdischen Inseln und Sao Tomé e Principe, in die Unabhängigkeit entlassen. Weder für Angola noch für Mosambik brachte die Unabhängigkeit Frieden. In Angola tobte bis 1991 der Krieg zwischen Südafrika und Kuba, während heute die verschiedenen Rebellenbewegungen in Angola wie in Mosambik ihr Land als Geisel halten.

11. Ausblick

Die koloniale Herrschaft hat lange Folgen. Als 1930 die letzten Angehörigen des Volkes der Selkn'am in der Mission der Kapuzinerpatres an den Masern starben, war mit ihnen der letzte wichtige Stamm der Feuerlandindianer ausgestorben. Der Niedergang der indigenen Bevölkerung und Kultur von Araukanien in Südchile bis Feuerland schien unaufhaltbar. Dabei war seit der Fahrt von Fernão de Magalhães 1520 die Bevölkerung von „Feuerland" immer wieder beschrieben wurden. Auch die letzten beiden großen Bevölkerungsgruppen, die araukanischen Völker der Mapuche und Telhuelche waren mittlerweile weitgehend aus dem Leben in Chile und Argentinien verschwunden. Während Reisende 1916 noch davon berichteten, auf dem Markt in Temuco fast nur Angehörige des Volkes der Mapuche gesehen zu haben, erzählte ein Besucher nur fünfzehn Jahre später, dass ihm auf seiner ganzen Reise durch das ehemalige Araukanien kein einziger Mapuche in traditioneller Kleidung mehr begegnet sei.

Doch die Situation hat sich geändert. Zwar sind die beiden wichtigsten Stämme Feuerlands und Patagoniens ausgestorben und wir können ihre Sprache und Teile ihrer Kultur nur dank der Aufzeichnungen und Studien europäischer Missionare rekonstruieren, aber besonders die Mapuche können wieder ein Bevölkerungswachstum verzeichnen. Langsam setzt nicht nur ein Bewusstseinswandel ein, sondern es kommt auch regelrecht zu einer Welle von Arbeiten über die indigene Bevölkerung und deren Schicksal. Der Kolonialismus hat, wie gezeigt werden konnte, in allen Erdteilen weitreichende Folgen gehabt.

Was ideengeschichtlich im Mittelalter begonnen hatte, wandelte sich durch zwei Fahrten zu einer weltgeschichtlichen Dimension. Die Fahrt von Vasco da Gama 1497 nach Indien, vorbei am Kap der Guten Hoffnung, eröffnete den Europäern die auf wirtschaftliche Interessen ausgerichtete Stützpunktkolonisation. Die Fahrt des Christoph Columbus nach Westen 1492, die zur Eroberung Amerikas führte, markiert den Beginn der Siedlungskolonisation. In den folgenden Jahrzehnten wurden ganze Regionen entvölkert, manche, wie der Süden Chiles, ereilte dieses Schicksal erst im 20. Jahrhundert. Verantwortlich war die europäische Gier nach Gold oder ab dem 19. Jahrhundert nach Siedlungsland, was die Kriege gegen die indigene Bevölkerung motivierte. Sie wurden stets damit begründet, dass die Europäer kulturell höher stünden, die Siege wurden meist nicht durch Waffen, sondern oft nur dadurch errungen, dass man den Gegner durch Krankheiten schwächte, ihn in Wüstengebiete abdrängte oder seine Nahrungsgrundlage zerstörte. Kolonialkriege wurden mit unerbittlicher Härte geführt, da die Europäer dem Gegner die Gleichrangigkeit absprachen.

Christoph Columbus änderte in seinem Leben mehrfach die Schreibweise seines Namens. Geboren als Cristoforo Colombo stand er für die frühe koloniale Expansion seiner Heimatstadt Genua. Als Christopherus Columbus trat er, ganz Gelehrter, seine Entdeckungsreise an. Wenig spä-

ter unterzeichnete er die Schriftstücke mit Cristobál Colón. Jetzt verstand
er sich als Christusträger (Christopherus) im Dienste Spaniens, der das
Christentum und die Mission brachte. Zudem stand er jetzt mit seinem
Nachnamen für die „Colonisten" also die Kolonialmacht. Die „Erben des
Columbus" breiteten sich schnell in der Welt aus und sicherten mit dem
Sklavenhandel ihre wirtschaftliche Macht. Es begann eine Zeit, in der
Millionen von Menschen ihre Heimat verloren, die auch nicht mit der
Sklavenbefreiung endete, weil nun asiatische Zwangsarbeiter vielfach
an die Stelle der Sklaven traten.

Doch der Sklavenhandel wäre ohne die Beteiligung lokaler Händler,
Könige und ihrer Völker nicht möglich gewesen. Cortés hätte ohne seine
indianischen Verbündeten das Aztekenreich nicht erobern können und
noch in der Zeit der Unabhängigkeitsbewegungen in Afrika des 20.
Jahrhunderts kooperierten Militärs mit den Kolonialmächten, um an die
Macht zu gelangen. Es hilft uns heute wenig, nach den Hauptschuldigen
für den Sieg der Kolonialmächte zu suchen. Wichtiger ist zu fragen, wie
die Armut in Lateinamerika, in Afrika oder Asien, die eben zu einem
großen Teil Folge der Kolonialherrschaft ist, bekämpft werden kann.

Man ist peinlich berührt, wenn ein Kameruner hervorragend über
Deutschland Bescheid weiß, man selber aber die großen Städte des Landes kaum richtig verorten kann. Diese Ausrichtung auf Europa, auch
in der Bildung, ist noch heute, trotz gestiegener Mobilität, weiterhin
präsent. Es ist wichtig, dass die Europäer bemüht sind, mehr über Außereuropa zu erfahren, ohne gleich besserwisserisch Wege aus Krisen
aufzeigen zu wollen. Die Berichterstattung aus Afrika darf bei uns nicht
nur den Eindruck eines Krisenlandes hinterlassen und der *fairtrade* sollte
sich nicht nur auf kleine Kaffeepäckchen beschränken.

Gerade weil die koloniale Herrschaft große Sprachräume geschaffen hat, sollte diese Möglichkeit der Kommunikation genutzt werden.
Reisen ist schließlich heute auch deswegen so einfach, weil es Englisch
neben Spanisch als Weltsprache gibt, obwohl Mandarin Chinesisch von
mehr Menschen als jede andere Muttersprache gesprochen wird. Doch
ist in vielen Ländern eine europäische Sprache zur Verkehrssprache
geworden. In Lateinamerika und Teilen Afrikas sind dies Spanisch (447
Millionen Sprecher) und Portugiesisch (218 Millionen Sprecher), in
Afrika aber besonders Englisch (690 Millionen) und Französisch (290
Millionen).

Die von den Kolonialmächten gezogenen Grenzen, besonders in
Afrika, hinterlassen Schwierigkeiten, die sich auch darin äußern, dass
es mehrere „Einheitssprachen" gibt. In Kamerun wird an den Universitäten auf Englisch (20 %) und Französisch (80 %) gelehrt, weil durch die

zwei Kolonialmächte England und Frankreich jeweils zwei Sprachzonen eingerichtet worden waren. Ältere Kameruner sprachen durch die deutsche Kolonialherrschaft zusätzlich Deutsch. Da die europäischen Sprachen als Pidgin zusätzlich zur Muttersprache wie Basaa, Douala u.a. gesprochen werden, wird im Alltag ganz selbstverständlich erwartet, zwischen mindestens drei Sprachen ständig umzuschalten.

So ist die Geschichte der europäischen Expansion und des Kolonialismus eine Geschichten vieler Kriege, Opfern und vielen Leids. Hoffentlich vermögen wir die Chancen, die uns durch die Möglichkeiten der Kommunikation gegeben sind, nun positiv einsetzen, um dem Gefälle zwischen Nord und Süd zu wirksam entgegenzutreten.

Anhang

Zeittafel

1206-1227 Dschingis Khan
1207 Kreta wird venezianisch
1241 Schlacht bei Liegnitz
1405-1433 Handelsfahrten des Zheng He
1453 Eroberung Konstantinopels durch das Osmanische Reich
1494 Teilung der westlichen Welt durch den Vertrag von Tordesillas zwischen Portugal und Kastilien
1498 Ankunft Vasco da Gamas in Kalikut
1492 Christoph Kolumbus „entdeckt" am 12.10. Land im westlichen Atlantik
1496 Gründung von Santo Domingo
1521 Förderung des Zuckerrohranbaus in der Karibik durch Spanien; Eroberung von Tenochtitlán/Mexiko durch Hernán Cortés
1510 Einnahme von Goa durch die Portugiesen
1519 Erste Lizenz Spaniens zur Einfuhr von Sklaven aus dem subsaharischen Afrika; Beginn der Eroberung des Aztekenreiches
1526 Ankunft der Dominikaner in Mexiko; erste afrikanische Sklaven erreichen Kuba
1526 Begründung des Mogul-Reiches
1501-1722 Safawiden-Dynastie in Persien
1529 Vertrag von Saragossa zur Teilung Asiens; Belagerung Wiens durch die Osmanen
1531 Beginn der Eroberung des Inkareiches
1543 Bartolomé de las Casas beendet Brevísima relación de la destrucción de las Indas, Veröffentlichung1552
1545-1548 Entdeckung von Silbererzvorkommen Potosí (Peru) und Mexiko
1557 Einnahme von Macau (China) durch Portugiesen
1564-1571 Spanische Eroberung der Philippinen
1566 Ankunft des Jesuiten in Spanisch-Amerika
1600 Gründung der britischen East India Company
1602 Gründung der niederländischen ostindischen Kompanie (Verenigende Oostindische Compagnie)
1607-1609 Erste dauerhafte Siedlungen von Franzosen, Briten und Niederländern in Amerika
1619 Erste afrikanische Sklaven in Virginia, Aufstieg Batavias (Jakarta) zur Hauptniederlassung der VOC
1620 Erwerb von Tranquebar (Indien) durch die Dänen
1623 Niederländisches Massaker von Amboina
1624-1654 Angriffe der Niederländer auf Brasilien und Besetzung
1639 Erwerb von Madras (Indien) durch Engländer
1640 Beginn der russischen Kolonialisierung Sibiriens

1661-1663 Eroberung von Quilon, Cranganore und Cochin (Indien) durch die VOC
1668 Erwerb von Bombay (Indien) durch Engländer
1672 Erwerb von Pondichéry (Indien) durch Franzosen, Eroberung von St. Thomas durch Dänen.
1690 Erwerb von Kalkutta durch Engländer
1693 Erste Goldfunde in Brasilien
1739-1748 Spanisch-britischer Krieg in der Karibik, Plünderung Delhis durch Nadir Shah
1757 Schlacht von Plassey; Sieg der Engländer
1761 Schlacht von Panipat zwischen Afghanen und Marathen; Entstehung der Marathen-Konföderation
1765 East India Company übernimmt Herrschaft in Bengalen
1759, 1767 Vertreibung der Jesuiten aus Lateinamerika
1770 Entdeckung Australiens durch James Cook
1773 Boston Tea Party
1775 Beginn des nordamerikanischen Unabhängigkeitskrieges
1783 Friedensvertrag von Paris: Bestätigung der Unabhängigkeit der Vereinigten Staaten, Eroberung der Krim durch die Russen
1798 Landung von Bonaparte in Ägypten
1799 Aufhebung der VOC
1803 Unabhängigkeit Haitis
1807-1824 Unabhängigkeit Lateinamerika
1830 Französische Eroberung Algeriens
1829-1909 Tanzimat-Politik im Osmanischen Reich
1840-1842 Erster Opium-Krieg in China
1853-1856 Krimkrieg
1854 Vertrag von Kanagawa zwischen den USA und Japan
1857 Mutiny in Indien
1861 Lagos (Afrika) wird britische Kronkolonie
1863 Gründung des Königreichs Afghanistan
seit 1868 Meiji-Restauration in Japan
1869 Eröffnung des Suez-Kanals
1876 Königin Victoria wird Kaiserin von Indien
1879 Beginn der französischen Expansion im Senegal
1882 Britische Besetzung Ägyptens
1884 Deutsche Kolonialexpansion in Kamerun, Togo, Südwestafrika und Ostafrika
1884-1885 Berliner Afrika Konferenz (Kongo Konferenz)
1895 Kenia wird British East Africa Protectorate
1897; 1898 Tsingtao und Kiautschou (China) unter deutscher Herrschaft
1898 Krieg zwischen USA und Spanien um die Philippinen und Kuba
1900 Boxer-Aufstand
1899-1902 Burenkrieg in Südafrika
1904-1905 Russisch japanischer Krieg
1905-1911 Teilung Bengalens
1904-1908 Maji Maji-Krieg gegen in Deutsch-Ostafrika sowie gegen die Herero und Nama in Deutsch-Südwestafrika
1906 Gründung der Muslim-Liga

1910 Annexion Koreas durch japanische Truppen
1911-1912 Chinesische Revolution, Abschaffung des Kaisertums
1923 Gründung der türkischen Republik und der Republik Libanon
1930 Gandhis Salzmarsch
1932 Unabhängigkeit des Irak; Gründung des Königreichs Saudi-Arabien
1935 Italienisch-äthopischer Krieg
1941 Japanischer Angriff auf Pearl Habour
1945 Ausrufung der Republik Vietnam
1947 Indische Unabhängigkeit und Teilung des Landes in die indische Union und Pakistan
1948 Gründung der Republik Korea (Südkorea) und der Demokratischen Volksrepublik Korea (Nordkorea), Unabhängigkeit Burmas
1949 Souveränität der Republik Indonesien
1952-1959 Mau Mau-Krieg in Kenia
1954 Schlacht bei Dien Bien Phu; Genfer Konferenz; Souveränität Südvietnams, Laos` und Kambodschas
1954-1962 Algerienkrieg
1957 Unabhängigkeit Ghanas
1960 17 Kolonien in Afrika, die meisten französischer Besitz, werden unabhängig
1963-1973 Vietnam-Krieg
1975 Unabhängigkeit der portugiesischen Kolonien
1981 Unabhängigkeit Belizes
1994 Wahlsieg des ANC und Ende der Apartheid in Südafrika
1999 Rückgabe von Macao an China

Bibliographie

Überblickswerke

ACKERL, Isabel: Die Staaten der Erde. 2 Bde. Wiesbaden 2007.

BITTERLI, Urs: Alte Welt – neue Welt. Formen des europäisch-überseeischen Kulturkontaktes vom 15. bis zum 18. Jahrhundert. München 1992.

BITTERLI, Urs: Die „Wilden" und die Zivilisierten. Grundzüge einer Geistes- und Kulturgeschichte der europäisch-überseeischen Begegnung. München 1992.

COLONIAL identity in the Atlantic world, 1500 – 1800. Hg. v. Nicholas CANNY. Princeton 1987.

Cooper, Frederic: Colonialism in Question: Theory, Knowlegde, History. Berkeley 2005.

Eckert, Andreas: Kolonialismus. Frankfurt am Main 2006. (= Fischer Kompakt; 15351).

FERNÁNDEZ ARMESTO, Fernando: So you think you're human? A brief history of humankind. Oxford 2004.

FERRO, Marc: Histoire des Colonisations des conquêtes aux Indépendances XIIIe – XXe siècle. Paris 1994. (auch in engl. Übersetzung)

Fisch, Jörg: Die europäische Expansion und das Völkerrecht: die Auseinandersetzungen um den Status der überseeischen Gebiete vom 15. Jahrhundert bis zur Gegenwart. Stuttgart 1984.

Geschichte in Quellen. Hg. v. Wolfgang Lautemann und Manfred Schlenke. 7 Bde. München 1966-1980. (GiQ)

Globalgeschichte. Theorien, Ansätze, Themen. Hg. v. Sebastian Conrad. Frankfurt am Main 2007.

Gründer, Horst: Eine Geschichte der Europäischen Expansion. Von Entdecker und Eroberern zum Kolonialismus. Darmstadt 2003.

Gründer, Horst: Welteroberung und Christentum. Ein Handbuch zur Geschichte der Neuzeit. Gütersloh 2002.

Howe, Stephen: Empire : a very short introduction. Oxford 2002.

Loomba, Ania: Postcolonial Studies and Beyon. Durham 2005.

OSTERHAMMEL, Jürgen: Geschichte der Globalisierung: Dimensionen, Prozesse, Epochen. 2. durchges. Aufl. München 2004. (= Beck'sche Reihe: 2320).

OSTERHAMMEL, Jürgen: Kolonialismus: Geschichte – Formen – Folgen. 5. akt. Aufl. München 2006. (= Beck Wissen; 2002).

REINHARD, Wolfgang: Geschichte der europäischen Expansion. 4 Bde. Stuttgart 1983-1990.

REINHARD, Wolfgang: Kleine Geschichte des Kolonialismus. Stuttgart 1996.

SCHMITT, Eberhard: Dokumente zur Geschichte der europäischen Expansion. 5 Bde. München 1984. (DGEE)

WENDT, Reinhard: Vom Kolonialismus zur Globalisierung. Europa und die Welt seit 1500. Paderborn 2007.

Mittelalter

FERNÁNDEZ ARMESTO, Fernando: Before Columbus. Exploration and Colonization from the Mediterranean to the Atlantic 1229-1492. Basingstoke [u.a.] 1987.

GALLINA, Mario: Una societá coloniale del Trecento: Creta fra Venezia e Bisanzio. Venedig 1989.

HELLMANN, Manfred: Grundzüge der Geschichte Venedigs. Darmstadt 1981.

HISTORICAL ATLAS of the Islamic World. Hg. v. Malise RUTHVEN und Azim NANJI. Oxford 2004.

VOGT, Joseph: Kolonie, Kolonisation, Dekolonisation. Umriß einer Fragestellung, in: Saeculum 30 (1979), S. 240-250.

WELT, Die, des Mittelmeeres. Zur Geschichte und Geographie kultureller Lebensformen. Hg. v. Fernand BRAUDEL; Georges DUBY und Maurice AYMARD. Frankfurt 1990.

Frühe Neuzeit siehe Regionen

Neuzeit

BARTH, Boris: Zivilisierungsmissionen: imperiale Weltverbesserung seit dem 18. Jahrhundert. Konstanz 2005. (= Historische Kulturwissenschaft; 6).

BARTH, Boris: Genozid. Völkermord im 20. Jahrhundert. Geschichte – Theorien – Kontroversen, München 2006. (= Beck'sche Reihe; 1672).

GRAICHEN, Gisela; GRÜNDER, Horst: Deutsche Kolonien: Traum und Trauma. 4. Aufl. Berlin 2005.

GRÜNDER, Horst: Geschichte der deutschen Kolonien. 2. Aufl. Paderborn 1991.

NEITZEL, Sönke: Weltmacht oder Untergang. Die Weltreichslehre im Zeitalter des Imperialismus. Paderborn 2000.

SCHÖLLGEN, Georg: Das Zeitalter des Imperialismus. München 4.Aufl. 2000. (= Oldenbourg Grundriß der Geschichte).

SPEITKAMP, Winfried: Deutsche Kolonialgeschichte. Stuttgart 2005. (= Reclams Universal-Bibliothek; 17047).

ZEITALTER, Das, des Kolonialismus. Hg. v. der DAMALS Redaktion. Darmstadt 2007.

ZIMMERER, Jürgen: Deutsche Herrschaft über Afrikaner: staatlicher Machtanspruch und Wirklichkeit im kolonialen Namibia Münster 2004.

Europäische Kolonialmächte

CANNY, Nicholas: Making Ireland British, 1580-1650. Oxford [u.a.] 2001.

ELLIS, Steven: The making of the British Isles. The state of Britain and Ireland 1450-1600. Harlow 2007.

EUROPEAN aristocracy and colonial elites: patrimonial management strategies and economic development, 15th-18th centuries. Hg. v. Paul JANNSENS und Bartolomé YUN-CASALILLA. Burlington 2005.

Harvey, Leonard Patrick: Muslims in Spain 1500 to 1614. Chicago 2005.

HECHTER, Michael: Internal Colonialism: The Celtic Fringe in British National Development 1536-1966. London 1975.

HOWE, Stephen: Ireland and empire: colonial legacies in Irish history and culture. Oxford 2002.

Kamen, Henry: Spains Road to Empire. The Making of a World Power 1492-1763. London 2002.

OLIVEIRA MARQUES, António: Kleine Geschichte Portugals. Stuttgart 2002.

Pietschmann, Horst; Bernecker, Walter: Geschichte Portugals. München 2001. (= Beck'sche Reihe; 2156).

SCHÜLLER, Karin: Geschichte Lateinamerikas. Münster 1999. (= Spanische Forschungen der Görresgesellschaft, Zweite Reihe; 34).

Geistes- und Kulturgeschichte

BAROCKE Tafelfreuden heute: ELISABETHAS Kochgeheimnisse: Originalrezepte des 18. Jahrhunderts aus dem Herzogtum Pfalz-Zweibrücken. Bearb. v. Gerd STEUER. Karlsruhe 2002.

BLACK is beautiful: Rubens to Dumas in De Nieuwe Kerk, Amsterdam from 26 July until 26 October 2008. Zwolle 2008.

CASTELFRANCHI Vegas, Liana: Italien und Flandern. Die Geburt der Renaissance. Stuttgart, Zürich 1984.

ESSEN. Eine Kulturgeschichte des Geschmacks. Hg. v. Paul H. FREEDMAN. Darmstadt 2007.

EUROPA und der Orient : 800-1900: Lesebuch [zur Ausstellung des 4. Festivals der Weltkulturen Horizonte ,89 im Martin-Gropius-Bau, Berlin (Kreuzberg) ; 28. Mai - 27. Aug. 1989]. Hg. v. Gereon SIEVERNICH. Berlin 1989.

GEORGOPOULOU, Maria: Venice's Mediterranean colonies: architecture and urbanism. Cambridge [u.a.] : Cambridge 2001.

GESCHICHTE, Die, des europäischen Welthandels und der wirtschaftliche Globalisierungsprozesse. Hg. v. Friedrich EDELMAYER; Erich LANDSTEINER und Renate PIEPER. Wien 2001.

MENDOZA DE ACRE, Daniel: Music in Ibero America to 1850. A historical survey. Boston 2001.

MENNINGER, Annerose: Genuss im kulturellen Wandel: Tabak, Kaffee, Tee und Schokolade in Europa (16.-19. Jahrhundert). 2. überarb. Aufl. Stuttgart 2008. (=Beiträge zur Wirtschafts- und Sozialgeschichte; 102).

PELTRE, Christine: Orientalism in art. New York [u.a.] 1998.

THORNTON, Lynne: Les Orientalistes: peintres voyageures. Paris 1994.

UHLIG, Ludwig: Georg Forster : Lebensabenteuer eines gelehrten Weltbürgers (1754-1794). Göttingen 2004.

Asien

ANTHROPOLOGY and Colonialism in Asia and Oceania. Hg. v. Jan VAN BREMEN und Akitosho SHIMIZU. Richmond 1999.

EUROPEAN Commercial Expansion in Early Modern Asia. Hg. v. Om PRAKASH. Aldershot 1997. (= An expanding world; 1).

FURBER, Holden: Private Fortunes and Company Profits in the India Trade in the 18th century. Hg. v. Rosane ROCHER. Aldershot 1997.

KLEIN, Thoralf: Geschichte Chinas: von 1800 bis zur Gegenwart. Paderborn [u.a.] 2007. (= utb; 2838).

KRIEGER, Martin: Geschichte Asiens: eine Einführung. Weimar [u.a.] 2003. (= utb; 2382).

MANN, Michael: Geschichte Indiens. Vom 18. bis zum 21. Jahrhundert. Paderborn 2005.

MATUZ, Joseph: Das Osmanische Reich: Grundlinien seiner Geschichte. 3. Aufl. Darmstadt 1994.

PARKER, Geoffrey: Die militärische Revolution: die Kriegskunst und der Aufstieg des Westens 1500-1800. Frankfurt am Main [u.a.] 1990.

REISCHAUER, Edwin: Histoire du Japon et des Japonais. Des origines à 1945. (Japan. The Story of a Nation). Paris 1973. (12. Aufl. Tokyo 1990).

ROTHERMUND, Dietmar: Geschichte Indiens: vom Mittelalter bis zur Gegenwart. München 2002. (= Beck'sche Reihe; 2194).

Osmanisches Reich

EICKHOFF, Ekkehard: Venedig, Wien und die Osmanen: Umbruch in Südosteuropa 1645-1700. Stuttgart 1988.

ELGER, Ralf: Kleines Islam-Lexikon: Geschichte, Alltag, Kultur. Bonn 2002. (= Bundeszentrale für politische Bildung; 383).

FAROQHI, Suraiya: Geschichte des Osmanischen Reiches. 3. durchges. u. akt. Aufl. München 2004. (= Beck`sche Reihe; 2021).

FAROQUI, Suraiya: Kultur und Alltag im Osmanischen Reich: vom Mittelalter bis zum Anfang des 20. Jahrhunderts. München 1995.

GREENE, Molly: A shared world: Christians and Muslims in the early modern Mediterranean. Princeton 2000.

HÖFERT, Almut: Den Feind beschreiben: „Türkengefahr" und europäisches Wissen über das Osmanische Reich 1450-1600. Frankfurt am Main [u.a.] 2003. (= Campus Historische Studien; 35).

ISLAMISCHE, Der, Orient. Grundzüge seiner Geschichte. Hg. v. Jürgen PAUL und Albrecht NOTH. Würzburg 1998. (Mitteilungen zur Sozial- und Kulturgeschichte der islamischen Welt; 1).

KREISER, Klaus: Der Osmanische Staat 1300-1922. München 2001. (= Oldenbourg Grundriss der Geschichte; 30).

Afrika

Brandstetter, Anna-Maria: Leben im Regenwald: Politik und Gesellschaft bei den Bolongo (Demokratische Republik Kongo). Hamburg 1998. (= Mainzer Beiträge zur Afrika-Forschung; 2).

Erbar, Ralph: Ein „Platz an der Sonne"? Die Verwaltungs- und Wirtschaftsgeschichte der deutschen Kolonie Togo 1884 – 1914. Stuttgart 1991. (= Beiträge zur Kolonial- und Überseegeschichte; 51).

Fisch, Jörg: Geschichte Südafrikas. München 1990. (= dtv; 4550).

Gerhold, Markus: Das Ende des portugiesischen Kolonialreiches. Darstellung und Analyse im Spiegel der Presse 1973-1976. Unveröffentl. Staatsexamensarbeit Mainz 2006.

Greineder, Markus: Le regard sur l'autre dans les récits de voyage de Parfait-Louis Monteil. Unveröffentl. Staatsexamensarbeit Mainz 2007.

ILIFFE, John: Geschichte Afrikas. 2. Aufl. München 2003.

KAULICH, Udo: Die Geschichte der ehemaligen Kolonie Deutsch-Südwestafrika: (1884–1914). Eine Gesamtdarstellung. Frankfurt am Main [u.a.] 2001.

KLEIN, Tobias R.: Moderne Traditionen: Studien zur postkolonialen Musikgeschichte Ghanas. Frankfurt am Main [u.a.] 2008. (= Interdiszip. Studien zur Musik; 5).

Kolumbus' Erben. Europäische Expansion und überseeische Ethnien im ersten Kolonialzeitalter. 1415-1815. Hg. v. Thomas Beck, Annerose Menninger und Thomas Schleich. Darmstadt 1992. S. 21-37.

Marx, Christoph: Geschichte Afrikas: von 1800 bis zur Gegenwart. Paderborn [u.a.] 2004. (= utb; 2566).

Völkermord in Deutsch-Südwestafrika: der Kolonialkrieg (1904 – 1908) in Namibia und seine Folgen. Hg. v. Jürgen Zimmerer. Berlin 2003.

WINDLER, Christian: La diplomatie comme expérience de l'autre : consuls français au Maghreb (1700-1840). Genf 2002. (= Bibliothèque des lumières; 60).

Amerika
Englisch und Französisch Amerika

ADAMS, Willi Paul: Die USA vor 1900. München 2000. (= Oldenbourg-Grundriss der Geschichte; 28)

GESCHICHTE Nordamerikas in atlantischer Perspektive von den Anfängen bis zur Gegenwart. Bd. 1-4. Münster [u.a.]. 2001-2007.

254

HEIDEKING, Jürgen: Geschichte der USA. 3. überarb. Aufl. Tübingen [u.a.] 2003. (= utb; 1938).

HELBICH, Wolfgang J.: „Alle Menschen sind dort gleich..." die deutsche Amerika-Auswanderung im 19. und 20. Jahrhundert. Düsseldorf 1988. (= Historisches Seminar; 10).

SCHNURMANN, Claudia: Europa trifft Amerika: atlantische Wirtschaft in der frühen Neuzeit 1492-1783. Frankfurt am Main 1998. (= Fischer. Europ. Geschichte; 60127).

Spanisch und Portugiesisch Amerika
Allgemein

BITTERLI, Urs: Die Entdeckung Amerikas. Von Columbus bis Alexander von Humboldt. München 1991.

BURKHOLDER, Mark A.; LYMAN L. Johnson: Colonial Latin America. New York [u.a.] 1990.

COLECCIÓN de Documentos para la Historia de la Formación Social de Hispanoamérica 1493-1810. Bearb. v. Richard KONETZKE. 3 Bde. Madrid 1953-1962.

HANDBUCH der Geschichte Lateinamerikas. Hg. v. Horst PIETSCHMANN e.a. 3 Bde. Stuttgart 1992-1996.

LUST an der Geschichte. Amerika. Die Entdeckung und Entstehung einer neuen Welt. Hg. v. Wolfgang BEHRINGER. München [u.a.] 1992.

SCHÜLLER, Karin: Einführung in das Studium der iberischen und lateinamerikanischen Geschichte. Münster 2000.

TODOROV, Tzvetan: Die Eroberung Amerikas: das Problem des Anderen. Frankfurt am Main 2005. (= Edition suhrkamp; 1213 = N.F. 213).

Zu Verschiedenen Aspekten lateinamerikanischer Geschichte

ARAUJO-MOREIRA-NETO, Carlos de: Indios da Amazônia, de Maioria a Minoria (1750-1850). Petrópolis 1988.

ARMANI, Alberto: Ciudad de Dios y la ciudad del sol: el "Estado" jesuita de los guaranies (1609-1768). Mexico 1982.

CARAMAN, Philip: Ein verlorenes Paradies. Der Jesuitenstaat in Paraguay. München 1979.

Carmack, Robert M.: Rebels of Highland Guatemala: the Quiché-Mayas of Momostenango. Norman [u.a.] 1995.

CASAS, Bartolomé de las: Kurzgefasster Bericht von der Verwüstung der westindischen Länder. Hg. v. Hans Magnus ENZENSBERGER. Frankfurt am Main 1966. (= Sammlung Insel; 23).

CASAS, Bartolomé de las: Werkausgabe. Hg. v. Horst PIETSCHMANN e.a. 4 Bde. Paderborn 1994-1997.

CEVALLOS CANDAU, Francisco Javier: Coded encounters: writing, gender, and ethnicity in colonial Latin America. Amherst 1994

CORMACK, Robert: M: The Quiché Mayas of Utalán. The evolution of a highland Guatemalan kingdom. Normann 1981.

CORTÉS, Hernan: Die Eroberung Mexikos: drei Berichte an Kaiser Karl V. Hg. v. Claus LITTERSCHEID. Frankfurt am Main [u.a.] 1980 (= Insel-Taschenbuch; 393).

DEMM, Eberhard: Spanische Kolonialpaläste in Mexiko. Köln 1991.

DÍAZ DEL CASTILLO, Bernal: The Conquest of New Spain. Trans. by J. M. COHEN. Harmondsworth 1963.

Edelmayer, Friedrich: Lateinamerika 1492-1850/70. Wien 2005. (= Edition Weltregionen; 12).

EROBERUNG, Die spanische, Amerikas. Akteure, Autoren, Texte. Hg. v. Dieter JANIK und Wolf LUSTIG. Frankfurt am Main 1989.

GOLD und Macht: Spanien in der Neuen Welt: eine Ausstellung anlässlich des 500. Jahrestages der Entdeckung Amerikas. Künstlerhaus Wien; Nationalgalerie Budapest; Josef-Haubrich Kunsthalle Köln; 11. April bis 12. Juli 1987. Wien 1986.

Guaman Poma de Ayala, Felipe: El primer nueva corónica y buen gobierno. Hg.v. John V. Murra und Rolena Adorno. Bd. 2. Mexiko 1980. (= Colección América nuestra; 31).

HARTMANN, Peter Claus: Der Jesuitenstaat in Südamerika: 1609 – 1768; eine christliche Alternative zu Kolonialismus und Marxismus. Weißenhorn 1994.

HERBERS, Klaus: Die Eroberung der Kanarischen Inseln, ein Modell für die spätere Expansion Portugals und Spanien nach Afrika und Amerika, in: Afrika. Entdeckung und Erforschung eines Kontinents. Hg. v. Heinz DUCHHARDT. Köln 1989. (Bayreuther Kolloquien; 3). S. 51-95.

Horn, Rebecca: Postconquest Coyoacan: Nahua-Spanish relations in Central Mexico 1519-1650. Stanford 1997.

IBERISCHER Barock. Westeuropa und Lateinamerika. Hg. v. Yves BOTTINEAU und Henri STIERLIN. Köln 1994. (= Architektur der Welt; 4).

Julien, Catherine J.: Die Inka. Geschichte, Kultur, Religion. 3. Aufl. München 2001. (= Beck'sche Reihe: Wissen; 2075).

Ladero-Quesada, Miguel Angel: Das Spanien der Katholischen Könige: Ferdinand von Aragon und Isabella von Kastilien 1469-1516. Innsbruck 1992.

LETTERS and People in the Spanish Indies. 16th Century. Hg. v. Enrique OTTE und James LOCKHART. Cambridge 1976.

LOCKHART, James: The Nahuas after the Conquest. A social and cultural History of the Indians of Central Mexico. Sixteenth through eighteenth centuries. Stanford 1992.

May, Petra: Die alltägliche Conquista. Zwölf Briefe des Pedro de Valdivia von der Eroberung Chiles. Frankfurt am Main 1995.

MEIER, Johannes: "... usque ad ultimum terrae": die Jesuiten und die transkontinentale Ausbreitung des Christentums 1540-1773. Göttingen 2000. (= Studien zur außereuropäischen Christentumsgeschichte; 3).

MÖRNER, Magnus: The expulsion of the Jesuits from Latin America. New York 1965.

O'Phelan Godoy, Scarlett: La gran rebelión en los andes: de Túpac Amaru a Túpac Catari. Cusco 1995.

PARACURIA: Die Kunstschätze des Jesuitenstaates in Paraguay. Hg.v. Paul FRINGS und Josef Übelmesser. Mainz 1982.

Pelizaeus, Ludolf: Herrschaftsaufbau und Herrschaftssicherung im kolonialen Lateinamerika. In: Mission und Sprache. Interdisziplinäre Erkundungen zum Orden Colonial in Iberoamerika. Hg. v. Matthias Vollet and Felipe Castañeda. Frankfurt am Main [u.a.] 2004, S. 7-25.

256

Perez, Joseph: Ferdinand und Isabella: Spanien zur Zeit der katholischen Könige. München 1989.

PIETSCHMANN, Horst: Lateinamerika. Die staatliche Organisation des kolonialen Iberoamerika. Stuttgart 1980.

PREM, Hanns J.: Geschichte Altamerikas. München 1989. (Oldenbourg Grundriß der Geschichte; 23).

PRIEN, Hans-Jürgen: Geschichte des Christentums in Lateinamerika. Göttingen 1978.

Restall, Matthew: The Maya world: Yucatec culture and society, 1550-1850. Stanford 1999.

SCHILLAT, Monika: Feuerland. Eine Grenzregion im Spannungsfeld der internationalen Interessen 1520-1915. Münster 1994. (Hamburger Ibero Studien, Bd.4).

Schindler, Helmut: Bauern und Reiterkrieger. Die Mapuche-Indianer im Süden Amerikas. München 1990.

SETTLEMENTS to society: 1607-1763; a documentary history of colonial America. Hg. v. Jack P. GREENE. New York 1975.

Villalobos, Sergio: Vida fronteriza en la araucania: el mito de la guerra de arauco. Barcelona [u.a.] 1995.

Viqueira, Juan Pedro: Indios rebeldes e idólatras: dos ensayos históricos sobre la rebelión india de Cancuc, Chiapas, acaecida en el año de 1712. México 1997.

Yupanki, Titu Kusi: Die Erschütterung der Welt: ein Inka-König berichtet über den Kampf gegen die Spanier. Hg. und übers. v. Martin Lienhard. Olten 1985.

Abbildungsverzeichnis

Abb. 1 Pyramide und Kirche, Cholula, Puebla, Mexico: Foto des Autors

Abb. 2 Theodore de Bry: Quelle Wikipedia

Abb. 3 Francisco de Mena: Alma Mater N° 18 - 19, 1999, UNMSM. Oficina General del Sistema de Bibliotecas y Biblioteca Central, Lima, Peru

Abb. 4 Guaman Poma de Ayala: Det Kongelige Bibliotek I The Royal Library; Københavns Universitetsbibliotek Slotsholmen

Abb. 5 „Morgen geht es in die Schule": Koloniales Bildarchiv, Universitätsbibliothek Frankfurt am Main, Bildnummer: 071-2999-047

Abb. 6 San Ignacio Miní, Argentinien: Foto des Autors

Abb. 7 Fassade der Kirche von Nuestra Virgen de Guadalupe, Mexico Stadt: Foto des Autors

Wir haben uns bemüht, alle Rechteinhaber zu ermitteln.
Sollte es nicht in allen Fällen gelungen sein, so bitten wir die Inhaber der Rechte, sich zur Klärung beim Verlag zu melden.

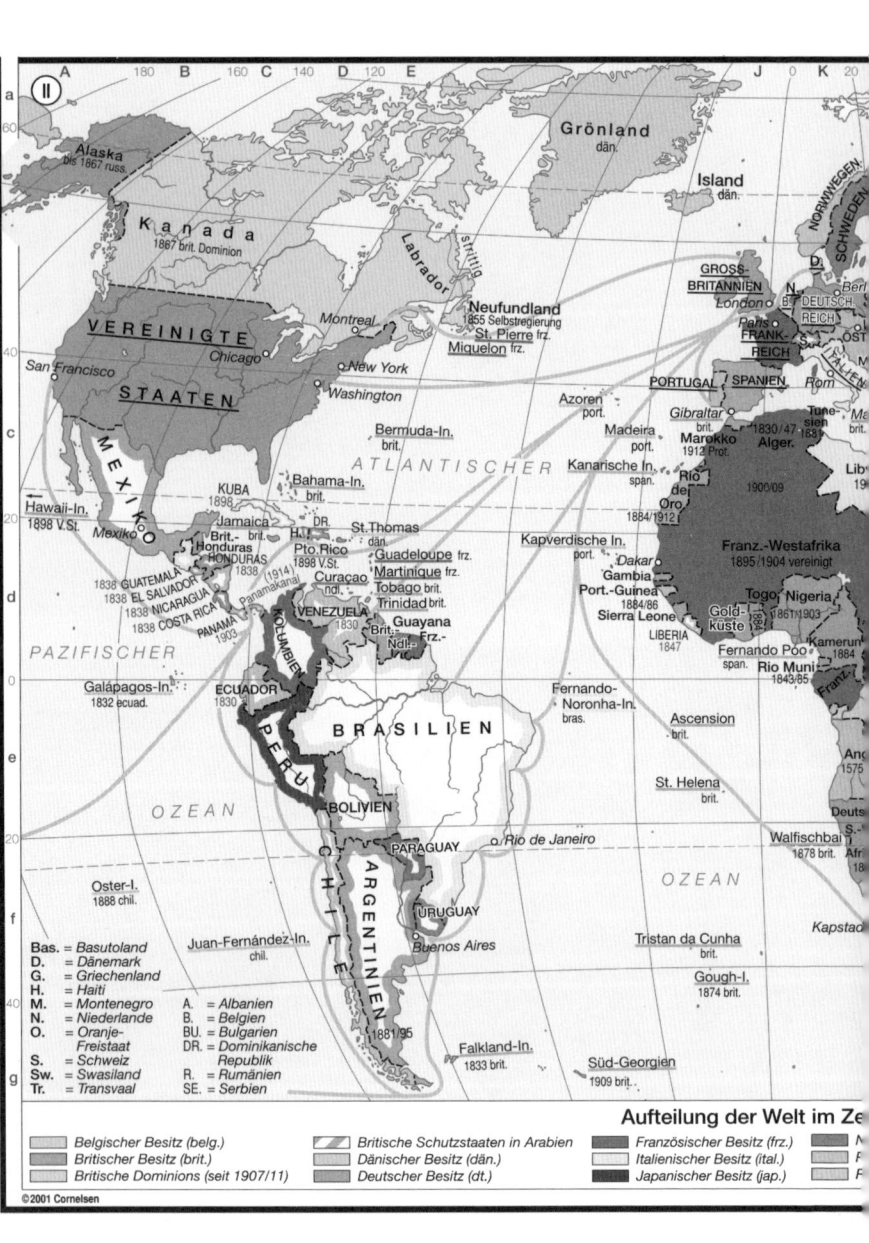

Aufteilung der Welt im Ze

Belgischer Besitz (belg.)	Britische Schutzstaaten in Arabien	Französischer Besitz (frz.)
Britischer Besitz (brit.)	Dänischer Besitz (dän.)	Italienischer Besitz (ital.)
Britische Dominions (seit 1907/11)	Deutscher Besitz (dt.)	Japanischer Besitz (jap.)

© 2001 Cornelsen